紫禁涅槃

吴十洲　著

从　皇　宫　到

故　宫　博　物　院

社会科学文献出版社
SOCIAL SCIENCES ACADEMIC PRESS(CHINA)

故宮博物院全圖

民國十九年十二月測繪製作

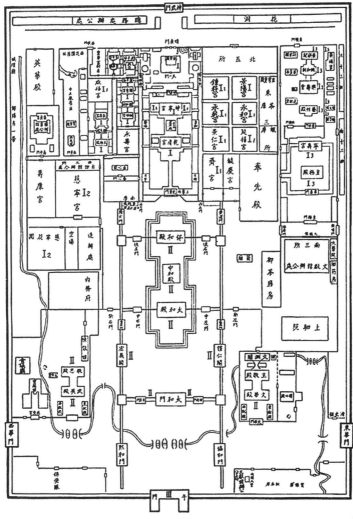

故宫博物院全图

序

1925 年 10 月 10 日故宫博物院的成立，是中国近现代政治斗争、社会革命与文化演变的深刻反映，具有重要的标志性意义。因而故宫博物院院史特别是早期院史，就颇为引人关注。

20 世纪 90 年代以来，中西方学者逐渐关注文物、展览、博物馆的文化表征意义及其与社会变迁和人文环境之间的关联性，中国大陆的学者也在这一研究视角下对故宫博物院开院的文化表征意义进行了诠释。吴十洲的《紫禁城的黎明》（文物出版社，1998），就是一部有代表性的研究著作。作者依据大量档案、文献资料，讲述了故宫博物院成立前后的历史，尤其是对清宫皇家收藏的特点、故宫博物院成立与古物陈列所及北京大学研究所国学门的关系、故宫与罗浮宫、艾米尔塔什开放之比较的研究，视野比较开阔，给人以新的启发。

例如，上述著作对北京大学参与筹建故宫博物院的意义进行了深入探讨。故宫博物院成立于五四运动高潮之后，北京大学积极参与，在建院上起了重要作用，不仅提供了干部队伍和业务骨干，其研究所国学门学术研究的新方法和风气，也对博物院产生了积极影响。因此，皇宫变为博物院不只是重大历史变革，而且具有用新文化的思想审视、研究传统文化的意义。又如，该书肯定了章程、法律对故宫博物院发展的意义。再者，对于故宫与同为皇宫的罗浮宫、艾尔米塔什开放之比较，可以看到在中西方不同的政治、思想文化背景下所形成的不同特点。

《紫禁城的黎明》是十洲教授在硕士学位论文基础上继续深入，几乎穷 10 年之力而完成的著作。其所用资料的丰富、所涉问题的广泛以及所提观点的重要，当时就产生了相当的影响。时光匆匆，人生易老。这部作品出版至今，也近二十年了。现在，十洲先生又奉献出了一部新著：《紫禁涅槃——从皇宫到故宫博物院》。从目录看，基本保留了《紫禁城的黎明》的框架结构，又增加了一些新的内容，可以说是《紫禁城的黎明》的增订版，但并不那么简单，因为书名变了。

《紫禁城的黎明》，书名是有意针对庄士敦的《紫禁城的黄昏》，主要笔墨是围绕着故宫博物院开院而展开的，同时述及早期的有关历史；全书共九章，并有"附录"，第九章写故宫博物院在新中国的发展，在全书正文 235 页中，此章仅有 10 页。"附录"则介绍台北故宫博物院的文物概况。就是说，《紫禁城的黎明》重点还是故宫开院的研究，书名也是恰当的。

《紫禁涅槃——从皇宫到故宫博物院》共 12 章，在原书十章（附录变为第十章）后又增加了两章，即第十一章"故宫学与平安故宫工程"与第十二章"两岸故宫博物院藏品比较"。这样，本书从故宫开院、初期坎坷、文物南迁、新中国故宫事业的发展，一直到 21 世纪的故宫学与故宫大修以及近年来的平安故宫工程，其中还有台北故宫博物院的介绍，虽然论述有详略，但大致勾勒出了故宫博物院的 90 年院史。涅槃是佛教修习所要达到的最高理想。"紫禁涅槃"，不仅写皇宫如何变成博物院，而且写了这个博物院的发展历程。因此这个书名也是妥当的。

吴十洲先生从 20 世纪 80 年代后期开始研究故宫院史，至今 30 年，故宫始终是他的学术研究的重要对象。他虽然未在故宫工作，但一直关注故宫，了解故宫。例如他在《紫禁涅槃——从皇宫到故宫博物院》中，注意到进入 21 世纪以来故宫的一些重大举措,增写了"故宫学与平安故宫工程"一章,并分为"故宫学术的脉络与'故宫学'""故宫大修与'平安故宫'工程""作为世界文化遗产的故宫博物院"三个部分,深入地论述了这几项工作与任务的内涵,敏锐地指出其在故宫博物院建设乃至中国文化遗产事业发展、中华文化传承中的重大意义。《紫禁涅槃——从皇宫到故宫博物院》一书,反映了他多年来院史研究的成果。他经常参加有关故宫的学术研讨会,每次都会提供论文。除了院史研究,他在清宫史上也着力不少,《乾隆一日》《帝国之雩》就是这方面的著作。

这里特别要提及的是,这 10 多年来,在故宫学的建构与实践方面,十洲先生做出了极大的努力。从 2011 年以来,他陆续撰写与发表了《故宫博物院早期权力制衡关系》《1925 年前古物陈列所的属性与专职人员构成研究》《1924 年前后日本势力对中国故宫的窥视与干涉》《故宫学研究生课程框架的学术阐释》《罗、王、容庚、马衡、唐兰对故宫藏青铜器研究的学术贡献》《故宫开院为我们留下的精神遗产》《新月派的诗人们与故宫开院前后》《故宫学的学术要素》等论文。

故宫学的学科概念,自提出以来逐渐得到学界和教育界的认可和重视,故宫博物院也十分重视与各有关研究机构尤其是高等院校的交流与合作。近年来,故宫博物院先后与有关院校联合培养硕、博士研究生,协助成立故宫学研究中心,支持招收故宫学研究方向的硕士生,并在一些高校开设《故宫学》通识课等。与高校的合作将极大地发挥故宫博物院和高等院校在学术资源和学术人才方面的优势互补作用。

十洲先生对于故宫学以及在高校推广故宫学有着深刻的认同。正如他在《紫禁涅槃——从皇宫到故宫博物院》中指出的:故宫学概念"是人们对于故宫价值认识进入新的更高阶段的表现。古建筑、文物藏品、历史遗存以及在此发生过的人和事,是一个不可分割的文化整体。故宫学在研究生教育中的出现，极大地改变了原有高校文博专业常规学科的既有理论图景的地平线，为研究生的学科教育观念的变革，提供了重要契机，同时也标示出故宫相关认识里程上的新阶段。"因此在他主持中国社会科学院研究生院文物与博物馆硕士教育中心工作期间，与故宫博物院合作，招收故宫学专业研究生，故宫的一些专家兼任导师。从 2012 年到 2017 年共招收了六届故宫学专业研究生，已毕业的四届研究生和目前已开完题的 2016 级研究生中，学位论文题目除专门的器物研究外，属于宫廷史、故宫博物院史的就有 30 篇。这项合作仍在进行之中。

祝贺《紫禁涅槃——从皇宫到故宫博物院》一书出版，也期待作者奉献出更多的故宫学研究成果！

2017 年 10 月 15 日

---

* 郑欣淼（1947-　），当代著名学者，"故宫学"专家。前故宫博物院院长、党委书记。

前　言

1931 年，一位曾经给中国的末代皇帝做过师傅的英国绅士回到自己阔别了 34 年的祖国，在那里完成了在中国皇宫里亲历的回忆录。这位英国绅士的中文名字叫庄士敦（Reginald Fleming Johnston，1874—1938）。

作为辛亥革命以后进入小朝廷，并在紫禁城生活过的唯一外国人，庄士敦有幸接触到"真龙天子"的个性与帝后生活，因此这本著作无疑具有十分特殊的价值。末代皇帝溥仪亲自作序，称之"仓皇颠沛之际，唯庄士敦知之最详，今乃能秉笔记其所历，多他人所不及知者。嗟夫！丧乱之余，得此目击身经之实录，信乎其可贵也。庄士敦雄文高行，为中国儒者所不及。此书既出，予知其为当世所重必矣。"[1]

这本书正是早为世人所知的《紫禁城的黄昏》。遗憾的是，这本书自1934 年在伦敦出版之后，在很长的时间里，中国人只是间接地听到过这本书，直至 1989 年，人们才接触到这部记述了中国末代皇宫轶事的图书的中译本。这本书的发行以及在广大读者中所引起的强烈兴趣的事实，足以证明，在长达八十多年后的今天，它的出版对于中国与中国人来讲

1　"序文"落款日期为辛未九月，庄士敦的注释是：辛未 1931 年。此序为皇上在天津时所写，由其仆从——诗人、政治家和书法家郑孝胥誊录。1989 年 3 月由求实出版社出版发行的《紫禁城的黄昏》中译本，该序文的影印件的脚注则写成了：1934 年《紫禁城的黄昏》出版之际，爱新觉罗·溥仪亲笔题写的序文。

1905年庄士敦（右一）在威海卫

仍然具有隽永的意义。有人对这本书的评价不高，说：读了只有壅塞的忧伤。或许这正是它的价值，它写得切切实实，并没有丝毫追逐故事的传奇化。

庄士敦在他的这本长篇回忆录中，为读者反复地描绘了一个凄楚不堪的黄昏。他写道："随着退位诏书的颁布，清王朝的太阳落山了。黑暗的风暴给这块曾经被十个皇帝先后统治了近三百年（并不都是无效愚昧的统治）的土地，罩上了一层沉沉的夜色。但是，阳光似乎依旧眷恋着紫禁城的层楼殿宅。日落之处，我们看到的将是一片长久不逝的黄昏。"从中可以看出一些自况的意味。

这一"黄昏"的内涵可以被认为是，辛亥革命在中国建立了一个共和制国家，1912年年初，袁世凯与革命党人之间的一个妥协的产物——被剥夺了政治统治权力的逊清皇帝，仍保留皇帝的身份和尊号，继续把持紫禁城，占据着"龙位"。它可以说是大清朝的黄昏，是帝制的黄昏。而这位来自世界资产阶级革命发源地的英国人却按捺不住对紫禁城尊严的敬慕与对"黄昏"时分的无限眷恋。

庄士敦是1919年春天进入紫禁城，担任末代皇帝溥仪的英文教师的。他这样描述了第一次进入紫禁城时的情景：

1919年3月3日，我第一次进入紫禁。庄严肃穆的神武门，将我引进了一个空间与时间上与外界迥然不同的世界。通过这道城门，使我不仅从共和制回到了君主制，而且从20世纪的中国倒退回了其历史可追溯到罗马帝国之前的古老中国。在这座门洞之外，坐落着100万人口的城市，这座生机勃勃的城市正满怀着新的希望与理想。或许万幸的是，其中许多的理想和希望，从未成为现实。这个城市正在努力追赶着时代的步伐，力图使自己无愧于伟大民主的首都地位。这个城市的大学中，聚集着渴望变革的学生，他们正怀着不顾一切的急切态度，将现代科学和哲学，与世界语和卡尔·马克思的著作一起，用来夺取过去被儒家传统和腐朽圣贤们占据的领域。这个城市的内阁部长们，在总统茶会上身着晨礼服和大礼帽露面。这个城市有一个尚未产生自己的庇特与格莱斯顿，却已装备了活动墨水瓶的议会，而且希望有朝一日能够拥有一位通过正式选举产生的议长，而这样一位议长过去从未存在。

在这同一门洞以内，可以看到四人大轿抬着相貌堂皇的官员，他们头戴镶有红宝石和珊瑚珠以及孔雀花翎的朝冠，身着前绣白鹤金雉的绸缎罩袍。高级的宫廷官员身着貂皮褂，上面带有一簇簇取自貂颈的雪白皮毛，这表明穿着者曾经受到君主的恩宠。年轻的贵族和宫廷内侍骑在马上，他们宽松的绣花礼服遮掩着鞍座与马镫。宦官们依其等级，身着不同服饰，恭敬地侍立于一旁。穿长袍的苏拉侍候着，随时准备帮助显贵们从四抬大轿中出来，或者跨下马背，然后把他们引导到等候室中，在那里他们将按照相应的礼仪得到必不可少的一杯茶。内务府的官员审查被接见者的名单。最后，从养心殿内侧的房间，出现了一个 13 岁的男孩，身材削瘦，仪态文雅，衣着整肃，这就是世界上最古老的帝位的最后一位占据者，天子"万岁爷"。位于紫禁城深处的这些宫殿，与中国的共和世界在空间上相距不啻万里之遥，断非数百步之隔；在时间上相距无异千年之久，决非共处同一时代。[1]

这便是民国时代的北京城里的"国中之国"的怪现象。"在紫禁城之外，1919 年是民国八年。但是对于所有能够有权通过神武门的人来说，这一年应是宣统十一年。"[2]

庄士敦是"清室优待条件"的忠实维护者。他曾引用另一位西方人士的话，表达了他在紫禁城黄昏到来之前的洞察与忧虑，在他们眼里紫禁城里的末代皇帝就像一条飘零的丝质索带：

在这些骚动混乱日子里，共和中国慎重地把金黄色的丝质索带保留下来，以便将她的过去与现在捆绑在一起。也许在日后某黑暗时期里，这条索带将突然地，无可挽回地被磨破乃至撕裂。[3]

1924 年 11 月 5 日，冯玉祥终于动用武力驱逐溥仪出宫，废止了"清室优待条件"，这使庄士敦感到无比的困惑与悲戚。庄士敦"心里又焦急又沮丧。一方面，那个百无一用，开销巨大，腐败得不可救药的内务府被推翻了，终于垮台了，算是寿终正寝了。没有人比我更急切地希望看到这样的结果。另一方面，宫廷制度混乱不堪，皇帝从这种纠缠中最后

---

1 〔英〕庄士敦：《紫禁城的黄昏》，陈时伟等译，求实出版社，1989，第 146~147 页。

2 〔英〕庄士敦：《紫禁城的黄昏》，第 147 页。

3 珀西瓦尔·兰登在 1924 年 2 月 6 日于《每日电讯》上的文章，〔英〕庄士敦：《紫禁城的黄昏》，第 156 页。

出来，并不是一件可悲的事。如果这些令人高兴的事出自皇帝自己的意愿，以我一直计划和为之努力的方式而发生的，我应该感到宽慰和振奋。不幸的是，这种感觉被深深的遗憾和某种预感淹没了。事件进行的方式是有损中国和中国政府的信誉的，甚至也有损于那些无需承担责任的士兵，和那些盗用了政府职能的政客的信誉"[1]。

他又说："我早有预料的事不幸地发生了。宫廷制度、皇帝头衔及其所属特权的废除，无论如何，不是宽宏而高尚的年轻君主的自愿行为，而是通过蛮横地使用武力实现的。使用武力的人不知道，并且也许永远不会相信，皇帝自己也急切地希望放弃这些特权。"[2]

为了给他束脩的皇帝，也为了隐藏在心灵深处的个人恩怨，庄士敦曾不遗余力地反对发生在 1924 年 11 月 5 日的事件。我们已经看到庄士敦不仅对中国政府与执行这一使命的国民军进行诋毁，而且把更强烈的仇恨集中到"基督将军"冯玉祥的身上，为此他不惜对冯进行更加恶毒的人身攻击。他写道：

皇帝和皇后的所有结婚礼品都被 1924 年 11 月成为北京主人的士兵们和政客们攫取了，尽管民国政府曾庄严保证，皇室的私有财产不得触动。紫禁城中珍藏的财宝也被没收，其借口是均为"国家财产"。似乎，这块土地上的皇帝和他的祖先们不能以个人的资格收集艺术品。无论对于这一没收进行怎样的辩护，也不能说皇帝退位后别人慷慨送予他的结婚礼物也是合法的中国国家财产，如果以此为理由剥夺这些财产，就不能不令人耻笑了。……也许，唯一例外就是送了大喜白玉如意的那位"基督将军"。因为，当他以武力使自己成为紫禁城的主人时，他毫不费力地拿起了自己送的结婚礼品，把它还给

---

1 〔英〕庄士敦：《紫禁城的黄昏》，第 313 页。
2 同上书，第 314 页。

了他曾经将它送给的那个人。[1]

关于动用国家机器进行的皇室"个人收藏"合法与否，我们将在这本书以后的章节里予以论述；关于冯玉祥是否假革命之名，将自己变成了紫禁城的主人，又是否盗走了紫禁城内的财物等问题，也会在以后的章节的陈述中真相大白。这里要提供读者的另一件史实是，与上述描写的对紫禁城的"侵犯"似乎相似，又尤甚了许多的侵扰皇宫事件，但侵扰者不是中国的士兵，而是来自所谓"文明世界"的武装人员。对此庄士敦当然也不会陌生。因为这一震惊世界的大事件发生在庄士敦来华的第三年，即 1900 年[2]。

1900 年 6 月 20 日凌晨 5 时，年已 67 岁的慈禧皇太后在周围簇拥的人们的反复怂恿下，希望借助于义和团的力量，消灭洋人，重振国威，一雪近代以来屡战屡败的羞耻，"义民可恃，其术甚神，雪耻强中国，在此一举"，终于正式下诏向各国宣战了。

此后的一天，德国公使克林德男爵（Klemens Freiherr von Ketteler，1853—1900）前往总理衙门途中被一名八旗兵开枪打死。射击者声称是奉端王载漪之命："凡遇外人杀之，可以求赏。"尽管克林德的遇刺仍疑点重重，却大大加重了义和团的暴力倾向，促使围攻使馆区事件的发生。下午 4 时，遵照圣旨，中国军队向各国驻京使馆开火。从而使德国走到前台，为驻京有外交使团的国家正式组建联军造成口实，实现了各帝国主义对中国联合干预的图谋。这场由执掌大清帝国命运的最高统治集团与义和团神术相结合的针对洋人的战争，就这样开始了。

当时，在西方帝国主义的百般欺凌下，从皇太后到一般老百姓，都

---

1 〔英〕庄士敦：《紫禁城的黄昏》，第 253~254 页。
2 庄士敦是 1898 年来华的，曾在香港、威海卫任要职。

THE FALL OF THE PEKIN CASTLE THE HOSTILE ARMY BEING BEATEN AWAY FROM THE IMPERIAL CASTLE BY THE ALLIED ARMIES.

日本绘本中的八国联军

在虔诚地相信：焚香念咒，可以刀枪不入，可以使洋人的枪炮不响，可以使教堂立即起火，以及"红绳拽楼""空中掷火""天神下凡"等神话。然而，人们幻想中的胜利的"奇迹"，被八国联军的洋枪洋炮冷酷地打碎了。成千上万的义和团团民倒在血泊之中，这一年的 8 月 14 日，八国联军攻入北京，进入北京各使馆。第二天，慈禧太后从北京逃往西安。帝国主义者们对中华民族"从容"地进行了一场空前野蛮的劫掠。对于中国人来讲，这是一幕令人不堪回首的古老民族的近代悲剧！

在北京城内，外国侵略者的军队实行分区占领。表面上他们相约对紫禁城不实行占领，事实上，各国的军官和士兵们都在利用各种机会进入紫禁城劫掠那里的财宝。当时在北京就出现了交易这些不义之财的"市场"。

据日本人植松良三的记载："至夺来之物，金银、珠玉自不必言；此外书画、骨董、衣服，以及马匹、车辆等值钱之物无论兵卒，平人，所获之数均属不少。军人因不便悉持去，虽是金银、珠玉，亦以贱值转售，以故操奇之人颇多。余见某国人购得三分大之珊瑚珠百余颗，仅一弗银耳（按：一弗，即墨西哥银一元）。"[1]

更有甚者，"西兵出京，每人皆数大袋，大抵皆珍异之物，垂橐而来，捆载而往。其在外国，半皆博物院中物，故虽败可以无失，而中国则私家所藏，故皆往而不归，且长留外邦，永为国诟"[2]。据内务府后来报告，皇宫失去宝物 2000 余件，内有碧玉弹 24 颗、四库藏书 47506 本；日军从户部银库抢走 300 万两银子和无数绫罗锦缎，还从内务府抢走 32 万石仓米和全部银两；联军洗劫的紫禁城、三海、皇史宬、颐和园等地，天坛损失祭器 1148 件，社稷坛损失祭器 168 件，嵩祝寺丢失镀金佛 3000

1　〔日〕植松良三：《北京战后记》，《西巡回銮始末记》卷 3，上海书局石印，1905。

2　《津门战后记》，《西巡回銮始末记》卷 3。

余尊、铜佛 50 余尊、铜器 4300 余件等。

法兰西人贝野罗蒂作为随军文官和"法兰西整千整万的兵一起"，跨越地中海，于 1900 年 9 月下旬侵入中国黄海，随后他亲历了一场对中国皇宫进行的空前掠夺。后来，他撰写了《在帝都——八国联军罪行纪实》[1]一书，记载了八国联军在占领北京后的一系列暴行。事实上，8 月 14日，八国联军中英军已经攻入北京内城。八国联军进入北京后，曾公开准许士兵抢劫三天，但事实上，直到侵略者撤离之日，抢劫行动也没有停止。

书中写道，"西方蛮人"占据了这个地方，"成了北京之主人翁"。八国联军的占领使"中国神秘之中心，真正的天子寨穴，宏伟的堡垒——紫禁城已成了坟墓，壕沟中堆积着尸体"。"三重城的宫殿，给人侵犯到最秘密处"，他们抢夺紫禁城的财物，并将这里的珍宝据为己有。当时，基督教堂成了窝赃的据点。"教堂中的储蓄来自伟大（的），是最充实之阿里巴巴之地窖，全是从紫禁城搬来的。""皇帝的厚丝之袍，绣着金龙的，现在委弃在地下，各种杂物之中。人们在上面走，在象牙、玻璃、刺绣、珍珠上面走。"

1900 年 8 月 28 日清晨 7 时 30 分，各国部队汇集在大清门内。按事先的协议，军队由 800 名俄军作为领队，其后的队伍由日军、英军、美军、法军、德军、意军、奥军组成。各国公使和司令官以及军事记者、使馆职员、侍卫队等都参加了阅兵式。俄国的利涅维奇中将因军衔最高，代表各国司令官检阅了部队。8 时，阅兵完毕，英军施放礼炮宣告游行开始，各国侵略军列队顺序进入紫禁城，依次由大清门进入，经过内左门，出神武门。一路鼓乐齐鸣。这次阅兵和游行，是八国联军对中国人

---

1 〔法〕贝野罗蒂：《在帝都——八国联军罪行纪实》，李金发译，人民日报出版社，1990。

民的一次公开欺辱。

一场浩劫过后，于1901年年初，征服者们还用他们的方式"开放"了紫禁城。驻守皇宫的美日两国军方头目还订立了《驻京美日两国提督议定游览紫禁城章程》。兹录如下：

[一] 此章程自西历十九日（注：1901年2月19日），即中历元旦日为始，照行。

[二] 此章程因方便文武官员及各国士商入紫禁城而设，以免有屡报宫中之物为游客所携失之事。此系美日两国提督会议，开定下列各条：

（一）凡文武官员，及各国士商，应持有联军各军管带之信函，准于每礼拜二、礼拜五等日，自午前十点钟，至午后二点钟止入内，二点钟以后，应请各位退出。

（二）按前条所开之管带官之信函，应请于前两日预投，或致美提督，或

八国联军进入紫禁城

1900 年 11 月 28 日八国联军在
紫禁城阅兵

致日提督。函中声明系某官居长，及应偕行人数。美日提督自当互相知会。

（三）游者应由南门入，由北门出。其余各门均不能擅开。（按第八条所开各位，不在此例）

（四）凡大内悬有免入等牌之门户，均请免入。

（五）当开明各日期时辰内，应有派出值日美日武官照料。

（六）大内所用华仆，除奉有美长官或日长官之准状外，不准带物件外出。

（七）所有华人出宫禁者，应由把门美兵日兵认真搜检。尚查有违章之物在身上，应由把门兵丁扣留，具报长官，以便申报提督核办。

（八）如瓦统帅，及联军各官长提督，及其偕来之友，不论何日，在上午十点钟至午后二点钟之间，紫禁城之南门可以启开延入。或有人持瓦大帅及联军各官长提督之名片投交守门武官，亦可放行。[1]

---

1 《庚子国变记》，《西巡回銮始末记》卷 4，上海书局石印，1905，第 235~236 页。

据以上文件，起码可以得到两个方面的结论。

首先，证实了紫禁城曾有过那么一次异样的"开放"的史实，开放时间启于八国联军占领北京后的 1901 年 2 月 19 日，止于《辛丑条约》的签订。如果按照这一条约，八国联军应于 1901 年 9 月 17 日前一律撤出北京，即在此之前的某一天。开放的地点就是紫禁城，一个在伦理上拥有数以万计的忠孝灵魂的中国皇帝的居所。开放的性质是游览，并对游览地实施法令保护，这在古老的中国无疑是前所未有的。

其次，是这份议定于辛丑年元旦的"章程"本身的意义。这一规则对游览手续、游览区域、游览时间等都做了较为明确的限制。无疑这一"章程"带有极大的殖民性，在很大程度上辱没了中国人民，其中享有最大特权者只是以德军统帅瓦德西伯爵为首的少数列强上层军界人员。同

辛丑条约

辛丑条约（英）

时，我们也能看到外国占领军与中国皇族之间的妥协，具体反映在"章程"的第四条款中。据传，清朝官员世续此间留守北京，照管宫廷事务，曾在宫中宴请联军头目，请求保护宫廷、坛庙。"章程"中并未明文规定华人不得入内，但第六、第七条款对华人出入宫禁（尤其是出宫）有非常苛刻的规定。

目前，我们还不能看到一份有中国人在此期间游览紫禁城的记载。对于这样一次不平等的事件，中国人是有权表示愤慨的。当时的皇室亦不例外。据德龄女士的记述，慈禧曾回忆说："在光绪二十八年初，我们回到北京，当我看到宫中这一番景况，又是一番伤心，一切都变了！许多名贵的器皿不是被偷了便是毁了。西苑里的宝物完全一扫而空。我那天天礼拜的白玉观音也不知被谁砍断了手指。有的外国人还坐在我的宝座上照了相。……"[1]

八国联军在紫禁城内的宝座周围

1　德龄:《清宫二年记》，顾秋心译述，云南人民出版社，1981，第100页。

具体有多少被劫掠的物品已无从可考，但是仍旧可以通过一份清单一窥当时八国联军抢劫文物的疯狂，"如八月初四日，'洋人拿去乾清宫等物品清单'中记载有：'玉器163件、玛瑙44件、瓷器3件、笔16支、核桃珊瑚20件、扇子5把、扳指6个、竹木器7件、玩器53件、册页14册、手卷4轴、挂轴2件、铜器8件和石器墨纸4件，以上共331件。乾清宫内的青玉古稀天子之宝1方、青玉八征耄念之宝1方、铜镀金佛2尊、碧玉双喜花觚1件和碧玉英雄合卺觥1件等珍贵物品，也被洋人相继抢去。'另外，八月初六日、十二日、二十七日、九月初一日、十月初三日、初七日和初十等日的档案中，也有洋人抢劫东西的类似记载。"[1]《庚辛记事》哀叹，经此浩劫，中国"盖自元、明以来之积蓄，上自典章文物，下至国宝奇珍，扫地遂尽"。

这次紫禁城的开放，早于1905年张謇创办的中国人的第一座博物馆——南通博物苑5年，早于1925年建立的故宫博物院25年，而且，亦不乏博物馆的"藏品、陈列、开放"三要素。那么，这一"章程"中所反映的"开放"是否就已经具备了博物馆的性质呢？

回答是否定的。博物馆作为近代社会历史发展的产物，其含义是："以其具有相对独立的目的和职能而出现，是以人与物的自身解放成为独立的存在为其先决条件的。自立之人与独立之物的这种关系，是与近代同时出现的。它首先是个社会史的概念。"[2]

所谓"人的自身解放"与"物的自身解放"，体现了近代社会的个性与主体性的价值观。这一认识比较明确地说明：在帝国主义与中国封建专制主义压迫下的半殖民地半封建的社会里，中国人民完全处于无权的地位，在八国联军枪炮的威逼下，"开放"紫禁城一事完全是强加在中

1　万依、王树卿、刘璐：《清代宫廷史》，辽宁人民出版社，1990，第542页。

2　〔日〕伊藤寿朗、森田恒之主编《博物馆概论》，吉林省博物馆学会译，吉林教育出版社，1986。

国人民头上的强盗行径，是对中国人民、中国文化以及博物馆崇高职能的污辱。皇城一带早已成为废墟，当时在京的美国人麦美德博士（S. Luella Miner, 1861-1935）反思说："人们会说中国是自取其祸——这不是战争，而是惩罚，但是，当我们能够分辨善恶的时候，我们为什么还要采用使欧洲文明史蒙羞的残暴行为，在19世纪的最后几页留下污点呢？"[1]

这些西方人甚至将种种肮脏的行为带进了游览紫禁城的过程中，法国朱利安·韦奥上校（即后来的作家绿蒂）在其著作《在北京最后的日子》披露，紫禁城两道门都严格地禁止出入，北门由日本兵把守，南门则由美国兵把守。但话虽如此，韦奥上校本人还是在日本兵的通融下进入了紫禁城，并命令太监带路参观了皇帝的禁地。在离开皇帝卧室时，上校的勤务兵故意迟迟落在后面，并趁机扑倒在那张挂着宝蓝色床帷的床上嬉闹了一番，其中一个人操着加斯科尼口音不无兴奋地对同伴说："老兄，这样至少我们能说睡过中国皇帝的龙床了！"[2]

因为是皇宫，各国碍于情面不便公开抢劫，但暗中偷窃时时有之。在"入宫参观"的借口下，各国高级军官和公使包括其夫人、随从难免瓜田李下，顺手牵羊。意大利公使萨瓦戈就说，即使在紫禁城阅兵时，"皇宫里一些小的珍品无疑是丢失了"，因为一些外交官夫人也都进来了，而她们并不仅仅是来看阅兵的；"在北京一个美国女士家的客厅里，我看到一些雕刻得十分精致的玉器……那是在皇帝的客厅里陈设了几个世纪的历史文物"[3]。他们是一群不折不扣的盗贼。

---

1 转引自〔美〕柯文《历史三调：作为事件、经历和神话的义和团》，杜继东译，江苏人民出版社，2000，第149页。
2 〔法〕皮埃尔·绿蒂：《在北京最后的日子》，马利红译，上海书店出版社，2006，第88页。
3 金满楼：《1900北京的春天有点乱》，中国文史出版社，2012。

而这一事件为紫禁城留下的悲哀却被《紫禁城的黄昏》的作者所忽视了。

最后有必要说明的是，这本书的写作目的并不是专门针对庄士敦先生的。《紫禁城的黄昏》收笔于溥仪出宫，至于溥仪出宫以后的故宫与后来在紫禁城建立的博物院，庄氏已不再关注，在书中也只字未提。因此，这本名为《紫禁涅槃：从皇宫到故宫博物院》的书，其主要笔墨是放在溥仪出宫之后的围绕着故宫博物院的历史上。毋庸置疑，这本书的写作立场、思想情感与观察角度，与《紫禁城的黄昏》是截然不同的。在庄氏看来的黄昏，在本书看来正是预示着新时代即将到来的喷薄而出的黎明。

作者于北京

2017 年 3 月

目 录

第一章
皇室天家的宫廷宝藏

千百年来，天下琼奇瑰异，稀世不易得之珍，咸充物于紫禁城。无论是这座古代宫殿建筑群本身，还是紫禁城内珍藏的各种文物，都是罕见的旷世之宝。从收藏的数量来看，乾隆帝超过了以往任何一位皇帝，他还曾经以"寸草为标"，规定宫中的一切物件都不准丢失。首先提出"辟帝室博览馆于京师"的人是晚清立宪派的著名代表张謇，随后提出此议的有熊希龄、锡良等，民国初年，金梁、罗振玉等也设想过筹建皇室博物馆。然均未获成功。

20 世纪 80 年代以降，海峡两岸的学者说到中国博物馆的渊源，"古已有之"的观念不可谓不深。有大陆学者认为，"在河南安阳殷墟，曾发现殷人保藏典册的府库。我国古代文献中也不乏这方面的记载。《周礼》说，周代春官之职，掌祖庙之收藏，'凡国之玉镇大宝器藏焉'。《春秋》桓公二年记载：'夏四月，取郜大鼎于宋，戊申，纳于太庙。'《史记·孔子世家》记载，孔'故所居堂弟子内，后世因庙藏孔子衣冠琴车书'"。尤其是"宋代以降，搜集、研究古物更成为朝野的风尚，与文物、博物馆工作有联系的金石学、方志学、考据学、目录学等学科也逐渐建立起来。古代收藏家和鉴定家的搜集活动及其研究成果，为我国博物馆的诞生，提供了基础"，"当时我国虽然还没有博物馆的名称，但就其实质而言，业已具备了博物馆的雏形"。[1]

在台湾，有学者认为："如论宫廷收藏，已经有了博物院（指故宫博物院）的事实，则汉宣帝甘露三年（前 51）图画功臣于麒麟阁，在公元前 1 世纪，吾国已有画像博物馆了，此后如后汉有云台，隋有宝迹两台，唐有凌烟阁，明有平台，清有紫光阁，都是画像陈列馆，历朝也都有古物的珍藏，不过没有公开展览罢了。"[2]

说到故宫博物院与宫廷收藏的承继关系则有如是说：

宋承五代扰攘之后，太祖于建隆元年（960）即设翰林图画院，太宗太平兴国元年（976）诏天下郡县，求前哲书画墨迹，太宗又命高文进、黄居寀搜进民间书画。太平兴国四年作太清楼，庆历中辽送"千鹿角图"与宋，悬挂于此楼，故宫博物院藏有"景德四事图"，末幅即是太清观书。太宗瑞拱二年（989）于崇文院中央建秘阁，以三馆书籍真本并内出古画墨迹藏之。秘阁可

---

1 蒋复璁：《国立故宫博物院的历史使命》，载《故宫文物》，台北：商务印书馆，1981。
2 文化部文物局主编《中国博物馆学概论》，文物出版社，1985。

以说是北宋宫中博物馆了。徽宗宣和间，内府所藏益富，因勒撰宣和书谱20卷、宣和画谱20卷，这是北宋宣和年内府所藏的书画目录，今天幸都存在。故宫博物院藏品，在这两目录里的有19件之多，还有不在此目录而有北宋印玺的，计有22件。换言之，就是北宋内府所藏，现在还藏故宫博物院的，有42件之多。故宫收藏书画中，仅有南宋印玺的，有17件，南北宋内府盖印入藏在故宫博物院的竟有59件，这个数字实在惊人，也足征故宫博物院与两宋内府关系的密切，也可以知道故宫博物院上溯到两宋，证据确凿，令人兴奋。

又说，

元王恽目睹由南宋移来的书画，撰有书画目录，记载有两百件，其中有唐孙过庭书谱及宋十二帝后画像，还藏在故宫博物院。宋十二帝后画像原藏在宫内南薰殿，还有唐、五代及明代帝后的画像，因宋十二帝后画像是宋宫原物，所以至少明代帝后的画像也是原物。王恽所记，并不齐全，因为故宫博物院所藏晋、唐、宋书画，不入王目而有宋印玺的，还有数十件呢。自来装裱、题跋及藏章每被割去，所以故宫所藏古书画曾入赵宋宫廷的，更不知有多少。铜器、瓷器、玉器及雕刻、丝织等件，因无题识及藏章，无法明辨，恐怕也有不少是宋室故物。我们从故宫藏宋内府文物之多推断，故宫应从宋代算起，历史一千年，并非是过甚之说。[1]

以上记述所传达的认识是，博物馆渊源于人们的文化收藏行为，进而，中国的古典收藏传统即可演绎为中国博物馆的萌芽，或称起始。说

1　蒋复璁：《国立故宫博物院的历史使命》，载《故宫文物》，台北：商务印书馆，1981。

到故宫博物院，更是来源于两宋内府，发扬于清高宗乾隆帝的收藏，宫廷收藏即"没有公开展览"的博物馆。

我们认为，中国博物馆的产生是近代社会变革的结果，不是宫廷收藏或私人收藏的继承。宫廷收藏与博物馆收藏的表层联系，体现了近代资产阶级民主革命的成果。宫廷收藏在变为博物馆收藏之前，仅仅是封建专制主义文化的一种表现，是千百年来封建文化专制制度的产物。为了明确宫廷收藏与博物馆收藏的关系，进而，搞清楚清室宫廷收藏演变成故宫博物院的历史真相，有必要首先对紫禁城与宫廷收藏进行分析。

"紫禁城"之所谓

今天所称故宫，即明清两代皇宫，亦称紫禁城。它始建于明永乐四年（1406），建成于明永乐十八年（1420），至今已有近六百年的历史。这里曾居住过明清两代 24 个皇帝和他们的后妃及一部分皇子，并在这里对全国实行统治。在这座占地约 72 万平方米的"城中之城"中曾演出过中国沧桑史上最为惊心动魄的"帝王将相戏"。

像赫米蒂奇（Hermitage）、凡尔赛宫（Versailles）、托普卡匹（Topkapi）等一样，故宫博物院既是博物馆又是宫殿建筑群，它可以炫耀它的收藏、它的建筑、它的历史。紫禁城是中国皇帝的理想之城。宽敞的庭院，大理石平台，气势磅礴的大厅，红色的墙和金色的屋顶，这些都有着持久的魅力。这座宫殿作为中国建筑技巧的辉煌纪念碑呈现给公众。

中国自古以来就有传统的中心观，无论是建都、建造宫殿还是建重大的祭祀场所，都试图寻找天地的正中，以奠定天子居中、四方来朝的政治格局。明代营建紫禁城的时候，也继承了这种中轴思想，紫禁城作为北京城的正中，自奉天殿（太和殿）中心，向北直抵鼓楼，向南则直达正阳门，全城重要建筑均布置于这条中轴上。[1] 形成了以紫禁城为核心，周边向皇城聚集的京城格局。其"前朝后寝""左祖右社""五门三朝"的格局体现了儒家的理念和礼制与阴阳五行的学说。

---

1 王子林：《紫禁城风水》，紫禁城出版社，2005。

神武门内的紫禁城

　　紫禁城位于北京城的中轴线上，是城市地标性的建筑及景区。如今故宫博物院中轴的政治意义已经不那么显著，但其中蕴含的文化因素意义深远。作为北京的地标性景区，整个紫禁城宫殿建筑，是中国历代宫殿建筑的继承与发展，是中国现今保存最完整、规模最宏伟的古代宫殿建筑群。置身于紫禁城中，朝暾夕曛，可以真切领略和感受中国古代宫廷生活的尊贵典雅、精致奢华，以及皇家艺术情趣和文化品位，进而对中国古代博大精深的传统文化有更为全面深入的了解。

　　紫禁城的规划模式体现了皇权的礼制。尤其关注庭院、礼节、休息和日常生活。这神话般的建筑群，也是一个消失的帝国时代的宝库。紫禁城是指由午门、神武门、东华门和西华门连接在一起的墙壁包围的区域，占地面积 72 万平方米。宫殿由一系列的建筑群组成，占地总面积 17 万平方米。幸存的宫殿建筑至今覆盖了 15 万平方米并且包括 9000 多间不同元素的房间，它是罗浮宫的四倍，是圣彼得堡冬宫的九倍，是克里姆林宫的两倍，是白金汉宫的十倍。

清朝康雍乾时期在北京的西北郊以及京城周边地区修建了许多皇家园林，作为皇帝消遣避暑的行宫。这些皇家园林，一度成为另一个政治中心，例如雍正时期每年春末到秋初、秋末至春初两个时节，皇帝都会到圆明园居住和理政。说明这些皇家园林与紫禁城的关系极为密切，都是皇室文化的重要组成部分。

对于故宫中的宝藏，世间不乏美誉的辞藻，其中以著名考古学家裴文中所言最为贴切。他说："无论是紫禁城这一古代建筑群的本身，还是紫禁城内珍藏的各种文物，都是罕见的旷世之宝。"[1] "旷世之宝"即言举世无双、旷绝一世的宝物，是特定历史条件的产物，在另一种条件下是绝不可能复得的，这一定义下得十分准确。另外，裴先生还将这一旷世之宝分为古代建筑群与珍藏的各种文物两种系列，此观点颇有见解，下面也不妨分别予以论述。

首先，紫禁城作为古代建筑群，是我国民族文化遗产中最优秀的代表之一。紫禁城的前半部以巍峨的太和殿为中心，是皇帝举行大典的地方。后半部以乾清宫、交泰殿、坤宁宫为中心，东西两侧有十二宫。"紫禁城居皇城内，周六里，广袤一千六十八丈三尺二寸，城四门，南曰午门，北曰神武，东曰东华，西曰西华门，四隅角楼各一，墙外东西北三面，守卫围房七百三十三间，此紫禁城内维之制也。"[2] 故宫占地面积 72 万平方米，建筑面积约为 15 万平方米，1973 年专家现场测量故宫有大小院落 90 多座，房屋有 980 座，共计8707 间。[3]

习惯于"天人合一"思维方式的中国人，往往将人复归于自然，与天地精神结通，因此，也就出现了以紫微星垣比喻帝王宫殿的说法。《晋书·天文志》载："紫宫垣十五星，其西蕃七，东蕃八，在北斗北，一曰紫微，大帝之座也，天子

---

1 裴文中：《旷世之宝——紫禁城》，《故宫新语》，上海文化出版社，1984。

2 金梁：《清宫史略》自印本，1933。

3 朱继伟、景海亮：《关于故宫博物院导览的探讨》，载《融合·创新·发展——数字博物馆推动文化强国建设——2013 年北京数字博物馆研讨会论文集》，2013。

太和殿（外）

太和殿（内）

太和殿前的神龟

太和殿前的铜鹤

之常居也。"紫微即天极星,位于中天,特别明亮,旁边群星环拱,故有"紫微正中"的说法。

帝王是人间社会生活的中心,"古之造文者,三画而连其中谓之王。三画者,天地与人也,而连其中者通其道也,取天地与人之中以为贯而参通之,非王者孰能当是"[1]。王是沟通天、地、人的至尊至贵的天子,于是乎,"天有紫微宫,是上帝之所居也,王者立宫,象而为之"的认识也就不足怪了。

明代永乐帝朱棣,从南京迁都北平,改称北京,把皇宫建在当时北京城的正中,在建筑布局及宫殿的定名上都采用了一套附和"天宫"的手法。整座宫殿的主要建筑为南北城的中轴线上最大的太和殿(俗称金銮殿),建在 8.13 米高的台基上,居高临下,象征天子的崇高伟大。乾清宫和坤宁宫,象征天地乾坤。后三宫东庑的日精门和西庑的月华门,则象征日、月。东西六宫,象征十二星辰。在中轴线两侧的外东路、外西路的建筑群,象征环绕的繁星。总之,所有这些象征日月、星辰的对称建筑群,拱卫着象征紫微的中宫,充分显示出皇帝受命于天的意图。这就是"紫禁城"名称的来源,这一把阴阳五行、自然现象包摄于天,又将其人格化,然后再赋予皇帝的居所,并用天宫的总局呈现出现实的宫殿,无疑是把皇权置于万民之上,使统治者的地位神圣化、绝对化。

城内宫殿建筑布局沿中轴线向东西两侧展开,红墙黄瓦,画栋雕梁,金碧辉煌。殿宇楼台,高低错落,雄伟壮观。它不仅是强化皇权的一种重要体现,同时,也是中国古代传统文化中最优秀的代表。

养心殿位于西六宫南,为雍正朝之后皇帝日常办公地,同时在此召见臣僚。与之相对称的地方为奉先殿,是供奉祭祀祖先处。在中国的封建专制社会里,一般臣民当然并不知道住在高大宫墙内的皇帝的性格与人品,但是皇帝像一种原始力量,被人们当作天子来接受和承认。这种令人敬畏的力量,来自上苍,来自弥漫着神秘色彩的紫禁城。

---

1 董仲舒:《春秋繁露》"王道通三"。

乾清宫

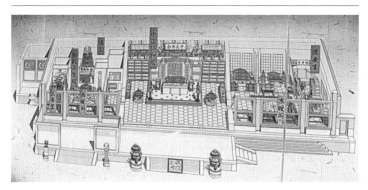

养心殿结构图

中国皇家收藏的秘密

故宫的宝物收藏从某种意义上体现着皇权的绝对性和神圣性。

鲁迅曾说:"清的康熙、雍正和乾隆三个,尤其是后两个皇帝,对于'文艺政策'或说是较大一点的'文化统治',却真尽了很大的努力的。文字狱不过是消极的一方面,积极的一面,则如钦定四库全书。"[1]鲁迅对当时

---

1 鲁迅:《买〈小学大全〉记》,载《鲁迅全集》第 6 卷,人民文学出版社,1981。最初发表于 1934 年 8 月 5 日《新语林》第 3 期,署名杜德机。

封建专制主义文化的洞察与论述，实在是令人钦佩。上面所讲的"文化统治"（即文化专制），消极的一方面，"文字狱"搞得读书人是"避席畏闻文字狱，著书都为稻粱谋"[1]；而积极的一方面，《钦定四库全书》收书3503种，79337卷。

同时，"天下琼奇瑰异，希世不易得之珍，咸充物于天府。试取宋《宣和书画谱》，清乾隆《石渠宝笈》诸书读之，乃知'米家之船''项氏之阁'犹沧海之一粟也"。形成这一现象的原因也许是，"故古文之国恒宝焉，其为物也。不盈一握，而直或逾万金，且散而之四方，非好之者不能聚也，好之矣而非强有力则其聚也无多。以元首之尊，而笃士夫之好，则四方辐辏焉"[2]。这样，一个沟通天人之际的圣君顺应"民愿"而出现了，乾隆帝以最高权力者的身份大力搜集天下的古物，在他的倡导下，开创于宋代的金石学又在乾隆朝时盛行起来。

臣子们争先恐后地为皇帝考据古器物，编纂出了《西清三编》（包括《西清古鉴》40卷附《钱录》，《西清续鉴》甲编20卷、附录1卷，《西清续鉴》乙编20卷），同系列的还有《宁寿鉴古》16卷，著录的均为清宫所藏古代铜器。另有《石渠宝笈》（包括"正编"45卷，"续编"88册，"三编"108册），同系列的还有《秘殿珠林》24卷，亦有续编，著录当时宫廷所收藏的各类书画等。以上书籍均成书于乾隆、嘉庆年间，并形成了以考据为特征的乾嘉学派。正是"上有好者，下必有甚焉者矣"[3]。完成于乾隆后期的《四库全书》中收入从宋元明至清中叶以前的有关金石学论著58种之多，其中收录清宫收藏的主要著书如下表。

1　龚自珍：《咏史》诗，作于道光五年（1825）。

2　龚心湛：《内务部古物陈列所书画目录·序》，北京京华印书局代印，1925年9月。"米家之船"指北宋书画家、私人收藏家米芾，《自堂存稿》有"承平米家船，遗我独凄然"的诗句。"项氏之阁"指明朝大鉴藏家项元汴（字子京）所贮藏金石书画的处所名为"天籁阁"，在明朝一代私人收藏中堪称巨擘。

3　《孟子·滕文公上》。

表 1-1 《四库全书》中收录的清宫收藏的主要著书

书名	著者	年代	卷（册）数	收录藏品件数	备考
西清古鉴	梁诗正等	乾隆十四年	40 卷	古代铜器 1529	附《钱录》16 卷，录历代货币
西清续鉴甲编	王杰等		21 卷	古代铜器 975	
西清续鉴乙编			20 卷	古代铜器 910	
宁寿鉴古			16 卷	彝器 600，镜鉴 101	
石渠宝笈	张照、梁诗正等	乾隆九年	45 卷		
石渠宝笈续编	阮元等	乾隆五十六年	88 册		
石渠宝笈三编	英和等	嘉庆二十年	108 册		此三编所录内府藏书画精品约 12500 件
秘殿珠林	张照、梁诗正等	乾隆九年	24 卷	书画 1235	
秘殿珠林续编	王杰、董诰等	乾隆五十八年			

这一表格所反映的仅限于乾嘉时期，是对于宫廷收藏的古代铜器与书画两个方面进行整理后所获得的一个概貌，还远远不是清室收藏的全部。这一巨大的收藏量，还将在后面的篇章里予以探讨。另外，帝王一般都对收藏的目的加以隐匿，如乾隆帝为《钦定秘殿珠林石渠宝笈续编》所制御序曰：

……然予以此举，实因志遇，而非夸博古也。盖人君之好恶，不可不慎。虽考古书画，为寄情雅致之为，较溺于声色、货利为差胜，然与其用志此，孰若用志勤政爱民乎？四十余年间，应续纂者，又累累至此，谓之为未害勤政爱民之念，己且愧言之，而况于人乎？书以志遇，后之子孙当知所以鉴戒玄取矣。至《西清古鉴》可以类推，更弗赘言。

乾隆帝以此来表示自己在考古书画，寄情雅致之时，唯令圣王念兹在兹的是勤政爱民。为了表示这一意志，乾隆帝还时常加盖"自强不息"的御玺。

在《秘殿珠林》的上谕中，乾隆帝写道："列朝家教从不以珍玩为尚时，或怡情烟翰，与古为徒。"而事实上，宫廷却在大力搜刮"散佚"在民间的书画古董，

"是以内府缣绵盈千累万"而专供帝王一人享乐。这些收藏的源流体系大致如下。

一是进呈物品。专制时代帝王一家天下，富有四海，国之所有莫不属于一人，逢年遇节，或万寿大典，臣子必有贡献亦属礼之当然，情之必至。《周礼·天官冢宰下》云："内府，掌受九贡九赋九功之货贿。良兵、良器，以待邦之大用，凡四方之币献之金玉齿革兵器，凡良货贿，入焉，凡适四方使者，共其所受之物而奉之，凡王之冢宰之好赐予，则共之。"便是这样的功能。

据《尚书·禹贡》蔡沈注，"享"有两个方面，即"上之所取谓之赋，下之所供谓之贡"。其中"贡"是当时这种形式的具体形式；再者，是由上而下进行的分配，分配的主体是王与高级贵族，分配的客体是各不同等级的贵族，赏赐是当时这种分配形式的具体体现。这样一个由下而上，再由上而下的封闭的回圈结构遂成为维护周族王室政权的分配结构。

《尚书·洛诰》篇云："汝其敬识百辟享，亦识其有不享。享多仪，仪不及物，惟曰不享。惟不役志于享。凡民惟曰不享，惟事其爽侮。""百辟"，即诸侯；"享"，即诸侯朝享天子；"仪"可释为礼仪；"物"可释为器币，即礼器玉帛。这段文字的大意是：周公在告诫成王所谓"御诸侯之道"。在周公看来，诸侯的朝享有诚有伪，人君识别诚伪的方法，唯克敬者能识之，"享"不尽在于礼器玉帛。也就是说，人君识别诸侯的真诚与否不能仅是看其进献之物多少，如若币有余而礼不足，亦不可谓享；同时，周公并没有否定用物享王之必要，而是说"仪不及物，惟曰不享"。物与仪是"百辟享"的形式，也是其内容。诸侯惟不致力于朝享天子，则庶国的人民就会效仿，这样举国上下都会认定上不必享。因而诸侯无享天子之诚，则国家政事必将陷入差爽僭侮的混乱之中。因此，千百年来向皇帝进贡金玉良货是臣下的本分，是天经地义的事。

二是没收物品。专制时代，大臣或庶民触犯法纪，皇帝有抄没犯者私人财产的特权。小说《红楼梦》有锦衣卫查抄大观园的描述，等于一篇事实记载；《石渠宝笈》中著录毕沅原藏之件甚多，其中字幅如张即之所书"李衍墓志"，即为毕氏身后没收入宫者；著名的"颜鲁公祭侄文稿"，后有徐乾学、王鸿绪印亦系籍没毕氏之物。此外，亦有皇帝假借名义，收取入宫者，如米芾书"蜀素帖"，原为大学士傅恒旧藏，传之其子福隆安，其间家中不戒而引发火灾，当时此卷因装裱在外，幸免于难。事后进入宫内，所谓进入者，不过是美其名而已，事实上系乾隆帝的借口，以私人家第，不如天府安全，遂假名乾没，明眼人一看便知。

三是收购物品。《石渠宝笈》收藏书画除上述两项来源之外，亦有皇帝出资购买者。观晋王羲之书"袁生帖"乾隆帝跋云："'袁生帖'三行二十五字，见于《宣和书谱》……乾隆丙寅，与韩幹《照夜白》等图，同时购得，而以此帖为冠。"然而，此等事例在皇室收藏中是不多见的。

以上所述臣下的进呈也好，没收的家私也好，宫廷的收购也好，其来源多少都隐含着巧取豪夺的成分。《红楼梦》第四十八回中宁国府的贾赦为了夺取几把古扇，竟勾结官府把石呆子害得家破人亡的描述，在中国的封建社会里决非虚有。那么，"普天之下，莫非王土；率土之滨，莫非王臣"的中国皇帝，其手段就更不必说了。

唐太宗曾不遗余力地搜访王羲之书法，为达此目的，他指使萧翼到老和尚辨才处，骗取老和尚的信任，而后赚取了辨才收藏的《兰亭序》，使善良的辨才和尚留下了终身的痛苦和悔恨。萧翼将《兰亭序》献给唐太宗后得到了丰厚的奖赏。据何延之记载，萧翼被拜为员外郎，加入五品，并赐银瓶一个、金镂瓶一个、玛瑙碗一个，其中都装入了珠宝，还有御厩中的两匹良马及其宝装鞍辔，另有庄室一区。唐阎立本绘有《萧翼赚兰图》，描述了此事。

武则天时，张易之假修整内库图画，以伪作换了内府真迹，在其被杀害后，真迹为薛稷所得，薛死后又归于玄宗之弟岐王李范。李范开始没有进献，后来畏罪全部焚毁了。唐玄宗对书画的竭力搜求也曾导致书画的意外灾难。属私藏名迹又未及时陈奏，因惧罪而销毁书画的事例就时有发生。正因为皇帝运用国家机器，采用严厉与残酷的手段，搜刮民间的各种文化珍宝，所以宫廷的"秘府之藏，充牣填溢"。

从有关资料中可以得知，宫廷收藏大致有三方面的用意。其一，前朝御笔，

"朕每一捧观，辄增永慕，所当敬为什袭，贻我后人"，"谨什袭以示子孙也"，[1]以表示对祖先的崇敬。其二，作为一种"财宝""宜子孙"，"内府所储历代书画积至万有余种"，以备子孙享用，末代皇帝溥仪更是把宫廷收藏作为一种私产予以拍卖、抵押、盗运。其三，便是皇帝个人私享。譬如，乾隆帝说："王右军《快雪帖》为千古妙迹，收入大内养心殿有年矣，予几暇临仿，不止数十百过，而爱玩未已。因合子敬《中秋》、元琳《伯远》二帖贮之温室中，颜曰'三希堂'，以志希世神物，非寻常什袭可并云。"[2]乾隆帝之外，又有几人能将王羲之的《快雪时晴帖》"几暇临仿""爱玩未已"呢？再者，宫内收藏的编纂也完全是为皇帝玩赏服务的。

布满题款的《快雪时晴帖》(局部)，台北故宫博物院藏

《石渠宝笈》等书的编纂，并不以时代分类，也不以作者分类，而是以殿座分类，分别记载某某宫殿藏有某一些书画、某一些古玩。更不用说所谓《西清古鉴》的"西清"是皇宫中一个殿的名字；《宁寿鉴古》的"宁寿"亦然，以及"石渠""秘阁"都是历代封建王朝宫中收藏图籍、墨迹之处。皇帝的御览、鉴藏的玉玺也尽是"乾清宫鉴藏宝""养心殿鉴藏宝""重华宫鉴藏宝""御书房鉴藏宝"等，不一而足。每有文物珍品，必盖上皇帝御览的大印，以示皇帝所有。

---

1 《钦定四库全书·石渠宝笈》第1册，"上谕"。

2 《御刻三希堂石渠宝笈法帖·序》。

中国历史上最早和某些珍宝产生关联的统治者被视为后来皇家收藏的先驱。在青铜器时代，青铜礼器是最受尊崇的皇家宝物。因为这些青铜器象征着权力之源，统治者维持其统治的关键便是垄断对这些青铜礼器的制作，包括控制矿山、劳力和浇铸技术等各个方面。历代皇家收藏者都视这些古老的青铜器为珍宝，有了它们，后继的王朝就有了政治上的合法性、正统文化的象征。

为了表明自己是君权神授、获得前朝官员的实际认可，每个王朝的建立者还必须夺得对礼器制造、玉器制造及其他器物的控制权。同时，为了确保政权更替的顺利进行，他们还必须利用各种祥瑞来进一步让人们确信：是神剥夺了旧统治者的权力并把它交到自己手里。祥瑞意味着权力源自上天的认可，灾异则表示政治形势恶化，其政治地位岌岌可危。

古籍中提到的其他对于在形式上维护权力合法性必不可少的物件还有占卜表、人口登记簿、卷册（包括档案或者书画）和印玺。在朝代更替之际，获胜的统治者总要设法从前朝取得这些象征合法性的东西。大史学家司马迁描写了汉朝的开国皇帝刘邦夺取秦都咸阳的场面："沛公至咸阳，诸将皆争走金帛财物之府分之，（萧）何独先入收秦丞相御史律令图书藏之……"此后，刘邦继续巩固汉的统治，最终成为汉高祖，开创了汉朝的伟大基业。

除了上述的地图、档案、印玺、书册和青铜器等与政治紧密相关的藏品外，受皇帝和宫廷资助的艺术逐渐拓展了皇家收藏的范围，促进了皇家收藏的发展。

在中国的皇家艺术发展中，书法长期以来发挥着特殊的作用。3世纪，皇家收藏者在收藏书法作品时更多的是出于美学上的考虑，而对其书写内容已不太看重了，这表明皇家收藏者收藏作品的着眼点已经发生了深刻的变化，书法因而成了皇家藏品中第一种因为纯粹审美而被珍视的艺术形式。约4世纪的时候，紧随绘画之后，作为一种艺术品，书法也成了宫廷藏品中的一部分。逐渐地，美学特质在书法绘画作品中具有了更高的地位。

历史表明，皇帝建立皇家收藏往往有个人趣味和政治需要两方面的考虑，一方面是满足皇帝个人作为收藏家对稀世珍品的渴望，另一方面它也加强了皇帝的威望和政治权力。

乾隆帝像康熙帝一样，利用自己的政治特权搜罗了不少重要的艺术品。单纯从收藏的数量来看，乾隆帝超过了以往的任何一个皇帝。有人分析了一份1816年的清单，发现当时有15000幅字画装饰着从北京紫禁城到察哈尔的宫殿，其中有2/3是1644年以后的作品。这些作品的作者有一部分是皇家画院的画师，其余是当时朝中的大臣，他们常常应召无偿为皇帝作画或者写字。从数量上看，这些大臣的作品占清朝皇家收藏的77%，而皇家画师有偿创作的作品仅占12%。在这份藏品目录中，有乾隆帝自己的2516件作品，这在现今发现的皇家藏品的署名作品中间占到了27%。这个令人吃惊的数字被后来的研究者频频引用。

清朝末年，皇家珍藏反映了绘画、陶瓷、装饰艺术、纺织和家具等诸多艺术门类的持续发展，同时也逐渐萎缩，特别是紫禁城发生的几次火灾，烧毁了大量珍贵的藏品尤其是书籍和绘画，其中武英殿等更是被大火夷为平地。同样令人追悔不及的是1860年英法联军对圆明园的洗劫，无数价值连城的珍宝成了战争的牺牲品，或者在战火中焚毁，或者被侵略者夺走。直到今天，在伦敦的大英博物馆和巴黎的基美博物馆，人们还能看到中国皇家的珍宝。

末代皇帝溥仪在《我的前半生》中写道："据说乾隆帝曾经这样规定过：宫

大英博物馆馆藏中国古代宫廷瓷器

中的一切物件，哪怕是一寸草都不准丢失。为了让这句话变成事实，他拿了几根草放在宫中的案几上，叫人每天检查一次，少一根都不行，这叫作'寸草为标'。我在宫里十几年间，这东西一直摆在养心殿里，是一个景泰蓝的小罐，里面盛着三十六根一寸长的干草棍，这堆小干草棍几曾引起我对那位祖先的无限崇敬，也曾引起我对辛亥革命的无限忿慨。"[1] 由此可见，这些封闭至深，私于一姓，匿不示人的宫廷收藏有着不可思议的保守的内在力。

《左传》昭公三十二年中有句话说："是以为君慎器与名，不可以假人。"器与名是权力的象征或标志，决不可轻易给他人，"若以假人，与人政也"，这是君主的大忌。

据金石学家考证："《周易》六十四卦，莫不有象，而独于鼎言象者，圣人盖有以见天下之迹，而拟诸形容象其物，宜是故谓之象，至于近取诸身，远取诸物；仰以观于天，俯以察于地，拟而象之，百物咸备。以通神明之德，以类万物之情。""故孔子所以有不觚之叹也，呜呼！法服法器，古人非所以为丽也，惟心一于正，则于是皆不苟焉，推之于大者，其先王仁政之形，井田、学校、封建礼乐之类，意者皆其心神之妙也。是以形而传，彼典籍今亦耿耿也。"[2]

中国传统文化中的这种"以形而传"的方式，为一个"生生不息"的古老民族提供了"天不变道亦不变"的认识模式，往往成为保守势力坚持其顽固立场的精神支柱。这里所说的中国文化并不是很抽象的，而是以代表其传统的物象为根据的存在。

人们或许可以从中认识到，宫廷收藏是绝无可能凭空生出一个博物馆的。"曰秘殿、曰宝笈，循名责实，从可知矣，乃使一般普通民众，终身盲昧。"[3] 另外，所谓"宋以降的金石学也为我国博物馆的产生奠了基"，或金石学在清代"彪然成一科学"的论点也实在值得商榷。

1　溥仪：《我的前半生》，中华书局，1977。

2　东书堂重修《宣和博古图录》卷 1、卷 3 "鼎蕭总说"与"大明嘉靖七岁乐安蒋序"。

3　易培基：《故宫周刊弁言》，《故宫周刊》1929 年创刊号。

设立皇室博物馆的计划

在中国近代史上，也曾有人希图用维新的手法，变部分宫廷收藏为博物馆，或用皇室博物馆的形式保守皇产，但均未实现。

1840 年鸦片战争后，殖民主义者打开了清王朝封闭的大门，随着西方文化的传播，有关外国博物馆的情况也被介绍到国内。最早的译介大概是林则徐的《四洲志》，其载有"兰顿建大书馆一所，博物馆一所"，"兰顿"即今伦敦。洋务运动兴起之时，清政府开始有计划派遣人员出洋考察，国人对于西方博物馆的记载和描述日渐增多，如《乘槎笔记》《初使泰西记》《漫游随录》《伦敦与巴黎日记》《扶桑游记》《日本杂事诗》等，均有介绍欧美及东亚等国博物馆和图书馆的情况。[1] 用"画阁""古物楼""集奇馆""积宝院""积骨楼""博物院"等不同名称，描述外国博物馆的陈列展览以及文物模型。

19 世纪末，一些资产阶级改良主义者曾将创办博物馆作为"新政"的一项内容，最早明确提出建立博物馆主张的是上海强学会，其主张为中国博物馆的建立做了舆论准备。另外，外国殖民主义者自 19 世纪中期已开始在中国建立博物馆。其中较早的有：上海震旦博物院（1868 年法国人创办）、亚洲文会博物院（1874 年英国人在上海筹建）、济南广智院（1904 年英国人创办）等。无疑建立这些博物馆的举动也唤起了一些中国人对宫廷收藏进行有限改造的想法。1906 年 10 月，考察大臣向清政府连上三道奏折，一奏军政，二奏教育，第三奏即"各国导民善法，拟请次第举办，曰图书馆，曰博物馆，曰万牲园，曰公园"[2]。在清学部奉命筹办图书馆和博物馆的浪潮下，国人亦开始通过报刊书籍或是朝廷章疏表达开放中国最为美富的皇家收藏、创设一个完满的皇室博物馆和图书馆的设想。

---

1 晚清时期国人对西方博物馆的认知以及博物馆理念在中国的传播情况，可参阅以下两篇论文。陈锐：《晚清西方博物馆观念在中国的传播》，硕士学位论文，湖南大学，2007；谢先良：《晚清域外游记中的博物馆》，硕士学位论文，中国美术学院，2009。

2 《清实录·德宗景皇帝实录》卷 563，中华书局，2008。

首先提出"辟帝室博览馆于京师""内府颁发所藏，为天下先"的人是近代立宪派的著名代表张謇。

　　张謇（1853-1926），字季直，号啬庵，江苏南通人氏，清光绪朝状元，资产阶级实业家。曾在出访日本时，观览了日本帝室博物馆的张謇，于1905年奏请朝廷，曰《上南皮相国请京师建设帝室博览馆议》。

张謇

　　奏本首先阐述了自古以来朝廷收藏的宏旨。"然考《周官》外史之制，掌四方之志，掌三皇五帝之书，掌达书名于四方。由是推之，则虽天府之簿录，藏史之主守，必反而公诸天下也，彰彰明矣。"这里，张氏的用意无非是要"托古改制"，表明列祖列宗已有"公诸天下"的传统。接着，"奏本"又举"夫近今东西各邦，其所以为政治，学术参考之大部以补助于学校者，为图书馆，为博物苑。大而都畿，小而州邑，莫不高阁广场，罗列物品，古今咸备，纵人观览"。这里，张氏借鉴外邦"博物苑"的例子，说出了博物馆所应有的性质，并奏请京师建设帝室博览馆。

云："我国今宜参用其法（指日本帝室博览馆之建设），特辟帝室博览馆于京师。何以必曰帝室，宣上德扬国光也。"

　　这一"请京师建设帝室博览馆议"颇有别于原宫廷收藏之处，其主张反映在以下条款中，如其中"甲，建筑之制"一款中，"以类相聚，署为专室，用示特异"，"当以天然、历史、美术别为三部，分别部居，不相杂厕"。如此设置比较起某宫、某殿"鉴藏"，当然要进步了许多。再者，于"乙，陈列之制"一款中提出："觇古今之变迁，验文明之进退，秉微知巨，亦可见矣。"也要比乾隆帝的"谨什袭，以示子孙也"的收藏宗旨开明了许多。另外，在"丙，管理之法"中也有不少首倡，如："严管钥，禁非常及其他种种之有妨碍者，均起专定章程期限遵守。又当遴派视察员，招待员（无定员），用为纠监导观之助。必得通东西洋语言文字二三员，以便外宾来观，有可咨询。"这更是区别于清室宫廷收藏的"戒律"。尤其是张謇提出的"且京师此馆成立以后，可以渐推行各行省，而府而州而县，必将继起，庶使莘莘学子，得有所观摩研究，以补益于学校"，还有"若此馆成立以后，特许外人亦得参观"的提议，都颇得博物馆的要领。张謇的这份奏本，比较明确地提出了帝室博览馆的宗旨，具有很大的改革胆略。

然而，由于历史的局限性，张謇在此所主张的博物馆的宗旨仍然是很陈旧的。究其根本原因，在于这样的博物馆的设立，所依靠的只能是朝廷。张氏所企望的，"奏请皇太后、皇上颁赐内府所藏，以先臣民，钦派王大臣一二人，先领其事"，其余的还有所谓"表彰之宜"，无非是"不惜爵赏"，"谕令京内外大小臣工及世禄之家，嗜古之士，进其所藏"。其方法无别于乾隆敕定《四库全书》。因而，这一博览馆当然就要"大哉皇言，垂惠万祀"的颂扬一番，此宗旨也就成了"则帝室博览馆之议，虽今始建言，诚所以绍述祖训，恢张儒术也"[1]。这样，即使宫廷"昭示大公""公诸天下"，实质上却未能摆脱绝对皇权"文化专流"的圈子。如此小小的"新政"到底并未被清朝政府采纳，终成为改良派悲剧的一段插曲。然而，张謇到底是一位矢志不移的有识之士，他除了又一次上奏，便是于1905年在其家乡创办中国人自己的第一座公共博物馆——南通博物苑，隶属南通师范学校。资产阶级改良派（后来的立宪派）的一次设立帝室博物馆的尝试就这样被冷落了。

无独有偶，接着的倡言者是熊希龄。1906年，熊希龄在奉天任职办公期间，日本人内藤虎次郎曾致函熊氏，希望参观奉天行宫的皇家收藏。当时，正值清政

---

1 《张季子九录·教育录》，中华书局，1931。

府推行新政在各地兴办学堂，由此图书馆及辅助学校的各类机构不断兴办。为此，熊氏向奉天将军赵尔巽上书，建议创建"帝室图书馆"，"将宝库所藏各品，及崇谟阁所藏各书，概行移入。更广购中国古今所有之书籍，旁及东西新著有关政治学术者，附列其中，定名为大清帝室图书馆"[1]。1913年8月，熊氏再次向袁世凯呈文，建议利用避暑山庄的建筑空间及陈设物品，筹建一处集图书馆、陈列所、植物园、学校功能为一体的文明奥区：

拟将前宫为陈列所，坦坦荡荡为西宾馆，文津阁为图书馆，永佑寺为佛供陈列所，狮子园为植物园，西峪及含青斋项下为森林实验场，其余园内各处，审度形式，酌量备用。其南北两路行宫，均并为各所中小学之基址。将来铁路交通，外人前来游历者，必将络绎不绝。长城以外有此文明之奥区，壮观瞻而耸视听，于民国前途，裨益实非浅鲜。[2]

熊氏在呈文中特别强调了大清帝室图书馆在中外文化交流中的突出作用。

熊希龄

---

1 《请建大清帝室图书馆上盛京将军赵尔巽书》，载周秋光编《熊希龄集》第1册，湖南人民出版社，2008。
2 《关于修整避暑山庄房屋暨清理陈设物品呈袁世凯文》，载周秋光编《熊希龄集》第4册，湖南人民出版社，2008。

此后，此类提议中影响大者要属金梁了。1908 年，金梁随徐世昌至盛京，担任旗务司总办兼管内务府办事处事务。后锡良接替徐世昌任东三省总督，留任金梁，并奏保为旗务处总办。当时，时有发生将盛京内务府珍藏馈赠外人之事。金氏在盛京任职期间亲历其事，不禁发出"藏珍虽盛，又能经几人予携耶"[1]的慨叹。鉴于出现了这样的情形，金梁开始筹划创办"帝室博物馆"[2]。

1910 年 8 月，东三省总督锡良向宣统帝溥仪呈递《盛京大内文溯阁前建博览馆折》，提议在文溯阁前空地处修建一座博览馆。[3]奏折仅寥寥三百余字，但用大量笔墨论证了大内博览馆的文化价值、政治意义和社会功能。奏折开篇直抒创设大内博览馆的文化价值政治意义，"圣朝方欲慰海内观光之望，示王者无外之义，灵台灵沼与民同乐，正足以广皇仁而昭盛概"。中间述及博览馆的参考范例："伏查上年学部筹设京师图书馆，奏请赏给热河行宫文津阁藏书及各殿座陈设书籍，又本年浙江抚臣奏请于西湖行宫内文澜阁旁空地建设图书馆，先后奉旨俞允在案。"末尾则强调了大内博览馆在沟通皇室与国民方面的特殊功能，"以示皇室之尊严，而发国民之忠爱"。

1925 年 7 月 31 日，清善后委员会在点查养心殿物品时，发现了一批密谋复辟文件，委员会随即向社会进行检举。其中有"金梁五折"，为镶红旗蒙古副都统金梁跪奏的折子，曰："一曰'重保护'，保护办法，当分旧殿古物二类：一、保古物，拟将宝物清理，即请设皇室博览馆，移置尊藏，任人观览，并约东西各国博物馆借赠古物，联络办理，中外一家人，古物公有，自可绝人干涉。二、保旧殿，拟即设博物馆于三殿，收回自办，三殿今成古迹，合公有，合保存古物古迹为一事，名正言顺，谁得觊觎？且此事既与友邦联络合办，遇有缓急，互相援助，即内廷安危，亦未尝不可倚以为重。宣统二年，臣请查盛京大内尊藏宝物，

---

1 金梁：《盛京故宫书画记录》，载《瓜圃丛刊叙录》。

2 前揭《盛京故宫书画记录》载：余时兼司典守之职，创议设立博物馆，绘图订章，奏明建设，并聘通人，编纂目录，记录以备考查。载金梁《瓜圃丛刊叙录》，第 17 页。

3 《盛京大内文溯阁前建博览馆折》，参阅《锡良遗稿·奏稿》，中华书局，1959。

即拟设博览馆，呈由督臣奏请未允后，竟为人运京，不克保守。前车可鉴，何堪再误！近三年前，臣复创设馆之议，时与东西博古专家往还讨论，皆极赞许，并允助成，尤应提前速办，此保护宫廷之大略也。"[1]

时值 1924 年的旧历正月，紧接着在旧历二月初，金梁做了内务大臣后，又一次上奏："臣前请查古物，设博物馆，此提倡文化，皆系无关政治，正可借以延揽贤才……"

金梁称"近三年前"拟设博览馆的"奏折"。从金梁的奏折中可以看到那些"称臣"的遗老不顾民国的事实，口口声声，清理宝物，请设皇室博览馆，却妄图与国外敌视民国革命的人相勾结，夺回"三殿"（1913 年，清室将乾清门以外三大殿移交北洋政府，1914 年在武英殿与文华殿成立古物陈列所，公开陈列），并"延揽贤才"，为复辟做准备。因此，所谓设"皇室博览馆"的设想，只是金梁为溥仪着想的，能"遇有缓急，互相援助"，"可绝人干涉"，妄图永久占据故宫的计谋。

直至 1924 年 11 月 5 日，溥仪被冯玉祥驱逐出宫，早已卸任的金梁仍对设立皇室博物院事耿耿于怀。据《遇变日记》载，为了反对修正清室优待条件，金梁等拟有一份《满蒙回藏人宣言书》，奔走于军阀与政客间，散布说溥仪早派人清理古物，议设皇室博物院，"用意正同，何必相迫太过"。11 月 20 日前后，郑孝胥之子郑炎佐来到溥仪出宫后暂住的醇亲王府说，有日本武官赴天津，愿代说张作霖。

为此，金梁等又抬出一个《创办平民工厂学校及文化慈善等事业条例》，其序云："至图书博物馆，予早议设立，曾派员清查、筹备，尤乐观厥成。"用意无不在于恢复清室优待条件。金梁提出开放紫禁城部分区域，将文物古董加以陈列，设立"皇室博物馆，收取门票，增加收入"[2]。但此议尚未落实，溥仪就被驱逐出宫了。

---

1 引自吴瀛《故宫博物院前后五年经过记》第 1 卷，第 23（3）号插影。
2 劳祖德整理《郑孝胥日记》（四），中华书局，1991。

另一位皇室博物馆的倡言者，则是大名鼎鼎的金石学家罗振玉。

罗继祖著《庭闻忆略——回忆祖父罗振玉的一生》记载："祖父奉命入直南书房在甲子年（1924）八月四日。八日赴京面谢，赐对、赐餐，命检宁寿宫藏器。过了三天，又命与袁励准、王国维同检养心殿陈设。"此前，罗振玉曾应过一次宫里的差使，鉴定内府新发现的散氏盘的真伪，即"盘往岁由内府搜出，少府诸臣不能定真赝，邀振玉审定"[1]。

入宫不久，罗振玉向溥仪上疏《陈三事》，其中之二是"移宝藏"，"即据社会上啧啧浮言，谓宫中宝物乃历代所留迹，皇室不能据为私有之说，以为民国阁员、议员蓄此意已久（按：张乾若名国淦，民国总长，曾代表民国提议，以一千万元购清室全部藏品），宜予谋防维，宝物聚于宫禁，在在堪虞，莫如于东交民巷使馆界内购地建筑皇室博物馆、图书馆……"[2] 罗的疏陈有关章节如下：

予私意不如由皇室自立图书馆、博物馆，但虑首都频年兵事不已，即设立亦难免咸阳一炬，不如立之使馆界内。顾庚子条约，中国不能在使馆界居住，外人或以为口实。继念两馆关系文化，或不关是。乃以意与德国友人卫礼贤商之，卫时为德使馆顾问，闻之欣然。转谋之德使，德使与荷使至契，复商之荷使，皆极端赞许，为予言奥国自大战后未派遣使臣，以后且无派遣之日。其馆地甚大，由荷使代管，现方闲旷，若皇室定计，即由荷使电商奥国，借为两馆筹备处，奥必允诺。皇室若无建筑费及维持费，当由使团在各国招募，不难集事。嘱予以此陈之皇室。[3]

罗振玉的话听起来颇有些"宁赠友邦，不给家奴"（清王公大臣刚毅语）的味道。

1　详阅《贞松老人外集·二·散氏盘拓本跋》。

2　罗继祖：《庭闻忆略——回忆祖父罗振玉的一生》，《蜉寄留痕》，上海古籍出版社，1999，第81页。

3　罗振玉：《集蓼编》，上海古籍出版社，2013。

罗振玉　　　　　　　　郑孝胥

民国政府对清室古物的谋求以及社会对清室保管古物不力的指责，引起了溥仪小朝廷的担忧，小朝廷对紫禁城后廷及其古物的所有权和保管权已岌岌可危。清室升允、罗振玉、王国维等积极谋对策，希望替清室财产和古物另谋出路。1923 年 7 月 25 日前后，罗振玉致王国维信中言及"此次灾变，返沪后与素相筹划善后之法（事后逾思愈危，因之两夜不睡。因外患尚易防，禁中之危不易解决，而我辈尤不易着手也），方草拟一奏，未脱稿……"[1] 1923 年 8 月间，罗振玉以升允名义请陈宝琛和朱溢藩向溥仪疏陈三事：一是"恤近侍"，二是"移宝藏"，三是"杜邪谋"。

关于罗振玉上呈溥仪疏，目前未见其原文，因此无法判明具体日期。据《永丰乡人行年录（罗振玉年谱）》：年来颇与宫禁事，上疏陈三事：一、恤近侍；二、移宝藏；三、杜邪谋。与郑孝胥书，规劝之勿"以快刀斩乱麻"理宫闱事，

1　参阅《罗振玉王国维往来书信》，经济科学出版社，2000，第 576 页。

郑滋不悦。可以肯定罗振玉于 1923 年确实曾向溥仪疏陈三事，要求移置清宫古物。此外，查 1923 年 8 月 16 日罗振玉致王国维信，提及"弟落卷第二项（即皇室博物、图书事）又经素相入奏（乞勿宣），若蒙俞允，弟尚需入都一行"。可以推断此疏曾提呈两次。查罗氏《集蓼编》，见载"予私意不如由皇室自立图书馆、博物馆……乃据情作函请师傅及内务府大臣代陈，乃久无复音。升相国闻之，复据予函所言以封事上陈，亦无效"。综合上述数处记载，可以推断此疏在 1923 年七、八月间两次递呈溥仪。[1]

"恤近侍"系针对清室古物流失及焚毁事（尤指建福宫大火），"移宝藏"即应对"社会啧啧浮言"及"民国当局之垂涎"，"杜邪谋"意在反对"请自削尊号可以去危就安及贿议员得维持优待经费"之说。罗氏以为，"民国不履行优待条件已失大信，今忽议收买，不止皇室储藏自有所有权，民国何得干预？不见日本吞并朝鲜，尚承认李王私藏，听其建李王博物馆乎？夫以日本强权尚如此。英美移赔款充文化之用，乃用之社会，非归还民国，民国安得此款为收买皇室储藏之费乎？如此是优待不待申明取消而取消，息金又何能保证"[2]。

罗氏认为民国政府此举虽名为商议，实无异于命令。因此"宝物聚于宫禁，在在堪虞"[3]，不如清室自行建立博物馆和图书馆以保存古物。又鉴于"首都频年兵事不已"，在紫禁城内设立二馆，"亦难免咸阳一炬"，因此不如"于东交民巷使馆界内购地建筑皇室博物馆、图书馆"。[4]为建博物馆和图书馆，罗氏还曾与德使馆顾问卫礼贤协商馆址用地事宜。当时奥地利自一战后就没有派遣使臣至中国，其使馆建筑由荷兰使馆代管，占地面积大。因此卫礼贤请德国大使与荷兰大使商量，将奥馆借予清室作为皇室博物馆、图书馆筹备处，德、荷两使当

1　参阅甘孺辑述《永丰乡人行年录（罗振玉年谱）》，江苏人民出版社，1980，第 84 页；罗继祖：《庭闻忆略——回忆祖父罗振玉的一生》，吉林文史出版社，1987。

2　甘孺辑述《永丰乡人行年录（罗振玉年谱）》，第 84 页。

3　罗继祖：《庭闻忆略——回忆祖父罗振玉的一生》，第 76 页。

4　罗振玉：《集蓼编》，第 37~38 页。

即允诺办理，并极为赞许建馆之事。[1]

以上可见，罗振玉作为清末以来最后一位金石学大家，也为宫廷收藏尽了力。但由于溥仪的用心并不在于此，这位末代皇帝正在借赏赐溥杰，把众多的文物盗运出宫。居《我的前半生》说，此举乃是与溥杰准备出洋留学的资用。因此，罗振玉的"疏陈"只能被溥仪认为是别有所图。罗振玉设立皇室博物馆的计划终于失败的另一个重要原因是资产阶级民主革命的深入。罗振玉入宫仅两个月，宫内悬挂的宣统十六年十月初九（1924年11月5日）的牌示便被急行摘去，故宫终于在国民革命的洪流中改变了面貌，而以上三项设立帝室博物馆的"计划"亦作为封建文化专制的尾声而付诸东流。

1　罗振玉：《集蓼编》。据王若分析，商借"奥馆"乃是筹建东方学会博物馆和图书馆，似乎与清室古物保存无关。但因目前公开资料中未见该奏折原稿内容，有关细节尚无法确定，有待将来推进研究。参阅王若《新发现罗振玉〈东方学会简〉手稿跋》，《中华读书报》2008年8月20日，第3版。

第二章

革命的妥协与 "清室优待"

20 世纪伊始，向西方探求真理的人们开始为建立一个"无君"的国家而进行卓绝的斗争。由于很少人意识到武昌的事变已经带来了人们久已期待的革命，而使摄政王代表皇帝把统治帝国的大权让给了袁世凯。这场武装起义最终以妥协的方式完成，"清室优待条件"给人的第一个印象，表现出异乎寻常的宽宏大度。它的提出，使清室发生了分化，并使之迅速退出历史舞台。中华民族在保持了国家统一、民族团结和尊严的同时，进入了共和时代。

1911 年武昌起义的隆隆枪炮声，似来自天边的闷雷，震撼了早已摇摇欲坠的清王朝。但是由于革命者的妥协，这场革命并没有给紫禁城带来什么变化，它被抛在中华民国之外达十三年之久。正像后来参与故宫博物院初建的吴瀛所说：

> 故宫博物院者，其为由清宫嬗递而来，夫人而知之矣。夫由一故宫蜕化而为博物院，此为国体变更应有之结果，若法、若俄、若德，何莫不然，则故宫之为博物院，一刹那顷之事耳，何有于若干年之经过，又何有于记。而不知吾国之有故宫博物院，自非有其相当之曲折而以演成若干年艰难缔造之经过，且耗费若干人之心血不可矣。[1]

中国资产阶级民主革命的曲折性使得故宫成为博物院的道路异常艰维。辛亥革命功在国体变更，而在故宫中却仍存有一个称孤道寡的逊政皇帝，这件事本身就说明了中国资产阶级的软弱性与这场革命的妥协性。

1　吴瀛:《故宫博物院前后五年经过记》第 1 卷，故宫博物院，1932，第 1 页。

孙中山的国民革命运动

甲午战争爆发期间，孙中山重到檀香山，于 1894 年 11 月在那里成立了名为"兴中会"的组织。这一组织的章程对中国处境表示深切的忧虑，不指名地斥责清朝统治者误国。檀香山的兴中会成立后，孙中山随即回到香港，第二年 2 月，又在香港成立兴中会。香港的兴中会一成立，立即准备在广州发动起义。香港的兴中会誓词是"驱除鞑虏，恢复中华，创立合众政府，倘有二心，神明鉴察"。这是把三合会反清复明的老口号，改造成了中国资产阶级革命的誓言。

1895 年初，孙中山回到香港，联络革命同志，策划广州起义，与陆皓东、杨衢云、郑士良等兴中会骨干于 1895 年 10 月在广州设立农学会，作为掩护革命活动的机关，商讨起义的具体计划及其政策，把推翻清政府作为此次起义的最终目标。经过惨淡经营，"筹备甚周，声势颇众，本可一击而生绝大之影响。乃以运械不慎，致海关搜获手枪六百余杆，事机乃泄，而吾党健将陆皓东殉焉。此为中国有史以来为共和革命而牺牲者之第一人也"[1]。同时受株连而死和被捕的有 70 余人，起义流产，他领导的第一次革命以失败告终。

起义失败后，清政府下令悬赏缉拿孙中山。1895 年，官方侦查到孙中山在英国伦敦，随即设计把他诱骗入驻英使馆，准备把他偷偷押运回国。由于他的英国朋友的营救，孙中山才得以释出。经此事件，孙中山在国际上开始作为中国革命家而驰名。

先是孙中山伦敦脱险的消息占据了事后几天西方世界各地报纸的重要版面，

1　广东省社会科学院历史研究室等合编《孙中山全集》第 6 卷，中华书局，2006，第 230 页。

他被看作与封建暴政做坚决斗争的英雄，一下子成了西方社会舆论和公众注目的对象。他也就此表达了自己"出万死一生之计，以拯斯民于水火之中，而扶华夏于分崩之际"的革命决心。

随后孙中山应各方面的要求，将伦敦被难的经过撰成《伦敦被难记》，于第二年夏天出版，这使他名扬四海。从此，孙逸仙的名字传遍世界，受到了一些被压迫民族和主持正义人士的崇敬和爱戴，这对他日后的革命事业产生了良好的社会影响。

孙中山此后过着多年的流亡生活而为革命奔走，他作为资产阶级民主主义革命活动家的社会影响，在1900年后迅速扩大。1904年，孙中山在美国报纸上发表了《中国问题真解决》一文，指出"以一个新的、开明的、进步的政府来代替旧的政府"，"把过时的满清君主政体改变为'中华民国'"，才能真正解决中国的问题。孙中山作为资产阶级民主革命派的立场由此而确定了。与此同时，在国内的资产阶级、小资产阶级的爱国政治运动正在涌起，许多先进分子已经趋向于革命。

清朝政权为了削弱革命的力量，于1901年9月1日的上谕明确宣布要"仿行宪政"，由此，其政治体制已经开始偏离君主专制，朝着"宪政"的轨迹行进。光绪三十一年（1905），慈禧太后居然同意了一些官员的建议而考虑立宪问题，并在第二年宣布预备立宪。容闳所带领的为数不满百人的留美学生，从被埋没中崭露头角，他们以及在其他地方受教育的另外一些人，分担了起草新宪法的主要任务，其中最知名的有留美的唐绍仪、梁敦彦和梁诚，以及在英国获得律师资格的伍廷芳。他们以袁世凯强有力的支持为后援，于清廷宣布预备立宪先行厘定官制谕[1]，在1906年9月和1908年8月间，以一系列的上谕为1917年建立有限的君主立宪制度大造舆论。后来，他们中的多数人成了立宪派的代表。

就在立宪活动进行的同时，革命形势发展依然十分迅猛。其重要标志就是

---

1 《清末筹备立宪档案史料》（上），中华书局，1979。

1905年7月30日，原兴中会、华兴会、光复会等革命团体在日本东京召开筹备组党的会议。这次大会有七十多人参加，会上孙中山提议建立革命同盟会，经过一番争论后，定名为中国同盟会，并决定以"驱除鞑虏，恢复中华，创立民国，平均地权"十六字为宗旨。8月20日，同盟会举行正式成立大会，选举孙中山为总理，由此诞生了中国第一个资产阶级革命政党。

国外同盟会组织成员

据古籍《竹书纪年》记载，中国历史上准确纪年为公元前841年，即共和元年，周厉王因"国人暴动"而出奔，召公、周公二相共同执政，故号共和。不知道从什么时候开始，国人便用"共和"来泛指由复数的人们采用选举产生国家代表机关和国家元首的政治形态。所谓"共和"无疑是借取了公元前841年开始的而后14年无君的历史典故。近代学者柳诒徵这样说："海通以来，译人以法美诸国民主立宪之制，与中国历代君主之制不同，求其名而不得，因以'共和'二字译之。盖以周厉王宣王之间，国家无天子者，凡十四年，其时号曰'共和'，故以国家之无君主者，此附于'共和'。"[1]

1　柳诒徵：《中国文化史》，上海古籍出版社，2001。

梁启超就曾如此质疑，"共和"一名所含属性何如？未或能正也。从而正之，使人人能"录其首章之意，以窥其中之事"，以力求实际之足以副此名者，则可以是共和之名"如其真"矣。1895年，孙中山还认为君主制也不是不能接受的。1906年的萍浏醴起义中，有一支宣称要建立共和国，另一支的领袖却自称"中华帝国大都督"，可以说是典型地表现了革命党人在君主制与共和制问题上的纠结[1]。即便如此，20世纪伊始，向西方探求真理的人们开始为建立一个"无君"的国家而进行了卓绝的斗争。

辛亥革命本质上是一场共和制与君主制的较量。除了带有传统的"革除天命"，推翻原来政权及统治者的要素外，更具有民主、宪政的制度置换诉求。由于清朝是少数民族入主中原，具有四百万人统治四亿人的"客帝"性质，因而其推行"立宪"，建立民选"国会"的宪政空间被大大压缩，在走上现代国家之路的同时强化皇权。

同盟会成立以后，革命派利用在日本出版的机关刊物《民报》，与以梁启超主编的《新民丛报》为主要阵地的立宪派展开了一场针锋相对的论战。这场论战的中心问题是要不要用暴力革命推翻清朝政府，建立一个民主共和的国家。革命派通过这场论战，使"革命论盛行于国中，今则得法理论，政治论以为之羽翼，其旗帜益鲜明，其壁垒益森严，其势力益磅礴而郁积，下至贩夫走卒，莫不口谈革命"[2]。

其实，革命派之所以有这样的声势，并不在于他们的"法理论"或"政治论"多么高深。立宪派方面，像梁启超这样的人，比起革命派来，似乎更善于谈资产阶级的政法理论，然而，革命斗争的实际形势却越来越高涨，用资产阶级思想来论证革命，虽然流露出许多弱点，但能对广大群众产生强烈的吸引力。因此，尽管在具体问题上革命派的理论还显得很幼稚，却在实际斗争中显示了强大的生命力。

---

1 参阅中国史学会主编《中国近代史资料丛刊·辛亥革命》第2册，上海人民出版社，1957。

2 与之文：《论中国现在之党派与将来之政党》，原载《新民丛报》1907年第92期。

通过革命派与立宪派的论战,孙中山领导的革命政党逐步清除了单纯"排满"的主张,而倡导"革命宗旨,不专在对满,其最终目的,尤在废除专制,创造共和"。同盟会为此开展了包括暗杀、爆炸、武装起义等在内的许多形式的斗争。仅 1907 年至 1908 年,孙中山就在广东、广西和云南策动和直接领导了六次武装起义;1907 年,光复会的徐锡麟和秋瑾分别在安庆与绍兴发动起义,起义失败,两位领导人都壮烈就义;1910 年倪映典的广州新军起义;1911 年 3 月 29 日黄兴领导广州起义,此役牺牲了 72 位烈士,孙中山先生称这次起义行动是"吾党第十次之失败"。

黄花岗烈士就义前存照

1908 年 11 月 15 日,操持皇权垂半个世纪之久的慈禧去世,光绪帝在早一天晚间逝世。在 11 月 14 日晚上,慈禧皇太后宣布以醇亲王的年甫 3 岁的儿子溥仪为嗣皇帝。虽然此时清王朝已进入黄昏时刻,但直至 1911 年时局仍不明朗。

1911 年的中国，秘密会社遍地皆是，其中有很多是反满宣传中心。孙中山在国内外策划推翻清朝已达 15 年以上。自 1895 年以来，广州一直是已经逐渐转化为反清的立宪改良派的大本营。1911 年 4 月，广州将军孚琦遇刺，总督衙门被焚，但一时还未酿成巨变。四川方面反对铁路政策和中央集权的斗争特别激烈，8 月 24 日，成都开始罢市、罢课作为消极抵抗，一时间已酿成"山雨欲来风满楼"之势。

武昌起义与封建君主制的覆亡

1911 年 10 月 10 日，武昌起义终于爆发了。这一天夜里，武昌城内外的革命士兵在革命领导机关遭到破坏，部分革命组织的骨干分子被杀害的危急情况下，自己发动了起义。起义新军的政治诉求，是因为清廷违背宪政承诺，任命了一个"皇族内阁"，而这个"皇族内阁"又推出了一个严重侵害民族资本利益的"铁路干线国有化"政策。湖北新军发难的根本原因是四川总督府门前的流血，数十人死亡，清廷依然不愿退让。

10 日白天，驻扎武昌城的张彪统率的第八镇和黎元洪统率的第二十一混成协的各兵营中纷纷传说，湖广总督瑞澂要派巡防营到新军各营中按名册捉拿革命党人，形势十分紧张，即使未参加革命组织的士兵也感到有受牵连的危险。当天晚上，驻扎在中和门的第八镇所属工程兵第八营的营房内首先发生了士兵哗变。有几个军官被士兵打死，其他军官未敢拦阻，士兵们很快夺取了营房的弹药，一哄而出。他们首先到了附近的楚望台，驻防在这里的本营左队士兵起而响应，反对革命的军官随即逃走，因此这里的军械库很轻易地为起义士兵所占领。这时，起义的士兵有三百多人，为掌握局面，士兵们要求事变发生时躲避起来的左队官（相当于连长）吴兆麟充当总指挥。

这时，在城外的属于第二十一混成协的工程兵营和辎重兵营，以及第八镇的城上的三个炮兵营的几乎全体士兵和城里的第二十九标、第三十标的各一百多名士兵，还有陆军测绘学堂的近百人，知道了起义的消息也起而响应。他们都集中到了楚望台，这里已成了起义的大本营。革命士兵们群情激昂，特别是当炮兵营的兵士拖了三门大炮进城参加起义，更使得军心大振。

当天午夜，集中起来的起义军向湖广总督署发动了进攻。在楚望台的炮声响起来后，武昌新军各标、营中又有更多的士兵参加了起义，起义部队到天明时已有二千人之众。他们在督署附近放火，以火光为标志，开炮击中督署。吓破了胆的瑞澂和铁忠等官员携带家小细软，打破督署后墙，出城逃上了长江上的一艘兵舰。张彪仍然在督署相邻的第八镇司令部里继续顽抗。起义士兵经过三次进攻，终于在天明前攻占了督署与第八镇司令部。经过一夜激战，到 10 月 11 日早晨，武昌已经在起义士兵的掌握之中了。短短一夜，义军就占领了武昌。

面对武昌突变，清廷并没有迅速意识到问题的严重性，主政者的本能反应就是启动危机程序强行镇压。然而，清廷违背宪政承诺的倒行逆施得罪的不仅是湖北新军。10 月 22 日，湖南新军、陕西新军遥相呼应，相继宣布光复长沙、占领西安。23 日，江西新军宣布光复九江。

数省新军起义，并没有改变清廷既定方针，因为各省新军不过是"地方部队"，并非国防军，力量有限，而大清王朝的支柱在北洋。只要北洋六镇不动，各省新军无论怎样折腾，都很难撼动清政府的统治基础。面对这些压力，清廷10 月 26 日宣布将盛宣怀"革职永不叙用"，将其充作"铁路干线国有化"政策的替罪羊。27 日，起用开缺回籍养病的袁世凯为湖广总督，负责湖北"剿抚事宜"，依然不愿与新军进行谈判，期待武力镇压。

但是，这些取得了胜利的士兵没有坚强的领导者。同盟会的领袖或在国外，或在上海、香港等地。发动这次起义的文学社和共进会的一些带头人都不在现场。这一夜间的胜利是革命士兵们发挥主动性和积极性而取得的，同时也是革命党人多年来的宣传、组织工作和前赴后继斗争的结果。义军首领随即邀请省咨议局议长汤化龙出面，与新军首领黎元洪一起成立湖北军政府，摆开与清廷决一死战的架势。

　　革命士兵们一夜之间取得的胜利为清朝的统治敲响了丧钟，武昌起义的第二天成立了湖北军政府，起义当夜躲藏起来的第二十一混成协统领黎元洪当上了湖北军政府都督。武昌起义胜利后的一个月内，十几个省宣布独立。12月25日孙中山回到国内，在他到达上海后四天，12月29日，南京的各省代表会议进行临时总统的选举，孙中山以十六票当选。12月31日，孙中山率领一些随员从上海到南京。次日，孙中山就任临时总统，宣告中华民国成立。由此不但结束了清皇朝二百六十多年的统治，而且结束了两千多年来的封建专制主义制度。这是辛亥革命的一个巨大胜利。

　　有的历史学家认为"辛亥革命只是又一次'改朝换代的革命'"[1]，这一评价来源于人们对革命成果的怀疑。还有一些西方学者认为辛亥革命是一场"绅士运动"或"社会精英与绅士的运动"。法国的白吉尔夫人（Marie Claire Bergere）甚至认为："当时中国资本主义的发展程度还不足以产生一场资产阶级革命。"1911年10月10日，由于很少人意识到武昌的事变已经带来了人们久已期待的革命，而使摄政王代表皇帝把统治帝国的大权让给了袁世凯。虽然共和制仅以"无君"为代价得以实现，但是社会矛盾依然日趋尖锐。黄兴、宋教仁等流亡海外的革命党人相继归来，前往武昌襄助黎元洪军政府，清廷所面临的形势更趋复杂。

　　清廷不愿妥协的底气在于北洋六镇不动。反过来说，只要北洋六镇有变，清廷的既定方针也就必然会变。实力雄厚的北洋六镇，既可以为大清王朝的宪政改革保驾护航，也可以摇身一变成为颠覆大清王朝的重要力量。清廷对北洋六镇的自信终于被事实所粉碎。10月29日，驻扎在滦州的北洋六镇将领张绍曾、蓝天蔚等发动兵谏，电请朝廷立即实行立宪，并奏政纲十二条。

　　同一天，资政院奏请罢黜"亲贵内阁"，不再以亲贵充国务大臣，重组"完全

1　〔日〕市古宙三：《试论绅士的作用》，载芮玛丽编《革命中的中国：第一阶段，1900—1913年的中国》，第297~313页。

责任"政府以维持危局，团结将散之人心，"以符合宪政而立国本"[1]；将宪法提交他们"协赞"。武昌起义爆发前，君主专制就已经名存实亡，辛亥革命则是连名义上的君主制也给废除了。第二天，清廷以小皇帝的名义下诏罪己，开放党禁，赦免一切政治犯；改组资政院，解散内阁，公举内阁总理，重建责任政府。清廷的政治让步空前巨大，其中关键是任命"深孚众望"的袁世凯接替庆亲王奕劻出任内阁总理大臣，并授权袁世凯全权筹组新的责任内阁。11月13日，袁世凯抵京。内阁名单的发布大致化解了半年以来的政治危机，给国内外以新的希望。

11月15日，英国驻华公使朱尔典致英国外交大臣葛雷的电文如此表述："黎元洪坚持要除掉清王朝，并拒绝了他（袁世凯）所有的提议。建立共和国的方案在上海和南方其他革命中心获得了支持；但在北方，民情则倾向于君主立宪政体，而且正是他（袁世凯）打算领导的党派主张这后一种政制。"[2] 袁世凯曾坚持君主立宪体制不可动摇，他深信共和只会导致国家的分裂和毁灭，期望保持国家的完整，他认为"一个有限的君主制是唯一能够确保国家完整的政体"。

长时期的僵持让中国的经济不堪重负，各国政府基于在华利益也无法默许无政府状态无限期延续。1912年1月19日，清政府驻俄公使陆徵祥联合驻外各使电请清帝退位。26日，大清国会办剿抚事宜第一军总统官段祺瑞率清军将领四十六人联名致电清廷，痛陈利害，恳请立定共和政体，以巩皇位而奠大局，明降谕旨，宣示中外。

这一历史场景在鲁迅的《阿Q正传》中反映得无比真切。从阿Q所在的未庄到革命首义的武昌，从杰出的艺术概括到床底下请出个黎元洪的真实历史，革命派让权给反革命派的辛亥革命悲喜剧上演得淋漓尽致。辛亥革命没有使中国社会的性质得以改变，却由于甩掉一个作为权力中心象征的清朝皇帝，反而造成了公开的军阀割据，内战不已，人民的生命和权利连起码的保障也没有。现实走到理想的反面。

---

1 《俟简贤得人即组织完全内阁不再以亲贵充国务大臣谕》，故宫博物院明清档案部汇编《清末筹备立宪档案史料》，中华书局，1979。

2 引自《英国外交大臣葛雷致英国驻华公使朱尔典电》，李丹阳译，《档案与史学》2004年第3期。

"南北和议"与"清室优待条件"

从 10 月 10 日湖北省的行动开始，在随后的七个星期中有 15 个省宣布独立。在这些省份中，许多省的较小的政治单位（如市和县）已先于省当局宣布自治。从 10 月第一批独立政治单位的出现至 1912 年 2 月 12 日清帝逊位这段时期，地方一级和省一级的政权交替无常。在新军官、谘议局领袖、前清官员、商人、秘密会领袖、同盟会会员以及其他革命党领袖之间，形成了多种多样的权力关系。这些关系很少能长时期保持稳定。执政的权力在中国有了新的含义，并且以新的方式来行使。这也许正是中国革命对"无君"的国家体制所付出的代价。

然而，清政府仍然控制着北方各省，并妄图以武力收复武昌。此时，"隐居"在河南彰德休养"足疾"的袁世凯重新被起用，清廷赋予他以最充分的权力，以图挽狂澜于既倒。野心勃勃的袁世凯一方面让清朝朝廷更多地受到革命火焰的熬煎，以致不得不向他交出更多的权力；另一方面，他对南方革命党施行威逼与利诱相结合的手段，妄图夺得革命胜利的果实。由此导演出一场"南北和议"来。在孙中山回国之前，和议已经于 12 月 18 日在上海开始。当初袁世凯派遣蔡廷干、刘承恩南来武昌，试探湖北军政府是否可以接受君主立宪、开放党禁等作为和平解决的条件。武汉方面就表示，君主立宪机运已逝，除了共和之外，别无他途可循[1]。

袁世凯派出的议和全权代表唐绍仪，是 19 世纪 70 年代的留美学生，在袁世凯手下任职多年，1900 年后在清朝先后任外务部和邮传部的侍郎、奉天巡抚、邮传部尚书。唐绍仪谈判的对手伍廷芳，也曾在 19 世纪 70 年代留学英国，并在香港充当过律师，又做过清朝的修订法律大臣、会办商务大臣、外务部和刑部的侍郎，并且担任过两任驻美使臣。袁世凯最初通电各省说："此次派唐绍仪赴上海议和，实为商谈改革政治问题。本大臣向来坚持君主立宪政体……"这位一不赞成革命，二又同意推翻清廷的前朝重臣，此间正导演着一场利用革命形势造

1　参阅曹亚伯《武昌革命真史》正编，中华书局，1930。

成清朝皇帝不得不自动让位，同时，又利用清王朝的存亡问题向革命阵营讨价还价的把戏。基于这样的考量，袁的谈判代表唐绍仪早已表示并不反对共和立宪，只要袁世凯能够当上总统。

对于大清王朝的尊重，其实也是尊重历史的一部分。在当时的电文中，还可以看到有关如何"礼遇旧皇室"的谈判方案，1912年1月18日梁士诒致孙中山、黄兴的电文如下：

南京孙大总统，黄陆军总长鉴，（密）今晨唐君送阅。密电如左：

雨一电悉。第一款"世世相承"四字，改为"统系相承"。如公不以为然，则改为"仍存不废"者，必细细声叙，则动皇族之疑，且恐愈缚愈牢，反留痕迹。第二款"或仍居宫禁"，五字实难删去。太后发第二次帑金、金锭，云"予必死于宫内，不动"。

此事如有勉强，必生枝节。请将"仍"字改为"暂"字。平心论之，腐旧宫殿，毋论公署，私宅皆不适用，将来以午门外公园、交通车马、三和殿为国粹陈列馆，与民同乐，则乾清门内听其暂居，亦奚不可。第三款，改为"优定大清皇室经费年支若干，由国会议定，惟至少亦须三百万两"。第五款，改为"德宗崇陵未完工程及奉安经费仍照实用数目支出"。希切商再带五电系高明，皇族及阁僚乃发，酉，刻始接雨一电，不及会商，谨先奉复，诒雨。[1]

在得到革命党人谈判桌上的承诺之后，袁世凯获得了清朝皇帝退位，南京政府解散的谈判成果。争取袁世凯及其集团的中立，即使代价是将共和国总统的位置让于他。如何让"治世之能臣，乱世之枭雄"袁世凯不仅逼宫清朝，而且遵守宪政轨道，循序上位，巩固"共和之实体"？于是，在1912年1月26日，跟着袁世凯的指挥棒转的将领们联名启奏，吁请皇帝立即退位，确定共和政体。这个

1　转引自胡绳《从鸦片战争到五四运动》，人民出版社，1981，第884页。

结果得到了，"袁世凯暂时放弃了他当皇帝的想望，但他要以清皇朝的继承人的身份，而不是靠南方的推戴，取得国家的最高权力"。

对于这样一个要求，只有孙中山进行了抗拒。他对"帝制之余孽、军阀之首领袁世凯其人"是有认识的，"先生始终不愿妥协"[1]。南京临时政府中多数也不愿妥协，但是鉴于袁世凯拥有的军事实力和南京临时政府的财政困难及袁在逼退清帝中的关键作用，孙中山终于让位于袁。在弥漫着妥协空气的革命阵营中，孙中山处于孤立的地位，因而他的抗拒极为软弱无力。其中一项重大的妥协是"清室优待条件"，这项条约同革命宗旨相违背。早在各省都督代表在汉口开会时，与会者就提出了"推倒满洲政府"而"礼遇旧皇室"的原则，以后在伍廷芳和唐绍仪的谈判中，具体地谈到了在清朝退位后如何"礼遇"皇室的问题。袁世凯还提出了方案，后经过南京的参议院确定了《关于清帝逊位后优待之条件》。

另外，南北和议双方对民主、共和、宪政、人权等有了自觉或被动的体认，从而形成最终相互妥协的基础。北方的有志之士开始认识到，南方革命党武装起义，就意味着君主立宪走到了绝境，南北分裂，国将不国，要想拯救中国，保全中国，保全皇室，唯一出路就是接受南方的条件，走向共和。

2月3日，朝廷发布隆裕太后懿旨，对两天前的决定再作让步，表示"现在时局阽危，四民失业，朝廷亦何忍因一姓之尊荣，贻万民以实祸。惟是宗庙陵寝，关系重要，以及皇室之优待，皇室之安全，八旗之生计，蒙古回藏之待遇等，均应豫为筹画"，所以耽搁了一些时间，现在责成"袁世凯以全权，研究一切办法，先行与民军商酌条件，奏明请旨"。[2]

袁世凯在接到皇太后懿旨后，2月3日迅即与南方总代表伍廷芳取得联系，并按照先前数次谈判结果，提出一个综合性的清帝退位条件：甲，关于大清皇帝优礼之条件九款；乙，关于皇族待遇之条件四款；丙，关于满蒙回族各族待遇之条件七款。

1　胡汉民：《胡汉民自传》第 3 辑，台北：传记文学出版社，1987，第 60 页。

2　《清实录》卷 70《宣统政纪》，中华书局，1987。

革命后南方的情形，是在许多互相冲突的矛盾中迅速形成了以前尚未存在过的公益观念。临时参议院会议第二天，南方议和总代表伍廷芳将这个修正案电告袁世凯。袁世凯在收到这份电报后，立即委派梁士诒携带这些文件进宫觐见隆裕太后，请旨验准。隆裕太后依然坚持应该保留"大清皇帝尊号相承不替"等三项条件。

袁世凯密电唐绍仪，嘱他务必劝说伍廷芳和南方革命党人不要在这些枝节末叶上节外生枝，对清廷能让一步就让一步，强调"大清皇帝尊号相承不替"这个提法万难更改，并按照皇太后的意思，建议将文件中的"逊位"二字改为"致政"或"辞政"。袁世凯真诚希望伍廷芳和南方革命党人能够从大局出发予以理解，在不影响大原则的前提下尽量满足清廷的要求，尽早结束南北纷争，结束战乱。

唐绍仪与夫人吴维翘

冯国璋、段祺瑞等军界将领的建议得到了南京革命党人的极端重视，所有条款都按照袁世凯、梁士诒、冯国璋、段祺瑞等人的建议予以恢复和保留，最具讽刺意味的字眼"逊位"改为"辞位"。这也算是北洋老将对清廷旧主子的最后一次效忠。

2月9日，伍廷芳代表南京临时政府将清帝退位条件最后修正案电达袁世凯，紧接着，唐绍仪和张謇也相继发来两份加急电报。唐绍仪的电报强调南方独立十四省军民以生命财产力争数月，其实目标就在一个"位"字。

唐绍仪、张謇等人的警示无疑是严肃的。袁世凯遂于2月10日召集内阁各部大臣及近支王公会议进行讨论，他向各位详细介绍了南方的意见，并表明自己的妥协立场，认为在能让则让的原则下接受和平，这对朝廷对国家都有利。会议经过慎重讨论，还算比较顺利地接受了南方的这个最后修正案。并在第二天获得了隆裕皇太后的认可。承认共和为最良国体，以为"大清皇帝既明诏逊位，业经世凯署名，则宣布之日，为帝政之终局，即为民国之始基。我同胞从此努力进行，务令达到圆满地位，永不使君主政体再行于中国"。

大清国的终结只剩下一个程序了。1912年2月12日，隆裕太后忍痛连发三道诏书：一为清帝退位诏，二为公布优待条例诏，三是劝谕臣民诏。中国历史上几千年的帝制，也从此成为历史陈迹。这一天为辛亥年十二月二十五日，距段祺瑞等北洋将领给出的最后期限还提前了五天。

　　优待皇族条件（略）

　　优待满蒙回藏人条件（略）

　　以上条件列于正式公文，电达驻荷兰使，知照万国和平会，存贮立案……[1]

后来公布的《关于清帝逊位后优待之条件》证实，以上电文已是有关谈判的最终议案。这一优待条件的主要内容是：清帝仍旧保留皇帝的尊号，并暂居紫禁城内；民国政府待以外国君主之礼，而且每年供给四百万元的费用；宫内各项执事人员照常留用；民国对皇帝原有的私产特别加以保护。此外，还规定了对皇族的待遇，他们的王公世爵照旧保留，他们的私产一律得到保护。

1　观渡卢编《共和关键录》，台北：文海出版社有限公司印行，1912。

1912年，北京中华门前建了一座彩亭悬挂出清帝退位诏书

朕钦奉隆裕皇太后懿旨：前因民军起事，各省响应，九夏沸腾，生灵涂炭。特命袁世凯遣员与民军代表讨论大局，议开国会，公决政体。两月以来，尚无确当办法，南北暌隔，彼此相持，商辍于途，士露于野。徒以国体一日不决，故民生一日不安。今全国人民心理，多倾向共和，南中各省既倡议于前，北方诸将亦主张于后。人心所向，天命可知。予亦何忍因一姓之尊荣，拂兆民之好恶。是用外观大势，内审舆情，特率皇帝将统治权公诸全国，定为共和立宪国体。近慰海内厌乱望治之心，远协古圣天下为公之义。袁世凯前经资政院选举为总理大臣，当兹新旧代谢之际，宜有南北统一之方，即由袁世凯以全权组织临时共和政府，与民军协商统一办法，总期人民安堵，海宇乂安，仍合满、汉、蒙、回、藏五族完全领土为一大中华民国。予与皇帝得以退处宽闲，优游岁月，长受国民之优礼，亲见郅治之告成，岂不懿欤钦此。

宣统三年十二月二十五日

清帝退位诏书

事后庄士敦对此评价说："'优待条件'给人的第一个印象，就是上述国家文件中表现出异乎寻常的宽宏大度。实际上，当外界刚一得知革命党同意皇帝保留尊号，继续居住皇宫内廷，并负担巨大的年度津贴，以维持他的朝廷和其他消息，便自然而然地以此与西方国家处理废黜君主的方式进行比较，并对中国的做法表示高度赞赏。"[1] 辛亥革命后的中国确实没有彻底告别旧制度，谘议局的立宪派"起了消磨资产阶级的革命性和加强它的妥协性的作用"[2]。而这个举动让中国避免了一场改朝换代的兵燹。

他又说："'优待条件'是解决革命问题的不可缺少的部分。如果共和派不赞同'优待'，也许从来不会产生民国。无疑，一旦共和派和君主派正式签署了'优待条件'他们便被永久地束缚到了一起。"[3] 这无疑是参与妥协的北洋派、清廷、革命党人等反复博弈的结果。革命党人根据形势来修正一些自己的政策或者自己的路线，来对自己的武装革命方式进行了一个适当的修正。同时，南京参议院 1912 年 2 月 10 日最后通过清室退位待遇时，曾经议决如清帝三日内不依约退位，即收回优待条件。

第一次世界大战末期，俄罗斯帝国、奥匈帝国、德意志帝国和奥斯曼土耳其帝国相继覆灭。这些帝国的君主无一留居首都，要么仓皇出逃，要么遭到屠戮，例如末代沙皇尼古拉二世及其亲属被苏俄政府秘密枪杀。与同时代的废黜帝相比，溥仪及小朝廷相对幸运。[4] 因此，鲁迅在事后对此评价说："二十四年前（指辛亥革命），太大度了，受了所谓'文明'这个字的骗。"[5] "况且当时的'胡儿'，不但并未'杀尽'，而且还受了优待，以至于现在还有'伪'溥仪出风头的日子。"[6]

清室优待条件的议定无疑是袁世凯的一个胜利。此前，袁曾向人表示，他是

1　〔英〕庄士敦：《紫禁城的黄昏》，陈时伟等译，求实出版社，1989，第 69~71 页。

2　吴玉章：《辛亥革命》，中国人民大学出版社，1960。

3　〔英〕庄士敦：《紫禁城的黄昏》。

4　步平：《在时空背景下理解辛亥革命的历史意义》，《近代史研究》2011 年第 4 期。

5　鲁迅：《致萧军·萧红》，载《鲁迅全集》第 13 卷，人民文学出版社，1981。

6　鲁迅：《诗和豫言》，载《鲁迅全集》第 5 卷，人民文学出版社，1981。

有"良心"的人，"虽时势至此，岂忍负孤儿寡妇乎"。然而，当时谁也不相信他会真的维护清王朝，可是，袁世凯最终还是把紫禁城里的小朝廷合法地保护下来了，并赋予优厚的待遇。这里除去中国文化本身的保守因素不谈，袁世凯所依靠的是外国帝国主义，是本国的大地主和大买办阶级，他必须使他们相信，虽然他表示赞成共和，但他是清皇朝的继承者，而并不是资产阶级革命的同路人。所以他要如此"好心"地为清朝皇帝和皇族争取到这种优待条件。南方的革命阵营既然不认为自己有力量推翻清皇朝而要借助于袁世凯，他们就不能不接受袁世凯的条件。

妥协，从政治学角度来理解，具有一定的合理性。"优待条件"的提出，使清皇室发生了分化，并使之尽快退出历史舞台。中华民族在保持了国家统一、民族团结和尊严的同时，迅速地进入了共和时代。"所有这些特权可以被看成是阻止皇帝参与任何反共和或复辟活动的一种保证。"[1]1924 年 11 月，在冯玉祥驱逐溥仪出宫后不久，唐绍仪就对上海《字林西报》的记者发表讲话说："当时清帝逊位，缩短时间，保全人民，颇与民国以建设机会，故民国亦承认此优待条件以报之。"[2]"清室优待条件"的完成乃各种社会势力共同作用的结果，其中革命党人多受理想主义的感召，立宪派人士则秉持类似共和理想，同时也为维系社会秩序，袁世凯则通过这一办法对清室采取了既笼络又限制的政策。

因此，清室优待条件本身不能说成是辛亥革命失败的写照。辛亥革命中民族的和解，大大减少了革命的阻力，避免了作为少数民族的满人遭受报复和残杀。由于同盟会、立宪派等领导顶层集团已经基本上放弃了"反满""排满"的号召，因此，地方性起义中"光复大汉"主要着眼点在于政权的变更和转移，几乎没有发生过汉、满族际之间的杀戮。

南北和议的谈判中，双方就如何优待清室进行了交涉，南方革命党代表伍廷芳

---

1 〔英〕庄士敦：《紫禁城的黄昏》，陈时伟等译，求实出版社，1989，第 69~71 页。
2 《大公报》（长沙），1924 年 11 月 13 日。

提出："仿日本待朝鲜之例如何？"袁世凯的代表唐绍仪则表示："以外国君主之礼待之。"南方抱定"清帝让位，则诸事易商"的态度，没有过于坚持。[1]最终"尊号不废，中华民国以各外国君主之礼相待"写进"优待条件"。然而，这一款的"各外国君主之礼"到底是什么含义。可以肯定的是，它的本意应该是，外国人怎样对待他们的君主，我们也怎样对待，并非将溥仪作为外国人对待，就是说完全以各国对自己君主的礼节对待溥仪；那是不是像君主立宪的英国、日本等国，看来更不是。

孙中山、黄兴与南北和议代表合照

由于清室接受"优待条件"使清室放弃了孤注一掷的冒险企图，此前就有王公考虑过将清室迁回东北的传说，此后才决定留在北京，从而避免了国家分裂，避免了像元顺帝放弃大都北逃蒙古大漠那样的命运。同时也使得日本军阀的满蒙独立计划失去了借口，潜往东北的肃亲王善耆也难以打着清室的旗号进行破坏活动，日本政府不得不命令川岛等人暂时停止满蒙独立活动，日本军阀的第一次满蒙独立计划因之破产。

1 参阅《中国近代史资料丛刊》编委会、中国史学会编《中国近代史资料丛刊·辛亥革命》第8册，上海人民出版社、上海书店，2000。

中国资产阶级革命的不彻底性，这不仅是对袁世凯的妥协，也是对中国封建势力的妥协。南北和谈代表伍廷芳在谈判优待清室条件时，给孙中山及临时政府的说明电报中讲得最为透彻："民国政府宗旨，在合汉、满、蒙、回、藏各民族，以建中华民国，已屡次剀切宣明，而所定满、蒙、回、藏各民族赞成共和之待遇条件，于平等大同之义，委曲调护之心，皆已周至。然满、蒙王公所注目者，不仅在本族之位置，尤在清帝辞位后待遇之厚薄。果使清帝辞位，得蒙优待，则皆以为清帝且如此，满、蒙诸族更何所虑。设其不然，则皆以为清帝犹不免如此，满、蒙诸族更无待言。此种存心，骤难解说。前因优待条件，久未商定，大起恐慌。""民国政府法汉高雍齿且侯之意，承明祖宽待元裔之风，予以优待，必为国民所不拒。"[1]

妥协之成立，一方面是卷入革命的各种政治势力发挥了政治智慧，南北和谈会议在讨论这个原则问题时，伍廷芳一开始就明确表示"民军主张共和立宪"并作为不容谈判的前提条件。在坚持民主、共和的前提条件下，革命党人才可以协商清帝退位优待办法。另一方面更是因为革命的共和底线确立及其大势所趋所逼，革命党人在一系列重要问题上的立场灵活，尽量让步，使仅以"无君"为目的的革命，在封建势力的阻挠下，也不得不有所保留，以至世界史上因国体变更而使皇宫之为博物院的"公式"在中国却未得以实行，其直接的后果是清室小朝廷保持皇帝的尊号，又在紫禁城内待了十三个春秋；故宫博物院的诞生因中国国民革命的艰难曲折而一度推迟。这也说明，从专制到共和的转换并不彻底，许多重要的制度与思想体系方面的建设还未完成，或尚未启动。至于将"清室优待条件"说成是中国版的"光荣革命"[2]实在有再商榷的余地。

然而，实际的操作竟是这样的，民国2年正月初十是隆裕太后万寿节，即太后生日的喜庆日子。按照对待外国君主的礼节，中华民国的袁总统特遣梁士诒为道贺专使，给隆裕太后送生日礼物，礼物是藏佛一尊，以及道贺的对联数副，最

---

1 居正:《梅川日记》，陈三井、居蜜合编《居正先生全集》(上)，"中研院"近代史研究所，1998。

2 俞大华:《〈清室优待条件〉新论——兼探溥仪潜往东北的一个原因》，《近代史研究》1994年第1期。

后还加了总统袁世凯的放大相片一张，并在相片上署"袁世凯敬赠"。第二天隆裕太后即卧床不起。至民国 2 年正月中旬，短短数日，隆裕皇太后胸腹高起，日渐肿胀，经过御医佟质夫、张午樵二人诊治，稍见好转。2 月 15 日御殿受贺，起初还是很高兴的，但见到梁士诒到来，用对外国使臣觐见礼数，隆裕皇太后不免悲从中来。22 日，便撒手人寰了。

1922 年 12 月 1 日，宣统大婚。除满蒙王公旧臣、西藏和内外蒙古的活佛、高级喇嘛送来礼品外，民国的黎元洪大总统特从关税中拨出 10 万元，8 万元作为清室优待费，2 万元算作民国贺礼——这是按照清室优待条件向外国君主送来的国礼。许多省的要员，许多驻外使节如蔡廷干、颜惠庆、胡惟德等，许多前大臣也都送了礼。民国派来大礼官黄开文，另有陆军中将、少将和上校各一名为随员，以对外国君主之礼正式祝贺。

清帝退位条件谈成之际，许多革命党人就认为袁世凯开列的清室优待条例与革命的目的相去太远，但还是接受了立宪派人士"共和目的已达，其他枝节似可从宽"大局观的劝告[1]。诚如胡汉民的评价："优待条件非民国所宜有，留尊号于别宫，听其窃于自娱，虽曰等于儿戏，仍足以惑人视听。又许以数百岁费，为逊清之报酬，使废朝之皇族，独有所养，可云过厚不当。然此犹于革命之得失，无关宏旨。"[2] 且民国政府可以利用该条件的存废来影响和制约复辟派，同时借优待条件来控制逊位清室。

可以想象，当清王朝在 1911 年被革命者推翻，紫禁城的宫殿没有遭受任何损失或损害。相反，根据共和国政府提供的优待条件的规定，被剥夺政治统治权的小皇帝溥仪继续住在宫殿，被一些忠诚的官员包围，并受到皇家卫兵的保护。这对于现实与未来都是一个不错的选择。

1　参阅观渡庐编《共和关键录》第 1 编，著易堂书局，1912。

2　胡汉民：《胡汉民自传》第 3 辑。

第三章

"小朝廷"的黄昏

根据"皇室优待条件"中清帝逊位后"暂居宫禁""尊号仍存不废"等条款，溥仪仍居宫禁 13 年。在紫禁城乾清门以北的大院子里，少年的他不能接触到一个真实的少年儿童世界。溥仪还以赏赐亲信为名，将故宫珍品运出皇宫。就时局而言，民国的厄运与其说是来自清室小朝廷的复辟，不如说是来自东面日本帝国的威胁。在一个庞大的军事占领计划中，清室小朝廷已经在其筹划之中。1914年 1 月，内务部将沈阳与承德两处的清室收藏古物运京，暂出借民国之用，成立了古物陈列所。

宣统三年十二月二十五日（1912 年 2 月 12 日），隆裕皇太后颁布了最后懿旨，宣布清皇帝溥仪退位。在这份退位诏书上说："皇帝但卸政权，不废年号。一此后务当化除畛域，共和治安，重睹世界之升平，胥享共和之幸福，予实有厚望焉。"由此，袁世凯根据隆裕太后的懿旨，组织了民国临时共和政府，由大清帝国内阁总理大臣一变而为中华民国的临时大总统，旧朝皇室则根据"清室优待条件"开始了小朝廷的生活。

此后，在紫禁城内便呈现一番独立于民国的小朝廷的景象。根据清室优待条件中清帝逊位后"暂居宫禁""尊号仍存不废"等条款，内务府、宗人府等一套宫廷皇族事务机构和官员，照常奉职不变。在紫禁城内，溥仪仍以皇帝的名义颁发"上谕"，对官臣遗老不断进行封赠赐谥，纪年仍用"宣统"年号，甚至继续招用阉人。太监及宫内各项执事人役犯罪，仍由内务府慎刑司审判治罪，俨然是一个独立王国。

对于那些生活在民国而望不到紫禁城内的国民来说，小朝廷的存在具有很强烈的讽刺意味，从故宫中冒出来的封建王朝礼仪的腐朽气味，更使人们感到是一种与民国时代格格不入的精神污染。当时在北京大学任教的周作人回忆说："宣统在退位之后还保留皇帝称号，他便在这里边设立小朝廷，依旧每天上朝，不过悉由后门入罢了，我午前往校经过此处，就常见有红顶花翎的官员，坐了马车进宫，也有徒步走着的，这事在复辟失败后尚未停止，这是很奇怪的一件事情。还看见有一辆驴子拉的水车，车上盖着黄布，这乃是每天往玉泉山取水，来供给'御用'的。但是这似乎不久停止，因为清宫随后也装上自来水了。"[1]

紫禁城并未由于安装了自来水而放弃过时的宫廷机构，溥仪也未因剪去了辫子，而不思复辟之梦。一个小朝廷的黄昏时分，一个丑恶、滞泥、腐蚀的十三年，还有一大堆近似于荒诞的问题。

1　周作人:《知堂回想录》，湖南人民出版社，1982。

除溥仪以外的家族合影

"小朝廷"的太监

穿朝服的溥仪

神秘的宫廷管家——内务府

在古代中国，属达官显贵、士大夫一流之人，由于对儒家经典《大学》中"长国家而务财用者，必自小人矣"一段话的不当理解，往往对仅与钱有关的事物表现出一种不屑一顾的态度。抑或是为了专心于"修身、齐家、治国、平天下"，他们往往把自己的钱财交给管家托管，而管家这一类人在官僚阶层中只不过是记账或管账的"小人"。内务府和宗人府仍旧是紫禁城内施政的"小人"机构。

清宫内务府与上面提到的管家在业务性质上几乎无所区别，在皇帝面前，内务府的官员卑贱地自称为"奴才"，管理宫廷内部的日常事务。但是他们毕竟是有别于其他府第的皇室管家。皇宫中的管家们，也就是内务府的高级官员，他们不仅是达官显宦，而且是朝廷最高等级的官员。在清朝，内务府总管大臣本人往往是内阁成员，世续是民国时期的内务府总管，直到1922年初去世，他一直担任此职，同时也是内阁阁员之一。绍英、耆龄是相续任此职的皇族大臣。内务府的官员统统由满族人担任，这也许是为了说明他们是最受信任的家臣。同时，内务府不仅是一个受命管理皇帝财产的机构，而且还是皇帝通过它和国家的其他各部门处理政务的机构。

辛亥革命后，在袁世凯劝清帝退位，以换取"优待条件"中开列的各项保证的时候，内务府总管世续是参与其事的高级官员之一。换句话说，他也是同意用皇权的覆灭来换取维持内务府现状的重要官员之一。"清室优待条件"第六款规定："以前宫内所有执事人员，可照常留用，惟以后不得再招阉人。"

袁世凯在保留小朝廷的同时，也保留了内务府。据说，在劝说隆裕皇太后同意清帝退位，建立民国方面，作为内务府总管大臣的世续起到了一定作用，因此，1922年2月世续去世时，民国总统派了一名代表参加他的葬礼。1915年1月7日，袁世凯令内务总长朱启钤和司法总长章宗祥，与清室商定了一个"清室优待条件善后办法"，其中第五款又一次申明："清皇室允确定内务府办事之职权，为主管皇室事务总机关，应负责任，其组织另定之。"[1]

北京政府内务总长朱启钤

内务府曾支持守旧派反对1898年的维新派，它曾默许了一场废黜光绪皇帝的宫廷政变。它曾为那个老太后采取措施使宫廷与义和团携手合作而欢呼。最后，当革命到来时，它又把自己的祝愿寄托在"优待条件"上。有理由相信，它之所以促成并协助草拟了这些条件，并非因为这些条件对逊位皇帝的利益真有好处，而是因为这些条件是维持其自身继续存在的最可靠的保证，是维护其自身特权的法律依据。

据庄士敦说，宫中的一名内务府高级官员的年收入，"估计在百万两（白银）

1　参阅白蕉《袁世凯与中华民国》，载中国史学会主编《中国近代史资料丛刊·辛亥革命》第8册，上海人民出版社，1957。

以上"，当时约合二十万英镑，而减少这批官员薪俸之外收入的任何做法都"自然而然地会使皇帝在皇族成员中不得人心，因为皇族中的许多人都直接或间接地从宫内的敲诈勒索中得到实惠"。这或许能够解释那个使内务府得以在清廷覆灭之后保留下来的"优待条件"，何以会那样地为皇室以及几乎所有皇族王公所接受。

令人惊异的是，内务府大臣世续与民国大总统袁世凯竟还是拜把子的兄弟。袁世凯称帝前，紫禁城内外曾风传政府要逊帝迁往颐和园，一时间宫内大为恐慌。世续便特地找到袁世凯，袁对他说："大哥你还不明白，那些条条不是应付南边的吗？太庙在城里，皇上怎么好搬？再说皇宫除了皇上，还能叫谁住？"最终，小朝廷果然如袁大总统所说并未迁往颐和园。

也正是这个内务府，它实际支配着根据"清室优待条件"由国民政府颁发给小朝廷的"岁金"。宣统三年，皇室经费预算为七百四十九万三千三百二十六两一钱二分九厘，较俄国皇室经费八百五十三万三千三百三十四两为少，较日本皇室经费二百万两为多。辛亥革命以后，国民政府按照清室优待条件第二款，大清皇帝辞位之后，岁用四百万两，俟由民国政府支付。

据档案记载，各年逊清皇室经费实领情况如下：

民国元年　应领不欠

民国二年　领二百八十八万一千八百六十七两四钱六分二厘

民国三年　领二百四十八万九千六百八十四两八钱

民国四年　领二百六十六万四千两

民国五年　领一百五十三万三千五百九十九两六钱四分四厘

民国六年　领二百万三千九百九十九两七钱六分

民国七年　领一百八十七万二千两

民国八年　领一百六十五万六千两

逊清皇室经费在民国 8 年（1919）之前照银两计算，自民国 8 年 7 月 1 日

逊帝溥仪所住的养心殿

起照银币计算，自民国元年起至 8 年 6 月底止，共领银 3000 万两。

为此，李大钊发表《新的！旧的！》一文，愤慨地指出："又想起我国现已成了民国，仍然还有什么清室。吾侪小民，一面要负担议会及公府的经费，一面又要负担优待清室的经费。民国是新的，清室是旧的，既有民国，那有清室？若有清室，何来民国？"[1]

这笔钱当然也用来维持一个庞大的机构，内务府统辖着广储、都虞、掌礼、会计、庆丰、慎刑、营造等七个司（每司各有一套库房、作坊等单位，如广储司有银、皮、瓷、锻、衣、茶等六个库）和宫内的 48 个处。

据宣统元年（1909）秋季《爵秩全览》所载，内务府官员共计 1023 人（不算禁卫军、太监和苏拉），民国初年曾减到 600 多人，到溥仪出宫时还有 300 多人。机构之大，用人之多，一般人还可以想象，其差使之无聊，就不大为人所知

---

1 《新青年》第 4 卷第 5 号，1918 年。

了。举个例子，48处之一的如意馆，是专门伺候帝后妃们画画儿写字的，如果太后想画什么东西，就由如意馆的人员先给她描出画稿，然后由她着色题词。写大字匾额则是由懋勤殿的勾字匠描出稿，或南书房翰林代笔。什么太后御笔或御制之宝，在清代末季大都是这样产生的。

为了支付奢华的宫廷开销，清室不得不卑躬屈膝地乞求民国政府付给它已过期的，本应分期偿付的津贴，因而一再将自己置于屈辱和可耻的境地。例如1919年10月1日的《京日导》报道说，总管内务府大臣世续乞求民国总统批准给他50万元，否则皇室就将无法偿清它的欠债了。这样的请求据说每年也要提三四次。

内务府不仅维持了旧有的"御膳房"，而且还为溥仪增添了做西餐的"番菜膳房"，两处膳房每月的花销就高达1300元。1921年以前，内务府公布的"交进"和"奉旨"支出的"恩赏"等款项，每年就要87万两白银。据说每年小朝廷的总开支都不少于360万两。

内务府另一大特征是它统辖着为数众多的太监。太监仅限于汉人，他们虽然在理论上处于内务府的约束之下，但实际上由于他们随侍在皇上及其后妃左右，因而与帝后有着某种直接的联系，往往独立于内务府，一个小小的"御前太监"集团，却有着显赫的权势。即使是在民国时代，他们仍然在宫内干尽了敲诈勒索的坏事。例如，1924年4月的一天，同治皇帝的庄贵妃和太妃在宫中去世了，他身边的太监们竟在她死后不久拆光了她宫内的珠宝，后来这些窃贼为了分赃相互争斗，并在灵堂里造成骚乱。内务府认为这是不合礼仪的，但没有采取任何措施惩罚他们，甚至没有迫使他们交出赃物，原因是为了顾全已经死去的太妃的"脸面"，必须宽容此事。类似的事件可以说是不胜枚举。由于内务府与太监之间有着千丝万缕的联系，内务府对太监的行为采取了放纵的态度。

即便是在"小朝廷"经济最为拮据的时候，也少不了给大臣们的恩赏银。据溥仪回忆，民国11年（1922）溥仪大婚之年，"内务府给我编造的那个被缩小数

小朝廷的太监

字的材料，不算我的吃穿用度，不算内务府各司的开销，只算内务府的'交进'和'奉旨'支出的'恩赏'等款，共计开支八十七万零五百九十七两"[1]。

"清室优待条件"明确规定，"惟以后不得再招阉人"。但是，内务府仍然利用各种渠道招用太监，1923年溥仪将大批太监赶出宫门，紫禁城内仍然役使着一千余名太监。据报界透露，溥仪出宫时，还有太监470人，有宫女百余人。末代皇帝在紫禁城内挥霍着巨额的金钱、役使着上千的奴仆，却度过了"人世间最荒谬的少年时代"。

宫禁十三年的少年"万岁爷"

溥仪3岁那年登基做了大清的宣统皇帝，6岁时爆发了辛亥革命。此后一年中，隆裕皇太后下了两道有意义的诏书，一道是为6岁的小皇帝任命了三位帝师，在他们的指导下，溥仪将在毓庆宫开始读书生涯。另一道是代小皇帝宣告退位诏书，表示顺应人心天命，同意确立共和立宪政体。从此溥仪做上了"逊帝"，

---

1 溥仪：《我的前半生》，群众出版社，1964。

开始了长达十三年之久的宫禁生活。

在北京的心脏地带,有两个毗邻的宫殿,一边是紫禁城,住在那里的是一个名义上的皇帝;而另一边(中南海)则住着民国现任的首脑。后者占据着大总统的职位,是一个有权却无名的皇帝,而前者则是一个占据着宝座,却仅有虚名的皇帝。后者在总统的名义下,统治着中国广大的领土,而前者在皇帝的名义下,权力却不能向紫禁城围墙外延伸一寸。这样奇怪的配置,在中国持续了13年。

从表面上看,少年"天子"在紫禁城内过着养尊处优、吃喝玩乐的生活,诸如打高尔夫、弹风琴、养洋狗、骑自行车,还从上海购来大批的玩具,以供消遣岁月。在这种有利的待遇下,这个男孩在革命后的第一个13年间在他的宫殿里享有和平和尊重,而年轻的共和国经历了一系列以北京为中心的战争和政治危机。

从前面所列的御膳房开销,宫内小皇帝的饮食可略见一斑了。按清室规矩,皇帝吃饭叫"进膳"。进膳时间没有限制,只要溥仪吩咐一声"传膳",便立即有十几名太监抬着大小七张膳桌,捧着几十个绘有金龙的朱漆盒,送进养心殿

溥仪在紫禁城里打高尔夫球

太监们的武术表演

来。御膳平日有菜肴两桌，冬天则加设一桌火锅。此外，还有各款点心、米饭、粥品三桌及卤菜一桌。这已不是一般意义的餐饮，而是宫廷礼仪的体现。这位少年更换衣服，也有明文规定，由"四执事库"太监负责为其取换。单单一项平常穿的袍褂，一年要照单子更换 28 种，从正月十九的青白嵌皮袍褂，换到十一月初一的貂皮褂。至于节日大典，服饰之复杂就更不用说了。

按一本并无标明年份的清室旧账单所载：自十月初六至十一月初五，仅一个月内，就给溥仪做了皮袄 11 件、皮袍褂 6 件、皮紧身 2 件、棉衣裤和紧身 30 件及其他衣服，共计 53 件。这些衣服，正式工料尚且不算，唯光贴边、兜布、子母扣和针线等零星杂项，就已花费银圆 2130 多元。如此累计，一个月 53 件，一年 600 余件，其开支何等庞大！

宫里有些规矩，当初也并非完全出于摆排场。比如菜肴里放银牌和尝膳制度以及出门要兴师动众地布警戒，这本是为了防止暗害的。据说皇宫里没有厕所，就因为有一代皇帝如厕时遇上了刺客。但是这些故事和那些排场对这位少年的影响全是一样，就是使溥仪从任何方面都确认自己是尊贵至上、统治一切和占有一切的人上之主。

另一方面，从青少年的正常发育与所应享有的受正常教育的自由，以及人身自由的角度来看，这位"万岁爷"又是一个可怜的少年。在宫廷森严的礼仪制度与内务府的控制下，这位少年几乎没有什么人身自由可言，这是溥仪宫廷生活的主流。直至19岁，溥仪在被驱逐出故宫之前没能跨出这座大院落之外一步，因此，溥仪认为这是一处监狱。作为一个人，溥仪的真正利益没有被周围人考虑过，甚至连配一副普通的近视镜，溥仪个人也没有权利决定。在他周围除了几个皇族兄弟伴读以外，没有一起玩耍的少年伙伴，只有一群供其役使的太监。在这处院子里，溥仪不能亲眼看到外面的世界，更接触不到一个真实的少年的世界。

溥仪在未出宫之时，正当读书年龄，他和同治、光绪青年时期一样，皆选择科举出身、有学问的人做师傅，如陈宝琛、陆润庠、徐坊、朱益藩、梁鼎芬教他读汉文，旗人伊克坦教他读满文。

溥仪与溥杰等在紫禁城

在溥仪14岁时，请了英国人庄士敦执教英文，溥仪的英文名字——亨利（Henry），便是庄士敦所起。溥仪本人认为，对他影响最大的师傅是陈宝琛和庄士敦二人。在庄士敦的影响下，溥仪剪掉了在革命后保留多年的辫子，剪辫之举使小朝廷成员在身体符号上淡化了与外界社会的区别，并在紫禁城内进行了针对内务府及太监的"改革"。溥仪进入青少年时代后更加充分感觉到宫廷生活的禁锢,进入青春期的溥仪开始产生强烈的叛逆心理,曾经想逃出这个牢笼出洋留学。溥仪出宫后曾接受天津《大公报》的采访,他表示:"余极愿为一自由人,长此困守深宫,举动胥为礼法束缚,余甚难堪。此次出宫,为余夙愿,今始克偿,故并无其他不便之感。"[1] 也算是肺腑之言了。

1922 年清室开始为溥仪筹备大婚事宜,通过查阅《大清会典》和清朝历代皇帝大婚档案,最后决定按照同治帝的规模进行办理。原因是那次大婚的花费相对较小,小朝廷已经没有能力支付庞大的大婚费用。但是按照内务府最后的核算,即使一切从简也需要 50 多万银圆。一边是庞大的开销,而民国政府同样因为经费紧张无力支付"清室优待条件"约定的每岁皇室经费 400 万两白银。在这样的情况下,为了维持小朝廷的体面和满足享乐,他们不惜将清宫珍藏的文物进行拍卖和抵押。溥仪大婚前夕的中秋节就以一批金器作为抵押向汇丰银行借款50 万元用于节款的发放。溥仪大婚后皇室为了还清欠款和处理到期的抵押合同,经郑孝胥与大陆银行协商,分两批次借款 80 万元,第一批抵押品是之前抵押在汇丰银行的金器,第二批则是古玩等物,1924 年 5 月 1 日双方签订了正式合同。这样算下来逊清皇室用向各大商号、银行借钱的方式共超过百万元。

但是,这必定是溥仪宫廷生涯中的"变奏曲",在更加强大的诱惑下,在日复一日的无聊的宫禁中,溥仪信口咏出了他的"九九消寒益气歌":

> 阿弥陀佛第九声,
> 九九阳回遍地青。
> 九星斗姥云端坐,
> 九如散与帝王宫,
> 九州复大清。

---

1 《逊帝溥仪之谈话》,《大公报》1924 年 11 月 14 日。

末代皇后婉容　　　　　　　　末代皇妃文秀

悄然流失的宫廷收藏

前面已讲到了"小皇帝"的奢华生活，再加上"小朝廷"事事还要讲排场，内务府经费损耗巨大。如此的挥霍浪费，使民国政府所支付的优待费（这笔钱早已使这一新生的国家感到难以应付，因而除头一年外，再也未能如期如数支付）早已是入不敷出。那么最好的生财之道，就只有典卖宫中的文物了。

溥仪为了维持其"小朝廷"，解决经费困难，不惜大肆拍卖宫藏珍贵古物。1922 年曾公开用投标的办法拍卖古物（内务府制定有"投标规则"）。除了大拍卖外，清室还在向各银行借款时，抵押了大量金器古董。如 1923 年清室一次向汇丰银行借款的抵押品就有（甲类金器、乙类金器、丙类金器等）48 款共 80 件。清室借款抵押的这些物品，最后无力赎回，只好估价卖给汇丰银行了。甚至连同祖宗的珍宝玉册，也以贷款名义押给了盐业银行，等等。

溥仪等拍卖或抵押宫中大量文物的行径引起了社会舆论的高度关注。一时间北京出现了不少涉及出售宫廷财宝的短评。一些针对这类交易的抗议言论说，被处置的物品是国家财产，皇室没有权利出卖它们。有的短评指出，一些极为贵重的物品最近由皇宫运往了外国银行，"某外国人"（指庄士敦）做了中间人。并暗示，卖掉它们是宫廷当局的意图，这些"无价之宝就可能不再属于中国"。

清室如此庞大的开销究竟用于何处呢？这对于一般国民来说无疑是难解之谜。为此，吴敬恒撰文《冤哉溥仪先生，危哉溥仪先生》，十分生动地揭示了这一谜底。他指出，在溥仪周围有断送其前途的三种人，他们如同"三种动物，包围得他密勿通风，必要送进了卑田院，才树倒猢狲散。什么三种动物呢，（一）耗子，遗老是也；（二）痨虫，皇室奴才是也；（三）鳄鱼，奸商及古董贩子是也"。"那班拖辫子的汉官老爷"，"今天碰响头，拿了书画走了，明天谢天恩，领了古玩去了"。"经过这许多大小耗子，每年竭泽而渔的去揩油，如何不在二十年内，把溥仪先生揩得骨瘦如柴，在破宫殿里，卧牛衣中，对窗纸的亮光啜泣呢。""即如努尔哈赤之宁馨子孙，如玄烨、胤禛、弘历之徒，他吸聚积贮的本事，固十倍高明于盐业银行的乾斋，不料弘历的玄孙，面孔还长得绝俊，便宛转簸弄乾斋之手。"宫内的许多文物就这样不翼而飞了。

庄士敦曾提醒溥仪，他住的地安门街上，就有多家由太监、内务府官员开的店铺。溥仪更是认为内务府的丢失现象："那简直是一场浩劫。参加打劫行径的，可以说是从上而下，人人在内。"[1]

溥仪大婚前夕，"小朝廷"的财务状况难以为继，中秋节前，在皇室的授意下首先向汇丰银行借款 50 万元，用于节款的发放。迫于当时社会舆论的压力，内务府采取了将宫廷文物以"拍卖"改为"抵押"的方式进行，以套现获取资金的周转。为了偿还各种债务和换取日后生活费，"小朝廷"向盐业银行抵押借款 80 万银圆。抵押品中不但有册封皇太后、皇后的金册、金宝箱、金宝塔，还

1　溥仪：《我的前半生》，群众出版社，1982。

有在溥仪大婚上奏乐的金编钟。其中 16 个金编钟作价 40 万元，其余物品作价 40 万元。溥仪自己曾在《我的前半生》中提到过这次抵押，就后一笔的 40 万元抵押来说，等于是把金宝、金册等十成金的东西当荒金折价卖，其余的则完全白送。

另外，溥仪为了准备出洋留学的经费，还以赏赐亲信为名，将故宫珍品运出皇宫。参与这一阴谋的有溥仪的弟弟溥杰与他的英文伴读、载涛的儿子溥佳。从 1922 年起，溥仪、溥杰与溥佳三人就秘密地把宫内所收藏的古版书籍（大部分是宋版）和历朝名人的字画（大部分是手卷），分六批盗运出宫。这批书籍、字画为数很多，由宫内运出时，也费了相当的周折。因为宫内各宫所存的物品，都由各宫太监负责保管，如果溥仪要把某宫的物品"赏人"，不但在某宫的账簿上要记载清楚，还需要拿到司房载明某种物品赏给某人，然后再开一条子，才能把物品携带出宫。

当时，他们想了一个自以为非常巧妙的办法，就是把这大批的古物以赏给溥杰为名，有时也用赏给溥佳为名，利用溥杰和溥佳每天下学出宫的机会，一批一批地带出宫去。日子一长，数量又多，于是引起人们的注意。不久，就有太监和官伴（宫内当差的，每天给溥杰、溥佳拿书包的）问溥佳："这些东西都是赏您的吗？"溥佳当时含混地对他们说："有的是赏我的，也有的修理之后还回宫里来的。"[1] 可是长期以来，只见出，不见入，内务府方面已明白了大半，只是不知道弄到什么地方去了。

"小朝廷"的内部管理非常混乱。溥仪与溥杰通过赏赐的形式，将大量的珍品文物转移到宫外，这样的活动从 1922 年 7 月 13 日一直到 12 月 20 日方止，计有 1000 多件珍贵字画和 200 余种宋元明版书，这批珍品出宫后，共装了 70 多个大木箱，这批货物体积既大，数目又多，由溥佳负责将这批古物护送到天津。

恰巧当时的全国税务督办孙宝琦是载抡（庆亲王载振的胞弟）的岳父，溥佳找到载抡，说是醇王府和载涛家的东西要运往天津，请他转托孙宝琦办一张免

1　参阅溥佳《1924 年溥仪前后琐记》，载《文史资料选辑》第 35 辑，中华书局，1980。

验、免税的护照。果然很顺利地把护照办妥，就由载佳把这批古物护送到天津，全部存在英租界戈登路溥仪的叔父载涛早为其买好的 13 号路 166 号。以后，这批文物的大部分都被溥仪等弄散失了。[1]

1922 年 3 月 26 日，上海《时事新报》和北京各报登载了这样一则消息：清室准备将奉天的《四库全书》以 120 万元的价格出售，还特派了人员向驻京各国使署询问有无买主。最后得知日本因为法国买了一部分落入朝鲜之手的《四库全书》而感到十分羡慕，也想要购买《四库全书》，以壮日本观瞻。清室人员就去与日本驻京公使署的人做了接洽，日本国内闻讯，大喜过望，表示无论如何一定要将《四库全书》买到手。随后两方人员进入秘密交涉洽谈之中。

逊清皇室欲将奉天的《四库全书》卖给日本的消息刚一传出，马上就受到了各界的舆论谴责。1922 年 4 月 1 日，北京大学教授沈兼士、马衡等七人发表声明指出，《四库全书》及宫中所藏一切图书古物，都是国家的公产，并非爱新觉罗一家的私产，如果卖给外国人，不但是毁弃国宝，更是国民的耻辱。他们还强烈要求政府迅速派人查明此事，并将《四库全书》从保和殿内转移至其他适当的部门，妥善保管。为此，北京大学研究所国学门发布了《为清室盗卖四库全书敬告国人速起交涉启》，呼吁："禁城宫殿及所藏之图书古物，皆系历代相传国家公共之产，亟宜一律由我民国政府收回，筹设古物院一所，任人观览。"[2] 由于各界人士的强烈反对，逊清皇室迫于社会舆论的压力，欲将奉天的《四库全书》卖给日本以筹集经费的企图未能得逞。

溥仪出宫后，清室善后委员会在查清宫物品时，从账簿上发现经溥仪之手赏出的文物共达一千数百件。故宫博物院曾印行《故宫已佚书画目录》，据该书《弁言》记载，1925 年 3 月 19 日点查毓庆宫至"余字 964 号分号 45"时，发现题名《诸位大人借去书籍字画玩物等造账》一册，上有"宣统庚申年之日记"

---

1 参阅王文峰《伪满皇宫文物的来源、散失与征集》，《北方文物》1989 年第 1 期，第 106 页。

2 《为清室盗卖四库全书敬告国人速起交涉启》，《北京大学日刊》1922 年 4 月 20 日，第 1005 号。

等字样，庚申年即公历 1920 年。

当时知情者对于这位逊清皇帝随意借取故宫藏品的所为，无不大感惊讶。继之，又于这一年的 7 月 31 日，点查养心殿，至"台字 524 号"，又发现赏单一束及收列单一束，二者所载物件大体相符，这便是赏溥杰、溥佳的那一部分。内计宋元明版书籍 200 余种，唐宋元明清五朝字画 1000 余件，皆属宫藏秘籍，缥缃精品，《天禄琳琅》书目所载，《石渠宝笈》之篇所收。大批国家珍宝移运宫外，流传散失，实在令人痛惜。

当时偷盗宫内文物的绝不止溥仪一人。宫内从上至下，不论内务府大臣还是宫人，人人都在偷盗文物。1923 年溥仪决定整顿内务府，清点库房，建福宫的清点才刚开始，一场大火就将建福宫及附近宫殿全部烧毁。

据说这一事故是太监们为了销毁偷盗证据而纵火造成的，1923 年 6 月 27 日的紫禁城大火将建福宫花园及其收藏付之一炬。即使不把被烧毁建筑的历史和建筑价值计算在内，损失也是巨大的。根据事后人们向溥仪的禀报，大火烧毁有价值的物品总数 6643 件，抢救出来了 381 件。损失或损坏且不可补救的珍宝包括 2685 件金佛像，1157 幅画（主要是佛教方面的），1675 件金质的佛事用品，435 件瓷器、翡翠和青铜器（有些是周、唐、宋和元代的），数千册书，31 只装有黑貂皮和皇服的箱子。

建福宫花园发生火灾，让敬胜斋、静怡轩、延春阁一带建筑及其大量珍宝古物焚毁殆尽。《京报》主编邵飘萍发表《亡清故宫失火之责任问题》，对清室提出严厉指责："自清帝退位之日起，一切主权，已移于民国，则今番千万以上之损失，实民国国家所有之财产也，非但物质上横遭暴殄，而与历史有关之古物尽付一炬，则尤为堪痛也。"[1]

据庄士敦讲，1924 年 11 月，冯玉祥驱逐溥仪出宫在即，溥仪慌乱之中仍挑选了一捆重要文件和一包值钱的东西交给庄士敦，让他放到安全的地方。庄士敦

1　邵飘萍：《亡清故宫失火之责任问题》，《京报》1923 年 6 月 28 日，第 2 版。

随即将它们存入了汇丰银行。

"小朝廷"时期，许多故宫文物就是这样悄然流失的，其中有些文物已经不再属于她的祖国，她的人民，这是故宫历史上的千古恨事。

上海东方艺术会等机构认为："鼎革以来，国人无暇顾问，以致清室视为私蓄，暗中流归国外者，已难屈指，即如前次宫中失火，亦系阉寺监守自盗，希图灭迹，长此以往，不加注意，势不至毁弃殆尽不止，真不禁为美术前途痛惜也。"为反对清室拍卖宫中美术品，各机构联名致函北京国立美术学校，建议"鼎力抗争，以保文物"，并希望封存清室古物，归为国有，"以备将来建筑美术馆妥为保管，公开展览"。[1]

湖北省教育会致函内务部："清室之古物，尤为历代帝室递嬗相传之珍秘，并非一代一人所得私有。合全国五千年之文物，集于首都之清室，一涉疏忽，不徒散佚堪虞，即立国精神且将无从取征。清室以经费短绌，转售东邻，不啻将五千年立国精神捐弃一朝，言念及此，能勿痛心。"建议将此递交阁议，作为专案，妥善商定善后办法。此次抵押的皇太后和皇后金册、金宝和其他金册在辗转流徙遗失、变卖或被化为金条，金编钟则逃过劫难，新中国成立后回归故宫博物院。[2]

1924 年春夏间，郑孝胥、金梁诸氏已开始清理清宫古物及财产。但是郑孝胥"快刀斩乱麻"的改革方式，损害了部分清室遗老的利益。此外，为维持清室收支平衡，内务府以金编钟、金册、金宝和其他金器为抵押品向北京盐业银行借款 80 万元，期限一年，月息一分。郑孝胥向溥仪建议把文渊阁所藏的《四库全书》运往上海，由商务印书馆影印，向国内外销售，可以获得一笔厚利，作为宫内经费。[3]

清室清理古物财产，引起北洋政府的关注和干预。首先国会议员李燮阳等人联名致函内务部，要求政府依据有关古物保管法，制止清室变卖古物，并将古物

1　《艺术界反对清宫拍卖美术品》，《申报》1923 年 9 月 27 日，第 14 版。

2　叶秀云：《逊清皇室抵押、拍卖宫中财宝述略》，《故宫博物院院刊》1983 年第 1 期。

3　关于郑孝胥影印《四库全书》的详情，可参阅李大鸣《郑孝胥与〈四库全书〉的影印》，《紫禁城》2008 年第 9 期。

悉数提出，交内务部派专员妥慎保存，或发交古物陈列所，以供人民观览。[1] 徐世昌下台后，内务部针对"小朝廷"接连变卖宫内文物古玩的行径，还制定了《古籍、古物及古迹保存法案》。

"小朝廷"的复辟梦

1911 年的革命之后，"优待条件"表现出一定的消极影响。它的合法性本身就对复辟势力产生了一定的鼓励作用，成为复辟势力的"精神中心"。各种复辟的闹剧无不从这红墙内外开锣登场。清室"小朝廷"合法地住在紫禁城里，并以皇帝的名义封官授爵，受着一小撮怀抱复辟清朝愿望的旧官僚及遗老遗少的拥戴。那些遗老遗少，如陈宝琛、郑孝胥、陆润庠、绍英等。

待到庄士敦的参与，他向"小朝廷"的年轻成员介绍西方文化，同时加深了溥仪等人与"小朝廷"的中老年成员的观念冲突，"小朝廷"这种时尚追求和谋图复辟的期望，构成了一种错位的心态。

被冻结起来的政治权力，拒绝融入民国宪法体制，在政治上仇视民国，排斥新事物。那些散居于北京、天津、上海和青岛等地的遗老往往作为一类具有共同政治符号的人物聚集于紫禁城，在内力和外力的共同作用下，复辟的幽灵一直萦绕在"小朝廷"盘踞的紫禁城上空。

自 1915 年春天开始，北京盛传袁世凯将进行帝制运动，由国会及各省代表投票通过后，袁氏便将入主紫禁城做皇帝了。一个阵容浩大的"帝制大典筹备处"堂而皇之地迅速成立。为了袁世凯登基，将太和殿改名为承运殿，殿中八根巨柱重新加髹赤金，饰以雕龙彩云，其他各柱也翻新改漆红色，又花了 40 万元装了一张金碧辉煌的"御座"，扶手和靠背上都有雕龙的图案，座椅坐垫也是黄

---

1 《李燮阳质问清室溥仪等私自盗卖古物》，《申报》1924 年月 15 日，第 7 版。

缀绣龙，座前有雕龙御案，座后有九折雕龙嵌宝屏风。在处处见龙的情况下，硬是烘托出一个"真龙天子"来。

一时间，紫禁城内的"小朝廷"也慌了，"天无二日，国无二君"的道理震慑着紫禁城的旧主人。在他们看来，袁世凯是"阳示尊崇，阴实监视"[1]的清室背叛者。袁世凯却不断地放风说，"皇上"不能离开皇宫和太庙，搞得紫禁城里的人又多了不少幻想。

袁世凯为了给称帝扫清障碍，对紫禁城里的那个"小朝廷"采取了既限制、又拉拢的政策，以争取清室的好感，收买遗老、大臣以及顽固保守派的人心。为此，他指使内务总长朱启钤、司法总长章宗祥与清室内务府进行交涉，在1914年12月26日制定了"善后办法"七条。内容如下：

一、清皇室应尊重中华民国国家统治权，除优待条件特有规定外，凡一切行为与现行法令抵触者，概行废止。

二、清皇室对于政府文书及其他履行公权、私权之文书契约，通用民国纪年，不适用旧历及旧时年号。

三、大清皇帝谕告及一切赏赐，但行于宗族家庭及其属下人等，其对于官民赠给，以物品为限，所有赐谥及其他荣典，概行废止。

清皇帝所属机关对于人民不得用公文告示及一切行政处分。

四、政府对于清皇室照优待条件，保护宗庙陵寝及其原有私产等事宜，专以内务部为主管之衙门。

五、清皇室允确定内务府办事之职权，为主管皇室事务总机关，应负责任，其组织另定之。

六、新编护军专任内廷警察职务，管理护军长官负完全稽查保卫之责，其章程另定之。

1　汪曾武：《劫余私志》，载荣孟源、章伯锋主编《近代稗海》第3辑，四川人民出版社，1985。

慎刑司应即裁撤。其宫内所用各项执事人役及太监等，犯罪在违警范围以内者，申护军长官按警察处分，其犯刑律者，应送司法官厅办理。

七、清皇室所用各项执事人等，同属民国国民，应一律服用民国制服，并准其自由剪发。但遇宫中典礼及其他礼节，进内当差人员，所用服色，得从其宜。

"小朝廷"并不实心执行善后办法七条，暗中抵制，在内部文书中仍旧使用宣统年号，并且继续向效忠清室之人颁赐名号或谥号。

作为中华民国大总统的袁世凯，实际上早已是"身在曹营心在汉"。他一心留恋封建君主专制的余威，他在"巩固清室优待条件善后办法"后批文："先朝政权，未能保全，仅留尊号，至今耿耿。所有优待各节，无论何时，断乎不许变更，容当列入宪法。"[1] 如果按照袁世凯的想法，清帝尊号将"世世相承"，"或仍居宫禁"，紫禁城将永无开放之日。

1915 年 8 月，袁世凯策划了"筹安会"，想以此来操纵"人民的意愿"。他声言"国体"问题应由人民决定。然而，他和他的御用工具仍在极力把他们不可告人的私欲塞进所谓的"决定"里去。虽说皇权意识已是强弩之末，仍有一个名叫宋育仁的最忠实的君主制分子，也是位学者，曾写过儒家哲学及类似题目的书，曾鼓足勇气劝告袁世凯让位给年轻的大清皇帝，很快就受到责难和压制，从此再无人效仿他。

袁世凯毕竟按捺不住对身披龙袍的欲望，从 1915 年 12 月开始使用皇帝的称号。清室的"伦贝子"（溥伦）曾代表皇室和八旗向袁世凯上劝进表，袁世凯许给他亲王双俸，接着他又到宫里来向太妃索要仪仗和玉玺，最终还是与紫禁城的旧皇帝做了比邻的新皇帝。

鲁迅对此有这样的评论："错的是革命者受了骗，以为他真是一个筋斗，从北洋大臣变了革命家了，于是引为同调，流了大家的血，将他浮上总统的宝位

---

1 《发现清室优待条件秘密遗物》，《京报》1925 年 2 月 10 日，第 7 版。

反对袁世凯复辟，孙中山等在日本成立反对帝制一笑会

去。到二次革命时，表面上好像他又是一个筋斗，从'国民公仆'变了吸血魔王似的。其实不然，他不过又显了本相。""但是，袁世凯自己要做皇帝，为什么留下他真正对头的旧皇帝呢？这无须多议论，只要看现在的军阀混战就知道。他们打得你死我活，好像不共戴天似的，但到后来，只要一个'下野'了，也就会客客气气的，然而对于革命者呢，即使没有打过仗，也决不肯放过一个。他们知道得很清楚。"[1]共同的利益，使新皇帝既做"洪宪天子"，又做"袁宫保"，使旧皇帝既做紫禁城的"皇上"，又去上"劝进表"。相互勾结，相互利用，一起来对付来自人民的革命。

陈独秀1917年5月在《新青年》(第3卷第3号)上发表文章指出："袁世凯要做皇帝，也不是妄想。他实在见得多数民意相信帝制，不相信共和。就是反对帝制的人，大半是反对袁世凯做皇帝，不是真心从根本上反对帝制。……现在

1　鲁迅:《〈杀错了人〉异议》，载《鲁迅全集》第5卷，人民文学出版社，1981，第94~95页。

虽然袁世凯死了，袁世凯所利用的倾向君主专制的旧思想，依然如故。要帝制不再发生，民主共和可以安稳，我看比登天还难。"

袁世凯与清室商定的"巩固清室优待条件善后办法"七条，最后还有亲题"跋语"等等，无不助长了以清室"小朝廷"为中心的复辟势力。袁世凯死后，以民国官僚为主形成了复辟势力的两个中心。一个是徐州的张勋，为了复辟清朝，民国后他"不肯断发易服"，还拥有两万余人的武装，把徐、兖一带搞成了独立王国；另一个是天津的徐世昌，他是北洋元老，在民国政界有影响力，紫禁城里"人们一提起徐太傅，总要流露出很有希望的神情"[1]。

乱源既伏，祸患迟早发作，终于在 1917 年 7 月 1 日，张勋率辫子军进入紫禁城，上演了一出复辟丑剧。一心复辟清朝的"辫帅"率领他的"辫子军"入京，拥戴溥仪重新登极。当时张勋向溥仪奏称："国本动摇，人心思旧，请复辟清朝，以拯生灵。"

张勋与康有为一道宣布：自宣统九年五月十三日（1917 年 7 月 1 日）宣统皇帝"临朝听政，收回大权，与民更始"。接着连下谕旨，授官封爵，一复清末旧制。一时间北京城内龙旗飘举，皇宫内外翎顶辉煌。紫禁城真正成为 1917 年复辟运动的策源地。张勋复辟失败以后，清室内务大臣世续致函段祺瑞政府，为清室复辟罪行开脱罪责。

其实，当时支持张勋复辟的人实在不是一个小数目。据张勋自传《松寿老人自叙》言："丁巳四月，各省又谋独立，督军或专使群集徐州，推勋主盟。勋于是提兵北上，调停国是。五月十三[2]，复辟。诏授勋为议政大臣，兼北洋大臣，直隶总督。他帅意不合，来攻。二十四日，与战都城中，兵寡不支，荷兰公使以车来迎，居其署中。"

《北京导报》1924 年 5 月 6 日的一篇报道说："中国报纸今天报道了被带到

---

1 溥仪：《我的前半生》，群众出版社，1964。
2 此为农历，即公元 1917 年 7 月 1 日。

张勋复辟的辫子军在故宫里扎营

巴黎的有关张勋将军 1917 年帝制复辟运动的重要文件一事。据说，这些文件包括徐州会议的会议记录和一些信电，证实至少有 82 位有影响的中国人参与了复辟运动。"

当时被溥仪召见的前清大臣，据宫中收存《引见大臣签》所录，就有 37 人。他们是：内阁议政大臣直隶总督北洋大臣张勋、内阁议政大臣袁大化、内阁议政大臣刘廷琛、内阁议政大臣外务部尚书梁敦彦、内阁议政大臣参谋部大臣王士珍、总管内务府大臣世续、头品顶戴弼德院副院长康有为等。好不热闹的一场重新登极的复辟闹剧，在全国人民的强烈反对下，仅历时十二天便烟消云散了。辫子兵被皖系军阀段祺瑞击败后，7 月 21 日，张勋逃入荷兰公使馆。第二天，溥仪宣告第二次退位。张勋死后，溥仪赠为太保，予谥"忠武"，又犯了民国的"大忌"。

后来于 1918 年当选"大总统"的徐世昌也是个皇帝迷，他竞选总统，清室就提供了 300 多万元的活动经费。清室对他的贿赂其用意首先是确保"优待条件"能继续得到履行。徐上台后便投桃报李，对清皇室倍加优待，不但不再提迁居颐和园之议，连善后办法也置若罔闻，"小朝廷"于是乎继续在紫禁城中"暂居"下去。在他给清室人员的一封信中，竟以中华民国大总统的身份，高谈什么"仰蒙皇上恩颁……拜宠隆之恩赉，切感悚于私衷"云云。简直是丢尽了民国的威严与共和国的原则。

穿着洪宪礼服的徐世昌

徐世昌宣誓就任总统后，发布的第一个正式文告，就是赦免1917年参与复辟的那伙人，张勋也未被排除在大赦之外。在徐世昌就职以前，那个选举他当总统的国会宣布，以后将每年的孔子诞辰日作为全国的假日，这就已证明其保守趋向。1922年6月2日，徐世昌终于明白了他的工作已不可能进行，突然辞去民国总统并离开了北京。他的离去使"小朝廷"中的一些人感到特别遗憾，因为他们认为，假如时机合适的话，徐世昌会高兴地放弃他的总统职位，并拜倒在皇帝的膝前。在那个已经被解散的国会开会时，他总是不说"前清"，而是说"本朝"，似乎它仍在进行统治。

段祺瑞、冯国璋均为清朝旧臣，便用通令的形式，把内务府的信函宣布中外，以此搪塞人民的诘责，包庇逊清皇室过关，维持优待条件不变，旧皇帝依旧尊处深宫。日益紧张的经济资源和衰退的政治地位更使得这些矛盾趋于表面化。

北洋要人在历史上与清室的关系特殊，他们既是共和政体的既得利益者，拥戴共和为他们执掌权力提供了合法性的根基，同时，在心理上，他们要对清室进行道义上的效忠。另外，北洋军阀时期的风云人物奉系军阀张作霖等也与"小朝廷"有着千丝万缕的联系，张向"小朝廷"投去的秋波也成为溥仪复辟帝制希望的根据。

太妃们在溥仪婚事上各自施加影响。1924年5月，溥仪命庄士敦管理颐和园，遗老、王公们尽力阻止溥仪接触外界，防止他消泯复辟的志向或离开紫禁城。在他们看来，溥仪是否滞留故宫关系到优待条件的存废。

为此，吴敬恒在《冤哉溥仪先生，危哉溥仪先生》一文中严正指出：另有置溥仪于危的是，"不料十三年来，竟闹了显著的一个复辟大把戏，又时时对有力军阀，造作不断的谣言，那神武门里又常常做出许多违悖优待条件的怪事，如予谥了，钦赐紫禁城骑马了，准预琼林宴鹿鸣宴了，荣封三代了，皆闹一种类似暗示复辟的笑话。这种无意识的混闹难道可以保得定一方面没有渐进一步的猖獗；又难道可以保得定又一方面没有履霜坚冰的恐惧，生出一劳永逸的决心"。"如此嘲戏变认真"，"于是世界各国都有些小解决，中国便也得了一个大解决，前次，什么世界共主的德皇，混世魔王的俄皇，与神圣同盟的圣子神孙奥皇等，一概请进了历代帝皇庙，继此一战，则庶乎万民一系的天皇，世界飘国旗的岛主，也进历代帝王庙，溥仪先生且做了一只俎上告祭帝王永结局的小鸡"。

吴敬恒先生的文章真可谓"其言至为痛切也"。然而，吴敬恒的警告并没有扑灭溥仪复辟帝制的"不绝希望"。溥仪被驱逐出宫之后，很快逃到日本使馆，在那里由于好奇溥仪曾几次在深夜里带上一名随侍，骑上自行车外游。有一次，他骑到紫禁城外的筒子河边上，望着角楼和城堞的轮廓，回想起刚离开不久的养心殿和乾清宫，想起了宫内的宝座和明黄色的一切，复仇和复辟的欲望一齐涌上心头，不由得心如火烧。七年后，溥仪在东北终于做上了日本人的"儿皇帝"，背叛了他的祖国。

根据"优待条件"，"小朝廷"存留紫禁城的后半部以及太庙、颐和园、什刹海周围的王宫府第，遵化和易县的东西两陵名义上属于皇室，但这些场所互不连贯，造成了活动空间的阻隔。在"小朝廷"的 13 年，溥仪还未成年，周围年迈的师傅、昏聩的皇室亲贵和唯利是图的内务府大臣们，最关心的是优待条件的存废，只要它不被废，他们就有了生活来源和地位保障。所以每当政权更替之时，他们都四处奔走活动，以保证优待条件能继续履行。

日本人之窥视与干涉

就时局而言，民国的厄运与其说是来自清室"小朝廷"的复辟，不如说是来自东方日本帝国的威胁。在一个庞大的军事占领计划中，清室"小朝廷"已经在其考虑之中，从战略上讲，这种考虑与侵占广阔富沃的东北地区联系在一起。

早在辛亥革命时期，日本陆军及右翼团体黑龙会就支持过满蒙亲贵组成的"宗社党"。"宗社党"人计划逼袁世凯辞职或组织"勤王军"，于一旦必要时要求日本陆军以军事救援。在日本的策划下，"宗社党"会同一些蒙古王公拟在日本的保护下，暂居满蒙，以养实力，俟民国自相扰乱时，再图复辟。肃亲王善耆和日本人川岛浪速勾结起来，日本外务省电示驻奉天领事："万一满洲朝廷蒙尘前往南满洲方面，应极力加以保护。"

辛亥革命爆发两周年后，日本内阁的决议首先提到的是"永久维持满洲的现状"。自 1905 年开始，日本便对东北推行"新大陆"政策，以占有满洲，实现"满蒙独立计划"，为日本"北进"的大陆政策铺垫基石。1912 年 2 月 12 日，清帝下诏退位，善耆拒绝签字，成为当时唯一没有在退位诏书上签字的亲王。他在川岛浪速的协助下出走旅顺，投靠日本驻旅顺口的关东总督陆军大将福岛安正，留下《辛亥十二月出都口占》："幽燕非故国，长啸返辽东。回马看烽火，中原落照红。"[1] 这表明他欲以辽东为基地，试图东山再起。

同时，日本对于清宫"小朝廷"的各种情况也表现异乎寻常的关注。至于溥仪，日本人一直"把他视为一笔沉睡的财富"[2]。日本军阀甚至暗中计划由川岛浪速和少数军人在清室逃经热河时，"劫夺宣统皇帝，以他为中心，搞满蒙独立"，建立依附于日本的傀儡政权。"保留大清之名，暂据满蒙，以养实力，俟民国自相扰乱时，再进入中原。"[3]

在保存下来的日本外务省机密电文中，一份 1922 年 7 月 17 日日本驻中国特命全权公使小幡酉吉致外务大臣内田康哉伯爵的电文说道："关于宣统帝出国留学风闻，于第四六七号电文已做了报告。"14 日，英国公使馆的 Cluce 参事官对吉田参事官就此事的提问所作的回答是"Nothing is settled yet"，意思是尚未做出任何决定。同时告之，候处列席汉文参赞、新任上海总领事 Bastan（庄士敦）氏现在宣统帝处教读，对宣统帝现在处境颇有感触。[4]

同年 10 月 24 日，小幡公使致内田外务大臣的电文大意如下：

十月二十四日，荷兰公使对本使说，宣统皇帝的结婚仪式将于十二月一日举行，其间，清帝有招待各国公使意向，各国由于考虑到民国政府承认宣统帝之帝号而接受邀请，并以个人资格出席，各国将采取一致态度。同时，也考虑到目前世界上唯一之帝国——日本的情况，日本对支那政治所持的特殊立场，以及在支那革命之际日本国民对于清朝皇室寄予的深切同情等诸原因。另外，还要避免为此引起民国政府及各国的疑惑，等等。[5]

1924 年 1 月 18 日，奉天总领事船津辰一郎发给外务大臣男爵松井庆四

---

1 善耆撰《肃忠亲王遗稿》，"序"，1928 年石印本。

2 〔英〕爱德华·贝尔：《中国末代皇帝》，靳革、黄群飞译，中国建设出版社，1989。

3 〔日〕会田勉：《川岛浪速翁》，东京：文粹阁，1936，第 114 页。

4 日本外务省外交史料馆档案《宣统帝复辟问题杂件》（机密）第 322 号，1917。

5 日本外务省外交史料馆档案《宣统帝复辟问题杂件》第 14563（暗）号，1917。

郎的电文报告如下：

去年末，小官出差北京之际，孙宝琦对小官说，民国政府基于"清室优待条件"，每年应向清室支付四百万元的费用。然而，由于近年财政困难，政府已无力支付，为此去年以来，清皇帝已陷入窘迫，以至于到了用卖书画古董而糊口的境地。此事多少得到了张作霖氏的同情，然而并未得到张总司令的多额援助。一月十九日，张总司令次子结婚，届时，清室也派人出席，日方将重申希望张氏向清室赠与相当金额的意向。

2月1日，船津在给公使芳泽的报告中说：

迨旧年末，清室接到张方送金十万元，而孙宝琦所希图的今后每月十万元援助，在目前状态下很难实现……[1]

在与日本外务省进行种种外交活动的同时，在日本陆军内，一种被称为"下克上"的情况正在酝酿而日渐作大，其中的代表是两个关东军的参谋军官。他们是石原莞尔中佐和板垣征四郎大佐，他们为关东军军部制作了所谓"最终战争论"。

关东军是于1905年日俄战争之后被派驻中国东北的，最初只是关东总督指挥下的满洲驻留军两个师团，约一万兵力。日本那时也只有在铁路沿线驻扎军队的权利，并从事采矿、农业和商业活动。这两个军官认为，要解决日本的贫困只能在满洲找出路，既可减少国内的失业，还能给人口过多的本土找到土地资源。满洲还能为日本保持其工业国地位提供它亟须的有保证的原料来源和成品市场。但是，石原和板垣认为，除非日本完全控制满洲，否则这一切是不可能实现的。

1 日本外务省外交史料馆档案《宣统帝复辟问题杂件》（机密公）第 10 号，1917。

早在辛亥革命期间，日本军部对外务省对袁世凯的"软弱折中"就"表示无限愤慨"[1]。

虽然此间日本军方的势力尚不如后来那样具有重要影响力，即还不足以形成日后被称为的"双重外交"的局面，但是军国主义的情绪已经首先在关东军中点燃并开始蔓延。用武力与颠覆的手段达到独占"满洲"进而侵占"支那"，做世界霸主的妄想已充满野蛮的日本军人的头脑。为此，他们扶植奉系军阀张作霖，准备"培养"一个亲日派军阀，大肆地搞军事扩张，并试图促成张作霖与溥仪的联合，最终导致了在奉天特务机关长土肥原贤二策划下的溥仪脱走大连，并在东北地区建立了一个"满洲国"。

1923 年 3 月，日本第 46 届国会通过了《对支文化事业特别会计法》，并很快公布实施。这个"会计法"的基本意思，也就是通过日本政府拨款来建立"对支文化事业"，然而钱款却并非来自日本财政第九章日本"对支文化工作"的方案与实施。《特别会计法》的第一条明确规定了资金的来源，一是"庚子赔款之本利"，二是"有关山东铁路与公有财产补偿国库证券之本利，及山东矿产之补偿金"。也就是说，这两笔钱实际上都是中国的，而不是日本的。日本就是利用这两笔中国赔款的本利，来推行其"对支文化工作"计划的。换言之，是用中国的钱，办日本人的"在支文化事业"。1923 年 12 月，日本内阁在《特别会计法》的支持下，成立了"对支文化事业调查会"，由外相担任会长。1924 年 2 月，日本外务省与中国驻日公使签订了"日本对华文化事业协定"。在"协定"中，日本取得了在中国开办研究所、设立图书馆、设立医科大学及附属医院等多项特权，为日本在华"文化事业"——实际上是对华文化侵略——开了绿灯。

正值溥仪出宫、"清室"成为形式化的存在之后，"清室"遗民又对根据庚子赔款建立起来的日本事业（即"对支文化事业"）寄托了新的期望。[2]这是什么意

1 〔日〕传记刊行会编《田中义一传记》（上），东京：原书房，1981。

2 〔日〕吉开将人：《自宣统十六年的清室古物问题（一）：故宫博物院成立史的再检讨》，《北海道大学文学研究科纪要》2014 年 11 月 25 日。

思？就是日本开始利用这笔钱将"清室"遗民与对华文化侵略，乃至分裂中国、侵略中国联系在一起。

1925 年前的古物陈列所

民国之初，复辟气氛一时四处弥漫，"国本动摇，人心疑惧"，引起了社会各界的严重关切，国家权力关系日益紧张。1914 年 11 月 23 日，袁世凯发布命令，"申明紊乱国宪，即照内乱罪，从严惩办"[1]，并派遣内务总长朱启钤、司法总长章宗祥"与清皇室接洽，以遏乱源"[2]。经反复协商谈判，最终在"清室优待条件"基础上达成七条善后办法，明确规定"清皇室应尊重中华民国国家统治权"[3]，并废除了逊清皇室的爵赏、刑罚等权力，"所有一切近于行使政权事项，一律停止"[4]。此后，鼓吹"还政于清"的宋育仁被步军统领衙门递解回籍。

民国之初的袁世凯许诺要将优待条件列入宪法，但袁世凯对逊清皇室也有很大限制，他是"阳示尊崇，阴实监视"。如把紫禁城中举行大典的三大殿收归民国，1913 年又敦促皇室履行优待条件第三款，拟将"小朝廷"迁往颐和园。这个善后办法是对优待条件的重大修正，它限制了清室的特权，将逊清皇室完全置于政府的控制之下。

在"小朝廷"的黄昏时分，逊清皇室因种种原因也开放了一批皇室禁地，这些开放虽然其目的、方式、用途不尽相同，但多多少少对以后故宫开院产生了一

1 《朱启钤关于整顿清室礼仪待遇令函》（1914 年 12 月 1 日），中国第二历史档案馆编《中华民国史档案资料汇编》第 3 辑《政治》（一），江苏古籍出版社，1986。

2 《大总统府政事堂片交第七十二号》（1914 年 12 月），中国第二历史档案馆编《中华民国史档案资料汇编》第 3 辑《政治》（一）。

3 中国第二历史档案馆编《中华民国史档案资料汇编》第 3 辑《政治》（一）。

4 《朱启钤关于整顿清室礼仪待遇令函》（1914 年 12 月 1 日），中国第二历史档案馆编《中华民国史档案资料汇编》第 3 辑《政治》（一），江苏古籍出版社，1986。

些间接影响。据 1912 年 12 月 28 日的《绍英日记》，由赵秉钧政府通过世续寄给清室相关信件及说帖议定民国政府借用故宫外朝与"三海"事项，重要内容包括：乾清门以内归皇室居住，即将来迁园后，遇有祭祀，仍可随时居住宫内；外围三大殿借于民国，作为礼堂接见外宾之用 [1]。三日后清室即正式同意。

另外还有：1913 年 4 月 24 日，步军统领衙门制定《瞻仰颐和园简章》，清室内务府开放颐和园。9 月 28 日，国务院秘书厅致函内务府，将皇宫方略馆所存档案及书籍等项移至国务院，以便随时查阅。是年，清室将乾清门以外三大殿，集灵囿新房及三海房舍移交北洋政府使用。以后在文华、武英两殿设古物陈列所，汇集奉天、热河两行宫的文物。至此，"海内外人士咸得寓目本古者，与众同乐"。清末著名小说家，《孽海花》的作者曾朴还作有一首《燕都小吟·清三殿》七律，诗中写道："五云楼阁消王气，三代钟彝寄下方。差幸子婴甘让国，不成焦土胜阿方。"无疑是颂扬了逊清"让国"，并将外朝诸殿移交民国作为文化设施的开明之举。

另外，在 1918 年 6 月 17 日，清室赠南池子神库地基一段给政治学会作建筑藏书楼用。1920 年内务府向溥仪提出苑囿行宫出租办法，将钓鱼台行宫等处出租。1923 年 5 月 23 日，释迦文佛 2950 年诞辰纪念大会在京师法源寺举行。大会办事处梁启超、熊希龄、李佳白等借宫内佛化物品数十种陈列展览。1924 年 6 月 28 日，溥仪将紫竹院行宫赏给京畿卫戍司令王怀庆。这一将皇产赐予卫戍司令之举过后仅三个多月，便发生了新的卫戍司令鹿钟麟实演"逼宫"戏，溥仪被驱逐出宫。

近代教育家张謇忧心于"得弓既非楚人，归璧更无赵士"，为避免皇家文物流失海外，当年上呈《国家博物院图书馆规画条议》，明确提出以清皇室的三海、三殿及三所为范围建设一座集动物园、历史艺术博物馆和图书馆于一体的国家博

---

1 《绍英日记》第 2 册，国家图书馆出版社，2009。

2 《国家博物院图书馆规画条议》，张孝若编辑《张季子九录》卷 3，上海书店，1991。

物馆。博物馆的陈列品以奉天清宫、热河避暑山庄和宁寿、慈宁两宫及各库的内府珍藏为基础。另外，他还建议并购陶斋瑞方藏品，以充实国家博物馆收藏，并移置万牲园动物为天产（即自然博物馆）一部之基础。

1913 年 10 月，民国政府内务部派杨乃庚等人会同逊清皇室内务府人员前往承德，在都统姜桂题的协助下，先设立起运陈设处，将行宫及各园林陈设品集中，然后由滦河水路运到滦州，再转乘火车运京。"一切手续，极为繁杂……起运路程，亦颇费周折。"[1]

也就在这一年，流亡海外十余年的康有为在《不忍》杂志上陆续发表了欧洲十一国游记。这些考察笔记对欧洲古物保护、博物馆及其社会功能等情况有细致深入的分析，总结了欧洲各国的普遍做法：凡大至城池、宫室，小至名人故居、手迹、绘画等，皆保护之，并开图书馆或博物院加以保护与展示。文物古迹不仅"可令国增文明"，还"可知民敬贤英"，更"能令民心感兴"。[2] 这些文章对国人产生一定影响。

此时，内务部佥事、著名画家金城向朱启钤建议：仿效法国罗浮宫之先例，在紫禁城前朝建立收藏、展陈清宫文物的古物陈列所。依此便可解决承德避暑山庄和沈阳故宫运京文物的安置问题。于是，朱启钤呈明大总统袁世凯，决定将避暑山庄和沈阳故宫两处所藏各种宝器文物陆续"辇至京师"，筹办古物陈列所。[3]1912 年 10 月 1 日，内务部拟《内务部为筹设古物保存所致大总统呈》，称："查古物应归博物馆保存，以符名实。但博物馆尚未成立以前，所有古物，任其堆置，不免有散失之虞。拟请照司所拟，于京师设立古物保存所一处。"[4]

同年 11 月，内务部礼俗司下设古物保存所，将天坛所藏珍贵物品全部移存到先农坛，筹划征集古物、开放坛庙事宜。1913 年，古物保存所设立于先农坛

1　北平古物陈列所编《古物陈列所二十周年纪念专刊》，1934。
2　康有为的欧洲考察笔记散见于《不忍》杂志 1913 年第 1~8 期和 1917 年第 9、10 期。
3　参阅姜舜源《古物陈列所成立前后》，《紫禁城》1988 年第 5 期。
4　《内务部为筹设古物保存所致大总统呈》，中国第二历史档案馆编《中华民国史档案资料汇编》第 3 辑《文化》，江苏古籍出版社，1991。

内庆成宫，由内务部礼俗司管辖。当年元旦，为纪念共和，古物保存所向北京民众开放先农坛和天坛，并公开展示了部分礼器古物。见于报章者曰："阳历一月一日，为北京古物保存所开幕之第一日。……东配殿，即系古物保存所，内陈钟鼓音乐之类，周彝商盘……出西北旁门而西行，即古物萃卖场，然不过拓本字画、古玩玉器、旧瓷而已。又西北行见破屋两椽，内陈古琴多张……"[1]

《申报》1913年9月5日刊登了一则消息如下：

> 内务部以林艺试验场占用天坛，随处作践，昨日具呈大总统，请令知农林部另行迁地……本部迭据古物保存所学务员报告，有农林部试验场多人在天坛垦地种植并畜牛马多只，羊数百头，侵入二道坛门以内，并将祈年殿旁地鸠工垦辟等语。……按公布参议院议决内务部官制，凡关祠庙保存古迹事项，均归权限责任之内，兹农林部占用天坛，自由行动，几致无从办理。况天坛已决定为礼堂公园，已在筹备，而林艺牧畜之肥料、矢溺于公园，有碍卫生于典礼，更嫌秽亵本部执掌所在。[2]

对诸如皇室殿宇一类的文化遗存正当利用，看来已是势在必行，正确保护这些文物古迹不仅"可令国增文明"，还"能令民心感兴"，引领民风，这是当时的仁人志士追求的社会目标。1912年的关于成立"古物保存所"的提议并非空头文件。

1913年3月，熊希龄奉命任热河都统，管理防务。为解决军队用房紧张等问题，熊氏于当年5月向袁世凯呈文，请求修葺整顿承德避暑山庄部分房屋，作为热河都统公署办公室及驻军用房。熊氏遂派人对山庄内各殿宇的古物"彻底清查，分别编次，装箱存库"，"至于瓷玉各件运送入京，书籍工艺等项留备陈

1 《先农坛观览纪事》，《正宗爱国报》第2166号，1913年1月4日，第3版。

2 要闻《天坛不得自由垦牧矣》，《申报》1913年9月5日。

列，作图书馆及工艺陈列所之用"。[1] 不想这竟成为成立古物陈列所之滥觞，参与设立古物陈列所的美国人福开森（John Calvin Ferguson，1866-1945）就此评论说："按此殿陈列之书画，系自热河、奉天两行宫运来，时民国二三年间，董其事者为热河都统熊君秉三，及内务总长朱君桂莘二人。"[2] 也当实至名归。

1913 年 7 月 31 日，袁世凯正式任命熊希龄为国务总理。9 月 1 日，熊希龄内阁正式组成。据《申报》1913 年 9 月 21 日这天的一则报道，"内务方面，内务总长朱启钤已于昨日视事"[3]。朱启钤上任后首先要做的就是清点各处文物运归京师。

从 1913 年 11 月 18 日至 1914 年 10 月 28 日，费时将近一年，分七次将 1949 箱又 1877 件共计 119500 余件家具、陈设、铜器、玉器、书画、钟表、毡毯及其他杂物（其中还包括 43 只活鹿）运到北京，"均告无恙"。

1914 年 1 月，内务部派治格等人会同内务府人员前往沈阳，在都督张锡銮的协助下，从 1 月 23 日至 3 月 24 日，分六次将 1201 箱共 114600 余件铜器、瓷器、书画、珠宝、文房用品等运到北京。因有承德运送的经验，且专门带了北京奇宝斋古玩铺的 10 名工人一起前往负责包装古物，故此行相对顺利。

此时民国政府已经收归管理包括三大殿在内的紫禁城前朝部分，但在乾清门以南的外廷部分，仍有"清室护军"4000 余人驻扎[4]。根据 1914 年 1 月 12 日古物陈列所筹备处呈文内务部的记载："委办理古物陈列所，亟须设置筹备处，拟借武英殿西配殿之北二间作为办公地点，业经两翼护军管理处函准拨借，于上年

1 《为修葺整顿避暑山庄事呈袁世凯文》，《熊希龄集》第 3 册，湖南人民出版社，2008。
2 福开森：《在古物陈列所二十周年纪念会上的讲话》，北平古物陈列所编《古物陈列所二十周年纪念专刊》，1934。
3 要闻《内阁成立后之各总长态度》，《申报》1913 年 9 月 21 日。
4 姜舜源：《古物陈列所成立前后》，《紫禁城》1988 年第 5 期。

十二月三十日迁入办公。"[1] 由此可见，不仅最初的办公地点是借用的，就连陈列所人员出入还要经过"两翼护军"这道"障碍"。

经民国政府与逊清皇室双方"约同古玩商家逐件审定，折中估价"，两地运京文物共值 3511476 元，"当未付价之前，这些古物暂作皇室出借民国之用"[2]。

尽管古物陈列所是这样一处存在于故宫建筑群中的已具备一定博物馆性质的设施，但是由于它的形成过程，它与故宫博物院的产生并无直接的联系。民国建立以后，故宫南面的三大殿——太和殿、中和殿、保和殿，连同周围的建筑划归民国所有。有些资料记载了内务部着手接收沈阳清宫和承德行宫古文物的情况。承德的文物起运始于 1913 年末，由滦河水路运到滦州，再转赴火车运京，迭经七次运完。辽宁清宫的文物于 1914 年 1 月开始起运，共分六次运完。两地 20 多万件珍贵文物运到北京后，由内务部在武英殿、文华殿两座宫殿开辟展室，并且用美国退还庚子赔款 20 万元在武英殿以西的咸安宫旧基，建筑宝蕴楼库房，用来保存文物。[3]

古物陈列所

---

1 《古物陈列所 1914~1927 年大事记》，故宫博物院藏《古物陈列所档案·行政类》第 39 卷。

2 〔英〕庄士敦：《紫禁城的黄昏》，陈时伟等，求实出版社，1989，第 181 页。

3 关于朱启钤从美国退还的庚子赔款余款中争取到 20 万元之事，故宫博物院档案《古物陈列所大事年表初稿》中 1915 年 2 月 22 日这一天，也有相关记载："因清华学校曾就美国退还'庚子赔款'余款提拨 200000 元给古物保存所，修建宝蕴楼库房及武英、文华两殿陈列室，古物陈列所乃给予该校师生来所优待参观。"

然而，据庄士敦称："这些艺术品现在是被'借'来而尚待民国政府购买的皇室藏品。"《紫禁城的黄昏》揭示了这批以前用来装饰热河和沈阳行宫的精美艺术品，是以何和形式演变成民国文化设施中的收藏与展出品的。书中写道：

一般认为，民国政府从皇室手中接管了这批财宝，或者作为革命的必然结果转到民国手中，但一般都忽略了进行转交的形式。直到1923年，我自己也这样认为。当时，应我的要求，我获得了一些文件的副本，这才使得事情清楚了。

就我所知，这份文件从来没有在中国发表过。如果它没有使我的中国读者们感到惊奇，那可就奇怪了。文件的日期是9月11日。文件的内容是说，1914年1月，民国政府与皇室派遣了一个联合代表团，去沈阳和热河收集并带回了藏在宫里的这些宝藏。这些宝藏被承认是皇室私有财产的一个部分，无党派专家们被召来估计这些数目达70万件的物品的价值，有些物品由于是无价之宝和稀世珍品而无法估计。根据皇室与民国的双边协议，所有的物品，除了前者收回的以外，均由民国政府按估定的价格收购。由于财力紧缺，民国政府不能当即支付购买款项，这些宝藏暂被当作民国借自皇室的债款，直到民国财力允许彻底支付时为止。同时，收藏大部分该宝藏的武英殿作为国家艺术馆向公众开放，由皇室机构的一名官员严格监护这些宝藏，他向清室和民国政府负责这些宝藏的安全。

呈交给我的另一份与此有关的文件副本列出了下列令人感兴趣的估计数目的概要。

来自沈阳和热河皇宫的宝藏

	总的估计价值	由皇室收回因而没有出售给民国政府的物品的价值	民国对清室的结欠金额
沈阳	1984315元	520171元	1464144元
热河	2081735元	34400元	2047332元
	4066047元	554571元	3511476元

可以从这个表格中看到，由民国承认属于清室的，从沈阳和热河皇宫运回紫禁城的宝藏总价值共达 350 多万元，以当时公认的二先令的汇率计，大约折合351147 英镑。[1]

由此可见，古物陈列所的形成并不是革命的直接结果，而是辛亥革命的妥协产物——"清室优待条件"的一个变种。"清室优待条件"第一项第七款规定：清帝私产由民国政府特别保护。承德避暑山庄和沈阳故宫文物实际归溥仪所有，"由民国政府备价后收归国有"[2]。

在 1913 年 12 月 24 日颁布的《古物陈列所章程》中只笼统地规定"古物陈列所掌握关于古物保管事项，隶属于内务部"[3]。1914 年作为袁世凯的民国政府和清室交涉结果而制定的"（优待条件）善后办法"（1915 年公布）中，规定了："政府对于清皇室，照优待条件，保护宗庙陵寝及其原有私产等一切事宜，专以内务部为主管之衙门。"[4]

1914 年，北京政府内务部接收清内府所藏辽宁、热河两行宫的藏品，在故宫的文华殿、武英殿成立了古物陈列所。1913 年 12 月 24 日制定的《古物陈列所章程》第十七条申明："本部有鉴于兹，默察国民崇古之心理，搜集累世尊秘之宝藏于都市之中，辟古物陈列所一区，以为博物院之先导，综我国之古物与出品二者而次第集之，用备观览，或亦网罗散失参稽物类之旨所不废欤。"

1913 年 2 月 22 日，隆裕太后病逝。待治丧事宜等处理完毕，民国政府再次与逊清皇室进行交涉，此次出面的是已调任内务总长的朱启钤。此次，逊清皇室为能继续"暂居"紫禁城，被迫同意将紫禁城前朝部分交予民国政府。

1 〔英〕庄士敦：《紫禁城的黄昏》，淡泊、思齐译，紫禁城出版社，1991。

2 同上。

3 中国第二历史档案馆编《中华民国史档案资料汇编》第 3 辑《文化》。

4 印铸局编《法令辑览》，印铸局，1917。本办法的名称为《内务总长朱启钤、司法总长章宗祥奉派与清皇室商订巩固优待条件善后办法七条》，1914 年 12 月 26 日由大总统批准。关于这一善后办法，参阅秦国经《逊清皇室轶事》及波多野太郎监译《溥仪》。

《章程》中第九条文书课职务:(一)关于登记事项,(二)关于编辑事项,(三)关于调查事项,(四)关于报告事项等条款已具有博物馆收藏与保管职能。其中第十条陈设课职务:(一)关于编列事项,(二)关于保固事项,(三)关于修整事项等条款也已具有部分的博物馆陈列展出职能。以后该所又颁布了《古物陈列所各库存储古物保管程序》(七条)与《关于各殿陈列古物保管程序》(六条),将保管与陈列工作具体化。

尽管古物陈列所的形成,存在有承认清室是原藏品的合法所有者的因素,只是被"借"来尚待民国政府购买的皇室藏品,但是它毕竟是由民国经营的新型的文化设施,因此其《章程》仍具有一定的社会意义。《章程》中写道:

大地博殖,万品灿陈;物质区分,各以其类。考古之士采求学理,于以察天演之递嬗,研制作之精奥,究人事之变迁。东西各邦搜罗珍奇,并立专院一以耀生产之繁富,蕲美术之专攻,而尤重于笃守古器永保弗失,其国人得所参观,资以发明,学术既兴,工业益进。我国地大物博,文化最先。经传图志之所载,山泽陵谷之所蕴,天府旧家之所宝,名流墨客之所藏,珍照并陈,何可胜纪。顾以时世代谢,历劫既多,或委弃于兵戈,或消沉于水火,剥蚀湮没,存者益少,而异邦人士梯航远来,又复挟资以求,怀宝而去,或且兢兢焉考究东方古学,侈为大家。以我国历代创造之精,又多笃学好古之士,而顾不暇自保,而使人保之,亦可慨已。[1]

因此,古物陈列所的宗旨在于"保持古物",并以此来迎合"国民崇古之心理"。看上去颇有些国粹主义的味道。由于缺少新思想的指导,其社会效益之差也是可想而知的。1914年10月24日鲁迅的日记中写有"下午与许仲南、季黻

1　原载北平古物陈列所编《古物陈列所二十周年纪念专刊》,转引自文化部文物局教育处、南开大学历史系编《博物馆学参考资料》上册,1986。

（许寿裳）游武英殿古物陈列所，殆如骨董店耳"，便可略见一斑。

周肇祥于 1926 年 9 月 30 日至 1928 年 2 月任古物陈列所所长。他接任后非常重视古物鉴定整理，他认为古物陈列所为古物荟萃之所，文物数量大而且种类繁多，如果精粗混淆将会贻笑中外。故呈准内务部设立鉴定委员会附属于该所，延聘中外文物鉴定专家对所内文物进行鉴定。古物陈列所鉴定委员会于 1927 年 2 月正式成立，随即拟定鉴定细则，对古物逐一鉴别，各职员随时记录，再根据记录编辑古物鉴定册，并主持编辑《古物陈列所书画目录》《书画集》等书。这项工作持续了一年多，极大地改变了所内文物好坏混杂的状况。

1926 年冬，在德国汉萨航空公司的资助下，德、瑞科学家组成以斯文·赫定（Sven Hedin）为首的"远征队"欲到中国西北做全面的科学考察。此有损我国主权的文化侵略行为引起中国学术界和文化界的义愤，于是包括古物陈列所在内的北京各学术团体成立中国学术团体协会来维护国家的文化主权。

1927 年 3 月，中国学术团体协会理事会推选古物陈列所所长周肇祥、北京大学地质系教授李四光、北京大学考古学会袁复礼、清华国学研究院李济等为代表与斯文·赫定进行谈判。经过多次谈判，最终斯文·赫定接受中方条件：由中国学术团体协会主办西北科学考活动，中国学术团体协会组织西北科学考察团理事会，理事会委任中外团员及中外团长，监督并指挥考察团进行的一切事务。[1]

4 月 20 日议决 19 条合作办法，对中外团长的职责以及采集品和考察成果的归属都做了明确的规定，4 月 26 日在北京大学研究所国学门由当日执行主席周肇祥和斯文·赫定签字通过。此举抵御了洋人的文化侵略，维护了中国的主权，也扩大了古物陈列所的社会影响。

然而教育部的提议尚未实现，报纸却赫然刊登出有关教育部与内务部竞争管理清室古物的报道。教育部认为该项古物与历史文化有关，应归其主管；而内务

---

1 《古物陈列所 1914~1927 年大事记》，故宫博物院藏《古物陈列所档案·行政类》第 39 卷。

部以其礼俗司执掌"保存古物"一职，且设于紫禁城前廷的古物陈列所即归属内务部。[1]据报载，早在1924年夏，民国政府与清室交涉保存全国古物时，内务部和教育部就曾为古物保管权问题产生争论，北京大学研究所国学门考古学会曾就清宫古物保管问题专门开会讨论，主张由教育部会同学术机关另订立"古籍、古物及古迹保存法草案"保管古物。[2]

时任摄政内阁教育总长的易培基还曾就此发表谈话："清宫之古物，此后归民国，将由何种机关管理，实为一大问题。内务部与教育部孰应管理，皆可不论，惟附属于一机关中，殊觉不安。予意拟成立一国立图书馆与国立博物馆以保管之，地址即设于清宫中，惟组织须极完善，办法须极严密，以防古物以外损失。"[3]

《内务部为筹设古物保存所致大总统呈》写道："查古物应归博物馆保存，以符名实。但博物馆尚未成立以先，所有古物，任其堆置，不免有散失之虞。"这段内容已说明"古物保存所"并不具备博物馆之功能，而之后成立的古物陈列所既有收藏，又有展览，二者的性质有了不同。

古物陈列所设立在昔日的皇宫里，收藏陈列的均是昔日皇室用品，并且保留了部分原状陈列，它的开放从此揭开了紫禁城神秘的面纱。古物陈列所的创立，对于开启保存研究文物、保护古建筑事业都有着深远的影响。

直到1924年10月，时任古物陈列所所长的杨乃庚认为，中外人士研究文物须经由内务部核准却无明文规定，"不足以示遵循而昭郑重"，且"好古者流未及周知"。为此，杨乃庚于1924年10月21日以"本所收藏各物品，不能尽情研讨，殊非提倡学术阐扬文化之道"为由，呈请内政部核准颁发特许考鉴古物办法。

据1947年内政部总务司第二科签呈的《前内务部旧档》清单，内务部办理

1　《教内两部争管清宫古物》，《申报》1925年12月19日。

2　参阅《保存古物之争议》，《申报》1925年7月30日。

3　《教长易培基关于保存古物之谈话》，《大公报》（天津）1924年11月18日。

的"清室"案卷约占案卷总数的 9%。[1] 这是一个比重相当大的案卷数目，仅次于"民治""警政""礼俗"三个司局的档案数量。由此可见，内务部在处理与清室关系事宜方面的重要作用。

以上事项虽无卓荦大者，也有慰藉逊清皇室及旗民之功。因此由与前清皇室有着直接关系的内务部来筹建古物陈列所当是顺理成章的事。

据《申报》1913 年 9 月 21 日报道"内务总长朱启钤已于昨日视事，当对于各部员宣言"[2]，朱氏应于 1913 年 9 月 20 日左右正式出任内务部总长。如此而论，古物陈列所成立之提议应为 1913 年 9 月后的事。民国之初，因内务部礼俗司职能涉及"保存古物事项"，内务部曾于 1912 年 10 月 1 日上呈《内务部为筹设古物保存所致大总统呈》并提议："拟请照司所拟，于京师设立古物保存所一处，另拟详章，派员经理。"[3]

古物陈列所欢迎瑞典皇子

1 参阅《国民政府内政部处理北洋内务部档案史料选（二）》，《民国档案》2005 年第 3 期。

2 要闻《内阁成立后之各总长态度》，《申报》1913 年 9 月 21 日。

3 中国第二历史档案馆编《中华民国史档案资料汇编》第 3 辑《文化》，江苏古籍出版社，1991。

《申报》1913 年 12 月 30 日专电，"北京电：内务部现筹设一古物保存所，所长副所长均已拟派有人，并与税务处筹一限制古物出口条例，以为保存之计"。

有学者认为，"古物保存所于 1913 年 9 月之前即已存在，并已承担了保存古物的责任——派人钉闭广利二门，以保护祈年殿。同时，该所具有古物保护或研究的专职人员——学务员[1]，其位置应在天坛附近。由此看来，1912 年 10 月 1 日内务部关于'古物保存所'的建议应早于 1913 年 9 月之前就落实了"[2]。还有学者由此可推，这一"古物保存所"成立的提议因缺乏后继史料，而被认为只是一纸空文。但有资料显示，1912 年的这份关于成立"古物保存所"的提议并非空头文件。另有学者据《本所一九一四至二七年大事记》认定古物陈列所实际筹办工作的起始时间是在 1913 年年底。[3] 另有多份档案文件可以予以佐证。诸如：

> 委办理古物陈列所亟须设置筹备处以资办公，查武英殿西配殿之北二间现在空间，拟即供用作为本所筹备处。业已于中华民国二年十二月三十日迁入办公。理合呈报。[4]

这像是一份先斩后奏的文件。古物陈列所的筹备人员早已于 1913 年 12 月 30 日前，经京师警察厅总监与两翼护军管理处画准，迁入故宫内武英殿西配殿之北二间，并开辟为古物陈列所的办公场所。

1913 年 12 月 24 日颁布的《古物陈列所章程》中只笼统地规定"古物陈列所掌握关于古物保管事项，隶属于内务部"。古物陈列所在现实中也是唯内务部

1　所谓"学务员"，参照了汤钦飞、杨忠红《清末教育行政机构的改革》，从名称上看，应源于晚清教育行政机构。其所如何，语焉不详。《云南社会科学》1996 年第 5 期。

2　杭春晓：《从皇家禁地到公共空间——由故宫博物院的建立看民国政府政权威信的树立》，《郑州大学学报》2010 年第 2 期。

3　姜舜源：《古物陈列所成立前后》，《紫禁城》1988 年第 5 期。

4　《关于本所借用武英殿为办公使用地点由》，故宫博物院档案，编号：jfqgwxzsw100002。

马首是瞻。古物陈列所职员的任免、人员薪资、办公经费都来自内务部。1916年1月份经审计院审定的古物陈列所的经费是 998.324 元。[1]另一份月份应支款项数目清单则有了相当的变化,《函内务部会计科请发本所十二年（1923）二月份经费由》记:薪资 1521 元、办公 283 元、杂费 1187 元、编辑员车马费 1170元、加添煤火 200 元。以上五项共应领银 4361 元。[2]七年间,古物陈列所的经费有了大幅度的提高。

一份呈送内务总长的《本所六年（1917）十一月份售券并缴款事》记:

查六年十一月一日至三十日入门券计售出 1148 张,瞻览券计售出 740 张,又十一月二日因中央公园赈捐开彩,减收半价入门券计售出 141 张,瞻览券计售出 117 张,11 月份共收入大银圆 798 元 5 角,内有中国票 423 元 8 角,交通票 374 元,共收入小银圆 3655 角 5 分。每日由豫丰银号照市价折合交通票 408 元 8 角 7 分,总计十一月实收入大银圆 1207 元 3 角 7 分,通过表式逐日填注随款呈缴。[3]

从这份档案可以看出,古物陈列所的参观人数很少,社会效益并不显著,这与内务部并非文化传播教育管理机构不无关系。

当时,具有此种功能的教育部与之仅有极少的工作关系。1915 年 9 月 1 日《鲁迅日记》所载,"午后同戴芦舲往内务部,协议移交《四库全书》办法"。9月 30 日,京师图书馆呈文教育部,报告奉命"派馆员曾劢、纪清栴会同部员戴克让如期前往古物陈列所,与该所人员王庆恒接洽"[4]。

1928 年南京政府第二次北伐结束,北洋政府垮台,内务部于 1928 年 2 月 7日改组后为内政部。古物陈列所即由南京国民政府内政部管辖。

1 《本所 1916 年一二月份支出金额通知书由》,故宫博物院档案,编号:jfqgwcw100043。
2 《函内务部会计科请发本所一九二三年一月至十二月份经费由》,故宫博物院档案,编号:jfqgwcw100136。
3 《呈内务部本所六年十一月十二月份售券并缴款由》,故宫博物院档案,编号:jfqgwcw100071。
4 李致忠:《鲁迅与京师图书馆》,《人民政协报》2014 年 6 月 19 日。

古物陈列所职员大致可分为如下类型，其中不乏与清室有瓜葛者。

1. 民国政府留用清朝旧臣

1914 年古物陈列所的首任所长治格是满族人，镶红旗蒙古护军督统，兼京师内外城巡警总厅厅长，授予中华民国中将衔。治格的名字见于 1917 年张勋复辟时的《引见大臣签》，治格被封为"镶红旗蒙古都统"，就此可以肯定地说他与清室的关系是非常密切的。治格既是清朝遗臣又任民国军警要职，正是由他负责运送热河避暑山庄和盛京行宫两地文物，才保证了文物的安全到京。

刘宗彝，古物陈列所陈设科科员。其父在步军统领衙门任职，与治格相识，因此介绍他到古物陈列所工作。

2. 清室内务府人员

曾广龄，于运输热河避暑山庄和盛京行宫两处文物至紫禁城外廷事项中，与文绮同属清室内务府派员。因热河"三十六景"散在各处，文物不便直接运往北京，便首先在承德设立"起运陈设处"，汇聚热河行宫各处文物。同年 11 月 18 日正式向北京起运，至 1914 年 10 月 28 日止，共运送七次。[1] 曾任古物陈列所文物保管科科长。这些文物均由承德经滦河水路运至滦州，再转乘火车运至北京。

福启，清室内务府郎中。

3. 北洋军阀系人员

郭葆昌，字世五，号觯斋，袁世凯的"账房先生"，官拜九江关税监督。以对瓷器"精鉴别，富收藏"闻名中外，他收藏的瓷器、书画都极精美。所藏"郭瓷"是一批重要文物，其中宋瓷有的很精，清宫窑古铜彩牺耳尊连故宫都没有。曾与流出宫外的《中秋帖》《伯远帖》不期而遇。

据张伯驹回忆，袁世凯筹备登基大典之时，庶务司长郭葆昌承办袁的皇帝军服，并建议制造洪宪瓷器，以为开国盛典。袁任命郭为景德关监督，提取古物陈

1　李松龄：《宝蕴楼：故宫里的洋楼》，《北京档案》2004 年第 1 期。

列所大量精美瓷器作为样本。袁世凯洪宪帝制失败后，郭所提取的文华殿瓷器尽归其所有，此后摇身一变成为京城大收藏家，张伯驹对此心存保留意见。[1]

周肇祥（1880—1945），浙江绍兴人，清末举人，曾肄业于京师大学堂、法政学校，中国近代书画家，北洋政府官员。1912 年，加入统一党，后转为进步党，任北洋政府京师警察总监及山东盐运使。1915 年 12 月，袁世凯称帝，授上大夫加少卿衔。1917 年，代理湖南省省长、湖南省财政厅厅长。1920 年 2 月，任奉天葫芦岛商埠督办，后任清史馆提调。于 1926 年 9 月 30 日至 1928 年 2 月任古物陈列所所长，是第四任所长。

4. 民国政府内务部人员

杨乃庚，金绍城在内务总长朱启钤任内提议筹备古物陈列所，内务部指派杨乃庚和治格等人会同清室内务府人员，将热河避暑山庄和盛京行宫内文物分十三批移至紫禁城外廷。1925 年，文华殿丢失了字画，在北京引起轩然大波，包括刘宗彝在内的陈设科四位职员都被抓进了监狱，内务总长龚心湛勃然大怒，限三日之内查获此案，否则严厉查处。所长杨乃庚找不到任何线索，终日惶恐不安，十几天后就被吓死了。此事才不了了之。

李光荣，1920 年 9 月 24 日，随着杨乃庚被任命为所长，李被任命为副所长。

1925 年 3 月 3 日，杨乃庚因病开缺，内务部派礼俗司司长吴含章接任。这是古物陈列所第三任所长。

5. 有特殊技能人员

许成琼（1882—1967），字稗簧，原名颂清，河南固始人，清副榜举人，官黑龙江省长公署参议、中东铁路局图书馆馆长。幼年酷爱书法，一生攻褚，其书风清秀俊逸，劲健宽绰，功力深厚。

徐佩辰，原宫廷造办处钟表世家出身。徐佩辰的大儿子徐方舟在中华人民共和国成立前后一直在故宫修理钟表，他们家有全套德国制造钟表的机器。热河

1　张伯驹：《袁世凯登基大典之筹备》，《紫禁城》1981 年第 2 期。

行宫、避暑山庄运京的大量珍贵文物中欧洲进贡的钟表占了很大的比重，故现在故宫存世的钟表是世界最多的，就是欧洲各国存世的钟表数量之和也没有故宫的多。

古物陈列所职员中信息不详者有：吴钟祺、吴联祥、穆齐贤、马世楫、唐澍、唐沄、高世恩、刘恩荣、万葆泰、鲍承荫、关松启、张锡彬、黎全钰、张廷玉、马德良、李呈祥等。[1]另有疑似为满族职员的有：衡光、景继、连康、全厚、吉拉布、荣昇、荣春、致礽、延龄、瑞明等。

《清稗类钞》云："满蒙两族之姓氏，不著于世，辄以其名之第一字，相呼为姓。流俗不察，遂以为其祖父子孙不同姓矣。"仅从姓氏上分析，古物陈列所职员中或有多位满、蒙人员。诸如：荣姓，出自清朝满族旗人的改姓。清兵入关后，有满族旗人改姓为荣。瑞姓，满族，镶蓝旗。景姓，满族中为数也不少。衡姓，源于满族，出自清朝时期著名官用宝刀工匠叶赫那拉·圣治，属于帝王赐改姓为氏。还有源于蒙古族的，出自清朝中后期著名学者哈斯朝鲁，属于汉化改姓为氏，是蒙古"黄金家族"的后裔。全姓，源于满族，出自清朝开国元勋郑亲王爱新觉罗·济尔哈朗；源于蒙古族，也属于汉化改姓为氏。据史籍《清朝通志·氏族略·蒙古八旗姓》《清朝通典·氏族略·满洲八旗姓》记载：蒙古族杭噶坦氏，亦称杭阿覃氏，世居罗和迈兰（今内蒙古兴安盟科尔沁草原东北部与辽宁交界处），后有满族引为姓氏者，满语为"Hanggatan Hala"。清朝中叶以后多冠汉姓为全氏。连姓，或源于赫哲族，属于汉化改姓为氏。据史籍《吉林通志》记载：赫哲族穆里雅连氏，出自古老的费雅喀奇勒尔族，世居黑龙江下游地区。后有满族引为姓氏者，满语为"Muliyalian Hala"。清朝晚期以后，赫哲族、满族穆里雅连氏多冠汉姓为连氏等。

在当时拟定的《编辑古物总目办法七条》中，第一条云，"先由清皇室国务

---

1 《古物陈列所职员单》（1921 年 5 月），故宫博物院藏《古物陈列所档案·组织人事类》第 13 卷。1922 年 6 月 6 日，沈学范由内务部派任古物陈列所会办。1922 年 11 月 21 日，古物陈列所帮办副所长景继撤职。1924 年 12 月 4 日，内务部令古物陈列所会办沈学范着即开差，令派王其康为古物陈列所会办。

院内务部各派人员到所考察情形，随即延聘通家，剋期举办"；第二条云，"各物原于辽热运取到京时，均经内务部清皇室各派专员按册验收并加签注。嗣又经清皇室约请古玩商鉴别估价，此次编目，宜先以据册核物为入手办法"；第三条云，"各物既经核符，随即逐件审鉴，并将奉热各处物品汇列总册，详注备考，分送清皇室国务院内务部存案"。[1] 几乎在古物编目的每个环节，都有清室的参与。[2]

因此，古物陈列所与清室内务府的关系备受社会的关注。

据二月十四日《京报》登载《点查中骇人之发现》一则，内称内务府不时向古物陈列所提取古物等语。查本所物品均系由奉、热两处运京存储。除民国五年经清室内务府函准国务院转本所提取御笔书册、联幅暨玉宝、图章、冠盔、袍褂、朝珠、刀剑、弓箭、鞍辔等项由。治前所长分别造册二本呈报内务部，有案。此外并无再向本所提取物品之事。[3]

不仅如此，古物陈列所所藏古物为数甚夥，品款繁多，名称款式间有不符的情况长期得不到解决。1920 年 9 月 24 日，内务部训令由杨乃庚接替为古物陈列所所长。杨乃庚在写给内务部的报告中指出，"前未查本所物品至为繁多"，通过"三月有奇始克检查完竣，其经清室提取暨府院（总统府、国务院）提用物品"[4] 的清单，已经让这位新所长的焦虑达到了顶点。尽管 1919 年 8 月 30 日大总统谕：古物陈列所所存瓷玩极为宝贵，无论何人概不得提取。[5] 以至《本所一九一四至

1　《内务部公布古物陈列所章程保存古物协进会章程令》（1913 年 12 月 24 日），中国第二历史档案馆编《中华民国史档案资料汇编》第 3 辑《文化》，江苏古籍出版社，1991。

2　参阅季剑青《"私产"抑或"国宝"——民国初年清室古物的处置与保存》，《近代史研究》2013 年第 6 期。

3　《据二月十四日京报载内务府常向本所提取古物当指民国一九一六年前而言由》，故宫博物院档案，编号：jfqgwxzsw100091。

4　《呈为接收古物完竣呈请备案事》，故宫博物院档案，编号：jfqgwxzsw100133。

5　《本所一九一四至二七年大事记》，故宫博物院档案，编号：jfqgwxzsw100133。

二七年大事记》所载事项更像是一份民国政府中的总统府、国务院、内务部各部门及军阀等提取古物陈列所物品的"大清单"。关于北洋政府随意提取古物陈列所古物之行为，北京大学研究所国学门顾颉刚对此亦有所指责。

据《刘承琼：我所经历的故宫古文物南迁》[1]："1925年，成立了故宫博物院，正门设于故宫后门的神武门，还是止于乾清门，与古物陈列所鸡犬相闻，老死不相往来。古物陈列所的人员都是满清民国的遗老遗少，略显腐朽。"诚可信也。

古物陈列所正式成立至今已经100多年。它的起始有着辛亥革命的背景，同时又是"南北议和"的连带产物。那次伟大的妥协（国内是"清室优待条件"，国际上是列强退还庚子赔款）促使皇家收藏以"和平"的赎买方式向公众财产转移，但是，在这样一个历史过程中，由于种种必要条件并不充分，最终"清室优待条件"瓦解。

虽然规定清室原有私产受民国政府保护，这些古物及紫禁城内府庋藏古物仍被视为清室所有，民国之初，热河和奉天行宫的古物被移运至古物陈列所，做到了部分地向公众开放。内务部是"清室优待条件"的重要执行机构，是古物陈列所的管理者，又与清室保持有特殊关系，它的主要职守无所谓文物的研究与保护，只是一些执有"笃守古器永保弗失"的官僚文人极力襄助，使"清室优待条件"在持续受到损害的同时，古物陈列所仍能安然存在。

由于专业管理的缺失，古物陈列所的观众少之又少，节外生枝的事甚多，社会效益更不能和后来的故宫博物院相提并论。即使如此，吾辈对于100多年前的古物陈列所的历史意义仍寄予深深的理解，尤其是热河和奉天行宫的古物被移运至古物陈列所，又何不能赞一辞哉？

1　刘源隆：《刘承琼：我所经历的故宫古文物南迁》，引自新浪网，http://www.sina.com.cn/，2012年10月11日。

第四章

"基督将军"文戏武做，
逐溥仪出宫

第二次直奉战争的紧张时刻，作为直系第三路军总司令的冯玉祥，忽然从热河前线秘密回师北京，于1924年10月23日发动了推翻直系军阀政权的军事政变。接下来的11月5日，鹿钟麟携带摄政总理黄郛代行大总统的指令和"修正清室优待条件"，会同张璧、李石曾驱逐溥仪出宫。这一行动很快就得到了南方国民党人的声援和孙中山的肯定。孙中山的"复函"观点明确，论据充分，历举清室毁弃条约之事实，论证摄政内阁修正优待条件及敦请清室出宫为正当。

1924 年 9 月，爆发了第二次直奉战争。这场战争是北洋军阀统治时期规模最大的一次军阀战争，以曹锟、吴佩孚为代表的直系军阀，与以张作霖为代表的奉系军阀，共调动了五十万人以上的兵力投入战斗。在战争的紧张时刻，作为直系第三路军总司令的冯玉祥，忽然从热河前线秘密回师北京，于 10 月 23 日发动了推翻直系军阀政权的军事政变。这次政变，对当时国内的政治军事形势和以后的历史发展均产生了重大影响，是民国历史上的一次大事件。

1923 年 4 月，民国政府派议员张乾若出面与清室内务府接洽，商议清宫古物"让归"民国的办法。该办法的主要内容是：将以前借陈三殿之物作价五百万元，再由清室将关涉文化之古物让归民国，亦作价五百万元，总共一千万元，由英美退还庚子赔款中拨付。但是，该款项不能全部交付清室使用，而必须由民国政府管理，清室每年只能动用利息。

然而，民国与清室商议清宫古物"让归"之事未成，1923 年 6 月 26 日建福宫却遭遇大火，库存珍宝秘籍付之一炬。至于起火原因，聂宪藩、薛之珩等向国人发布的通电："本月 26 日夜 12 时，神武门电线走火，由德日新斋内延烧。"但事情并未就此结束，建福宫大火引起了社会对清宫古物保管问题的议论。1923 年 6 月 28 日，《京报》发表评论文章《亡清故宫失火之责任问题》，指责清室"作奸舞弊，盗窃遗物，火之以灭其迹"，指出：

　　自清帝退位之日起，一切主权，已移于民国，则今番千万以上之损失，实民国国家所有之财产也。非但物质上横遭暴殄，而与历史有关之古物尽付一炬，则尤为堪痛也。因清室不肯遽行迁让之故，使民国所应保存者皆葬送于咸阳焦土之中，其责任应谁负之？此岂可以勿问哉？

1924 年 5 月 5 日，民国政府派冯玉祥等十人为保存国有古物委员，会同清室人员商筹保管办法。双方讨论结果："凡系历代相传之物，皆应属国有，其无历史可言者之金银珠宝等物，则可作为私有。"[1]

此次政变是直系军阀与全国人民和以孙中山为代表的广东革命势力、直系军阀与奉系和皖系军阀，以及直系军阀内部等诸多矛盾相互联系、相互斗争的产物。自北京政府的政权在第一次直奉战争中落入直系军阀手中后，拥兵自重的吴佩孚一时成为炙手可热的实力人物。在美、英帝国主义的支持下，吴佩孚伺机制服南方的孙中山、卢永祥和西南的唐继尧、熊克武以及东北的张作霖而实现"武力统一"，称雄天下。

1923 年 6 月，直系军阀逼走了总统黎元洪。10 月，曹锟通过贿选登上了总统的宝座，由此引发了全国人民的反贿选运动。孙中山下令讨伐曹锟，并电请段祺瑞、张作霖、卢永祥一致行动。卢通电不承认曹锟总统资格，宣布与北京政府断绝关系。张作霖继起响应。至此，孙中山、段祺瑞和张作霖组成了反直三角联盟。

同时，直系军阀内部各派系的矛盾也在加剧。在第一次直奉战争中立有战功的冯玉祥虽被升任河南督军，但事事受吴佩孚的节制，后又被夺去督军职位，只落得一个陆军检阅使的虚名。吴佩孚飞扬跋扈，竟克扣冯部军饷长达十一个月之久，进而吴命令冯部移驻南苑，欲陷其于有兵而无养兵地盘和饷械两缺的绝境，因此冯对吴心怀不满。另外，吴对王承斌、胡景翼、孙岳等将领也采取明升暗降剥夺其实职，或施以压制的手段，致使直系内部逐步形成了一股以冯为首的潜在的反直力量。

另一方面，奉军在 1922 年战败后，在日本帝国主义的支持下，积极扩军备战。到 1924 年，直奉之间终于由"骂战"升级到再次大动干戈。

---

1 《清室占物仍难自由拍卖，内务部将颁布保管条例》，《申报》1924 年 5 月 8 日。

战争伊始，吴佩孚在中南海的四照堂设总司令部，任"讨逆军"总司令。调兵遣将分三路进军：第一军彭寿莘部沿京奉路出发，主持山海关战事；第二军王怀庆部向朝阳进军；第三军冯玉祥部出古北口趋赤峰，负责热河方面军事。冯玉祥这一路交通困难，地方贫瘠，既无给养，又少装备，而吴佩孚只令"就地给养"，意在削弱冯玉祥的实力。吴的这种险恶用心更增强了冯的倒直决心，一场精心安排的军事政变正在悄然地进行之中。

"基督将军"的"首都革命"

　　冯玉祥在湖南常德驻军时，加入了基督教（一说冯于北京崇文门内美以美会入教），并试图用基督教义来驾驭军队。他所率军队纪律严明，能征善战，具有一定的爱国思想，颇受时评的推崇和赞扬，由此还获得了"基督将军"的绰号。甚至一些驻华的西方上层人士也赞赏这位"基督将军"是一位绝对可以依赖的典型的"旧约信徒"，曾任英国驻华公使的朱尔典竟在冯玉祥发动政变之后称他是"中国的克伦威尔"，"除上帝之外，他是他的国家的救星"[1]。这种赞辞的动机或许是来源于对其基督教精神的推崇。

　　然而，在北洋军政界，"冯玉祥一贯不听命令，并与南方的势力相勾结。因此，早已不被看作北洋系统的成员而时时予以排挤和压制"[2]。第一次直系战争之后，垄断北京政权的曹锟与吴佩孚气焰一天高于一天，坏事越做越多，越做越大，卖官鬻爵，镇压工农运动，收买猪仔议员贿选总统，闹得乌烟瘴气。曹锟贿选筹款各地都要摊派。对于曹锟的行径，冯玉祥以其"清教徒"的道德观念与操行，兼有爱国爱民的思想，却屈居于一群城狐社鼠底下，耳闻目睹执政诸人的臭秽恶行，早已是忍无可忍。

　　吴佩孚的勃勃野心很重要的原因是来自英、美帝国主义的支持。1922 年至 1924 年间，美国在军事上不仅输送给直系军阀价值 328 万元的军火，并且还协助吴在洛阳筹设飞行机械厂，以加强直系的军事实力。在政治上，美国驻华公使

---

1 《华北先驱报》1924 年 11 月 22 日。

2 刘骥：《阎相文的自杀和冯玉祥督陕》，载《文史资料选辑》第 30 辑，文史资料出版社，1962。

冯玉祥戎装像

舒尔曼公开参加了曹锟贿选的活动；曹锟一上台，美国总统哈定表示资助北京政府进行"统一"的活动；1924年初，美国国务卿许士在伦敦与英国订立密约，由汇丰银行买办陈廉伯等组织"商团军"驱逐孙中山出广东，苏皖赣闽直系势力围攻浙江的异己势力卢永祥，爆发了第二次直奉战争的前奏江浙战争。

与此同时，第一次直奉战争兵败后的张作霖也加紧练兵修武，统一财政，扩充实力，准备再战。日本则对奉张的备战给予了很大支持，不仅将储存在海参崴的两万支步枪及一万元的军械卖给张作霖，又把从意大利购进的军火运入奉天，并且协助奉系扩建了军火工厂。战争爆发前夕，张作霖通过其日本军事顾问本庄繁和松井七夫向币原外相等表示要"以他之手来统一中国"，借此探询日本政府的态度。可见第二次直奉战争的酝酿和爆发，是有帝国主义参与的国内各派系军阀斗争的集中表现，因而这一场军阀之间的穷兵黩武使当时的政局更加动荡。北京的这场政变正是在这样的形势下发动的。

政变的军事联盟的形式，首先是冯玉祥与孙岳在北京南苑草亭密议，决定联络胡景翼共倒曹、吴；胡景翼遂以就医为借口来京与冯玉祥密谈，当即表示了与冯玉祥合作的决心。王承斌当时虽只表示同情，但亦是冯的联络对象。参加政变行动的主要将领胡景翼、孙岳与孙中山和国民党有着历史上的联系。

胡景翼早年留学日本，是同盟会会员，是渭北刀客中一个有影响的人物，素为孙中山所信任，在形势不利时，受中山先生的指示，接受直系改编，待机而动。他所率领的陕军第一师，是一支能吃苦耐劳、勇敢善战的军队。曹、吴对胡部是一面利用，一面伺机予以消灭。孙岳早年也加入过同盟会，辛亥革命时，曾参与滦州起义，胡曾随井勿幕起义于耀州。

第二次直奉战争开始，冯玉祥在离京前为倒戈做了周密布置：他向曹锟推举孙岳为京畿警备司令；派蒋鸿遇为留守司令；令张树声等分任秘密联络，以便一旦前线举事，后方即可接应。

直、奉正式接仗后，在热河的直军第二军王怀庆部屡战屡败，给冯玉祥的倒戈提供了条件。于是，他在表面上出兵古北口，挺进平泉伴称会合第二军攻击奉军右翼，实际上且行且止，到古北口后借口筹措给养，督修道路，却迅作率师回京的准备。

山海关战役是第二次直奉战争的关键一战。10月11日，吴佩孚亲率第三师精锐急赴前线指挥。这时，冯玉祥已与段祺瑞派来负责联络的亲信贾德耀等至滦平与奉军李景林部秘密协议停战，奉军便从热河赤峰撤退，秘密开赴山海关战场。

10月19日，因山海关奉军骤增，使直军连遭失败，在热河的冯玉祥此时接到了"形势危急，不有意外胜利，恐难挽回颓势"的前线来电，认为时机已至，不容再缓，当即召集会议，布置了倒戈行动：令鹿钟麟自密云秘密兼程回京；张之江、宋哲元自承德回京；胡景翼自喜峰口南下占滦州等地；李鸣钟自古北口趋长辛店截断京汉、京奉两路，切断吴佩孚的后路。

在联奉活动进行的同时，冯玉祥对倒戈后的政局也事先做了安排。10月12日，冯向贾德耀表示希望得到段祺瑞的合作。同时，冯玉祥得到蒋鸿遇报告，知直军后方空虚，即派人就商于黄郛，黄亦答以"吾侪立志救国端在此时"促其决计。这样，发动政变的准备工作基本就绪。

10月21日，冯玉祥率部至古北口兼程回京。22日夜，冯玉祥部兵临北京城下，当鹿钟麟部到达安定门时，孙岳即令守城士兵开门放行。23日凌晨1时，戴着写有"不扰民、真爱民、誓死救国"等口号臂章的冯军入驻北京城。当天，冯玉祥与胡景翼、孙岳、米振标等联名通电，主张停战言和，呼吁各方对一切政治善后问题"会商补救之方，共开更新之局"，并联合所属各军，"组成中华民国国民军，誓将为国为民效用"。第二天下午，冯、胡、孙等主要将领和一些有关政客在旃檀寺冯的司令部开会。会议决定电请孙中山北上主持大计，并决定国民军的编制，由冯玉祥任总司令兼第一军军长，胡景翼任副司令兼第二军军长，孙岳任副司令兼第三军军长。冯玉祥推荐黄郛组织过渡性的内阁。

24日，做了政变军队俘虏的曹锟被迫发出四条命令：（一）前线停战；（二）撤销讨逆军总司令；（三）免去吴佩孚本兼各职；（四）派吴佩孚督办青海屯垦事宜。吴佩孚力图挣扎，25日通电否认曹锟命令，并将前敌军事交张福来，自率师旅回津讨伐冯玉祥。但此时直军形势已急转直下，28日，奉军及胡景翼军占领滦州，山海关及秦皇岛直军被围，除张福来、靳云鹗相继搭轮自秦皇岛运出万余人外，其余八万余人全数被俘。同日，阎锡山占领石家庄，截断京汉铁路，阻止直军援军北上；接着，山东郑士琦截断津浦铁路，宣布中立，阻止败退的吴军假道鲁境，并堵截由徐州北上的援军。吴佩孚腹背受敌，又无援军，11月3日，率第三师残部由塘沽乘舰南下，直系倒台已成定局。

冯玉祥率师入京后，立即通电主和，并邀请孙中山北上共商大计。与此同时还积极展开外交，亲与各国使团联系。但在他10月27日会见苏联大使加拉罕后，在京的帝国主义外交使团即有所谓冯玉祥赤化的种种议论。同月30日冯玉祥到丰台，帝国主义势力就策动京畿警备副司令薛之珩蠢蠢欲动，当晚又发生了丰台英军闯入冯玉祥部警戒线，殴打哨兵并拘留冯玉祥部团长冯治安的事件，企图以各种手段对冯玉祥加以挟制。在这种情况下，冯玉祥当机立断，立即着手改组内阁。31日，黄郛摄政内阁成立，由黄郛摄政。11月2日，曹锟被迫辞职。

黄郛

"北京政变"发生后，帝国主义和段祺瑞、张作霖对冯玉祥成立摄政内阁，将清室迁出宫禁和邀孙中山北上等措施，是极其疑忌的。日本帝国主义本想利用冯玉祥打败吴佩孚，而后再由段祺瑞出任执政。于是，段祺瑞、张作霖一方面在舆论上给冯玉祥制造压力，另一方面在军事上重新联合以制冯。在诸种复杂的情况之下，冯玉祥只得于10月27日通电迎段祺瑞入京就任国民军大元帅。但段基于当时"手无军队，若贸然出任艰巨，恐不免为冯所操纵"，以及"奉张此次自恃其功，进兵京畿以制冯氏亦未可知"等盘算，故而迟迟没有进京就任。至11月8日，张作霖率军自奉天入关进驻天津，段祺瑞在暗联长江各省直系势力已有头绪的情况下，他才决定抢在孙中山北上之前于天津召开会议，以图左右时局。

此时，段祺瑞与张作霖的联合日渐明显，冯玉祥已处于孤立地位。11月10日，即在孙中山发表北上宣言的同日，长江各省通电拥段；当晚，奉军即将冯玉祥在天津的新编第三、第四混成旅缴械；次日，又将王承斌的第二十三师缴械。13日，长江东南八省在南京开会，由吴佩孚领导组成联防，阻止北方势力的南下，并通电声称对北京所发命令概不承认。冯玉祥遂与张作霖推戴段祺瑞为中华民国临时执政。19日，齐燮元等再次联名通电请段祺瑞早日出任。段祺瑞感到时机已到，便于20日入京。11月24日，段祺瑞就任临时执政。接着公布《临时政府条例》，发表政府任职要员名单，完全把冯玉祥的人员排斥在外。这样，震惊一时的"北京政变"仍以军阀重新上台而告结束。

冯玉祥这位"基督将军"自1924年10月23日率师回京，到11月24日段祺瑞就任执政的同日通电下野，历时仅一个月，虽令人有"昙花一现"之感，却在民国史上留下不可磨灭的功绩。用冯玉祥自己的话说，这次政变是"革命之行动"，以后他在五原誓师时发表的宣言中称这次政变为"首都革命"。后来不少人沿用这一说法。

此次武装政变推翻了曹锟贿选政府，削弱了直系军阀的军力，至此成为北洋军阀由盛到衰的转折点；冯玉祥邀请孙中山北上，扩大了国民革命的影响，他建立的国民军，有利于北方革命运动的发展，并对以后的北伐战争也起了积极的作用。另外，这次武装政变废除了溥仪的尊号并迁其出宫，搬掉了封建余孽企图复辟的偶像，清室小朝廷从此消亡。

鹿钟麟实演"逼宫"戏

当冯玉祥的国民军在军事上对直系军阀取得决定性胜利之时，躲在紫禁城里的清室小朝廷早已是惶惶不可终日，他们好像已经预感到什么。11月2日是个星期日，天刚亮，溥仪的英国师傅庄士敦就被召到宫里开会。在场的除了庄士敦、溥仪之外，还有溥仪的岳父荣源和郑孝胥。后两个人举出了各种理由，说他们确信冯玉祥正打算发动另一场针对小朝廷的"政变"。接着他们讨论是否把溥仪转移到使馆区……

另一方面，由黄郛出面组织摄政内阁，代行大总统职权。11月3日，冯玉祥提出："今日当先请国会议决各项应办之事，第一将宣统逐出，每年四百万两优待费取消……"[1] 然"会议未开，百端待理之时，忽先着手迁移清帝溥仪出宫，

1　中国第二历史档案馆编《冯玉祥日记》第1册，江苏古籍出版社，1992。

庄士敦（左一）和溥仪（右一）、溥杰（左二）及婉容的弟弟润祺（右二）的合影

修改优待条件，使闻者或多猜诧"[1]。黄郛则接受了冯玉祥的建议，决定修改清室优待条件，驱逐溥仪出宫。

冯选定由鹿钟麟来执行这一任务。"北京政变"时鹿钟麟是冯玉祥主力部队第十一师（兼师长）二十二旅旅长，所辖部队是在 10 月 23 日凌晨最先开进北京的。此后鹿钟麟被任命为京畿警卫司令。当时冯玉祥一再对鹿钟麟表示："在中华民国的领土里，甚至在首都的所在地，居然还存在着一个废清小朝廷，这不仅是中华民国的耻辱，也是中外政治阴谋家随时企图利用的孽根。现在稍明事理的人，无不以留辫子为可耻，留溥仪在故宫，就等于给中华民国还留着一条辫子，这是多么令人羞耻的事啊！"[2]这段话便成为鹿钟麟执行驱逐溥仪出宫时所奉行的指导思想。

冯玉祥行伍出身，清末入伍当兵升至管带（营长）。辛亥革命以后，曾先后

1　记者：《修改优待条件清室条件之经过》。

2　鹿钟麟：《驱逐溥仪出宫始末》，载《天津文史资料选辑》第 4 辑，天津人民出版社，1979。

担任北洋陆军第十六混成旅旅长，第十一师师长等职。他是当时北洋军阀系统内具有一定旧民族主义革命意识和社会正义感的将领。早在辛亥革命时期他参与发动了滦州起义，任起义军参谋长，并向天津进兵。他曾强烈反对张绍曾"维持君主立宪"的主张，要求非推翻清朝帝制不可。1915 年袁世凯阴谋称帝，曾封冯玉祥为"男爵"，为此冯玉祥抱头痛哭，表示："这是对我冯玉祥的极大侮辱，不把袁贼铲除，不把帝制推倒，对不起滦州起义的弟兄们。"[1] 后来四川督军陈宧调冯玉祥入川抵挡云南起义，冯玉祥率部到达叙府，即与护国军取得联系，迫使袁的亲信将领陈宧通电独立反袁，因而加速了袁世凯的灭亡。

鹿钟麟

1917 年张勋搞复辟，冯玉祥率部由廊坊直捣北京，曾令炮轰紫禁城，因段祺瑞力阻，未能如愿。冯玉祥愤恨地说："若不是溥仪还留在紫禁城里，哪能有今天的这个乱子？斩草必先除根啊！"接着冯玉祥发表了通电，四项内容即：（一）取消清室优待条件，驱除溥仪出宫，四百万元优待金即行停付；（二）取消宣统名义，废溥仪为平民；（三）所有宫室及京内外清室公地园府全收归公有，以便公用；（四）严惩逆诸犯，以遏奸邪复萌。[2] 可惜这个通电并没有得到当时北

---

1 冯玉祥：《我的生活》，黑龙江人民出版社，1981。

2 同上。

洋政府的响应。因此，冯玉祥在北京发动军事政变后，立即做出驱逐溥仪出宫的决断并非出自偶然。

11月3日，政变后，国民军总部为了统一军权，将故宫及景山的驻京师卫戍总部所属部队一千二百余人缴械，调驻北苑，听候改编。对此，清室尤感不安，当即函询国民军总部，为何采取这样的措施。当时国民军向清室说明，这是为了统一军权，以便更好地维持治安，并无其他用意，但清室不仅不相信，反而更觉惊慌。

第二天午后，鹿钟麟接到报告，据说清室已电告外界：传说有不利于清室的举动，应早做准备等语。经过分析，认为事不宜迟，鹿钟麟立即面报冯玉祥，建议采取断然行动。冯表示同意后，鹿钟麟即联系黄郛，商定紧急措施。黄郛即时召集了临时国务会议，决定派鹿钟麟主持此事，名义上是派往洽商修改清室优待条件，实际上是驱逐溥仪出宫。同时，派当时北京警察总监张璧协助，另聘社会名流李石曾参加。

当摄政内阁把各项准备工作安排就绪后，黄郛召鹿钟麟到国务院，面授机宜。黄郛满怀希望地对鹿钟麟说："这出戏全仗着你唱了。"鹿钟麟答道："我一定要唱好这出戏！"接着鹿钟麟又说："故宫里积有无数的奇珍异宝和金银，我执行这项特殊任务，难免瓜田李下，招人非议。虽然我自信故宫之宝价值连城，而我的人格却是无价之宝。"黄郛笑着说："请勿过虑，你的一切，我都了解，尽管放手去做，愿早传捷报。"

当晚，鹿钟麟在警卫司令部邀请张璧和李石曾商讨任务如何执行。张璧首先问鹿："这个任务非比一般，需要带多少军警？"鹿钟麟伸出两个手指头，张问："两万吗？"鹿摇摇头，他又问："两千？两百？"鹿钟麟摇着头说："用不着那么多的人，有军警各二十人就够了。"

张璧接下来说："在警察方面，我就这样布置。"这时，李石曾插话说："事体重大，必须以迅雷不及掩耳的手段，立即行动，迟则生变。"鹿钟麟说："完全正确，不过还要注意到威而不猛。此事可分两个步骤，第一步是迫使溥仪接受修正清室优待条件，即刻迁出故宫；第二步是进行清室善后事项。遵照内阁指示，第一步由我负责主持，第二步内定由李石曾先生主持。我建议李先生今夜先组织一批接收人员，准备随时调用，免得临时措手不及。"

李石曾说："尽一夜时间，做好妥善准备。"最后三人决定：5日上午在警卫司令部集合，9时开始行动，迫使溥仪当日迁出故宫，其他次要问题，可斟酌实情予以宽容。另外决定于溥仪迁出之后，接收人员随即进宫，开始工作。

李石曾和张璧走后，鹿钟麟立刻召韩复榘前来，当面商定布置：以警卫部队一部，潜伏神武门附近；另一部增援张璧原驻景山附近的警卫任务，同时命令原在天安门一带及故宫附近的警卫部队，届时加强警戒并准备随时策应。此外，以警卫部队两个连，准备接替守卫故宫，另两个连准备派往守卫溥仪住所。所有上述任务，统限于当夜拂晓前布置完毕，不容稍有延误，并力求迅速和机密。

1924年11月5日上午9时，鹿钟麟携带摄政总理黄郛代行大总统的指令，会同张璧、李石曾由警卫司令部乘汽车出发，后随卡车两辆，分载军警各20人，直趋神武门。当时守卫故宫的清室警察见这一行人来势凶猛而惊慌失措，鹿钟麟当即下令预伏于神武门附近的国民军警卫队，先将守卫故宫的警察缴械。继而将神武门左右的清室警察四个队（每队百人，分驻护城河营房）全部缴械，听候改编。待国民军警卫部队完全控制了神武门一带之后，鹿钟麟偕同张璧、李石曾率军警各20人，进入故宫，沿路见到人就喝令站住不许动，直入隆宗门原军机处的旧址。

在军机处，鹿钟麟召来清室护军统领毓逖，给以监视，令其派人传知宫内全体文武人员一律不准自由行动，再令其传知内务府主管人员即刻来见。不一会儿，内务府大臣绍英和荣源到来。鹿钟麟首先出示大总统指令和修正清室优待条件，限绍荣两小时内促使溥仪接受，废去帝号，迁出故宫；其次，命令他俩派员移交各项公私物品。

听鹿钟麟宣读完命令，绍英早已是神色仓皇，他力持镇静，却掩饰不住内心的恐惧。在这个极度紧张的情况下，他忽然对李石曾说："你不是李鸿藻故相的公子吗？何必相逼如此？"

鹿钟麟当即义正词严地回答道："我们今天是奉命而来，要请溥仪迁出故宫，这不是我们的私意，而是全国老百姓的要求。老百姓说得好，中华民国成立十三年了，在北京故宫里，还有个退位的皇帝，称孤道寡，封官赐谥，岂非贻笑天下？我们既是国民军，就该替国民办事，我们不来，老百姓就会来的。不过，我们来还可以保护溥仪安全出宫，若老百姓来了，恐怕溥仪就不会这样从容了，所以我们这次来，不仅是给国民办事，而且也是为清室作打算！"

绍英听后仍不甘休，又说："大清皇帝入关以来，宽仁为政，民心未失，民国同意的清室优待条件尚在，为什么骤然这样对待呢？"鹿跟着驳斥道："按你的立场，当然替清室说话，但你必须冷静地想一想，从清兵入据关内以来，到处杀戮，残害百姓，历史上'扬州十日''嘉定三屠'等等血海冤仇，到今天老百姓还记忆犹新，你所说的宽仁在哪里呢？再说，张勋拥戴逊帝复辟，时虽短暂，但清室的叛乱祸国，违背优待条款，以怨报德的罪恶行为，老百姓能不愤然要求严惩你们吗？我郑重地告诉你，现在宫外已布满军警，两小时你们不做具体答复，军队就要向故宫开炮，你要三思，急促溥仪从速遵令出宫。否则，你们的安全，难再保证。"

绍英听了鹿钟麟的这番话早已是惊魂出窍，待他定了定神又说："我和溥仪有君臣关系，说话不能随便，要有分寸。"鹿钟麟说："到这时你还讲什么君臣关系？这是命令，你应该遵照，快去传达。"绍英至此，乃惊惧踉跄地入告溥仪。

这时是上午9点多钟，溥仪正在储秀宫和婉容吃着水果聊天，内务府大臣们突然踉踉跄跄地跑了进来。为首的绍英手里拿着一件公文，气喘吁吁地说："皇上，皇上……冯玉祥派了军队来了！还有李鸿藻的后人李石曾，说民国要废止优待条件，拿来这个叫，叫签字……"

溥仪一下子跳了起来，刚咬了一口的苹果滚到地上去了。溥仪夺过他手里的公文，看见上面写着：

溥仪与婉容合影

大总统指令

派鹿钟麟、张璧交涉清室优待条件修正事宜，此令。

中华民国十三年十一月五日

国务院代行国务总理黄郭……

修正清室优待条件

……[1]

溥仪看了新修正的条件，并没有自己原先想象的那么可怕，但是绍英说了一句，立即又让溥仪跳了起来："他们说限三小时（绍英私自加了一个小时）内全部搬出去！"随后溥仪在宫里邀集各贵妃召集了所谓御前会议，讨论对策。

绍英"领旨"后，从溥仪处出来对鹿钟麟交涉说："按照清室优待条件第三款，清室本应移居颐和园，只因当时民国政府不令迁出，致拖延至今。清室对于迁居一节，本无不可，唯以时间仓促，实属来不及。至于宫内各物，均属爱新觉罗氏私产，当然有自行管理、处理权。"

鹿钟麟当即严肃地予以驳斥："今天要谈的是出宫问题，这一问题不解决，其他一切都谈不到。我再次郑重地告诉你，遵令出宫，我们有妥善的对待办法，如果你们违令，执意不出宫，我们也有既定的对策，所以出宫问题，今天必须得到解决，任何企图拖延的打算，都是徒劳无益的。至于宫内各物，你们仍想据为爱新觉罗氏的私产，这是全国老百姓坚决不答应的。试问：宫内各物哪一件不是从国民手里搜刮掠抢而来的？今天国民要收归国有，这是天公地道的。不过只要溥仪接受修正清室优待条件，迁出故宫，我们给以适当照顾，老百姓还是会同意的。总之，你应该促使溥仪早做抉择，否则悔之不及。"绍英遭到碰壁后，还未死心，仍想做最后的挣扎，他借口瑾妃逝世不久，瑜、瑨二妃不愿出宫，提出给以时间，约定日期出宫，俟这些问题解决后，再行商谈，复遭鹿钟麟严词拒绝。

1　溥仪：《我的前半生》，群众出版社，1964，第166、167页。

绍英一再拖延，时间也已满了两小时，鹿钟麟把面孔一沉，对左右的人说："两小时已到！"接着便把预藏怀里的两枚空心炸弹掏出，用力向桌上一摆，绍英吓得浑身颤抖，荣源竟跑出去寻找藏身之处了。鹿钟麟说："你们不要怕，这炸弹不是用来炸你们的，因为时限已到，我要在外边开炮前，先把自己炸死。"绍英见到这种情况，慌忙要求说："请再宽容时间，好使入告，急速做出最后决定。"鹿钟麟见此招已有成效便说："既如此，再宽限20分钟。"又回顾左右的军警说："赶快去！告诉外边部队暂勿开炮，再限20分钟。"

溥仪听了绍英的报告，自知不能坚持，传知大内各宫太监、宫女各人，收拾细软物件，准备出宫。并出内帑，每太监一名发洋十元，宫女给洋八元。宫内计有太监四百七十余人，宫女百余人。绍英令尚未资遣的各宫太监，仍旧执行职务，此令一下，宫内一时顿呈混乱状态，宫内悬挂的"宣统十六年十月初八"的牌示，被急行摘去。

绍英又立即回复鹿钟麟等，言溥仪接受了修正清室优待条件，答应迁出故宫，同时交出了印玺，并交付鹿钟麟一份以清室内务府名义致摄政内阁的复文，略谓："修正清室优待条件，业经清帝谅解，一切奉谕照办。"谈判至此，继而转入移居何处问题。

绍英对鹿钟麟说："出宫迁至颐和园或迁至别处，颇愿一听司令意见。"鹿钟麟回答说："移居颐和园固无不可，不过还有些先决条件，恐怕今天来不及解决，为了方便起见，我看还是先移居溥仪的父亲载沣家中，然后再从长计议久居之处。"绍英听罢，便又入内与溥仪磋商。

溥仪又召集了第二次御前会议，讨论移居何处。下午3时，摄政王载沣得到溥仪通知来到故宫，感到再坚持不搬已无可能，且有风险，力主即刻出宫。结果决定迁居德胜桥醇王府，随即派内务总管往醇王府处赶紧准备废帝移居事宜。鹿钟麟也命令预先准备的两个连的警卫部队，限即开赴醇王府，开始执行警卫任务。

1924年11月5日下午4时10分，溥仪及其后、妃和亲属等鱼贯而行由御花园出神武门离开故宫。乘坐国民军司令部为其预备的汽车共五辆驶离故宫。鹿钟麟乘第一辆，溥仪、绍英乘第二辆，溥仪后、妃和亲属及随侍宫女、太监多人分乘第三、第四辆，张璧等乘第五辆，直驶北海北岸的醇王府（清室称之为北府）。

当日宫女出宫场景照

溥仪在醇王府门前下车，这时才是鹿钟麟与溥仪的第一次见面，他们相互握手致意。鹿钟麟说："溥仪，今后你还称皇帝吗？还是以平民自居呢？"溥仪回答说："我既已接受修正清室优待条件，当然废去帝号，愿意做一个中华民国平民。"鹿钟麟说："好，你既然愿当平民，我身为军人，自有保护责任，一定要通知所属，对你加以保护。"张璧在旁凑趣地说："你既是一个中华民国平民，就有当选大总统的资格。"到此，鹿钟麟、张璧与溥仪等握手道别。

鹿钟麟与张璧驱车回到故宫。鹿钟麟再携带溥仪交出的两颗印玺，先到旃檀寺国民军总部，向冯玉祥报告任务执行经过。冯玉祥听罢，满意地挑起大拇指说："办得好！做了一件大大的好事，同时也得偿了我们多年的夙愿。你的功劳，实在不容埋没。"鹿钟麟回答道："这次所以能够没出什么差错，全仗先生的德威。"冯玉祥一再谦辞，连声说："快去报告国务院罢！"

于是鹿钟麟转往国务院，面见黄郛。鹿钟麟报告说："溥仪已经接受了修正清室优待条件，并于今天下午4时离开了故宫迁往醇王府。"接着详细地汇报了任务执行经过。黄郛频频嘉许，连说，"好！好！这出戏唱得很好，可称文武俱佳，值得叫好，哈哈……"鹿钟麟笑答道："谈不到什么，不叫倒好就可以了。"接着鹿钟麟将溥仪交出的两颗印玺递给黄郛，一颗是"皇帝之宝"，另一颗是"宣统之宝"。黄郛接过去看了一下，即交给秘书长袁良暂行保管。当时黄郛决定，为使外界了解真相，即日发出电文，通告各方，说明溥仪接受修正清室优待条件及离开故宫的经过情形。电文如下：

民国建国，十有三年，清室仍居故宫，于原订优待条件第三条，迄未履行，致民国首都之正中，存有皇帝之遗制，实于国体民情多所抵触。爰于十一月五日，与清室溥仪商订修正优待条件，其文曰：今因大清皇帝欲贯彻五族共和之精神，不愿违反民国之各种制度，故即于今日特将清室优待条件，修正如左：

第一条，大清宣统皇帝即日起永远废除皇帝尊号，与中华民国国民在法律上享有同等一切之权利；

第二条，自本条件修正后，民国政府每年补助清室家用五十万元，并特支出二百万元，开办北京贫民工厂，尽先收容旗籍贫民；

第三条，清室应按照原优待条件第三条，即日移出宫禁，以后得自由选择住居，但民国政府仍负保护责任；

第四条，清室之宗庙陵寝，永远奉祀，由民国酌设卫兵，妥为保护；

第五条，清室私产归清室完全享有，民国政府当为特别保护，其一切公产，应归民国政府所有。[1]

随即国民摄政内阁政府宣告成立清室善后委员会，由李石曾任委员长，开始

---

1 参阅鹿钟麟《驱逐溥仪出宫始末》，载《天津文史资料选辑》第4辑。

查点故宫内一切物品。

11月5日的行动，其特点之一在于迅速。金梁沮丧地记述道，罗振玉当日前往天津求助于段祺瑞，段说："未知仓卒遽有此举，电来已不及阻矣。"[1]消息传到张作霖处，他也表示"都门近日举动，事前毫末预闻"[2]。

特点之二在于行动坚决，段祺瑞多次表示对国民军逼迫溥仪出宫的不满。当天"已于三时电冯、胡、孙，沮其暴举"[3]。直到12日，段一共发了四封电报劝阻冯玉祥，但均告无效。胡适在日记中也做了这样的评述："此事手段太辣，予心甚不忍"，接下来又一想，"亦知作事非如此不可"。[4]

11月7日，"大总统发布清室宫禁充作博物馆令"，如下：

修正清室优待条件业经公布施行，著国务院组织善后委员会，会同清室近支人员协同清理公产私产，昭示大众。所有接收各公产，暂由该委员会妥慎保管。俟全部结束，即将宫禁一律开放，备充国立图书馆、博物馆等项之用，借彰文化，而垂永远。此令。中华民国十三年十一月七日[5]

第二年的10月10日，故宫博物院宣告成立，开幕典礼盛极一时，鹿钟麟是当然的发言人。他在发言中，除对故宫博物院的成立致以祝贺和期待外，并简要述及往洽修正清室优待条件及驱逐溥仪出宫经过，最后他说道："在座诸位，都听过'逼宫'这出戏！有人指责我去年的所作所为，也是'逼宫'，但是，从我国历史上看到的'逼宫'，都是为个人谋取帝位，行其改朝换代，或谋取个人升官发财。我所作的'逼宫'，是为中华民国而逼宫，是为神州四亿国民而逼宫，

1　金梁：《遇变日记》，载吴瀛《故宫博物院前后五年经过记》。
2　陈夔龙：《梦蕉亭杂记》第2卷，上海古籍出版社，1983。
3　劳祖德整理《郑孝胥日记》第4册，中华书局，1993。
4　《顾颉刚日记》第1卷，1924年11月6日记，台北：联经出版事业股份有限公司，2007。
5　参阅徐卫东《段祺瑞"三造共和"之真象》，《复旦学报》1991年。

逼宫之名虽同，而逼宫之实则异。"[1]

驱除溥仪出宫"贯彻辛亥革命未竟之精神，确实是中华民国史上的一件重要事情"[2]。然而，由于民国政府一直把优待条件视为"缔结条约性质"的法律文件，只有国会有权决定其存废，以一个政令不出北京的摄政内阁来实际废止优待条件举措有着越权违宪之嫌。

其实一个没有帝王权威，却不失帝王尊严的小朝廷，从长远的历史进程来看，它是没有可能永远在紫禁城中"暂居"的。民国政府在适当的时候，如果通过和平协商和妥善安置也是能将逊清皇室迁出紫禁城的。然而，如此假设在真实的历史事件面前显得甚无谓也。

另外，由于古物的所有权与其象征意义之间的错位和龃龉，仍然是一个令社会各界棘手的难题。因此，1924年6月立案《古迹古物及古迹保存法草案》，此案如果在国会得以通过的话，将会是中国最早的文化遗产保护法，这一法案被认为是1923年中华民国宪法中规定的政府应致力于文化教育振兴的具体表现。在这一年前后，还发生了其他与之相关的事项。例如4月时，以大总统的名义将京师图书馆改为"国立图书馆"的振兴方案；5月发表了建立以教育部历史博物院为核心的"华洋博物院"（即之后的"中华博物院"）[3]的构想（8月份向大总统提出了支持请求）；8月，教育部历史博物院在紫禁城午门试行开馆；同月，认可了内务府"国立博古院"的申请；等等。[4]"惜春长怕花开早"，由于"北京政变"的

1 《故宫博物院开幕纪盛》，《顺天时报》1925年10月12日。

2 宁协万：《清室优待条件是否国际条约》，《东方杂志》第22卷第2号，1925年1月25日。

3 关于民间主导的综合性博物馆——"中华博物院"的构想，作为研究根据仅见于一条民国3年（1914）北京政府的文书档案。同时，在国子监原址上设立的教育部下属的历史博物馆的体制也并未确立。

4 《大总统令》，1924年4月4日（《教育公报》，北京：教育部教育公报经理处，1924年5月30日）；佚名《发扬文化之两种事业》，《顺天时报》1924年5月5日；内务部：《呈大总统转陈顾维钧等组织中华博物院恳予明令提倡拟订大纲请鉴核文（附大纲）》，1924年8月8日，《政府公报》第3022号，1924年8月20日；吕章申主编《中国国家博物馆百年简史（1912~2012年）》，中华书局，2012；内务部：《大总统援案筹设国立博古院请鉴核训示文》，1924年8月11日，《政府公报》第3029号，1924年8月27日。参阅〔日〕吉开将人《自宣统十六年の清室古物問題（一）：故宫博物院成立史の再検討》，《北海道大学文学研究科紀要》2014年11月25日。

爆发，此法案失去了一次立法良机，因之一连串的设想都泡汤了，似乎令人错愕、哀婉。然而，这些与故宫博物院成立这样伟大的事件相比完全可以忽略不计。

孙中山先生秘书处的复函

一场"逼宫"戏所引起的轩然大波，绝不亚于几日前的军事政变。

11月8日，《社会时报》报道，鹿钟麟与张璧等向清室代表耆龄等郑重发言：据国务院调查，宫中印玺实有25颗，现在交出的仅有两颗，今日奉命接收其余印玺。随即两方代表前往交泰殿点验印玺，并由民国代表讨论是否运往国务院，煞似一场激烈的夺权斗争。

后来李石曾发表意见，谓：搬运恐有撞伤，不如仍存原处，殿门加以封锁，将来仍按原次序位置陈列，以存原状。李石曾的意见得到了鹿钟麟与张璧的赞成，即命国务院派来的柳衔书等四人立即予以封存。

与之颇有几分相像的另一场"夺印"斗争，也发生在几天之前。11月2日，曹锟被迫辞去总统职务后，获准离开北京。他没有片刻滞留，立即前往天津的外国租界。但是，他显然是居心叵测，打算一旦得到洋人的保护，就立即撤回那些在"国民军的枪口下"被迫发布的指令。为了这个目的，他随身带走了总统印玺。但是运气不佳，火车还没有到达天津，人们就发现印玺不见了。火车在国民军的命令下，在半路停了下来，曹锟被明确告知，现在他的自由，乃至性命，就取决于是否交出印玺。他立即将总统印玺交了出来，随后火车将他平安带到了天津。

或许是由于以上两个事件具有相似之处，华北的一家主要外国报纸——《京津泰晤士报》11月8日的报道，将驱逐溥仪出宫称为"第二次北京政变"，并指责说：冯玉祥的第二次北京政变与第一次政变一样，"构成了所谓中华民国风云变幻的整个历史上最为声名狼藉的篇章之一"。

由于驱逐溥仪出宫，冯玉祥与黄郛政府面临着强大的反对势力，它们主要来自段祺瑞、清室顽固势力、奉系军阀与列强干涉势力。在孙中山看来，"如果在这个机会内还不讲话，来推翻军阀，那么这次事变（北京政变）便不可能促成和平统一或者要酿成大乱也未可知"[1]。

溥仪出宫后第二天，段祺瑞在天津即发表谈话，声称要竭力为清室维持一切，并致电冯玉祥质问说："顷闻皇宫锁闭，清帝迫移万寿山等语。要知清室逊政，非征服比，优待条件，全球共闻，虽有移驻万寿山之条款，缓商未为不可，迫之于优待条件，不无刺谬，何以昭大信于天下乎？望即从长计议。"段祺瑞在接见清室代表载洵时还表示"办理清宫出宫事件，类于孩提之胡闹"[2]，并派代表向清室道歉。

冯玉祥当即复电致段祺瑞，谓："清室为帝制余孽，复辟之祸，贻着中外，张勋未伏国法，废帝仍有私号，均为民国之耻。留此孽根，于清室为无意，于民国为不祥。此次移私邸，废去无用之帝号，人人视为当然，除清室少数人仍以帝号为尊荣者外，莫不欢欣鼓舞，所谓尊重民国，正所以保全清室也。"

当时冯玉祥还对鹿钟麟说："段祺瑞居心何在，我不明白。他曾充当过军咨府大臣，叩头叩上了瘾，莫不是他还要留着溥仪过叩头的瘾吗？"[3]

段祺瑞出任执政后，12月14日，摄政内阁宣告结束。段祺瑞竟表示不承认清室善后委员会，清室善后委员会并不示弱，直接向段祺瑞提出质问："清室善后委员会是根据摄政内阁命令组成的，人选是经过摄政内阁聘用的，合理合法；而且各院、部均派有助理员参加工作，如何能够不承认？"

恰在此时，孙中山先生北上抵达天津，发表公开谈话，特别提出："对国民军修改清室优待条件，清溥仪迁出宫禁之举动，认为满意。"孙中山的谈话对段祺瑞来说，无疑是个极大的压力，因此，段祺瑞迫于不得已暂时做了让步。

反对溥仪出宫的清室顽固势力包括清室宗族和遗老、旧臣等，由于他们的切

---

1 国立中央研究院文书处：《国民会议实录·总理关于国民会议之遗教》，国立中央研究院总办事处，1930。

2 龙子仲等编《中华民国史史料外编》第2册，广西师范大学出版社，1997。

3 鹿钟麟：《驱逐溥仪出宫始末》，载《天津文史资料选辑》第4辑。

身利害，对国民军的行动当然不满。自辛亥革命以后，这些人为了保全自身的利益，隐匿于紫禁城内，把持着宫廷一切事务，企图永久地占据故宫。因此，溥仪被逐出宫禁，这些人感到比清帝退位更难过。溥仪既已出宫，他们就失去了活动的根据地。

这股势力已处于垂死之际，必然要拼命挣扎，故而奔走呼号，分头活动，不遗余力地求助于段祺瑞和张作霖等军阀以及帝国主义者，妄图借他们的力量恢复清室优待条件。其所作所为大多载于金梁的《遇变日记》之中。其中在给张作霖的函件中，金梁又张起了皇室博物馆的破旗，言："清室善后委员会应停止，设清宫管理处，由清室自行清理、保管、开放、陈列、筹办博物、图书馆。"妄图负隅顽抗。

继段祺瑞之后，张作霖也出来表明态度。据日本电通社讯："奉天的张作霖，不满意冯玉祥驱逐溥仪出宫的办法，与段祺瑞抱有同感。"又说："张作霖到达天津，与段、冯会商时局时，将要提出这件事，问一问冯对此事的真意所在，然后联合段祺瑞决定处理方针。"冯玉祥见讯，曾公开宣布："此次班师回京，并无何多贡献，惟修正清室优待条件并驱逐溥仪出宫，尚可告无愧于天下后世。"冯玉祥曾对鹿钟麟说："张作霖向溥仪称过臣，现在看来，他们间的君臣关系，倒是名副其实。"

据传，段祺瑞原本拟联合张作霖，借驱逐溥仪出宫为由，要向国民军和冯玉祥兴师问罪，但迫于当时的社会舆论，以致欲加之罪，终患无辞。这样段祺瑞、张作霖即使到京，"皆空言示好，实无办法，众为所欺，以为恢复即在目前，于是事实未见，而意见已生"。清室遗老们只落得个"有主原订条件一字不能动者，有主必还宫复号者，有主改号逊帝者，有主岁费可减必有外人保证者，有主移住颐和园者，有主在东城购屋者。实则主权在人，无异梦想，皆不知何所见而云然也"。[1]

另一方面，在庄士敦的鼓动下，荷兰（当时荷兰公使欧登科先生是外国使团

---

[1] 金梁：《遇变日记》，《文史资料选辑》第13辑。

的首席公使）、日本、英国的三国公使[1]，于11月5日午后，前往中国外交部，约见新任外交部部长王正廷，要求了解关于所谓"入侵"紫禁城的情况。他们还要求保证前清皇帝和皇族的安全。王正廷向三国公使暗示所发生的事件完全属于中国内政，与国际关系无关，外国使团对此事没有发言权。但是，三位公使不肯就此罢休。他们申辩说，只出于人道的考虑，他们有权使自己相信，前清皇帝不会受到虐待和侮辱，并威胁说，他们所代表的政府将对任何虐待前朝皇帝的行为感到非常不满。

王正廷表示，溥仪没有任何危险，也没有受到虐待，他的个人自由也不会受到干涉。事实上，他平生第一次成了一个自由人。更何况中国舆论一直要求修改清室优待条件，停止使用皇帝头衔，废除朝廷及内务府，溥仪的身份应该是民国的一位普通公民。内阁相信，这是人民的意愿。为顺从民意，已在准备与前皇帝达成一项新的"协议"，包括发表一项改变皇帝身份的声明。那天摆在溥仪面前要他接受的，正是这项声明，即《修正清室优待条件》。

这是外国势力妄图以外交途径干涉中国内政的一次粗暴的行动，但是由于没能找到适当的理由，最终没有提出正式抗议。

摄政内阁针对上述情况，于11月8日以国务院的名义，又向全国发出一个庚电，向全国以至世界说明事实经过。原文如下：

慨自晚清逊政，共和告成，五族人民，咸归平等。曩年优待条件之订，原所以酬谢逊清，然今日时势，隐患潜伏，对此畸形之政象，竟有不得不量予修正以率其德者。诚以北京为政治策源之地，而宫禁又适居都会中心。今名为共和，而首都中心之区，不能树立国旗，依然沿用帝号，中外观国之流，靡不列为笑柄。且闻溥仪秉性聪明，平日恒言愿为民国一公民，不愿为禁宫一废帝。盖其感于新世潮流，时戚戚然以己身之地位为虑。近自财库空虚，支应不继，竭蹶之痛，益伤其身。故当百政刷新之

会，得两方同意，以从事于优待条件之修正。自移居后海，并饬由军警妥密保护。从此五族一体，阶级尽除，其基础如磐石。而溥仪方面，既得自由向学之机，复苏作茧自缚之困。异日造就既深，自得以公民资格，宣勤民国，用意之深，人所共喻。缅维苦衷，定荷赞同。至于清室财产，业经奉令由国务院聘请公正耆绅会同清室近支人员，共组一委员会，将所有物件分别公私，妥为处置。其应归公有者，拟一一编号，交存于国立图书馆、博物馆中，俾垂久远，而昭大信；并以表彰逊清之遗惠于无穷。恐远道传闻，有违事实，特电布闻，敬祈照察。院庚（八日）印。[1]

国务院电文一经发布，驱逐溥仪出宫之事在社会上得到了大多数人的理解与拥护。然而，外国干涉势力仍然对此耿耿于怀，一位"不能被认为是同情君主派的西方作家"这样描述中国民众的态度：

政府任意取消退位条例，引起了广泛的惊恐。这个事件的影响甚至比在吴佩

溥仪夫妇与加拿大总督威云顿及庄士敦等于天津张园合影

1　中华民国史事纪要编辑委员会编：《中华民国史纪要（初稿）》中华民国 15 年（1926），1983，第 800 页。

孚大帅的背后放暗枪还要大。……赞同政府这一行动的只有少数人，就是那些与苏联大使馆和孙逸仙博士有着密切联系的政治家。[1]

以上这段话中所指的"只有少数人"，显然是歪曲了事实，这在后面的陈述中便可以得到证实，然而，其中所说的与孙中山有着密切联系的评论确是事实。

早在北京政变之前，冯玉祥已向往于孙中山领导的国民革命，并与南方革命力量发生过联系。1920年秋，冯玉祥由常德调驻武汉时，就曾致书孙中山，表示仰慕之情。随后，孙中山派徐谦、钮永建带着他的信到汉口会见冯玉祥。他们向冯玉祥表示希望他"能够一致从事革命工作"，使冯玉祥"很是兴奋感激"。后冯玉祥部移驻河南信阳后，冯玉祥派其秘书任佑民去广东回访孙中山，并表示只要孙用得着他时，他"当然无不尽力以赴"。

以后冯玉祥驻军南苑期间，1923年2月，马伯援奉孙中山之命到京拜访冯玉祥。冯玉祥表示要与国民党人往来，并嘱马伯援代为引荐。马伯援介绍了一些国民党人与冯玉祥谈话。同年夏秋间，孔祥熙给冯玉祥带去了孙中山赠送的亲笔写的《建国大纲》。冯玉祥读了之后，"心里涌起了一种兴奋钦慕之情"。12月，马伯援奉孙中山命再次拜访冯玉祥，告以广东方面情形及孙中山对冯玉祥的殷切期望。冯玉祥当即对马表示："政府兵力，数倍于吾人，冒险盲动，终必失败，稍待则济，不必急急，我终要革命的，请转语中山先生及季龙。""待时机到来，我一定有所举动。"在此期间，徐谦等还介绍冯玉祥与苏联驻华使节加拉罕相识，他们常有往来，谈论苏联革命后各方面的情形，使冯玉祥得到许多新知识。[2]

"北京政变"后，孙中山说过："在两三年前，便有几位同志说：我们以后革命，如果还是专在各省进行，力量还是很小，必要举行中央革命，力量才是很大。由于这个理由，那几位同志便到北京去进行。"这就是指国民党人联络冯玉

---

1 引自〔英〕庄士敦《紫禁城的黄昏》，陈时伟等译，求实出版社，1989，第323页。
2 参阅蔡静仪《北京政变的前前后后》，《南开学报》1984年第3期。

祥共同反对直系军阀的活动。所以孙中山说："这回变化（按：指"北京政变"）之中，有一部分是革命党的力量。"[1]

冯玉祥早在策划"北京政变"之时，就与胡景翼、孙岳等约定，举事之后邀请孙中山北上共商大计。"北京政变"后，奉军大举入关，抢占地盘，张作霖采取了联合段祺瑞以制冯玉祥的策略。冯玉祥在这种形势下，再次敦促孙中山北上。

孙中山在收到10月23日冯玉祥等主和通电后，曾于27日致电冯玉祥等祝贺政变成功，并表示"拟即日北上"。冯玉祥等于11月1日复电孙中山，"盼早日莅都，指示一切，共策进行"。随后又于11月4日、6日两次致电孙中山，敦促早日北上，并于7日派马伯援南下迎接孙中山。孙中山在4日、7日复电冯玉祥之后，于8日正式电告冯玉祥："准于元日由粤起行，经沪北上，共图良举。"

以后发生的驱逐溥仪出宫与组成清室善后委员会等诸环节均有国民党人的积极参与。据李石曾说："首都革命以期普遍，抱此志愿者为数甚夥。就个人所知武装同志中如冯玉祥焕章、胡立生、孙禹行，非武装同志中如黄膺白、段子均及吾个人皆从事于此，膺白多致力于焕章方面，子均与吾个人致力于立生、禹行方面，为秘密工作之进行，此国民一二三军未张其旗帜以前一段之经过，亦即使溥仪出宫间接之工作也。"[2]

冯玉祥驱逐溥仪出宫后，很快就得到了南方国民党人的声援：

昨日此间国民军总司令部，又接到（国）民党要人胡汉民、汪精卫、廖仲恺之来电，赞美将优待清室条件加以修改之举动，兹录其原电如左：

北京冯玉祥焕章兄勋鉴，报载先生已令前清帝室全体退出旧皇城，自由择

---

1 《孙中山选集》下卷，人民出版社，1981。

2 李煜瀛：《故宫博物院纪略》，引自《故宫周刊》1929年创刊号。

居。此举于正义人心，俱有裨益。无任佩慰。谨电奉贺。胡汉民、汪精卫、廖仲恺庚（八号）。[1]

在北方的国民党人张继、王法勤、丁惟汾等人也发出通电，对冯玉祥国民军此举表示热烈欢迎，积极支持。

退居苏州的近代民主革命家章太炎也致函摄政内阁总理黄郛。信中说："知清酋出宫，夷为平庶，此诸君第一功也。优待条件（此指旧订的）本嫌宽大。此以项城（袁世凯）手定，素立其朝，不恤违反大义政之。六年溥仪妄行复辟，则优待条件自消。彼在五族共和之中，而强行篡逆。坐以内乱，自有常刑。今诸君不但令出宫，贷其余命，仍以过宽，而要不失为优待。"并致电冯玉祥贺功。章太炎与冯玉祥一向不相投，当时此电曾传为佳话。

继此之后，又有文化教育界陈大齐等二百五十人发表了一个宣言。宣言除赞成驱逐溥仪出宫的举动外，并警告：

……至于溥仪私臣，假托忠爱，尚欲恢复一姓之尊荣，扰乱民国国体，或欲恢复旧优待条件，或欲扩充新优待条件及阴谋复辟，则彼等尊溥仪为皇帝，欲特殊于民国，是即民国之内乱犯，国法俱在，谅难若辈少逭。况若辈怂恿溥仪逃入日使馆，反陷溥仪于不能为民国人民之绝境。若再有其他举动，更予溥仪以莫大之危险……[2]

在围绕溥仪出宫新旧两股势力的斗争中，尤其是1925年1月6日，"孙中山先生秘书处复函"更说明国民党在溥仪出宫问题上的严正立场。1924年除夕，孙中山北上北京，卧病于北京饭店，清室方面也认为孙中山先生对于国事有举足轻重之势，于是联名致书诘难，妄想借机还宫。孙中山先生识破了对方的诡计，授意秘书处答复一函。据说当时孙中山已在病中，乃口授汪精卫写成复函，1月

---

1 《顺天时报》1924年11月13日。

2 鹿钟麟：《驱逐溥仪出宫始末》，引自《天津文史资料选辑》第4辑，第118页。

6日以孙中山先生秘书处名义发出。这一文件被当时各报刊载，为世人所传颂。照录如下：

瑞辰、越千、寿民、钟权诸先生均鉴：

近奉惠书，关于十一月间修改清室优待条件及清室移宫一事，已呈请中山先生阅悉。中山先生对于此之意见，以为由法律常理而论，凡条件契约，义在共守，若一方既已破弃，则难责他方之遵守。民国元年之所以有优待条件者，盖以当时清室既允放弃政权，赞成民治，消除兵争，厚恤民生，故有优待条件之崇报。然以国体既易民主，则一切君主之制度仪式，必须力求芟除，一以易民群之观听，一以杜帝制之再见，故于优待条件第三款载明大清皇帝辞位以后，暂在宫禁，日后移居颐和园。又于民国三年，清皇室优待条件善后办法第二款，载称清皇室对于政府文书，及其他履行公权私权之文书契约，通行民国纪年，不适用旧年号；第三款载称清皇帝谕告，及一切赏赐，但行于宗族家族，及其属下人等，其对于官民赠给以物品为限，所有赐谥及其他荣典，概行废止。凡此诸端，所以杜渐防微，至为周至。非但以谋民国之安全，亦欲使清皇室之心迹，有以大白于国人也。乃自建国以来，清室既始终未践移宫之约，而于文书契券，仍沿用宣统年号，对于官吏之颁给荣典赐谥等，亦复相沿弗改。是于民国元年优待条件，及民国三年优待条件善后办法中清室应废行之各款，已悉行破弃。逮民国六年，复辟之举，乃实犯破坏国体之大责，优待条件之效用，至是乃完全毁弃无余。清室已无再请民国政府践履优待条件之理。虽清室于复辟失败以后，自承斯举为张勋迫胁而成。斯言若信，则张勋乃为清室之罪人，然张勋既死，清室又予以忠武之谥，实为奖乱崇叛，明示国人以张勋为之大有造于清室，而复辟之举，实为清室所乐从。事实俱在，俱可复按。综斯数端，则民国政府对于优待条件势难再继续履行。吾以为十一月间摄政内阁之修改优待条件及促清室移宫之举，按之情理法律，皆无可议。所愿清室诸公省察往事，本时代之趋势，为共和之公民，享受公权，翼赞郅治，以消除向者界限，现五族一家之实赡。若于此时肆力学问，以闳其造就，则他日之事业，又讵可限量，以视于深宫之中，瞢然无所闻者，为益实多。尤望诸公之高瞻远瞩以力务其大也。将命代为奉复，希裁察为幸。此颂公祉。

孙中山先生秘书处启　十四年一月六日 [1]

这份复函是中山先生逝世前留下的重要文件之一。"复函"观点明确，论据充分，历举清室毁弃条约之事实，论证摄政内阁修正优待条件及敦请清室出宫为正当。对清室的诘难加以规劝，审明共和之义，批驳了清室欺骗公众的谎言，同时在函末，对溥仪的未来致以殷切的期望，可谓语重心长之至。这份文件可以被看作国民党人对此事件的严正声明，它以孙中山先生的崇高威望，义正词严，打击了反动势力的气焰，奖掖了正义的力量，从而鼓舞了斗争中的人民群众。

躲进醇王府的溥仪仍如惊弓之鸟，有消息传来，虽然冯玉祥辞职而去，但北京的警备总司令还是鹿钟麟，冯玉祥的部队也没有撤出北京，随着孙中山起程北上，北京流言四起，社会上要求杀掉溥仪的呼声也见诸报端。这个时候郑孝胥建

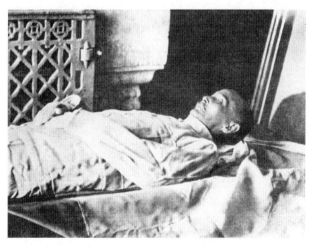

孙中山遗像

1　吴瀛：《故宫博物院前后五年经过记》第 1 卷，故宫博物院，1932，第 26~27 页。

议溥仪利用难得的自由立即前往北京的使馆区避难，罗振玉则带来了日本人的情报，说冯玉祥准备东山再起，第二次对北京采取行动，除了要收拾张作霖以外，还要对溥仪采取行动。这一切都令溥仪惶惶不可终日。

　　1925年3月12日，孙中山先生在北京病逝。那些妄图将溥仪留在宫内给他们过磕头瘾的清室遗老与旧臣们，又想借势于段祺瑞、吴佩孚、张作霖等，一时又在北京得势起来，兴风作浪，妄图夺回紫禁城。为此，同盟会老资格的革命家章太炎致电吴佩孚："报载溥仪要求还故宫，恢复优待条件。按溥仪于民国六年违誓复辟，罪在当讨；侍从群僚，悉宜骈戮。我国家屡加姑息，未正典刑，已为幸逃显戮，黜之海隅，同于黔首，何负于彼？纵令还宫，仍复帝号，优以廪饩，如民国纪纲何？"在社会正义力量的一致反对下，清室假军阀势力恢复"优待条件"的企图未能得逞。但是，溥仪最终以自己的行为辜负了孙中山先生的期望。段祺瑞出任执政后，命令国民军撤除醇王府的守卫，对溥仪的行动采取放任的态度。

溥仪在天津

从另一个角度看，溥仪出宫后已经失去偷安的可能，日本的诱惑使其逃离民国已是迟早的事儿。11月29日，在郑孝胥、庄士敦等人的策划下，溥仪从容出走，先到了东交民巷的德国医院，后来就跑到东交民巷的日本兵营里去了。在那里，溥仪发表了一通攻击国民军和冯玉祥的演说。[1] 随后于1925年2月23日移居天津租界。

清室顽固势力最终有感黔驴技穷，便大造谣言，混淆视听。在此一年以前，驻扎旃檀寺的国民军总部曾不慎失火，总部为便于消防一度断绝交通。后来绍英等为进行搅乱和报复，硬反一年前的事实，拉转回来，牵强附会，说旃檀寺的火警，原因是冯玉祥进宫盗宝，为避外人耳目，施行戒严，并说冯玉祥以大队骆驼，满载故宫宝物而去。庄士敦《紫禁城的黄昏》中的有关记述证明，他没有参与这一造谣活动，而只是听信了这些荒谬的谣言。

其实，自溥仪出宫，冯玉祥从来没有进过故宫，未几便离开北京。1928年7月初，北伐军底定北方，北京改称北平，蒋介石、李宗仁、阎锡山齐集北平，冯玉祥才回到北平与蒋介石等会晤。那时故宫博物院曾举行茶会，邀请他们参观。当时著名学者沈兼士主持茶会，致辞欢迎之后，即指定鹿钟麟发言，鹿钟麟当众问沈兼士："冯玉祥过去到过故宫吗？"沈兼士脱口答道："没有，今天才是第一次。"[2]

且说二次直奉战争后，冯玉祥曾主张请孙中山北上主持国事，但奉系则为扩张实力，急需另外物色人选来平衡各方关系以稳定局势。段祺瑞此时已失势，且资历较长，因而成为适当其选的人物。当时拥有军事实力的苏、鄂、浙、皖、闽、赣、豫七省督军也通电拥段出山。在这种情况下，冯玉祥不得已放弃邀请孙中山主持政府的初衷而为"联张拥段"。于是张作霖、冯玉祥决定拥段祺瑞为"中华民国临时总执政"。11月24日，久处寂寞的段祺瑞入京，次日即宣告就职。

---

1 演说内容见溥仪《我的前半生》。

2 参阅吴瀛《故宫博物院前后五年经过记》。

然而，段祺瑞名义上居临时执政的重位，实际权力已非昔比，只是政府的一位空头首脑。

各派军阀在新形势下为维护各自利益又开始进行新的排列组合。南方的齐燮元、卢永祥和奉浙战乱不已；北京政府内段祺瑞在奉系控制下唯命是从；奉系与国民军系矛盾日益明显；奉系内部也出现了分化；国民军系的冯玉祥则乘张作霖镇压郭松龄倒戈和清理内部的时机，驱逐了总督李景林而占有直隶……1926年初，在日、英帝国主义撮合下，奉、直军阀在联合"反赤"口号下重新勾结，开始向北方的国民军和南方的革命势力发动进攻。

1926年3月间，在奉军与国民军于大沽口交战之际，日本帝国主义军舰公然助战，开炮轰击，并联合英、美帝国主义借口《辛丑条约》中天津附近不得驻兵的规定，阻止国民军在天津布防。又由八个帝国主义国家联合通牒北京政府，威逼国民军撤退。这一干涉我国内政的粗暴行径，激起了中国人民的愤怒。3月18日，北京以大学生为主的爱国群众在天安门集会，游行示威，表示抗议，要求段祺瑞政府反对外国干涉。在游行队伍行至铁狮子胡同执政府门前时，遭到其卫队的野蛮屠杀，死伤百余人，制造了震惊中外的"三一八"惨案。鲁迅曾谴责，这是民国历史上最黑暗的一天。

事件后，清室善后委员会委员长李石曾因与事件有牵连，遭到段祺瑞执政府以共产党"罪名"通缉，而被迫离职，由庄蕴宽、卢永祥主持故宫会务。承庄蕴宽向内务部总长屈映光申办，商定借调古物陈列所警卫，改编守卫。4月5日，撤走鹿钟麟所派的警卫部队，结束了国民军守卫之责。鹿钟麟部守卫宫门，为时一年有半，本有饷糈自给，从未另行支取一文。正是这支纪律严明的军队有效地保卫了故宫的开院。

如此这般的"逼宫"戏已是惊心动魄，更有你死我活的反复争夺较量，无所不用其极。而一些吃着民国饭，却对此视而不见的人，说什么"冯玉祥将军也许不再想到中华民族的伦理原则……这不是一个政治问题，它是一个道德问题。这不是一个中国采取何种政体的问题，而是这个国家是否还懂得做事要正派的问题"。又"复辟运动之于中国决不足为恐，然欲变更清室与民国之关系，须用公平而绅士的步调"云云。[1]

由此也足见，中国资产阶级革命之曲折，而国民的思想，乃至文化传统之革命的任务则更为艰巨。

---

1 唐绍仪的谈话。见 1924 年 11 月 8 日《北华捷报》。

第五章

来自"五四"知识分子的认识

驱逐溥仪出宫后，一时间出现了围绕这一行为合理与否的针锋相对的大辩论。"五四"知识分子全力地投入。其中钱玄同笔下，皇帝在人格上成为"不克厕于编户齐民之列"的"傻哥儿"。周作人则更多地抨击了日本人欲维护"王道根基"，"干涉别国的内政"的"怪论之荒谬"。胡适这位新派人物曾去拜谒一个旧时代的皇帝，并向驱逐溥仪出宫的民国政府提出抗议。以欧美留学归来的学者为主体的新月派诗人们在对故宫开院的看法中则掺杂了不少欧美式的"傲慢与偏见"。而在鲁迅的鼎力支持下，《语丝》的创刊恰与溥仪被逐出故宫同时，鲁迅率先对文化专制主义进行了深入的批判。

从 1915 年的冬天到 1917 年的夏天，两次帝制运动使全国都骚动不安起来。旧派官僚们忙着准备即位复辟事宜；旧士绅们不免牵强附会地传播过去官方阐扬的正统儒家教条，替帝制运动寻求理论根据。在没受过教育的民众中，到处传布着"真命天子"就要重现的谣言。因此，新建的民国不但对外遭受侮辱，同时还由于国内军阀、旧式官僚和士绅的阴谋反对，而险象环生。处于这个混乱的局面里，年轻一代的中国知识分子忧心重重地继续寻求拯救中国的方法。

也就在此时，大批海外归国的知识分子带回了新的观念。陈独秀于 1915 年由日本回国，那年秋天他创办了《新青年》杂志；1916 年蔡元培从法国归来，并在第二年开始从事改组北京大学；1917 年夏天，胡适、蒋梦麟也从美国回国，逐步形成了新知识分子中坚人物的阵容。以《新青年》主要撰稿人为核心的"新派"知识分子就此开始向旧文化、旧传统提出了挑战。

另一方面，一些年轻的大学生在精英分子的指导下，展开了反对封建文化的宣传。1919 年 3 月，北大学生邓中夏等成立平民教育讲演团。李大钊对他们的工作起了重要指导作用。4 月，他们在护国寺、蟠桃宫等庙会上讲演，题目有《现在的皇帝倒霉了》等。[1] 以后终于在 5 月 4 日，喊出了"外争国权，内惩国贼""打倒孔家店"的口号。结果有的流了血，有的坐了牢。

代表着社会改革力量的"五四"知识分子，认识到中国社会的罪孽不仅来自外部的异己力量，而且存在于自我的内部，从而开始重新反省民族文化的内部机制。

陈独秀在《新青年》上大呼："吾人首当一新其心血；以新人格；以

1　参阅姚维斗、黄真主编《五四群英》，河北人民出版社，1981，第 8 页。

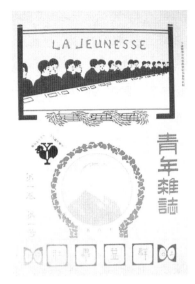

《青年杂志》（第二卷起改称《新青年》）

新国家；以新社会；以新家庭；以新民族。"

鲁迅则鞭笞了"吃人"的儒家文化传统，并向社会发出了"救救孩子"的呐喊。鲁迅看到了封建专制的政治结构与封建文化基础的一致性，从而对封建文化采取了一种彻底批判的逆向思维。同时，鲁迅还找到了对人的尊严与价值充分尊重的批判的价值尺度。后来这一价值尺度在"五四"时代被人们普遍认同。

由于中国所处的半殖民地半封建社会的历史条件的限制，以"对人的尊严与价值的充分尊重"为内核的"五四"时期的个性解放，与在欧洲历史上的"个人"觉醒引导一个持续的以谋取世俗幸福为目标的资本主义运动不同。"五四"所倡导的个性解放不是与个人财产权联系在一起的强调自我组织生命、自我掌握未来的个性解放，它只是知识界自由创造的呼声，并且，由于民族意识的崛起，在中国引导了一场以解脱民族苦难为目标的"救亡图存"运动。

当时之中国，"全国之人心，无所归宿，又无不缘新旧之说荧惑而致。政有新政旧政，学有新学旧学，道德有所谓新道德旧道德，甚而至于交际酬应，亦有所谓新仪式旧仪式。上自国家下及社会，无事无物不呈新旧之二象"[1]。"五四"新文化运动同时标志着中国文化的转机，由此大踏步地向着摆脱"普遍沉沦"的新世纪迈进。

1923 年 9 月，清室抵押给银行的部分金器被售卖，引起社会舆论的强烈抨击。北京大学国学门研究所指出，"故宫所有之古物，多系历代相传之宝器，国体变更以来，早应由民国收回，公开陈列，决非私家什物得以任意售卖者可比"，建议政府设法阻止清室售卖古物。而且，当时"世界先进各国，对于本国古代之遗迹古物，莫不由国家定有保护之法律，由学者加以系统的研究，其成绩斐然，有裨于世界文化者甚大"，因此建议政府最好将清室古物一概封存，或暂寄古物陈列所，以备将来建筑博物馆时，一律收藏，供国人鉴赏，或研究美术之资。[2]

在冯玉祥驱逐溥仪出宫之前，人们并没有在道义上，更没有在法律上区分紫禁城的"宝物"哪些是国有财产，哪些是溥仪的私有财产，隐藏在这些财产权后面的思想与文化内涵，在五四运动以后的一段时间里无疑也被忽视了。

1924 年驱逐溥仪出宫事件发生之后，一时间在社会上出现了围绕这一行为合理与否的针锋相对的大辩论。"有赞成者；有反对者；有赞成其事而嫌手段唐突过分者，有嫌其手段和平而作事不彻底者，议论纷纭，莫衷一是。"[3]值此，"五四"知识分子似乎又感到一次民族"厄运"的来临，因而必然是全力、全身心地投入。

1　汪叔潜：《新旧问题》，《青年杂志》第 1 卷第 1 号，1915 年。

2　《北大请禁清室盗卖古物》，《申报》1923 年 9 月 26 日，第 2 张第 7 版。

3　幼石：《我以为这才是对溥仪的彻底办法》，《共进》第 72 期，1924 年 12 月 16 日，第 2~3 页。

"恭贺溥仪君迁升之喜"的钱玄同

钱玄同（1887~1939），名夏，后改名玄同，字德潜，浙江吴兴人。早年留学日本。1908 年，他在日本东京曾和鲁迅一同听过章太炎讲授《说文解字》。回国后任教于北京大学、北京师范大学。著有《文字学音篇》《古韵二十八音读之假定》等。曾积极参加"五四"新文化运动，在 1918 年 4 月于《新青年》第 4 卷第 4 号发表了《中国今后之文字问题》的"通信"，提出"废灭汉文"，代以世界语的激烈主张。成为当时保守势力进行攻击的主要目标之一。

新的时代同样存在着守旧的人们。在传统学术向近代学术进行转变和知识人的新旧交替之中，复古派文人林纾于 1919 年 3 月在上海《新申报》上发表题名《荆生》的小说，攻击新文化运动。小说中有一个"反派"人物名"金心异"，即影射钱玄同。在"五四"文学革命、白话文运动中，钱玄同以"疑古"为笔名，写出不少讨伐旧文化、旧意识的战斗檄文。鲁迅称他为"疑古玄同"。

1924 年 11 月，孙伏园等在鲁迅的支持下在北京创办了名为《语丝》的文学周刊。钱玄同亦为《语丝》的重要撰稿人。鲁迅在《三闲集·我和〈语丝〉的始终》一文中说："有时便会看见挂着一块上写'语丝社'的木牌。倘一驻足，也许就可以听到疑古玄同先生又快又响的谈吐。"

曾在"五四"文学革命、白话文运动中大放光彩的新知识分子代表钱玄同，便首先在《语丝》的创刊号上发表了《恭贺爱新觉罗·溥仪君迁升之喜并祝进步》的文章。钱玄同在这篇文章中写道：

北京城里有一位十九岁的青年，他姓爱新觉罗，名溥仪，这人便是上列各种丧却人底地位的不幸人之一。原来他底祖宗在三百年以前不幸沦入帝籍，做了皇帝，不克厕于编户齐民之列。他家父传子，子传孙，传了好几代，经了三百多年，干了许多对不住人的事体。到了十三年前，有些明白的人们起来向他家奋斗，居然把他家底武器毁灭了。但是还给这位青年留下那个极不名誉的名目叫做什么"皇帝"的，而且还任他住在一个不是住家的房子里，还任一班不要脸的东西常常弯了腿装矮子去引他笑，低下脑袋瓜儿扮成叩头虫的模样去逗他玩，以至于把这位年龄已经到了应该在初级中学毕业的时候的青年，弄到他终日如醉如痴，成了一个傻哥儿；他在七年前还被那班不要脸的东西簇拥到外面来胡闹了一回，险些又要恢复那毁灭了的旧武器，再来做对不住人的事体。

在钱玄同的笔下并无讨伐、杀戮等激烈的言语，而是以"恭贺"的角度道出了一个对"皇帝"这曾是至尊无上人物的革命化的认识。在这里，皇帝成了不幸的人，不仅在人格上"不克厕于编户齐民之列"，而且在智能上也是个不及初级中学毕业学生的"傻哥儿"。溥仪的祖宗"沦入帝籍"，他本人"住在一个不是住家的房子里"，在人的愚弄下生活……都是"不幸"的。因此溥仪被冯玉祥赶出故宫，"疑古玄同"反倒为他"恭贺"，"并祝进步"。这篇文章以其幽默的笔触刻画出一个与高大民国国民形象相形之下，显得不幸和不健全的"皇帝"，实际上是交给国民一个认识溥仪出宫的认识方式。

此后钱玄同又发表了《随感录·不通的外行话》，指出在民国文件中写的"清室溥仪"，"颇有语病"[1]。仍是意在纠正那些不符合民主思想的旧意识。接着钱又发表了《告遗老》[2]，抨击了遗老们阻挠溥仪出宫的倒行逆施。

在《语丝》第8期上，钱玄同又发表了《三十年来我对满清的态度底变迁》，

---

1 《语丝》第2期，1924年11月24日。

2 《语丝》第4期，1924年12月8日。

总结了近代知识分子从清末至民国初期反清意识的变化。针对围绕溥仪出宫的新旧势力的斗争，钱文指出："我于是把对于亡清的武装已经解除了的，现在又重新被挂起来了，看他们那样勾结外人来捣鬼，说一定仇恨之心比以前还加增些，这是事实使我如此，我虽欲不如此，亦不可能。"[1] 表示了与旧势力做殊死斗争的决心。

匹马单枪与"风磨作战"的周作人

另一位参与这场斗争的思想界斗士是周作人。周作人（1885~1967），号起孟，又作启孟，后改作启明。他是鲁迅的二弟。早年就读于南京江南水师学堂。1906 年赴日留学，1911 年回国，居绍兴从事教育。1917 年 4 月至北京，先任北京大学附属国史编纂处编纂员，后在北京大学、北京师范大学、北京女子师范大学、燕京大学等校任教。

周作人与日本夫人羽太信子、妻弟羽太重久

1 《语丝》第 8 期，1925 年 1 月 5 日。

1923 年 7 月，鲁迅与周作人兄弟二人失和，鲁迅受了诬蔑委屈，搬出了八道湾，又生了一场病，而对于周作人和弟媳羽太信子的事，日记上却一字不提。这里有人间最深切的无可奈何之感。"君子绝交，不出恶言。"虽然周氏家庭矛盾显得异常悲凉，但在溥仪被逐出紫禁城一事，二人的发言则并无二致。

与前面提到的钱玄同有所不同的是，周作人的论坛主要是在《京报副刊》，间有《语丝》，面对的是更加复杂的社会，对手也是更加凶恶的黑暗势力。据周作人的回忆，溥仪出宫确确实实引起了一场大的社会风波，遗老遗少和那些做惯了奴才的人纷纷出笼，为溥仪叫冤鸣不平。"……可是在中国这怎么能行呢？至少也是在北京'辇毂之下'，数百年来习惯于专制之淫威，对于任何奇怪的反对言论，都可以接受，所以有些北京商会主张，简直是与《顺天时报》同一个鼻孔出气。这个关系似乎很是重大，结果乃由我匹马单枪去和这形似妖魔巨人的风磨作战。"[1]

周作人于 1924 年 11 月 17 日发表了《清朝的玉玺》[2]，载《语丝》第 1 期，署名开明。本文针对国民军逐溥仪出宫，讨回玉玺，而《顺天时报》却说"市民大为惊异"，"旋即谣言四起，咸谓……夺取玉玺尤属荒谬"一事，抨击了《顺天时报》的反动立场，批判了"迷信玉玺"的落后国民性。文章说："玉玺这件东西，在民国以前或者有点用处，到了现在完全变了古董，只配同太平天国的那块宋体写的印一样，送进历史博物馆里去了。"

12 月 8 日，周作人又在《语丝》第 4 期上发表了《致溥仪君书》[3]，署名周作人。这篇文章以致溥仪的信的形式戏言对溥仪的出宫表示道贺，希望他"补习一点功课，考入高中，大学毕业后再往外国留学"，曾在日本研习过希腊语的他像指导在校学生一样建议溥仪"最好是往欧洲去研究希腊文学"。

其用意与钱玄同的《恭贺爱新觉罗·溥仪君迁升之喜并祝进步》一文大同小

1　《周作人回忆录》，湖南人民出版社，1982，第 407 页。

2　收入周作人《谈虎集》下卷，北新书局，1928。

3　收入周作人《谈虎集》上卷，北新书局，1928。

异，无非是希望一些人对"九五之尊"高度紧张的神经松弛下来，以唤起人们对一般国民的尊严与价值充分尊重和对旧世皇帝蔑视的新意识。

在这期《语丝》上，周作人还发表了《李佳白之不解》[1]的文章，署名开明。当时《顺天时报》转载"美国进士"李佳白的一篇题为《对于移宫及修改优待条款之评论》，站出来反对修正清室优待条件，文中说："（原优待条件）此意与南北首领孙氏袁氏，亦相符合。因当时孙中山氏已提出优待条款，袁氏亦转以此正式交由清室，此中华民国之改革，较各国数百年来之革命多有公平仁慈之尊荣，仁之至，义之尽。在世界中必能受特殊荣誉，盖不特清室之荣，亦民国之荣也。"[2]周作人在文章中对李佳白的荒谬议论予以批驳，并指责日本人所办《顺天时报》对中国不怀好意。

在本期《语丝》上，周作人还发表了《三博士之老实》，署名开明。文中针对11月28日《晨报》上译录的日本《北京新闻》的一则记事，云："日本京都帝国大学教授佐佐木亮三郎、狩野直喜、矢野仁一等三博士以中国废弃清帝号，实为颠覆王道根基之乱暴行为，将与各方接洽之后，向中国当局提出恢复清室帝位之劝告。"周作人在其文章中抨击了日本三博士这种欲维护"王道根基"，"干涉别国的内政"的"怪论之荒谬"[3]。

12月9日，周作人发表了《外国人与民心》，载《京报副刊》第5号，署名开明。文中抨击了当时一些外国人所说"废清帝号"是"中国要过激化了"，"此废帝号之举实出于民族革命的旧思想，新且未必，遑论激哉"的谬论，文章指出"我们决不相信中国民心的真相会发现于外国的机关报之上，他们所谓民心者只是顺民与西崽的话，承主人之意旨而照说者耳"[4]。

12月27日，他发表了《听说商会要皇帝》，载《京报副刊》第21号，署

1　收入周作人《谈虎集》下卷。

2　《顺天时报》1924年11月21日，该文原载《国际公报》。

3　《语丝》第4期，1924年12月8日。

4　《京报副刊》1924年12月9日，第5号。

名开明。文中讽刺和抨击北京总商会呈请政府恢复清室优待条件一事，指出："北京市民是中国人家奴气最十足而人气最少的东西，他们要是没有'主子'在上头，是天也不会亮的；他们之被迫为民国人民实在是很委屈的，真真是对不起的。"[1] 无情地鞭笞了奴气十足的国民性。

转年，周作人仍然以《京报副刊》为阵地，继续与"形似妖魔巨人的风磨作战"。1925 年 1 月 4 日发表《答班延兆先生》，载《京报副刊》第 26 号，署名开明。文中答复了当日《京报副刊》上班延兆发表的文章。班文认为呈请恢复清室优待条件，不能说明北京市民的奴气十足。周作人在答文中再次批评了北京市民"复辟时欢欣，溥仪出宫时悲愤——具体的成为运动恢复条件，已经足够明了奴气之深了"[2]。

1 月 6 日，周作人发表了《介绍日本人的怪论》，载《京报副刊》第 28 号，署名开明。文中译录了日本《东洋文化》第 11 号转载日文报《上海》所刊题为《清室之废号迁宫》一文，并加了一些评论，抨击了该文说清室废号迁宫，即指示着"民国末路愈甚"等怪论。[3]

同时，周作人在《语丝》第 9 期上发表了《元旦试笔》，署名开明。本文谈到作者自己的思想变化，说"我的思想到今年又回到民族主义上来了"，并说他"最早是尊王攘夷思想"，"后来读了《新民丛报》《民报》《革命军》《新广东》之类，一变而为排满（以及复古），坚持民族主义者计有十年之久，到民国元年这才转化。五四时代我正梦想着世界主义，讲过许多迂远的话，去年春间收小范围，修改为亚洲主义，及清室废号迁宫以后，遗老遗少以及日英帝国的浪人兴风作浪，诡计阴谋至今未已，我于是又悟出自己之迂腐，觉得民国根基还未稳固，现在须得实事求是，从民族主义做起才好"。[4]

---

1 《京报副刊》1924 年 12 月 27 日，第 21 号。
2 《京报副刊》1925 年 1 月 4 日，第 26 号。
3 《京报副刊》1925 年 1 月 6 日，第 28 号。
4 《语丝》第 9 期，1925 年 1 月 2 日，收入《雨天的书》。

这样从 1924 年 11 月初到 1925 年 1 月上旬的两个多月中，周作人一共发表有关文章 11 篇，有力地支持了驱逐溥仪出宫的革命行动，有助于肃清残存在国人头脑中的封建专制主义的思想，有助于提高国人对帝国主义破坏中国民主革命真相的认识。由此，也弄清楚了当时"形似妖魔巨人的风磨"正是诸如旧时代的"遗老遗少"、"迷信玉玺的奴隶"、"数百年来习惯于专制之淫威"的"奴气最十足"的"北京市民"等。总之是受数千年封建专制统治而形成的落后的国民性。

另外，还有那些兴风作浪的"日英帝国的浪人"。因此周作人所使用的思想武器是民族主义的。如果按照 1924 年《中国国民党第一次全国代表大会宣言》对民族主义的解释——对外反对帝国主义，对内求得各民族平等，即"新三民主义"的民族主义，周作人在其中六篇文章中批驳了外国帝国主义分子干涉中国革命的反动言论。

其中有两篇指责了日本人办的《顺天时报》，三篇谴责了日本人干涉中国内政的谬论。日本明治维新后，"亚洲同盟""日中提携"的议程不绝于耳，以至发展为"大亚洲主义"。坚持大陆扩张政策的右翼活动家将"日本文化优越论"发展为"只有日本有资格领导亚洲"的主张，即"日本责任论""解放亚洲论"，为后来一系列侵略中国及东亚地区的活动提供了思想来源。

另一篇是泛指妄言中国革命的外国人，重点仍是抨击日本人对废除帝号，逐溥仪出宫的干涉。在《元旦试笔》一文中，与钱玄同的《三十年来我对满清的态度底变迁》一样，借用了旧民族主义的武器，似乎又回到了"驱除鞑虏""推翻满清"的时代，其实，这恰恰反映了由于辛亥革命的妥协，直至 1924 年，旧民族革命的任务也未彻底完成，因而出现了像武人冯玉祥，文人周作人、钱玄同这样的旧民族主义革命的殿军。周作人的另一个武器则是启蒙的民主主义，用以疗救那些或病入膏肓，或尚可救药的患有"奴气症"的中国人，周作人在他的文章中反复论说，重点是批判"奴气十足"的国民性。

胡适进宫心态之谜

还有一位卷入这场斗争的人物是胡适。可惜，这位人物在此间的活动，却给人们带来了许多不解之谜。至于这样的一个新派人物为什么去拜谒一个旧时代的皇帝，并向驱逐溥仪出宫的民国政府提出抗议，于情于理这似乎都不可能发生在这位"五四"新知识分子的身上，然而，这却是事实。

胡适（1891~1962），字适之，安徽绩溪人。1917年留学美国回国，任北京大学教授。同年发表《文学改良刍议》，主张文学改良，为"五四"新文化运动中的右翼代表。1918年1月至1920年9月参加《新青年》编辑工作。

溥仪出宫之前，胡适曾两次进宫。第一次是在1922年5月底，第二次是在1924年3月27日，胡适第一次进宫的起因是近乎荒诞的。据《我的前半生》记载，溥仪15岁时从庄士敦的谈话中，知道了有位提倡白话文的胡适博士。庄士敦一边嘲笑他的中英合璧的"匹克尼克来江边"的诗句，一边又说"不妨看看他写的东西，也算一种知识"。溥仪因此动了瞧一瞧这个新派人物的念头。有一天，在好奇心发作之下他打了个电话给胡适，没想到一叫他就来了。在《我的前半生》中记述了这次短暂会面，并将其称为"无聊的会面"。胡适进宫之后，他给庄士敦写了一封信，简单地描述了这次会见的情况。信的日期是1922年6月7日。他这样写道：

在我拜访皇上的时候，他非常友好和谦逊有礼。我们谈了新诗，写新诗的青年作家们，以及有关文学的其他话题。大门口的耽搁使我浪费了本来可以在宫里多停留一些的时间。因此，我没有待很长时间，大约二十分钟后就告别了陛下，去赶赴另外一个重要约会。……我本打算不让报纸披露这次会见。但不幸的是，一些我不常阅读的报纸报道了这件事，这事对它们来说自然具有头条新闻的价值。……我必须承认，我被这件小事深深地感动了。就在这里，我面对着我国最后一位皇帝，我面对着历史上无数位伟大君主的最后一位代表！[1]

《我的前半生》的作者溥仪为此感慨道："原来洋博士也有着那种遗老似的心理。"这里溥仪似乎有些言不由衷了。其实受到两次会面感动的并不只是胡适，溥仪的感动并不亚于胡适，这一点在溥仪致胡适的信中已经表露得很清楚了。这封信的底稿在溥仪出宫后发现于养心殿。兹录如下：

先生：

久欲见先生，今日相见，深为欣快。上次，先生给吾之大作《胡适文存》，良深钦佩。文学盖今世与古世不同，不当定照旧制，应随时变通，可见真正古代明达之人，并非拘定旧章。古人还说过，达时务者为英雄，不过后代一班穷酸腐儒，造出许多谬论，无论何事，均当守旧，视维新如仇敌，中国数十年来所用事者，止此班守旧人耳。无论何事，不知变通，以致受外人之欺侮，如胶州湾为德所占，威海卫为美所占，朝鲜、台湾为日所占，安南为法所占；中日之战，赔偿二百兆；庚子之役，西后信义合（和）团之邪教，与世界各国宣战，以致帝后蒙尘。吾民何罪，遭此毒酷，此则不得不归罪于清朝太后矣。且太后用海军费修颐和园，只图一己之私欲，对于人民置若罔闻，独不思一草一木从何而出，正吾民之脂膏耳！彼以此等倒行逆施，万恶寻归，原不足论，独惜我堂堂中华大国为一二守旧人所坏也。德宗本欲变法，太后不惟不允，反出帝于瀛台，百般虐待，此非外人所知也。后来，中国国民如此守旧之朝廷绝不能持，故有革命之思想。

余甚赞成彼等之国家主义，不惜生命而改革此旧腐政治。余虽满人，绝持公论，绝不能己为满人不道满人之短处也。日本不过中国之一二省地方，彼睹西欧科学及制造之精进，不惜巨费立派人留学泰西，不数年归国，改革一切政治，遂一跃

---

1 摘自〔英〕庄士敦《紫禁城的黄昏》，陈时伟等译，求实出版社，1989，第217页。《我的前半生》，群众出版社，1964。第116页的摘译略有不同："我不得不承认，我很为这次召见所感动。我当时竟能在我国最末一代皇帝——历代伟大的君主的最后一代表的面前，占一席位！"

而为大国。中国数十大倍于彼，而受欺于彼，此维新与守旧之别也。[1]

这封信反映了溥仪的开明进步思想，尤其是溥仪对于清朝守旧政治的批评可以看得出这次会见让他动了感情，但是，这种情感的表层上的冲击，很可能使这位末代皇帝由此从内心深处泛起一种为天下独尊而沾沾自喜的浪花。同时，胡适进宫在社会上造成了极其不良的影响。

胡适的这一举动顿时引起了舆论大哗，诘难之言纷至沓来。为此胡适写了《宣统与胡适》，为自己的所为辩护。他说："清宫里这一位十七岁的少年，处的境地是很寂寞的；很可怜的；他在这寂寞之中，想寻一个比较也可算得一个少年的人来谈谈，这也是人情上很平常的一件事。不料中国人脑筋里的帝王思想，还不曾刷洗干净。所以这一件本来很有人味儿的事，到了新闻记者的笔下，便成了一条怪诞的新闻了。"[2]

然而，胡适对溥仪的同情却在传统文化的潜意识的支配下尽情地膨胀，以致没有摆脱"仁义"思维模式的窠臼，从既反对帝制，又同情废帝而走向了反对驱逐溥仪出宫。终于在溥仪出宫的当天，胡适致书民国政府，提出抗议，说出反动派最爱听的"公道话"。胡适进宫心态之谜，是否能以"理性指向未来，感情回归传统"作答，似乎已成问题。

上海学生联合会曾郑重致信，批评胡适说："比年以来，先生浮沉于灰沙窟中，舍指导青年之责而为无聊卑污之举，拥护复辟余孽，尝试善后会议，诸如此类，彰彰皎著。近更倒行逆施，与摧残全国教育，蔑视学生人格章贼士钊合作，清室复辟函中又隐然有先生之名。呜呼，首倡文学革命之适之先生乎！"[3]

主张"'费厄泼赖'应该缓行"的鲁迅当然也不能原谅胡适这样的错误。鲁迅在《知难行难》一文中这样写道：

1 单士元：《小朝廷时代的溥仪》，紫禁城出版社，1989，第19~20页。

2 易竹贤：《胡适传》，湖北人民出版社，1987，第263页。

3 同上书，第275页。

中国向来的老例，做皇帝做牢靠和做倒霉的时候，总要和文人学士扳一下子相好。做牢靠的时候是"偃武修文"粉饰粉饰；做倒霉的时候是又以为他们真有"治国平天下"的大道，再问问看，要说得直白一点，就是见于《红楼梦》上的所谓"病笃乱投医"了。

当"宣统皇帝"逊位逊到坐得无聊的时候，我们的胡适之博士曾经尽过这样的任务。

见过以后，也奇怪，人们不知怎的先问他们怎样的称呼，博士曰：

"他叫我先生，我叫他皇上。"

那时似乎并不谈什么国家大计，因为这"皇上"后来不过做了几首打油白话诗，终于无聊，而且还落得一个赶出金銮殿。……[1]

这是鲁迅对胡适进宫之举尖刻的批评。

溥仪出宫当天，胡适立即拟函致民国外交部部长王正廷，曰："我是不赞成清室保存帝号的，但清室的优待乃是一种国际的信义，条约的关系。条约可以修正，可以废止，但堂堂的民国，欺人之弱，乘人之丧，以强暴行之，这真是民国史上的一件最不名誉的事。"[2]

周作人写信反驳胡适："这次的事从我们的秀才似的迂阔的头脑去判断，或者可以说是不甚合于'仁义'，不是绅士的行为，但以经过二十年拖辫子的痛苦的生活，受过革命及复辟的恐怖的经验的个人的眼光来看，我觉得这乃是极自然极正当的事，虽然说不上是历史上的荣誉，但也绝不是污点（在段芝泉君也应感谢，因为这也算是替他补过），在这一点上我觉得不能和你同意。"[3]

学界还经常引用此节评述当时胡适的政治立场，但是还须注意的是胡适对清室古物的处理意见：

1 鲁迅：《知难行难》，最初发表于 1931 年 12 月 11 日《十字街头》第 1 期，署名佩韦。

2 中国社会科学院近代史研究所中华民国史组编《胡适来往书信选》，中华书局，1979，第 268 页。

3 同上书，第 273 页。

今清帝既已出宫，清宫既已归冯军把守，我很盼望先生们组织的政府对于下列几项事能有较满人意的办法：（一）清帝及其眷属的安全；（二）清室古物应由民国正式接收，仿日本保存古物的办法，由国家宣告为"国宝"，永远保存，切不可任军人政客趁火打劫；（三）民国对于此项宝物及其他清室财产，应公平估价，给与代价，指定的款，分年付与，以为清室养赡之资。[1]

胡适认为"此项宝物"属于清室私产，应由民国政府按价收购，这一点与多数持激进思想的知识分子意见相左。

据有人回忆，几年后的一天，胡适来到景山崇祯皇帝上吊自杀的那棵歪脖树下，伫立良久，末了说了句："看来几年前是我错了。"此种情怀诚可信也。

新月派的诗人们与泰戈尔来访

1923 年，胡适、徐志摩、闻一多、梁实秋、余上沅、丁西林、陈西滢、林徽因，以及梁启超、张劢等聚集在北京。这些人多曾留学英美，志趣相投，来往日久，他们便有了组织一个俱乐部，开展一些文化活动的愿望。他们说是希望与"几个爱做梦的人"在艺术上"开一条新路"。

这一年 11 月，成员之一张彭春的次女降生。张彭春一向崇拜印度诗歌泰斗泰戈尔，热爱他的诗歌。由于泰戈尔著有诗集《新月集》，因此他为女儿取名"新月"。正当筹备组织文学社，社名尚未确定。张彭春便把女儿"新月"这个名字推荐给朋友们，大家欣然接受，"新月社"由此诞生。新月社是新月派的实际存在，新月派是现代新诗史上一个重要的诗歌流派。有人认为，那里似乎就是一个附庸风雅的名流团体，是一个交际场所。还有人以为，这一诗派到了民国 15

---

[1]　中国社会科学院近代史研究所中华民国史组编《胡适来往书信选》，第 271 页。

年（1926）春才成立，其标志是《晨报副刊·诗镌》[1]的创立。这样的认识显然有失准确，新月派的形成应该是在 1924 年 11 月 5 日冯玉祥驱逐溥仪出宫之前。

新月派诗人中名气最大的当属徐志摩。他 1918 年赴美国学习银行学；1921 年赴英国留学，入伦敦剑桥大学当特别生，研究政治经济学，在剑桥两年深受西方教育的熏陶及欧美浪漫主义和唯美派诗人的影响；1921 年开始创作新诗；1922 年回国后在报刊上发表大量诗文；1923 年参与发起成立新月社。他是新月派中凭天赋的灵感写作和最具自由的天性的诗人，抒写着爱、自由与美。他陪同泰戈尔访问日本时还作了《沙扬娜拉》等。

他所作《残诗》一首，写下了 1924 年 11 月溥仪出宫后的故宫，这是徐志摩全部诗作中涉及紫禁城中事的唯一之作，收在 1925 年出版的他的第一本诗集——《志摩的诗》中。从这首诗可以看到，西方的影响对诗人是浮光掠影式的，他的诗深得中国古典诗歌的神髓，较少采用直抒胸臆的表达方式。

1924 年 4 月 23 日，印度的诗圣泰戈尔到达北京。作为当时的文学大家，泰戈尔的作品早在 1915 年就已经被介绍到中国。所以，当泰戈尔踏上中华大地，访问上海和北京这两座城市时，他受到了当时文化界、新闻界、政界的高度重视，还发表了有关中印文化交流、中国传统文化的演讲。

庄士敦既是泰戈尔、溥仪结识的中间人，也是泰戈尔游览故宫的引荐者。庄士敦希望泰戈尔在没有看一眼一向具有礼貌和尊严的中国之前，不要离开北京。于是，庄士敦向溥仪谈及泰戈尔，并请求允许泰戈尔到紫禁城来。他也向溥仪展示了一些泰戈尔的英文和中译本诗作。溥仪立即答允了他的请求。此次会见肯定使溥仪很愉快，他想这位诗人也同样感到高兴。新月派诗人徐志摩担任翻译，林徽因小姐也陪伴泰戈尔来到故宫。4 月 27 日，泰戈尔及其随员乘一辆汽车出现在故宫神武门口。

1　参阅吉明学《激民气之暗潮，开诗歌之新体——谈〈晨报副刊·诗镌〉》,《扬州师院学报》(社会科学版) 1993 年第 4 期。

庄士敦详细记述了泰戈尔入宫的过程:

　　从这天早上起,末代皇帝的内务府大臣郑孝胥一直在心里闷着一个葫芦,因为这天一大早,皇帝忽然降下一道手谕,令他今天暂不要离开内务府。郑莫名其妙,但又不好直接问为什么这样做。虽然皇帝的神威已不像以前那样使人噤若寒蝉,可余威总还是在的,所以郑只好待在府里待命。当宫里的大钟敲响十下时,泰戈尔及其随员恩厚之、鲍斯、诺格、沈教授及徐志摩等乘一辆汽车出现在神武门口。早有宫人在门口等候,一见泰戈尔到了,赶忙把他们引入宫内,转了一个弯又一个弯,一直往御花园方向走去,而溥仪此时正身着便服在御花园等着他们。听说泰戈尔已经到了,他马上让人把郑孝胥召来,至此郑孝胥才明白溥仪为什么一大早就把自己留在宫里。不过辛苦自有辛苦的报酬,作为内务大臣,郑孝胥还从来没有到过御花园,这次因沾泰戈尔的光,终于平生第一遭到里面一游。

泰戈尔访华与徐志摩、林徽因等在庄士敦景山的住宅前合影

泰戈尔访华与徐志摩、林徽因合影

他先接待了泰戈尔一行，随后领着他们去觐见溥仪。[1]

63 岁依旧充满激情的泰戈尔来到中国，正值外国影响在学术界和其他各界产生作用之时，这使他的访问陷入困境。他对年轻中国的呼吁，要珍惜自己民族优美而高尚的文化遗产，受到了一些学者听众的冷遇，甚至受到敌视。

鲁迅与徐志摩向有不和，鲁迅写道："我更不喜欢徐志摩那样的诗，而他偏爱到各处投稿，《语丝》已出版，他也就来了，有人赞成他，登了出来，我就做了一篇杂感，和他开一通玩笑，使他不能来，他也果然不来了。这是我和后来的'新月派'积仇的第一步……"[2] 徐志摩说："鲁迅先生我是压根儿没有瞻仰过颜色的……他平常零星的东西我即使看也等于白看，没有看进去或是没有看懂。"那大概是始于 1924 年底的事。不喜欢归不喜欢，不过是让徐志摩不能来，或等于

1 〔英〕庄士敦：《紫禁城的黄昏》，陈时伟等译，求实出版社，1989。
2 《集外集·序言》(1934 年 12 月 20 日)，载《鲁迅全集》第 7 卷，人民文学出版社，1981，第 4~5 页。

白看而已，总不至于像与陈西滢、梁实秋之辈，闹到痛打落水狗的地步。

起初他们或曾相互有过"示好"，人们也要问，为什么还没见过面就不喜欢呢？周作人在一旁说："有人戏称志摩为诗哲，或者笑他的戴印度帽，是在这些戏弄里都仍含有好意的成分，犹如老同窗要举发从前吃戒尺的逸事，就是有别派的作家加以攻击，我相信这所以招致如此怨恨者只是志摩的阶级之故，而绝不是他的个人。"[1]但是，"苦茶老人"也没有意识到，中国近代史上阶级的怨恨大概是最深刻的。

或许由于徐志摩生于浙江海宁的商贾，又是家中的独生子，做起事来就是那样任情任性。他吟他的闲愁，"月光，你是失望儿的乳娘"[2]。鲁迅就去揭他的疤，说，"我的所爱在豪家；想去寻她兮没有汽车"[3]。两人交仇，或是"阶级之故"，他受西方资产阶级自由民主思想的影响和"五四"精神的濡染，追求自由的理想也常在他的诗中出现。不过他的理想主义在当时的现实社会不仅不易开花结果，而且，像是设想一个虚无的境界来谬骗自己，骗不到底的时候，就得忍受幻灭的莫大痛苦。

鲁迅说，印度诗圣泰戈尔光临中国，"像一大瓶好香水似地很熏上了几位先生们以文气和玄气"。为此，鲁迅以"诗哲"[4]称徐志摩，说："离开了近于他的理想境的这震旦之后，震旦诗贤头上的印度帽也不大看见了，报章上也很少记他的消息。"[5]茅盾《徐志摩论》说徐是"现代布尔乔亚诗人"，这里主要是指心境心态、价值立场。从这个角度说徐代表资产阶级，应无疑问。他从小家境优越，少年时优越的家庭条件，贵公子的身份与风流才子的气质风度，奠定了这种心态的基础。虽然他在美留学时曾有为餐馆洗盘子的经历，但他出身富商家庭，赴英留学能带妻陪读，经济条件肯定差不了。他满怀康桥式的人生理想，陶醉在"星光

1　周作人：《志摩纪念》，刊于 1931 年 12 月《新月》第 4 卷第 1 期。

2　1922 年 12 月 29 日刊于《晨报副刊》，《徐志摩散文集》，西苑出版社，2006，第 3 页。

3　《我的失恋》（1924 年 12 月 8 日），《鲁迅全集》第 2 卷，第 170 页。鲁迅在《我和语丝的始终》中说得很具体："不过是三段打油诗，题作《我的失恋》，是看见当时'阿呀阿唷，我要死了'之类的失恋诗盛行，故意做一首用'由她去罢'收场的东西，开开玩笑的。"诗中的"我"即徐志摩，"她"指林徽因。诗中不断出现的"想去寻找"指徐志摩当时苦追林徽因。"我的所爱在豪家"意指林徽因已嫁给了梁启超的儿子梁思成。

4　《华盖集·后记》（1926 年 2 月 15 日），《鲁迅全集》第 3 卷，人民文学出版社，1981，第 178 页。

5　《论照相之类》（1925 年 1 月 12 日），《鲁迅全集》第 1 卷，人民文学出版社，1981，第 186 页。

与波光的默契中不期然",并赋以中国式的赞美。

陈西滢更是受到英国绅士的优雅姿态浸润过深,事件过去了多少年,在中国,他的结局"失败得让人难以同情"。他的文字生涯唯一的遗产《西滢闲话》,或得益于深悟英国散文之妙谛,仍让人感觉到,他的立场大致发端于英国博士的视角,不会使中国青年产生革命的热情与冲动。

1925年,章士钊《寒家再毁记》发表的第二天,陈西滢在12月26日的《现代评论》一周年增刊上写了《做学问的工具》一文。文中提到:

> 以前赶了杀了一个皇帝,就得掳其玉帛子女,焚其宫室,现在却组织"清室委员会",开"故宫博物院"了,所以民众运动的先生们要是办了什么"死老虎图书馆",许多读书的人受赐一定很多。

鲁迅马上反击,回击极其辛辣,单刀直入,横扫千军。他说陈西滢"替暴君奔走,却以局外人自居";说把公理插到粪车上去,把绅士衣装丢到"臭茅厕"里去,除下假面,赤条条地站出来说真话。后来两人有些动了意气,渐渐地开始缠夹不清。胡适曾出面调停,却也牵扯其中。

陈西滢是一个典型的绅士,一生多半是在英国度过,对中国社会既缺乏认识,又缺乏与民众的共鸣。回到积贫积弱的中国,他年轻气盛,居高临下更在胡适等人之上。虽也有民族主义,更多的是藐视与讥刺。他似乎并不是一个"坏人",主张也并不怎样的反动,总的来说是一位抱有自由主义思想的绅士,你不得不感叹历史人物的复杂。

胡适也有称赞他的文章,当然主要是称赞他的学问,顺便也称赞他的为人。他接受西方教育,有高等华人心态,这在他的作品中时有流露,他喜爱英国女作家简·奥斯丁(Jane Austen,1775-1817)。现在看来,陈西滢显然低估了这场战斗的激烈程度和对手作战意志的韧性。说起来他实在不大占理,他吹捧章士钊"满床满架满桌满地,都是社会主义的德文书",为凌叔华剽窃匹亚词侣(毕亚兹莱,

Aubrey Beardsley，1872-1898）的黑白画辩护，与梁实秋、徐志摩一搭一档。

1926年1月13日，徐志摩在《晨报副刊》上发表《"闲话"引出来的闲话》，说："西滢是个傻子，他妄想在不经心的闲话里主持事理的公道，人情的准则。"他"学的是法朗士的'不下海主义'"，现在他知道了"想用讽刺的冰屑剿灭时代的狂想，那是不可能的"。

但是，陈西滢的闲话并未就此止步。3月12日，冯玉祥所部国民军与奉系军阀作战，日本帝国主义出动军舰支持奉军，炮击国民军，并联合英美法意等国，于16日以最后通牒向北洋政府提出撤除大沽口国防设备等无理要求。3月18日，北京各界人民激于爱国义愤，在天安门集会抗议，会后结队赴段祺瑞执政府请愿，要求拒绝八国通牒，段竟令卫队开枪射击，当场死、伤二百余人。

惨案发生后，《现代评论》第3卷第68期（1926年3月27日）发表陈西滢评论此案的《闲话》，诬蔑被惨杀的爱国群众"没有审判力"，是受了"民众领袖"的欺骗，"参加种种他们还莫明其妙的运动"，"冒枪林弹雨的险，受践踏死伤的苦！"又险恶地把这次惨案的责任推到他们所说的"民众领袖"身上，说这些人"犯了故意引人去死地的嫌疑"，"罪孽""不下于开枪杀人者"等。

陈西滢在《致志摩》中攻击鲁迅说："你见过赵子昂——是不是他？——画马的故事罢？他要画一个姿势，就对镜状地做出那个姿势来。鲁迅先生的文章也是对了他的大镜子写的，没有一句骂人的话不能应用在他自己的身上。"

另外，1926年6月凌叔华从燕京大学外文系毕业，以优异成绩获该校金钥匙奖，任职古物陈列室书法绘画部门。7月，她与陈西滢结婚，凌叔华在婚前写给胡适的信中特别讲了这件事，信中写道："在这麻木污恶的环境中，有一事还是告慰，想通伯已经跟你说了吧？适之，我们该好好谢你才是。……这原只是在生活上着了另一种色彩，或者有了安慰，有了同情与勉励，在艺术道路上扶了根拐杖，虽然要跌跤也躲不了，不过心境少些恐惧而已。"[1] 凌叔华很明白地表达出

1　杨萍：《人生这场盛宴》，山东画报出版社，2016。

自己对这桩婚事的期望与满意之情，对陈西滢的信赖与满意之情。

新月派的诗人们在对故宫开院的所言所行中很有一些"理智与情感"，对人对事的看法中则掺杂着欧美式的"傲慢与偏见"。他们可以抨击政府，但不同情庶民的抗争，更没有一种想做"战士"的意愿，发言遣词、情趣风致都不在民众的调上。

用一句 20 世纪末的流行词来说，陈西滢也实在是 20 世纪初中国现代知识分子里的一个"另类"了，起先还有点自以为是的风采。陈西滢的"闲话"之所以引起了时人及后来者的特别关注，那是因为鲁迅与他的明辨是非的争论，以及正义战胜邪恶的结局。无论从道义上还是论战结果上，陈西滢都是一个失败者，而且失败得让人难以同情。历史证明，是"正人君子"的他至今仍然是中国新文化运动史中的一名"反派"角色。

语丝社与鲁迅对文化专制主义的批判

鲁迅曾在故宫博物院任事一事见诸故宫博物院现存历史档案。溥仪既被驱逐出宫，清室善后委员会于 1924 年 11 月 20 日正式成立。由于成员有限，办理清点清宫物件一事，殊不足敷，于是有请求于外界之举。12 月 19 日，易培基致信委员长李石曾，开列"清查干事"30 人，其中"周树人"大名赫然在上。此卷卷头批有"已照聘为顾问"。然而在后来的"顾问"活动记载中，独不见鲁迅的名字。

在善后委员会成立的同时，按照《善后委员会组织条例》，由政府各部院各派助理员二人，轮流到会办事，一为解决人员不足，一为昭信于各界。当时鲁迅在政府教育部任佥事。1925 年 1 月 17 日，教育部函致善后委员会，"派定本部佥事徐协贞、徐鸿宝、周树人，参事范鸿泰等四员"。教育部因第一次未派员，故加派连同补派共四人。据此，自 1925 年 1 月 17 日起，鲁迅先生正式被列为清室善后委员会助理员。

　　然而，1925 年 5 月 23 日，善后委员会记录的不常到会的有 12 人，并有 8 人"绝未到会一次"的，其中就有鲁迅。在鲁迅日记中亦未见到赴故宫执行善后委员会公务的记载。1926 年 9 月，故宫博物院再造职员录，助理员下仍载有鲁迅的名字，而这时鲁迅已离京身在厦门了。1927 年 9 月，奉系军阀入主北京，成立"故宫博物院管理委员会"，助理员、顾问均不再设。这便是鲁迅在故宫博物院任事始末的文字记载。

1925 年鲁迅为俄文译本《阿 Q 正传》所摄

　　然而，据从溥仪一出宫就参与了清室善后委员会工作的单士元先生的回忆，鲁迅先生在任助理员期间，确实来过故宫博物院，但次数不多。这大概是在 1925 年 6 月至 1926 年 8 月之间某些日子吧。[1]

　　鲁迅本人非但未就赴故宫博物院任事做过文字记述，而且除上面提到的几年之后写下的逊位"宣统皇帝""落得一个赶出金銮殿"的文字之外，并没有就溥仪出宫写过什么评论文章。然而，在鲁迅等所支持创办的《语丝》杂志社周围，则逐渐形成了一个革命青年知识分子的群体，并由他们向反动派发出了战斗的吼声。

1　参阅姜舜源、朱余仁《鲁迅先生在故宫博物院始末》，《紫禁城》1986 年第 1 期，第 3~4 页。

1924 年，孙伏园在编《晨报副刊》时，有一次要去出差，走以前，他把编好的稿件交给代理编辑刘勉己，让他代为发稿，其中有鲁迅的一篇诗稿《我的失恋》，还有周作人的连载民间故事集《徐文长故事》。谁知等孙出差回来，却发现鲁迅的作品被刘擅自抽掉了，连周作人那篇连载的《徐文长故事》也被中途停载。孙伏园因此愤而辞职。

之后，在 11 月 2 日那天，正是星期天，孙伏园跟钱玄同、周作人、顾颉刚、李小峰、江绍原、章廷谦一起在东安市场聚餐时，提出自办刊物，大家都表示赞同，于是当场决定出一个周刊，大家写稿，印刷费则由到场的七个人，再加上鲁迅，大家分摊。还当场从顾颉刚带来的一本《我们的七月》中随机挑出"语丝"两个字作为刊名。第二天，孙伏园就去把大家头天商量的情况跟鲁迅说了，鲁迅当即表示同意加入。

《语丝》的创刊号印成于 1924 年 11 月 15 日，正式发行是 11 月 17 日，每星期一出版，由北京大学新潮社发行。语丝社成员总共十六人，分别是：鲁迅、钱玄同、周作人、江绍原、林语堂、川岛（章廷谦）、斐君女士、王品青、衣萍（章衣萍）、曙天女士、李小峰、淦女士（冯沅君）、春台（孙福熙）、顾颉刚、林兰女士，再加上孙伏园自己。这些人大都是《晨报副刊》的撰稿人，由于孙伏园是《晨报副刊》编辑的关系，所以又邀这些人撰稿。鲁迅对《语丝》周刊不仅在出版事宜上给予安排和指导，在经济上也给以帮助。在一切办理妥善后，"于是印了广告，到处张贴、分散，大约又一个星期，一张小小的周刊便在北京——尤其是大学附近一出现了。这便是《语丝》"。

《语丝》是中国现代文学史上具有进步倾向，产生过重大影响的刊物。在鲁迅的参与下，它注重社会批评和文化批评，形成了一种"任意而谈，无所顾忌，要催促新的产生，对于有害于新的旧物，则竭力加以排击"[1]的战斗特点。通过一系列的斗争，它本身也形成了一种以文艺性短论和随笔散文为主体的辛辣而幽默的"语丝文体"，这对以后的战斗小品也有着一定的影响。

1　鲁迅：《我和〈语丝〉的始终》，《鲁迅全集》第 4 卷，人民文学出版社，1981，第 167 页。

　　《语丝》的创刊正好与溥仪被逐出故宫是同一时间，这恰好为"五四"知识分子发表评论提供了一个阵地。《语丝》在创刊号（1924 年 10 月 1 日）的《发刊辞》中说："我们并没有什么主义要宣传，对于政治经济问题也没有什么兴趣，我们所想做的只是想冲破一点中国的生活和思想界的昏浊停滞的空气。我们个人的思想尽自不同，但对于一切专断与卑劣之反抗则没有差异。我们这个周刊的主张是提倡自由思想，独立判断，和美的生活。"语丝社成员的意见和态度虽各不相同，但他们要"催促新的产生，对于有害于新的旧物，则竭力加以排击"的态度是一致的，对封建势力、帝国主义势力的抨击，是非常坚决的。

　　鲁迅的学生章廷谦，当时乃是"乳毛未褪尽的青年"，竟学着鲁迅的口气写了《欠缺点缀的中国人》，载于《语丝》第 4 期，署名川岛。文章写道："溥仪被驱逐出宫后，顺得人心，可是偏偏有人来干预了。并且不只是中国人，并且这些外国人也诚如荷马诗里所说的'不像是一个出身微贱或欠缺知识的人'，并且都是政务倥偬不是闲空的人。于是乎我又想到溥仪实在有出'宫'之必要，而且叫他出宫实是我们不甘再作'奴臣'的人的责任了。"像这样的文章还有同期刊载的徐旭生的《胡说八道》等，都是以民族主义和民主主义为旗帜，抗议帝国主义分子和国内反动派阻挠"溥仪出宫"的战斗性很强的文章。

　　在《语丝》的论坛上，容庚的文章《散氏盘的说明》另有新意。这篇文章乍看好似一篇考古学论文，它从散氏盘的形制、款式、历史说起，然后引申出对封建文化专制主义的批判。文中写道："这件器自从'贡入天府'之后，销声匿迹了一百十六年。究竟是不是在'天府'？我们在'人间'的人还是一个疑问，虽是在'天上'走走的'簪笔侍从之臣'，也不能晓得。直到今年夏天，有人从'天上'传出消息，说是这件器忽然发现了——也不晓得是怎样的发现的，于是才有'奉旨传拓'的拓本流传到了'人间'。自今以后，我们在'人间'的人不必'形诸梦寐'了，无论什么人，都可以得到看见的机会，这是我要替大家的眼福道贺的。"[1]

---

1 《语丝》第 6 期，1924 年 12 月 22 日。

再向前看，溥仪出宫的更大的意义不正是打破了封建的文化专制吗？

1927年，鲁迅在一次讲演上讲："我从前也很想做皇帝，后来在北京去看到宫殿的房子都是一个刻板的格式，觉得无聊极了。所以我皇帝也不想做了。做人的趣味在和许多朋友有趣的谈天，热烈的讨论。做了皇帝，口出一声，臣民都下跪，只有不绝声的 Yes，Yes，那有什么趣味？但是还有人做皇帝，因为他和外界隔绝，不知外面还有世界！"[1]

到20世纪30年代初，对于封建文化专制主义的思想批判又露端倪。鲁迅在对封建文化专制主义的清算上，可以说是最突出的代表。他往往以从批判国民劣根性入手，肃清文化专制主义的余毒。他早在1925年撰文指出："现在中西的学者们，几乎一听到'钦定四库全书'这名目就魂不附体，膝弯总要软下来

---

1 《关于知识阶级》，《鲁迅全集》第8卷，人民文学出版社，1981，第187~188页。

似的。"[1] 后来他发表了《门外文谈》，揭示了封建文化专制主义的基本特征，鲁迅指出："中国在刻版还未发达的时候，有一部好书，往往是'藏之秘阁，副在三馆'，连做了士子，也还是不知道写着什么的。……文字既然含着尊严性，那么，知道文字，这人也就连带的尊严起来了。新的尊严者日出不穷，对于旧的尊严者就不利，而且知道文字的人们一多，也会损伤神秘性的。"[2]

鲁迅敏锐地揭橥了文化专制主义的根源就是神秘主义。而且，包括其他的文化成就，文化专制主义无不采取"封闭"态度，使"凡属文艺之精奥，大都私于一姓，匿不示人，曰秘殿、曰宝笈，循名责实，从可知矣，乃使一般普通民众，终身盲昧"。鲁迅的见解一针见血，却未做系统的论述，因而在当时对于封建文化专制主义的批判并未引起中国思想界足够的重视。神秘主义的旧风陋习仍在博物馆建立之后有所残留，可谓是中国文化事业的大害。

论战还不能说是《现代评论》和《语丝》之间的，但倾向性还是有的。总的来说，《现代评论》愿为强势群体说话，《语丝》愿为弱势群体说话。鲁迅和陈西滢各是一方的主要代表人物。鲁迅说："我虽然对于上等人向来并不十分尊敬，但尚不料其卑鄙阴险至于如此也。"[3] "叛徒首领无从发令施威；忠臣孝子，或可少申余愤；义士仁人，大宜下井投石。'语丝派'已亡，众怒少息。"[4] 从《现代评论》的"闲话"栏停了以后，陈西滢说是退出了文坛，鲁迅"不能带住"，只好他自己失败而终了。

---

1 鲁迅：《这个与那个》，最初分三次发表于 1925 年 12 月 10 日、12 日、22 日的北京《国民新报副刊》，见《鲁迅全集》第 3 卷，第 138 页。

2 鲁迅：《门外文谈》，最初发表于 1934 年 8 月 24 日至 9 月 10 日的《申报·自由谈》，署名华圈，载《鲁迅全集》第 6 卷，第 92 页。"藏之秘阁，副在三馆"出自《宋史·职官志》，"国初以史馆、昭文馆、集贤院为三馆，皆寓崇文院。太宗瑞拱元年（988）诏就崇文院中堂建秘阁，择三馆真本书籍万余卷，及内出古画、墨迹藏其中"。故有此说。

3 《鲁迅全集》第 11 卷，人民文学出版社，1981，第 467 页。

4 《吊与贺》（1927 年 12 月 31 日），载《鲁迅全集》第 4 卷，人民文学出版社，1981，第 56 页。"叛徒首领"是陈西滢攻击鲁迅的称呼。

第六章

故宫之开院

在京八所高等院校召开联席会议，结果议决对清室古物宝器"绝对公开"。以李石曾为委员长的清室善后委员会对清宫物品进行旷日持久、手续严密、规模庞大的清点工作。北京大学的研究所国学门，首先创考古学研究室，为故宫博物院提供了新的理性基石与干部队伍。1925年双十节，举行了隆重的故宫博物院开幕典礼。《故宫博物院临时组织大纲》直接借鉴于西方式的"公司"管理经验，毫无保留地将这一先进的管理机制复制到博物院。故宫开院正值北京大学渐渍科学之时，从西方引进的考古学、文献学、档案学、博物馆学等新型学科在学校形成学科体系后输入故宫博物院的业务活动中。

新月派诗人徐志摩所作《残诗》一首，写下了 1924 年 11 月溥仪出宫后的故宫凄楚场景：

顶可怜是那个红嘴绿毛的鹦哥，

让娘娘教得顶乖，人跟着洞箫唱歌，

真娇养惯，喂食一迟，就叫人名儿骂，

现在，您叫去，就剩空院子给您答话！……

溥仪出宫了，然而剩下的紫禁城的空院子如何处置？这在当时能心中有数的人是微乎其微的，而且即使有了想法，将其变为现实仍然具有相当大的距离。在这样一个时期里，各种人，各种势力无不盯住紫禁城及其宝物，都希望能插手此事，从中谋得一些利益。

在这样的形势下，有日本背景的《顺天时报》赶紧于 11 月 11 日发表了题为《清室宝物公私产之分界及其保管方法》的社论。提出，"吾人关于此处分之是否善恶，姑且勿论，兹欲略事研究者，厥惟宝物类之处分是也"，并分别指出：

第一问题，即为国有物与清室品之区别是也。以公产为国有，余皆划归清室，然其分界不甚明了，盖区别之，既无法律的根据，又乏理论立脚故也。……然不许清室所持关于一切政治、经济、学术之物件及一切美术品，未免过酷。

很显然，《顺天时报》是在公开地主张清室多分宝物，并在混淆公私产的分界。

《顺天时报》又提出：

第二问题，即决定为公产之物保管方法是也。此问题为目下最紧要之问题。吾人尝观清室无保管宝物能力，渐有散逸之形势，而曾劝告其决定保管方法矣。当时吾人亦以为清室私有为不可，主张移为国家或公法人之保管。由科学的方法分类之，亦确立一种保管方法，以供研究学术之资料也。

表明《顺天时报》与其代表的那个"背景"早已插手于此，并企图继续这样做下去。

无论《顺天时报》是站在什么角度提出了这两个问题，实际上这些问题也确是不可回避地摆在了人们的面前。一时间，北方各大报都纷纷为此发表了社论和评论，社会各界也无不对此发表见解。

11 月 7 日，（林）白水发表时评《对废帝之善后》，提出：

宫中宝物，多半与历史文化有重大之关系，若非多请公正绅士，及大学有名教授，暨一般名流，公同查点，分类登簿，则将来若有遗失，谁任其咎，且为昭示大信于国人起见，亦不得不力取公开。至各种宝物，何者应归溥仪，何者应归民国，则纯以有无历史的价值，及与文化有无关系为标准，大抵小件珠宝、金银、皮货、绸缎之类，皆可划归溥仪，而大件重器，及与历史文化有关之金石书画等等；则无非数千年国宝所流传，与爱新觉罗全无关系，断难据为私有者也。抑此数年以来，清室擅行抵押之品，亦不在少，自应彻底查明，移交政府承受，以便将来赎回，作为国家之公产，全数陈列，以供研究历史美术文化者之参考。此事必须另派一部分对于美术有兴味有研究之人，专心办理，非可假手于警厅及一二军人，所能称职也。[1]

---

1 《社会日报》1924 年 11 月 7 日 "时评"。

这一评论基本上代表了广大国民对于溥仪出宫以后的紫禁城及其宝物所抱有的关注，并且提出了公正的要求。

11月8日，《北京益世报》发表署名旨微的社论，题为《溥仪出宫与遗物保管》，提出：

> 我国此次对于清室修正之条件中，有一切公产应为民国所有言，于是颇引起一般人之注意。所注意者，即此项公产之若何保存是也。……盖所讲清宫义务，就必于政治优良，而后所附着之一切物皆感其价值，不然，国家衰败，其土地人民且不自保文化方面而言，似有其相当之价值，而自政治的眼观察，则所足注意者亦甚微。一国，若清室之抱残守阙，犹微箕之遗，乌足重也。反之，一国之政治修明，其健存之道，区区遗物之流散于各国博物院中，且将以其有益于世界文化，不必为一国所有私有而放任之，历史的遗物之考鉴，正以破除国界而价值弥高，则当局对于保管之道或优为之，然吾人之所期望于当局者，即政治之事，须全盘计划，从宽博处着眼。[1]

这一意见的论调在今天看来有一定消极作用，视"政府修改优待条件之举，实无可无不可，并不足感受若何重大之意义也"。视民族文化遗产为虚无，反映了当时一部分知识分子对中国固有文化丧失了信心。这样的评论对于清宫古物的保存无疑是不利的。

11月17日，针对社会上的一些消极倾向和不明朗的舆情，当时摄政内阁教育总长易培基，对天津《大公报》记者发表谈话，次日见报。易培基指出：

---

1 《北京益世报》1924年11月8日"社论"。

清宫之古物，此后归入民国，将由何机关管理，实为一大问题。内务部与教育部孰应管理，皆可不论，惟附属于一机关中，殊觉不安。予意拟成立一国（立）图书馆与国立博物馆以保管之，地址即设在清宫中，惟组织须极完善，办法须极严密，以防古物意外损失。……至于请清室速行移去清宫一事，若不如是，则清室中人闻此风声，不知宝贵之古物又将损失多少。虽外间谓此办法不甚和平，然亦未见得有何激烈，特恐古物流落于外，故不得不迅速行之也。[1]

易培基

这是摄政内阁政府通过舆论工具又一次向社会表明态度。

11 月 19 日，在京八所高等院校召开联席会议，议决绝对公开保存清室古物。据报道：

兹闻国立八校联席会议，十九日下午开会时，由北大代表提议，为保存

1 《教长易培基关于保存古物之谈话》，《大公报》1924 年 11 月 18 日。

历史上艺术上及国粹上之古物起见，拟要求公开，以期永远。结果议决《关于清室古物宝器，要求绝对公开，设法完全保管，并开具清单，宣布中外》并决定一面由联席会议派遣代表，向关系当局接洽，一面请全国各界各团体加入定期召集会议，又开会研究一切办法，期迅速进行既减轻当事者之责任，又能完全保存国家无价之宝，故拟即日分头往访各当局，接洽一切云。[1]

11月23日，报章又对此事予以报道：

最近八校联席会上，于此事件，曾加以讨论，希望其成立一完全美满之图书馆、博物馆。由国家直接管理，并邀集各机关参加监视，期在公开保存，俾垂久远云云。[2]

北京教育界积极进取的态度和严正要求，在客观上支持了摄政内阁政府变清宫及文物为博物院、图书馆的设想，并起到了一定的监督与促进作用，对克服社会上的一些消极因素，八校联席会具有特别重要的意义。

以上动态反映了公众对于保存与开放清宫文物的觉悟和要求。然而，关注这批旷世文化珍宝的绝不限于抱有善良愿望的人。据报纸透露：

又据津讯，连（日）接近清室之某遗老向段（祺瑞）、张（作霖）疏通，关于古物之分界，不分时代，以清廷所发见者为准，则应为清室所有。而张作霖以如此似太广泛，以朝代分公私似觉公允，较之考古家之盲断，殊较高明。段合肥对此，尚在考虑中。[3]

1 《顺天时报》1924年11月21日。

2 《教育界与清室古物》，《顺天时报》1924年11月23日。

3 《北京日报》1924年11月18日。

清室既被驱逐出宫，一方面伺机反扑，以达到溥仪还宫的目的；另一方面，退而求其次，周旋于官僚、军阀之间，以期在古物公私分界上得手，把更多的宫廷宝物据为己有。

另据报道，"醇王甚愿设一国家博物院展览清室历代之宝物等语"[1]。这可谓是再退而求再次，然意图却仍在插手古物的保存。只因在两日之后，溥仪已"避居日本使馆"，清室代表又拒绝参加清查古物，由此，古物的公私分界，以及保管方式的采取，清室方面实际上已失去了参与裁决的权利。

另有一于此不甘寂寞者，正是一面喊着与中国同宗同祖，一面又走着"脱亚入欧"道路的日本。《顺天时报》终于按捺不住对这批宝物的占有欲望，竟发表了题为《保管清室宝物与日本文化事务局》的社论。声称："且保存此种文化资料，亦可谓东洋[2]国民全部应尽之责任，此等宝物，由中国国家，或民族保管，最为妥当，诚为当然之事。然在现在之政局混沌状态中，由最近之日本民族，代为致力，以尽保管责任，盖亦数之自然也。"[3]这种侵犯我国主权的公然要求，充满了强盗的逻辑，已达到令中国人为之发指的地步。

也正是由于外界的压力，在人们心灵中燃烧起民族主义的火焰，唤起了一批有志之士投身于故宫博物院的创建中去。同时，由于帝国主义和中国的传统势力和反动势力的强大，因此，注定了"故宫之成立为博物院，自非有其相当之曲折而以演成其若干年艰难缔造之经过，且耗费若干人之心血不可矣"的命运。于是，开始了故宫博物院的第一步，组成清室善后委员会，点清清宫物件，进而形成了公开保存、国家公有、社会监督、博物馆专业管理、昭示大信、俾垂久远的局面。

1　李佳白（《国际公报》记者）：《溥仪与外报记者之谈话》，《北京日报》1924 年 11 月 30 日。

2　日本人所指"东洋"即印度洋以东的国家与地区。

3　《顺天时报》1924 年 12 月 19 日。

清室善后委员会与"公开一切"的原则

民国之初,"善后"一词颇为时髦,各种善后层出不穷。臭名昭著的有袁世凯的"善后借款",段祺瑞的"善后会议",等等。也许由于诸如此类的善后冷了国人的心,以后就不那么流行了。善后无非是妥善处理和安排事件后的相关事务,而在当时,却成了应付外来列强和国内军阀强人分赃的代名词。

1924 年 11 月 7 日《北京日报》载:"载沣及绍英等清室要人因要求发还私产问题,昨又向国民军方面接洽。溥仪之英文教师庄士敦(11 月 6 日)晚向外交界极力奔走,希图使团提出抗议……"麻烦接踵而来,善后的契机出现了。最初仍由摄政政府搪塞,为了顺利地接收清宫,政府急需一个专门的代行机构,为此,摄政方面于 1924 年 11 月 6 日夜决议发布了一道正式命令。命令如下:

> 修正清室优待条件,业经公布施行,着国务院组织善后委员会,会同清室近支人员,协同清理公产私产,昭示大公。所有接收各公产暂责成该委员会妥慎保管,俟全部结束,即将宫禁一律开放,备充图书馆、博物馆等项之用。借彰文化,而垂久远。此令。[1]

这样,以李石曾为委员长的"办理清室善后委员会"(后去"办理"二字)成立,聘请汪兆铭(易培基代)、蔡元培(蒋梦麟代)、鹿钟麟、张璧、范源濂、俞同奎、陈垣、沈兼士、葛文浚等社会人士和知名学者九人任委员,另外绍英、

---

1 吴景洲:《故宫盗宝案真相》,文史资料出版社,1983。

李石曾

载润、耆龄、宝熙、罗振玉等五人为清室代表。

政府任命的这样一个主由政治要人为表，以大学学者为里的委员会，使许多不确定性得以化解。他们的主要任务就是编目收藏品，保护宫殿及其内部文物不被抢劫、偷窃。然而，他们的工作进程也常常被打断，在未来一年中，委员会进行了多次重组，以反映新形成的联盟或破碎的联盟的政治权力转换。

据 11 月 13 日的《社会日报》报道：

> 阁议所通过之"清室善后委员会组织条例"，现正修文字，尚未公布，兹据确息，及证以李委员长对某记者之表示，章程内重要部分，分为四时期：（一）接收查封时期，军警长官与清室代表会同委员会办理查封接收事宜，移交委员会；（二）责成委员会保管宫殿古物；（三）审查公私物件分别编号公布；（四）结束公务。应交何处，再由阁议决定。

次日，该报刊登了《办理清室善后委员会组织条例》。其中第四条："委员会以六个月为期，如遇必要时得酌量延长之，其长期事业，如图书馆、博物馆、工厂等，当于清理期内，另组各项筹备机关，于委员会取消后，仍赓续进行。"此后，该文件成为组织故宫博物院时的重要法律依据之一。

1924年11月20日，"办理清室善后委员会"正式成立，并召开第一次会议。清室方面的五位代表全未出席，以示不承认该委员会。会上提出点查清宫物品办法，讨论并通过了《点查清宫物件规则草案》，凡18条。对清查过程中的启封、点查、登记、编号、造册、摄影等步骤、手续，以及点查与监察人员的组合等问题，都做了详细具体的规定。

委员会成立以后，一方面组织所属成员与妄图恢复清室优待条件的各种势力做斗争，"当时石曾、培基、稚晖诸先生，均以宽大为怀，竭力与对方以相当之机会，令其合作，而清室方面，不悟此旨，挟其与执政府有相当关系，以为必操全胜之局，乃为尽力反动，其愚真不可及"。[1]

另一方面，委员会克服各种干扰实施点查宫内物品。然而，政治形势的变化很快开始对刚成立的清室善后委员会不利。虽然国民军取得了占领北京的军事上的胜利，进步势力却仍然处在军阀和反动政客的包围之中，打倒反动军阀曹锟、吴佩孚的意义不久就被奉系与皖系政客的合作而断送。一向仇视修正清室优待条件的段祺瑞，在冯玉祥和张作霖的推举下到北京做了执政，结果不必赘述，对段祺瑞还抱有幻想的冯玉祥看到前途一团漆黑，遂避入天台山，以示消极。

而段祺瑞刚一上任，就开始把矛头指向清室善后委员会。在委员会议定自12月23日开始点查清宫物品的时刻，段祺瑞执政府下令制止。执政府秘书厅公函如下：

临时执政府秘书厅公函　　　　　　　　第一百十号

径启者，奉执政谕，据报清室善后委员会于本月二十三点查清宫物件，现清室善后之事，政府正在筹议办法，该委员会未便遽行点查，著内务部暨警卫司令

1　吴瀛:《故宫博物院前后五年经过记》第1卷，故宫博物院，1932，第30页。

查止，等因，相应函达。贵部，希即查照办理可也。此致

内务部　中华民国十三年十二月二十一日 [1]

消息传到 22 日的委员会会议上，与会各委员、监察员、助理员、顾问等纷纷表示反对，委员长李石曾带头主张"反抗政府此种违反民意不合手续之命令"。最后决议照旧点查。

第二天早晨，委员会成员汇集于神武门，"时在上午八九时顷，神武门内朔风凛冽，转外间尤甚，以其墙高而风势陡转，刺肌骨如利刃，冷不可当，同人非经昨日之激，其意兴决不能勃勃若是"。"同人意兴犹未衰"，"大有千万吾往之慨，其勇锐为尤甚"。就这样第一次出组点查宫内物品之"壮举"开始了。第一天（1924 年 12 月 23 日）由于军警不齐，为点查章程所不合，遂未着手。第二天（1924 年 12 月 24 日）委员会偕其他同人，再度出动清查于乾清宫。这些不屈服于强权的人们的名字被保留在点查组的名单上，他们是：

星期二日上午担任职务签名单（开始点查组单〈一〉）

组　长：　　　　　　　　　陈去病

执行部：

　查报物品名目二人　　　　徐潘寅　马　衡

　物品登录三人　　　　　　陈宗汉　欧阳道达　胡鸣盛

　写票二人　　　　　　　　董作宾　庄尚严

　贴票二人　　　　　　　　罗宗翰　徐炳昶

　事务记载二人　　　　　　魏建功　潘传霖

　照相一人　　　　　　　　陈万里

监视部：

1　吴瀛：《故宫博物院前后五年经过记》第 1 卷，故宫博物院，1932，第 20 页。

监视　　　　　　　　　　　裘善元　俞同奎　杨树达

　　　　　　　　　　　　　吴　瀛　易培基

到会共一十八人计一组

（民国）十三年十二月二十三日

（本日因警察未来未实行点查）

　　　　　星期三日上午担任职务签名单（开始点查组单〈二〉）

组长：　　　　　　　　　　陈去病

执行部：

　　查报物品名目二人　　　黄文弼　徐潘寅

　　物品登录二人　　　　　董作宾　陈宗汉

　　写票一人　　　　　　　庄尚严

　　贴票二人　　　　　　　唐　佐　李伯荣

　　事务记载一人　　　　　潘传霖

　　照相一人　　　　　　　陈万里

　　监视部：

　　监视　　　　　　　　　胡鸣盛　李宗侗　葛　云

　　　　　　　　　　　　　庄蕴宽

到会共一十四人计一组

（民国）十三年十二月二十四日 [1]

　　故宫古物的点查工作在内部简称为"出组"。最初的"出组"自然首先要点查重要处所，乾清宫便选为首先点查的地点。当时的规定，每一个宫殿的物品，按"千字文"次序，编一个字，然后依次编号。乾清宫是第一个开始点查的，编成"天"字，坤宁宫是第二个点查的，编为"地"字。据说在开始的时候，刚刚

1　吴瀛：《故宫博物院前后五年经过记》第 1 卷，故宫博物院，1932，第 19 号插影。

打开乾清宫的大门，首先看到的是一个木门墩，就把它第一个登记下来，而列为天字第一号。后来有人开玩笑说，把木墩当作故宫天字第一号的宝物，这真是"乡下佬进皇城"了。以后组数开得多了，中路西路各殿，同时有人去点查了。

清室善后委员会是故宫博物院的前身，委员会所组织的出组点查清宫物品更是故宫博物院工作的发轫，它的直接成果是形成了我国历史上最伟大的博物馆的基础，所清查出的"赏溥杰"古物单据、"清室密谋复辟文件"及其他物单，无不予以公布或提请讼诉，形成了清室善后委员会"绝对公开"的风格。

在点查毓庆宫的时候，发现了"赏溥杰"，付印公布，其中说赏溥杰的东西"皆属琳琅秘籍，缥缃精品，天禄书目所载，宝笈三编所收，择其精华，大都移运宫外"（按：包括宋元明版书籍二百多种，唐宋元明清五朝字画一千多件）。

在点查养心殿物品时，还发现了"清室密谋复辟文件"。委员会当然坚决地予以检举，结果由法庭援引段执政之大赦令，而做不起诉处分。然而，这些文件的公开仍对时局的变化起到了一定作用，清室内务府死灰之焰，由于委员会的检举暂且稍稍落矣。

另外，吴敬恒根据清查清宫物品的实践，写出了《冤哉溥仪先生，危哉溥仪先生》一文，无情鞭笞了封建宫廷生活对人的摧残，揭露了皇室腐朽、堕落的生活，对于提高国民的民主意识有一定的帮助。总之，清室善后委员会的工作确为故宫博物院的建设奠定了根基。

当时对故宫文化遗物的点查与保藏，受到社会各界的普遍关注，往往一言一行、一人一物都会引起社会上的强烈反响。驱逐溥仪出宫的主要交涉人鹿钟麟，曾在1926年4月10日发出通电，申明态度。电文摘录如下：

……清宫古物，非清室之私产，乃我中华历代文化艺术之结晶。凡属中国国民，人人无私有之权，人人有保护之责。……为求公开之彻底，爰有清室善后委员会之发起，概由各部署慎派职官，各团体公推代表，集合多方人才，以共组斯会。但所定规章非常严密；所经手续，不惮烦劳。物无巨细，皆经多数人负责签名，载诸簿籍，历历可稽，映印写真，斑斑可考。此种经过，历劫不磨。

这是一次前所未有的皇室财产的公开点查，当然引起了人们的高度关注。清室善后委员会为了永久地保存这批文化艺术珍品，同时也是为了取信于民，就必须从组织、规章、手续、登录，直至及时公布清查结果等一系列措施来保障使维护与公开同时进行，以实现故宫财物的"人人无私有之权，人人有保护之责"的伟大目标。

故宫的财产由于革命脱离了原有的"主人"，所有权并没有因分清公物与私物而明确，只有在概念上的"人人"与"一人"的对立。清室善后委员会能否以受托人的身份做好清宫文物的点查工作，人们仍未确信，因此，只有绝对公开才能达到保存故宫文物的目的。总之，"举凡院中国宝重器，以到一草一木，愿始终为国人所共同珍护。发扬光大，视听所昭"[1]，必定实行"绝对公开"。

当时，包括《点查清宫物件规则》，或"点查报告"等无不公开，或全文见报，或排印发行，公开出售，并无例外。《点查清宫物件规则》对点查人员、组织结构、分组、分工方式，以及点查手段、工作原则、工作方式、纪律、公布点查报告等方面均做了翔实而具体的规定。《点查清宫物件规则》如下：

第一条　点查事项，以下列人员担任之：
甲　委员长、委员或其指定之代表；
乙　监察员（京师警察总监、京师高等检察长、北京教育会长及聘员等，或其代表）；
丙　各院部所派助理员；
丁　委员会聘请之专门家及事务员；
戊　守卫军警；

1　吴景洲：《故宫盗宝案真相》，"庄蕴宽启事"，文史资料出版社，1983。

己　前清内务府人员（由委员会中代表清室者指定之）。

同时还规定，点查时分组，各组为执行及监视二部，其职务之分配临时定之；每组人数及组长由委员长临时指定之；每日应分若干组，每组应执务之地点，由委员长先一日指定。细节上更是严苛，诸如：每人应隶何组，按各部分人员分配，用抽签法抽定；每组人员排定后，于进内执务前，均须在办公处签名，并须佩戴徽章；登录时，每种物品上均须粘贴委员会特制之标签，一面登记物品之名称及件数；凡贵重物品并须详志其特异处，于必要时，或用摄影术，或用显微镜观察法，或其他严密之方法，以防抵换；等等。

根据这一规则所进行的大规模点查工作，不仅是中国博物馆史上的创举，恐怕在民国史上亦绝无仅有。严密的规章更是非与一般点查工作所能比。其中尤以第二条的"各组分为执行及监视二部"，第五条的用抽签法分配各部人员，第六条、第十条、第十一条、第十三条、第十四条、第十六条的点查纪律规则为特别严明。同时，第一条所确定的担任点查事项人员款目，第十七条中的公布点查情形报告等又区别于封闭性的物品清查，是一次公开性的大清查，其中缜密的文物登录措施已含有博物馆文物保管的特征，并奠定了故宫博物院宫廷原状陈列方式的基础。

进行这样一次旷日持久、手续严密、规模庞大、品种繁杂的清点工作，还有许多难以想象的困难。据当事人的回忆，"宫殿之内，照例不能生火，点查的地点，都用抽签来决定，不能挑选，只有硬着头皮忍受。为什么要来呢？自然是急公、好奇、好古、有趣。有人问：你们为什么做这样一点报酬也没有的工作，一定是想偷点东西。可见我们参加的人除了吃苦以外，还要负一种名誉上的损失"[1]。真是"而其行也，或尼之，其动也，或厄之，其为直也，或且以为曲焉，其公也，或且以为私焉"。[2]

1　参阅吴瀛《故宫博物院前后五年经过记》第2、4卷，故宫博物院，1932。
2　同上。

　　这就是故宫博物院史上的第一次文物点查。由于在点查中认真执行了《点查清宫物件规则》第七条的"登录"与第十七条的"报告公布"的条款规定，每次点查之后，核对完毕，由事务记载人把这一组工作情形做成报告，每一个宫殿点查完毕，便排印"点查报告"，详列这一个宫殿所存物品的清单，分送各机关，并公开发售。最后，经过一年多的努力，全院整理出点查报告一份，共六编二十八册，计有文物 94000 余号，117 万件文物。但这远远不是清宫旧藏的全部，因为有些宫殿没有纳入清点和计件方法不同，据估计，1925 年故宫博物院成立之时，清宫旧藏及遗存最少在 700 万件之上。[1]

整理文物

文渊阁藏书

1　郑欣淼：《天府永藏——两岸故宫博物院文物藏品概述》，紫禁城出版社，2008。

在公开发售的点查报告中，还有清室善后委员会在毓庆宫发现的"赏溥杰单"，清室善后委员会对此予以特别的重视，当时不但公布了这一发现，而且把这个资料印刷出来，公开发售，定名为《故宫已佚书画目三种》。如此种种，无不昭信于社会。

另外，1925 年 4 月 12 日开放部分宫殿，供民众游览。开放宫殿、创设博物馆图书馆等事例亦逐步提上清室善后委员会的议事日程。1925 年 7 月，俞同奎发表《对清室善后委员会的希望》一文，阐述其对清室宫殿及古物的保管和利用的建议。

俞氏建议在故宫东部挑选一处设立博物院的雏形，在隆宗门外西部挑选一处设立一图书馆的雏形，尽快将有关的历史文物整理，陆续陈列，给一般国民以赏鉴研究的机会，务必在极短的时间内成立图书馆、博物院。

1925 年 8 月 1 日，国务院阁议通过了北京临时政府法制院呈核的《京师警察厅保管清室内务府及奉宸苑各产条例》，8 月 3 日，法制院司法总长姚震呈准颁布该条例，意图向清室善后委员会收回清室财产的管理权。[1] 8 月 4 日，清室善后委员会召开委员监察员联席会议，报告点查经过情形、筹备博物馆图书馆情形，以及接收保管各田园房产情形，并重点讨论阁议通过之条例。

1925 年 9 月 29 日，李石曾召开清室善后委员会全体委员会议，磋商应对办法，会议很快达成共识：尽快成立故宫物院，不使溥仪复宫，保护古物安全。

故宫博物院成立

故宫博物院在各方积极因素的促进下，克服了各种消极因素，终于由筹建走向了正式成立。1925 年 9 月间，当时李石曾以清室善后委员会委员长的名义，

---

1 《中华民国大事记》第 2 册，中国文史出版社，1997。

责任綦重，毅然决定于当月 29 日召开会议通过《故宫博物院临时组织大纲》及《故宫博物院临时董事会章程》，并推定董事。

李石曾亲书"故宫博物院"大门匾额，即日悬挂于神武门城楼之上。李石曾坚持故宫博物院超然独立的地位和社会民办的性质。一个具有划时代意义的博物馆事件呼之欲出。

此外，对于故宫博物院之成立，执政府外交总长、董事王正廷致辞感言："今日故宫博物院开幕，敝人发生两种感想：一即真正收回民权，二即双十节之特殊纪念。"

《故宫博物院临时组织大纲》第一条款宣布："遵照办理清室善后委员会条例第四条，并执行中华民国十三年十一月七日政府命令，组织故宫博物院。"与此同时，京津各大报都登出"故宫博物院开幕广告"。全文如下：

本会自接收故宫以来，赖各方面同人之努力，点查将次守竣，遵照本会条例第四条，并民国十三年十一月七日政府令，组织故宫博物院，筹备经年，已就绪。兹定于双十节日午后二时在乾清门内举行开幕典礼，除中西路同时开放，并开放养心殿外古物书画陈列，在中路各处图书陈列在寿安宫，并开放文渊阁史料陈列，在宁寿宫后养性殿乐寿堂，以十号十一号下午一时半至四时为售券时间，每券减收半价，大洋五角，童仆一律（本星期三日因筹备开幕暂时停止参观）。

清室善后委员会启

通电和广告都打出去了，然而当时为开幕式准备陈列展览还远未就绪。据吴瀛的记载：

十月六日之晨，易寅村（易培基）先生来告余以双十节故宫博物院准备开幕之议，且嘱往斋宫提取书画，为陈列之需。诺之，即偕同到宫，则同人皆纷纷大忙，分别出组，提取陈列物品，余如约与冯梁诸君等，担任提取书画。事前既无预备，平时点查，多以抽签法行之，并非一人经手，而点查初不注意审查。原箱中复真赝杂糅，各箱锁匙，以清内务府并未移交，皆临时雇用铜匠以手术开启……

博物院为何如此仓促开幕？众说纷纭。吴瀛的说法是："清室善后委员会鉴于情势之孤危，非急成立博物院使速成公开之局，无以杜觊觎之心，乃于十四年双十节之前五日，决定于双十节，为故宫博物院开幕之期，时日既促，其为忙乱可知。"[1]

吴瀛

另一种说法是刘乃和的《从清室善后委员会到故宫博物院的成立》一文，该文说，早在 1924 年 11 月 20 日召开的第一次"善委会"上就做出决定，"次年（1925 年）十月十日辛亥革命纪念日，宣布成立故宫博物院"。照这种解释，10 月 10 日开幕就成了"争取能按原订日期成立故宫博物院"，也就根本不存在"时日既促，其为忙乱可知"的事情了。刘乃和的说法或许来自其他参与者的口碑材料，但目前还未能得到其他文字资料的印证。

另据那志良回忆：

1　吴瀛：《故宫博物院前后五年经过记》第 1 卷。

　　民国十四年元旦，我去给我的老师陈援庵（垣）先生拜年，那时，他是办理清室善后委员会的常务委员，他问我愿不愿意到故宫去工作，并且告诉我，这个委员会，现在虽是一个临时机构，将来若是改为博物院后，在博物院里工作，便是个终身事业。

　　当时，故宫将成为博物院的设想已为清室善后委员会的同人所知，但具体的时间不详尽。公布于 1924 年 11 月 14 日的《办理清室善后委员会组织条例》第四条款议定："委员会以六个月为期，如遇必要时得酌量延长之。"可见日期并未在事先明确。

　　关于开幕式日期确定的原因，还有一种说法，在陈纪滢的《李石曾传》中，把"9 月 5 日，北京政府与比利时订立退还庚款余款协约"，作为李石曾毅然决定从速成立故宫博物院的直接背景。但是，由于还缺少其他材料的佐证，此议还有待于进一步的考察。

　　然而，历史却真实地演进着。双十节的开幕典礼，定在下午 2 时，居然如时开幕。那一天，真说得上是万人空巷，人们都要在这国庆佳节，一窥数千年神秘的皇家宝物，熙熙攘攘的人群无不向着同一目的地涌进，故宫博物院开幕典礼盛况空前。

1925 年 10 月
10 日的乾清宫

　　双十节午后2时，故宫博物院开幕典礼在乾清门内举行，庄蕴宽主持大会。宣布开会后，首先由清室善后委员会委员长李石曾报告筹备故宫博物院情形，他扼要地说："自溥仪出宫后，本会即从事将故宫物品点查，并编有报告逐期刊布。现点查将次告竣，履行本会条例，并遵照摄政内阁命令，组织故宫博物院，内分古物、图书两馆。此事赖警卫司令部、警察厅及各机关方面同人之致力，乃有今

故宫博物院开幕式上，
鹿钟麟慷慨激昂讲演

日之结果。今日时光至为宝贵，不敢多言，到会诸位先生中有当日摄政内阁及警卫司令部领袖均在此，稍迟更有重要之言论。"[1]

报告结束后，由前摄政内阁总理黄郛发言，大意如下：故宫之化私为公，实赖当日军警当局之力，此后成为博物院完全公有，服务其中者，为人民之公仆。且今日开院，为双十节，此后是日为国庆与博物院之两层纪念，如有破坏博物院者，即为破坏民国之佳节，吾人宜共保卫之。

随后，王正廷发言，他说故宫博物院开幕令他产生两种感想，一是真正收回民权，二是故宫博物院给双十节带来特殊纪念。接下来是蔡廷干发言，然后是鹿钟麟发言，他又一次提起了"逼宫"戏话题，言"我乃是为民国而逼宫，为公而逼宫"。再后发言的有于右任、袁良。至此，大会主席宣告散会。

这一天，院内各路齐开，供游人自由观览，昔日的皇宫今天弥漫着自由民主的空气。京津各报都就此发表评论，着重报道，真是轰动一时。清室善后委员会委员吴瀛对国庆日当天故宫院内观者如堵的场面记录道："入宫略迟，中途车不能行者屡，入门乃与眷属及三友人被折断于坤宁宫东夹道至两小时之久始得前进……唯见熙来攘往之盛而已。"[2]

故宫博物院职员傅振伦则记录了第二天清理参观路线时的所见所闻："次日清理参观路线拾拾妇孺手帕、鞋帽，凡四抬筐，实是博物馆界未有的盛况。"[3]

当天参观故宫的留法归国学者孙福熙做了极为恰当的阐释：

诸位在故宫中也与乡下老妇游逛时之随口称赞皇帝家中的富有罢？是的，现在富有的不是皇帝而是您了，您有这宫中的一切东西。您的所有权又与皇帝不同，他被赶以后就失权了，您是没有谁可以来夺的。……倘若您在散氏盘上打破一角，或者在三希帖上扯下一条，您会觉得，不但您损失了这件东西，这要使无

1 吴景洲：《故宫五年记》，上海书店出版社，2000，第60页。

2 吴瀛：《故宫博物院前后五年经过记》。

3 傅振伦编著《七十年所见所闻》，华东师范大学出版社，1997。

论那一个人都受到损失，拐脚的老太婆可以拿起桃树杖打你，污泥满面的小孩可以咯出口沫唾你。然而，你还是这一切东西的主有者，不过您没有毁损无论哪一样东西的主权。您知道了这种事实就明白十月十日之应该纪念了。这种权利是民主国的国民所有的，而十月十日是我们变为民主国民的纪念日。[1]

另一篇题为《故宫博物院中东两路参观记》的文章描述道："前昨两日，为清宫全部开放之期，数千年宫殿尊严，昔为梦想所不可得到者，今则略破悭囊，即允吾人昂首阔步，眺望谈笑于其间。不可谓非建国以来，求治益乱，求合益分之现象中，独此一事，是以差强人意者。"对一座博物馆的开放予以如此高的评价，恐怕在中国近现代史上是空前而绝后的。

文章作者还从一观众的角度，对故宫中目迷五色的建筑园林和文物陈设等不时地发出感慨，尤其是在这一伟大事件对国民心灵的触动方面多注笔墨。文章评论道："门上高悬横额一方颜曰'故宫博物院'，书法鲁公，挺拔有致。清宫而成故，顾名思义，殆有深心。"

据那志良的记述，"故宫博物院"的名称是在 1925 年 9 月 29 日的委员会议上议定的，"大家认为博物馆既以'故宫'为院址，保管文物又都是故宫里的东西，不妨直接称为'故宫博物院'，各国也有这种例子，例如巴黎的'狼宫博物院' Musée du Palais du Louvre，柏林的'皇宫博物院' Schloss Museum 等都是"[2]。台北"故宫博物院"院长蒋复璁先生亦有类似的说法。[3]

《参观记》在描述当时人们踊跃参观的情景时说："惟因宫殿穿门别户，曲折重重，人多道窄，汹涌而来，拥挤至不能转侧，殿上几无隙地，万头攒动，游客不由自主矣。"

如此热闹场面是不难想象的。民国至此，国人也鲜为如此兴奋。当时人们游

1　孙福熙：《故宫博物院》，《京报副刊》1925 年 10 月 12 日。

2　那志良：《故宫四十年》，台北：商务印书馆，1980。

3　蒋复璁：《国立故宫博物院的历史使命》，载《故宫文物》。

览故宫感受至深的是一种类似于革命胜利的喜悦，人们"出乾清门，金狮一对，蹲之左右，扣之铮铮有声，抑若不知宫殿之非故主所有矣"。

由于故宫博物院的建立本身就是民主革命的产物，因而它赋予人的感情的正义冲动，进一步升华为民主革命意识，而绝不是相反。那种旧时代的对于皇权的崇拜，也随着宫廷生活（包括政治、经济、文化及日常）内幕的彻底公开，首先是往昔那种引起恐惧心理的神秘色彩荡然无存了，接着是带有批判精神的怀疑态度瞬间迸发。

文章中有这样一段观感阐发："更折而南经上驷院，即昔日御用马厩也，窗户零落，标为宪政筹备处，即清那拉后九年筹备立宪之处。院落荒凉，右邻马厩，至今尚有余臭，当时满人无立宪诚意，可想而知。"[1] 在这里，作为在旧时代皇宫里游览的解放了的人的一种自豪感，转化成为一种正义感。无形中确认了自己在现实政治生活中的立场，这样的观览活动是一种无法取代的体验，自然而然产生了与君主政治相对立的意志。

林白水的故宫观后感，首先感慨于"其时游人杂沓，各现得意之色。盖三千年帝国宫禁，一旦解放，安得不惊喜过望，转生无穷之感耶"。接着该文又表示了对博物院筹备工作的不满。指出：

> 自该委员会接收故宫以来，筹备已届一年，时间并不匆促，所荟萃之人才，在表面上观之，不可谓不多，惟该委员会诸君，平日所关心者，似只在于如何联络军阀，如何利用恶势力，以对付敌党，而保全地位之问题。而于正当之筹备，不免过于忽视，故一旦开幕，而所表现暴于外之成绩，遂不得不如此。夫以政治的意味，而掺杂于保管故宫，收藏古物之中，宜其无有是处。吾人欲谋改组委员会，必须于政客党人之外，另行物色称职之人，此凡参观故宫者，所应亟宜注意之一重要提案也。[2]

---

1 《故宫博物院中东两路参观记》，《黄报》1925 年 10 月 12 日。

2 林白水：《故宫博物院之不满意》，《社会日报》1925 年 10 月 13 日。

这篇评论文章所提出的意见，反映了当时的故宫博物院两个方面的问题。一方面的问题是，由于故宫开院来源于政治革命，两种政治势力（有时是两种以上的政治势力）的斗争也就不断地反映到故宫里来。冯玉祥的国民军在军事上的胜利带来了溥仪出宫的直接后果；然而，由于"革命一派"的政治妥协，又将故宫的前途推入奉系军阀与皖系政客的私下交易。只因军阀与政客们也慑于革命力量在社会总体力量的对比中不断地壮大，以及与社会进步力量有着广泛联系的清室善后委员会同人的抗争，溥仪还宫等阴谋企图才未能得逞。

在此期间，由于委员会在反动势力的对比中显得弱小，因此不免"平日所关心者，似只在于如何联络军阀，如何利用恶势力，以对付敌党"上。其实以"一面抵抗，一面疏通"的方法来保全故宫作为公产而不受侵犯的努力，一直持续到北伐战争取得胜利之后。这在当年的条件下也实在是勉为其难了。

另一方面的问题是，国民要求故宫博物院更直接地为文化教育提供展览，提高陈列水平。前面我们已经了解到博物院的开幕仓促举行，点查清整工作匆忙转到陈列展览上，的确给当时的展览效果带来了不少损失，使人感到"以政治的意味，而掺杂于保管故宫，收藏古物之中，宜其无有是处"的缺陷。由此，也向故宫博物院提出了建立一支适应博物馆工作性质的专业队伍以提高展示水准；同时，也向中国博物馆界提出了，为了提高博物馆的业务水平，必须建立一套与之相适应的理论体系的要求。因为故宫博物院成立本身就促进了这一专门学科的建设。

在20世纪跨国文化和政治进程的背景下，故宫博物院建立也展现出了其他层面的意义。对于欧美国家来说，建立一个国家公共艺术博物馆被认为是民主化的标志，一种"公民权利的仪式"，在这种民主化中，人们获得了先前只有少数特权的人才有的权利。故宫博物院成立不仅结束了一个时代，而且开创了一个时代。在近代中国，变旧有文化为新型文化，变固有文化现象为外来文化现象，故宫博物院是个创举。因此，故宫博物院的诞生，引起中国博物馆事业大的发展与中国博物馆理论的产生将是必然的。

为了壮大故宫博物院成立的声势，开幕式之后，清室善后委员会通电全国。

电文如下:

北京段执政钧鉴,各部院、各机关、各省督办、各总司令、各都统、各法团、各报馆均鉴:

本会成立半载有余,竭蹶经营,规模粗具,现遵照去年政府命令,将故宫博物院全院部署就绪,内分古物、图书两馆,业于本日双十节举行开院典礼,观礼者数万人。除该院临时董事会理事会各规程前已正式披露外,特电奉闻,诸希匡翼。临电无任翘企之至。清室善后委员会叩

十四年双十节[1]

至此,清室善后委员会的使命宣告结束,工作由新组成的故宫博物院的临时董事会与临时理事会接替,并由理事会下设行政机构行使管理院务的职责。

《故宫博物院临时组织大纲》确定设立古物馆、图书馆和专门委员会,并订立了"本组织大纲,遇必要时,得由董事会公决修正之"的条款。

最引人注目的是,故宫博物院的倡导者并没有把藏品作为中国人民的独有遗产——共同过去和未来的象征。相反,他们试图在博物馆的藏品中寻找能够体现现代国家都拥有古老帝国统治历史证据的文物。故宫博物院的最初建设者们认为,中国的藏品应该和欧洲的藏品一同保存起来,作为全球封建社会、君主制历史证据的一部分。

故宫博物院的理事会、董事会与权力制衡关系

"南北和议"中的一项重大妥协是"清室优待条件"。辛亥革命留下的这宗遗

---

1 吴瀛:《故宫博物院前后五年经过记》第 1 卷,故宫博物院,1932,第 54 页。

产表明，无视正义，片面追求效率，人民就会因长期受到压迫而不满；无视效率追求正义，这样的正义又会因为陷入无政府状态而不可能得到国家的安宁。习惯于依靠官僚体制的袁世凯眼中盯住的又只有效率，而忽视了正义，从而使得自己的政权逐渐丧失了正当性，沦为与刚刚被废黜的清政府同样的专制独裁的可悲下场。

先是大总统不能正常行使宪法赋予大总统的权力，中央政府的政令得不到各省的服从，国家的财税收不上来，军队不能统一，最后导致国家陷入事实上的无政府状态。然后是大总统不能容忍与议会分权共治，各省军政府企图把好处独吞占尽。最终他的集权专制的帝制运动在人民的反对声中被历史所抛弃。

另一方面，民国之初的中国社会革故鼎新，"共和政体成，专制政体灭；中华民国成，清朝灭；总统成，皇帝灭；新内阁成，旧内阁灭；新官制成，旧官制灭；新教育兴，旧教育灭"[1]。昭示了中国社会的新陈代谢亦即从传统社会向现代社会的转型达到了一个新的水准。

新生的民国政府尽管已经取得了共和政权，但是对于帝制存在的潜在压力及复辟威胁感到不安，既要彻底去除帝王权威，还要避免由此产生的社会骚乱，因而民国政府最好的途径就是与逊清和平交涉，做出溥仪自愿出宫的假象。因而，最初的清室善后委员会仍然顾及清室的存在与利益。

1923 年 7 月，《前锋》杂志创刊号有文质问国民党曰："民国八年学生大运动的时候国民党在什么地方？民国四年反对日本二十一条要求的运动中有没有国民党？……无怪乎五四运动的学生把国民党忘掉，去年北京双十节纪念在中央公园开会，学生工人到者数千人，连创造民国的国民党名字多没有提起……革命党不能，而北京大学却能做革命思想的中心，这种事实实在不能令人满意。"[2] 这颇能代表"五四"新青年对改组前国民党的观感。国民党的旧旗帜，显然已对

195

---

1 《新陈代谢》，《时报》1912 年 3 月 5 日。

2 《共产国际、联共（布）与中国革命文献资料选辑（1917~1925）》，北京图书馆出版社，1997。

"五四"一代新青年失去了吸引力。

孙中山声称其"民生主义就是共产主义，就是社会主义"时，在某种意义上即是为了迎合"五四"新青年对社会主义的信仰，或者说是为了将当时知识青年对社会主义的崇拜，吸引和转移到对其三民主义的信仰上来。[1] 国民党一大宣布改组时，北洋旧阵营一方的舆论大肆宣扬国民党已"赤化""过激"。

国民党一大后，实际上它指导并支持了驱逐溥仪出宫后的一次前所未有的皇室财产的公开点查。当然引起了人们的高度关注。清室善后委员会为了永久地保存这批文化艺术珍品，同时也是为了取信于民，就必须从组织、规章、手续、登录，直至及时公布清查结果等一系列措施来保障使维护与公开同时进行，以实现故宫财物的"人人无私有之权，人人有保护之责"的伟大目标。故宫的财产由于革命脱离了原有的"主人"，所有权并没有因分清公物与私物而明确，只有在概念上的"人人"与"一人"的对立。

"举凡院中国宝重器，以到一草一木，愿始终为国人所共同珍护。发扬光大，视听所昭"[2]，必定实行"绝对公开"。1925 年 9 月 29 日议决故宫博物院临时组织大纲，遵照办理清室善后委员会条例第四条，并执行中华民国十三年十一月七日政府命令，组织故宫博物院，设立临时董事会、临时理事会。这在故宫博物院的组织系统中，是最具特色的。可谓是中国博物院史上的一个创造。它直接借鉴于西方式的"公司"管理经验[3]，毫无保留地将这一先进的管理机制复制到故宫博物院。

1　王奇生：《从"容共"到"容国"——清党以后国民党的组织蜕变》，《近代史研究》2001 年第 4 期。

2　"庄蕴宽启事"，摘自吴景洲《故宫盗宝案真相》。

3　中国第一家官方许可的公司是 1873 年李鸿章设立的轮船招商（公）局，其章程被称为《招商局条规》，共二十八条，是典型的官督商办模式，其中仅在第四条提及董事，"有能代本局招商至三百股者，准充局董"。该公司实行总办负责制，由官方任命，不过是行政模式的翻版加上商人出资而已。这里所谓的董事（局董），并没有明确其角色和职能，在某种意义上不过是"股托"而已，是领薪水的特权股东。由于招商不足，半年之后就进行了改组，新版的《轮船招商章程》明确了董事的选举。1885 年，盛宣怀拟定了《用人章程十条》，改回到官方直接任命督办，再用两名"查账董事"作为监督机制。这个改革，目的在于防止当时流行的腐败现象：官员及其亲属利用董事的身份领薪，变相收受贿赂、冗员充斥而公司亏损。但这显然并没有理解董事会之于公司的必要性。

董事会与理事会的双重管理制的直接原因则来自博物院与共和国命运的休戚相关。董事会的原本意义在于体现全体成员意志、权威和特定行使职权方式，更多是促进组织独立，制约管理上的独断专行。《故宫博物院临时董事会章程》确定：本董事会协议全院重要事务。以董事二十一人组织之。董事会将实施推举临时理事长及理事、审核全院预算决算、保管院产等权限。

《理事会章程》规定：

> 理事会执行全院事务，以理事九人组织之。理事会所属古物馆、图书馆，各设馆长一人、副馆长二人。馆长、副馆长为当然理事。理事会将执行事务，分馆务、总务两种。同时确认，本章程俟正式理事会成立后，取消之。

在故宫博物院的组织系统中，最具特色的要算是董事会与理事会的形式，这可谓是中国博物院史上的一个创造。它直接借鉴于西方企业管理的经验，毫无保留地将这一先进的管理机制引入故宫博物院。然而，这种董事会与理事会的双重管理制，直接原因来自博物院与共和国命运的休戚相关。首先是博物院需要通过董事会来取得社会上政界、军界和学术界的支持。因此，董事们均是社会上有显赫地位，有影响的人士，以便起到"董之用威"[1] 的作用，包括对外大大增强了克服消极因素的力量，对内实行监督的作用。

根据《故宫博物院临时董事会章程》第三条款行使董事会的具体职权，并通过理事会实施具体管理。而理事会的管理又是通过理事所担任的具体行政职务来实现的，分别执掌馆务与总务，并将理事会的指令落实到全院各个部门的工作中去。理事会作为决策中心，执行全院事务，具体是根据"临时理事会章程"中的第二款和第五款传达给全院，同时接受董事会的监督。由此而形成了自决策机构到执行机构，再到监督机构，又返回到决策机构的循环系统。基本上符合管理手

---

1 《尚书·大禹谟》。

段的"相对封闭原则",为日后的发展提供了组织系统的保证。

1925年10月10日,故宫博物院宣告成立之时,组成有董事会与理事会,聚集了大量的社会名流。他们是:

董事:严修、卢永祥、蔡元培、熊希龄、张学良、张璧、庄蕴宽、鹿钟麟、许世英、梁士诒、薛笃弼、黄郛、范源濂、胡若愚、吴敬恒、李祖绅、李仲三、汪大燮、王正廷、于右任、李煜瀛。

理事:李煜瀛、黄郛、鹿钟麟、易培基、陈垣、张继、马衡、沈兼士、袁同礼。

即使这样一个强大的阵容,仍然未能抵抗住"敌党"的强势围攻。故宫博物院经历了1926年到1928年两年多的艰难历程。其实,董事会作为决策中心,董事会采取共管与合议模式。董事会是公司权力的最高行使者(director

前排左起有李宗侗、张继、马衡、吴瀛等

primacy）；董事会采用集体决策权力行使方式，传统上称为共管（Colle-gial）。[1] 但对故宫博物院的董事会作为公司治理模式必然存在的特征未予足够的重视。董事会制度的原则、合理性、角色定位等规范命题还没有来得及讨论与实行。董事会制度的理性，复归于"公司"的本质理论，以确保该组织的独立和持久存续，才是董事会制度存在的理性所在。

关系型契约分析忽视了故宫博物院早期形态受制于"政治理论"的历史。而理事会的"共管"方式，在很大程度上是经济理性的构建。

由于这一时期过于短暂，1925 年 10 月 10 日故宫博物院正式成立不久，段祺瑞临时执政府于 1926 年 3 月 19 日忽然借故假以共产党的罪名，通缉李石曾、易培基二人。二人潜离京师，故宫顿失首领。1926 年 3 月 26 日，故宫博物院董事联席会议推举卢永祥、庄蕴宽两先生做维持员，主持院务。新生的故宫博物院还没有来得及消化董事会合议方式作为小型民主制度的必要性，由于北洋军阀各派系之间的明争暗斗而引发了 1926 年初到 1928 年 6 月的故宫博物院的"四次改组"。目前，在故宫博物院的院务档案中不能找到一份董事会的记录文字，因而仅从组织的独立性入手考虑其存在、功能和角色，是无法解释和判断故宫博物院董事会的行事方式与行事原则的。

北大研究所国学门与故宫博物院的学术储备

在考察了清室善后委员会的作用之后，为了进入故宫博物院成立的论题，有必要先来分析一下这一事物产生之前的文化环境与条件准备。

首先我们来回顾一下 1925 年以前的中国博物馆现状。若论国人自力创办的博物馆，一般都信 1905 年张謇首创南通博物苑为开端。这是一座具有地方与学

1　邓峰：《董事会制度的起源、演进与中国的学习》，《中国社会科学》2011 年第 1 期。

校双重属性的博物馆。该馆 1912 年制定的"博物苑观览简章"中申明:"博物苑之设,为本校师范生备物理之实验,为地方人民广农业上之知识。"由于地域等条件的限制,南通博物苑虽为发展史之最初,却难在当时产生影响全国与"开风气之先"的作用。

辛亥革命以后,社会的变革给我国博物馆的发展提供了必要条件。从常理来讲,这一契机应当使中国民族资产阶级把在维新与革命中提出的博物馆的设想和进行的试验大规模地付诸共和国的文化振兴计划与建设实践中去。但是,革命的流产带来了连年的军阀混战,博物馆的建设受到了严重阻碍。

以北京的历史博物馆为例,1912 年 7 月,教育部在北京国子监原址创设国立历史博物馆。说得更准确些,"其时孔庙里设了一个历史博物馆筹备处,处长是胡玉缙先生。'筹备处'云者,即里面并无'历史博物(馆)'的意思"[1]。直至 1926 年 10 月,历史博物馆才在故宫外的端门至午门一带正式开馆。

周作人曾写道:

（民国）十五年十月十日我做过一篇小文,题曰《国庆日》,是通信的形式,文曰:"去年今日是故宫博物院开放,我记得是同你和徐君去瞻仰的。今年听说不开放了,而开放了历史博物馆。这倒也很妙的。历史博物馆是午门楼上,我们平民平常是上不去的,这回开放,拿来作十五年国庆的点缀,可以说是唯一的适宜的小点缀吧。但是我却终于没有去。"[2]

1915 年,在南京明故宫方文忠公血迹亭旧址,建立南京古物保存所,陈列明故宫遗物,亦多珍品。于是博物馆麇藏古物,供大家观览,实施教育,其成效渐为公众所认识。因之,山西、湖北、广东诸省,踵相仿效,迄 1922 年,据第

---

1 鲁迅:《谈所谓"大内档案"》,最初发表于 1928 年 1 月 28 日《语丝》周刊第 4 卷第 7 期,载《鲁迅全集》第 3 卷。

2 《国庆日颂》,载《周作人回忆录》。

一次《中国教育年鉴》载，全国已有十三馆。计：

> 北平二所：一为古物陈列所，一为历史博物馆。
>
> 河北二所。
>
> 山东二所：一为公立，附设图书馆内，一为私立，英人怀恩光所设。
>
> 山西二所：一为青年会设立。
>
> 江苏二所：内有私立一所在南通。
>
> 广东一所：附设图书馆内。
>
> 湖北一所：附设图书馆内。
>
> 云南一所：附设图书馆内。

由此可见，1925 年以前的中国博物馆还处在一个很低的层次，不仅数量少得可怜，而且一部分博物馆尚未脱离图书馆的附庸地位，规模也相当的小，影响就更谈不上了。故此，曾任中国博物馆协会第一任会长（1935）的马衡先生说："吾国博物馆事业，方在萌芽时代。民国以前，无所谓博物馆，自民国二年政府将奉天、热河两行宫古物移运北京，陈列于武英、文华二殿，设古物陈列所，始具博物馆之雏形，此外大规模之博物馆，尚无闻焉。有之，自故宫博物院始。"[1]这一意见是颇有道理的。此说明了，其一，故宫博物院成立之前，中国还未有影响于国民文化生活的博物馆。蔡元培在 1921 年时也说过："我们北京有一个历史博物馆，但陈列品很少。其余还没有听到的。"[2]其二，无论是"萌芽"或"雏形"都为故宫博物院的产生提供了一定的实践经验，并作为一种文化现象为公众所接受，尤其是博物馆的"开放"意识，与国民革命的民主要求相一致，因而受到了广大人民群众的欢迎。

1　那志良：《故宫四十年》。
2　蔡元培：《何谓文化》，《北京大学日刊》第 806 号，1921 年 12 月 14 日。

1925 年以前的中国博物馆的情况，要说对于故宫开院的影响，可以认为是一般性的，或者说是比较模糊的，不具体的。而在故宫博物院成立之前，唯有两件事作为其文化背景却显得十分重要，对博物院的成立与发展具有深远的影响。这就是北京大学研究所国学门。

五四新文化运动与考古学等新型学科为故宫博物院的产生提供了思想方面的准备。五四新文化运动所提倡的"德先生"（德莫克拉西——Democracy，民主）和"赛先生"（赛因斯——Science，科学）大大地冲击了旧的传统观念，这是一场注重社会伦理和文化思想的改革。新知识分子们不但尝试介绍西方思想、制度和文化，而且也尝试重新估价和批评中国的旧传统。

初期《新青年》以民主主义为思想武器，它的作者们，为了使中国真正能成为一个民主共和国，大张旗鼓地宣传民主主义的新思想、新道德和新文化，彻底地反对封建主义的旧思想、旧道德和旧文化。他们认为辛亥革命没有能这样做，所以民主共和只是个虚假的形式，他们就来着手从这方面做起。在新文化浪潮的冲击下，旧的教育体制和传统的文化系统，被新知识分子手中的"批评的精神""科学的主义"和"革新的文辞"等武器打得丢盔卸甲，随之，教育界和学术界中新的观念、新的观察研究方法应运而生。

早在辛亥革命以后，西方文化随着政治的力量而加速东渐，科举既废，经学也式微了。于是新旧两种潮流激战的结果，是旧的败北了。首先革新的是文学，北京大学的新文学运动，是人所共晓的。至于史学的革新，却为一般人所忽视。民国之初蔡元培任北大校长，初设史学系，大家都不大重视，凡学生考不上国文学系的才入史学系，但这不能不算打定了史学独立的基础。

至于材料和方法方面倘若不革新，仍同先前一样呆板地在故纸堆中钻研，那是不能满足新时代求真的希望的。所以北京大学于 1922 年设研究所国学门，首先创考古学研究室，其旨趣是要把以往所谓文人赏玩的古董，用考古学的方法去发掘搜集，做综合比较的研究。史学方面添加了一支研究考古学的生力军，古代史上许多问题，或者得到了解决，或者出现了疑问，这都是研究古代遗迹遗物的收获，予史学界以极大的震动。

据约翰·司徒雷登回忆：

一所中、英文都叫做"北京大学"的国立大学已经创办起来，并且正迅速地在国内外获得名气。这一情况当即引起我的注意。北大校长蔡元培是一位曾获得旧科举制的最高学位，同时也受过一些西方教育的学者，那里他正把一批受过西方教育的卓越的年轻学者吸收到他的大学里，其中有当时就很著名的胡适博士。这些学者正在出版有关革新的书籍和期刊，深受青年学生的喜爱。正如一份最著名的刊物名称所表明的，那是一个"复兴"的时代。[1]

由于五四新文化运动，北京大学的先锋作用更是名声大振。

待冯玉祥将溥仪驱逐出宫，组成清室善后委员会之时，北京大学已成为全社会在文化思想与新学科研究方面的先导，其中尤以北京大学研究所国学门为点查清宫物品，并于故宫博物院的业务建设出力最大。简言之，北京大学为故宫博物院的建设提供了最有力的干部和人才的保障。假设溥仪出宫以后，清室善后委员会与点查清宫物品得不到北京大学的人员的支持，后果将是可怕的，前途将是惨淡的，简直无法想象故宫的命运将会驰向何方。

北京大学之所以能够积极地参与，并在故宫博物院的建设中起到主导作用，在很大程度上与李石曾和北大的特殊关系相关联。1917 年蔡元培任北大校长时，李石曾也回国了，在北京大学做过一段时期的生物学教授，但很少上课。而自清季李石曾留学法国时，就与后来的中国教育界结下不解之缘。这一特殊原因，使李石曾担任委员长的清室善后委员会里，北大的人占有显著的地位。

据后来转到台湾的原故宫博物院元老庄尚严先生说：

---

1 〔美〕约翰·司徒雷登：《在华五十年——司徒雷登回忆录》中译本，北京出版社，1982。

当时，委员中蒋梦麟、陈垣、沈兼士、俞同奎也都是北京大学的教授。那时，在北大教授中有所谓"三沈二马"的称谓。兼士先生便是这"三沈"中的一人，岁数是最为年少；士远先生为长兄年龄最长；次兄是尹默先生。他们都是吴兴人，也是实际的兄弟。"二马"是马裕藻与马夷初，原籍都是浙江人氏，却不是兄弟。当时对委员会的工作热心，并且后来成为故宫的重要职员的更是不在少数，马衡、袁同礼、徐鸿宝、李玄、徐炳昶、黄文弼、顾颉刚及吴瀛等都被该会聘为顾问，几乎每天都参预委员会组织的点查工作。

另外，委员会作为一个会的组织还有必要设置一个负有实际责任的，处理日常工作的和调查古文物的专门机构，它的名称叫"事务员"。最初是四个人，接受这一聘任的四人除我之外，还有董作宾、魏建功、潘传霖，当时，我们四人都是刚从北京大学毕业不久，先是在国学研究所担任助手，不久委员会成立，我们立即由北大推荐，到这个委员会效劳。一年后，彦堂（董先生）返回故里，继续安阳殷墟发掘去了，后来到广州中山大学任教官。建功则重返北大任教，薪初（潘先生）因在学校学的是法律，所以到南京的最高法院就任。三人相继前后都离开了故宫，只有我一个人始终在这个文化机关工作到退休。……直至第二年春天，工作进展顺利，没有遇到什么妨害。随着工作的进行，我们转到了专门担任点查责任的"调查事务室"工作。但是，我们四人已不能负担逐渐增大的工作量，因此，那志良、吴玉璋、梁廷炜、齐念衡、史明等人也先后加入，这样，不仅成员在与日俱增，而且阵容也得到了逐步壮大。

这里，应当特别说明的是，以上这段反映北大与故宫关系的重要文字，本应引自庄尚严先生的《山堂清话》，但是因在北京的图书馆里不能找到原著，只好摘译于日文的《遗老话故宫博物院》，难免有异于原著之处，也就不能不为造成这一结果的背景而深表遗憾了。

能够作为相同见证的还有吴景洲（吴瀛）的《故宫盗宝案真相》中的记述，他说："委员长李石曾是在北大任教，所以以北大为中坚，如李宗侗（玄伯）、沈兼士、马衡（叔平）、袁同礼（守和）、俞同奎（星枢）几位，都是后来故宫博物院掌握实权的人物，都是北大当时的重要教职员。此外，易培基（寅村）、庄思老、张继（溥泉）、江瀚（叔海）同我，当时并没有掌握内部的行政，不过属于比较密切的客位而已。"这就是所谓故宫博物院成立过程中的"学风"与"官风"了。

另外，较庄尚严、董作宾、魏建功、潘传霖低一席的到清室善后委员会工作的北大研究所国学门的毕业生还有单士元等，由于前四位当时在国学门已任助教，因此参加故宫工作时做了事务员，而单士元则是拿到国学门研究生审查证的翩翩少年，因此入故宫工作时做了书记员。那志良毕业于陈垣主办的平民中学，经陈的介绍，于 1925 年 1 月 4 日到故宫报到，参加了故宫的点查工作。

下面来考察一下北京大学国学门在故宫博物院成立前后的学术研究状况。关于这方面的情况，沈兼士说："溯民国二十余年间，北京大学之于研究国学，风气凡三变：其始承清季余风，崇尚文辞；三四年之后，则倡朴学；十年之际，渐渍于科学，骎骎乎进而用实证方法矣。……故研究所国学门于古代研究，则提倡考古学，注意古器物之采集；于近代研究，则重公家档案及民间风俗。"[1]

北京大学研究所国学门考古学研究室成立于 1922 年。在其制定的《古迹古物调查会草章》第二条款中，阐明了其宗旨是"用考古学的方法调查研究中国过去人类之物质的遗迹及遗物"；第三条款中，确定了会员的组成是"除考古学家外应网罗地学学、人类学、金石学、文字学、美术史、宗教史、文明史、土俗学、动物学、化学各项专门人材协力合作"；在"资料之处置"条款中，有"一、照相，二、摹拓，三、造型，四、图书，五、记录，六、修理，七、保护"等，以及"一、监别，二、类集，三、陈列，四、编目，五、出版"。[2] 由此不难看到，该会《草章》的部分条款在很大程度上是符合或是接近博物馆的文物保管工作原

1　沈兼士：《方编清内阁库贮旧档辑刊序》，载《沈兼士学术论文集》，中华书局，1986。
2　国立北京大学《国学季刊》第 1 卷第 3 号，第 553~554 页；《国学季刊》第 1 卷第 1 号，第 198~201 页。

则的，对于故宫博物院的工作章程无疑具有指导性的借鉴作用。

这里另举一件"整理清内阁档案"的事例，从中不难看到，北大与故宫博物院在业务与学术上的承继关系。据记载：

教育部历史博物馆所存之清内阁大库档案，为研究近世史必要之参考物，前经研究所国学门主任沈兼士商请蔡元培校长，呈请教育部，将此项档案移交本校代为整理；于本年（民国十一年，1922年）五月二十二日，得教育部指令许可；校长乃嘱托沈兼士、朱希祖、马衡、单不庵、杨栋林诸教员前往历史博物馆办理接收事宜。此项档案，自明迄清之题本、报销册、揭帖、贺表、誊黄、金榜、起居注、实录等均在其中。共计装运六十二木箱，一千五百零二麻袋。

档案既移运到校，研究所国学门史学系、中国文学系教职员沈兼士、朱希祖、马衡、单不庵、杨栋林、沈士远、马裕藻、陈汉章、李泰棻、胡鸣盛、滕统音、刘绍陵、刘澄清及毕业生王光玮，在校学生连荫光、魏建功、张步武、潘传霖、付汝霖、魏江枫、陈友揆等富有整理档案之兴趣者，组织一整理档案会，于七月四日着手整理。其办法约分三步：

第一步，手续为形式分类及区别年代；第二步，手续为编号摘由，至于各项档案中之特别重要者，随时提出公布；第三步，手续为报告整理成绩，研究考证各重要事件，及分别编制统计表。……现拟于本校二十五年成立纪念日，将暑假期内整理之成绩，分类陈列，开第一次展览会，以供留心史学者之研究。[1]

另据沈兼士的《故宫博物院文献馆整理档案报告》记述：

（民国）十一年五月，北京大学因罗振玉收买库档，请准教育部，以历史博物馆库档委托北大研究所国学门整理。

---

1 《国学季刊》第1卷第1号，第198~201页。

十一年七月，北大接收档案完毕，规定整理计划。

十二年三月，北大史学系学生参加整理档案以资实习，其他考古学风俗学等实地调查之风，同时并起，一洗从前文科徒托空言之弊。

十二年六月，北大史科整理会议决，暑假期间不停止工作。

十二年十一月，北大研究所由第一院迁入第三院工字楼，档案始有陈列室九间，计分要件题本报销册等类。

十三年十一月，办理清室善后委员会，接收故宫。

十四年十一月，故宫博物院成立，设文献部，集中宫中档案，于外东路辟陈列室。

十四年十二月，故宫博物院接收宗人府档案。

十五年一月，故宫博物院请准国务院移交军机处档案归其保管。至是始完成同人倡议之内外庭档案整个保存联合整理之计划。

十六年十月，开放大高殿，展览军机处档案。

十七年六月，故宫博物院文献馆接受旧清史档案。

十八年八月，开始整理宫中档案。[1]

根据以上记述，北京大学国学门与故宫博物院文献馆的承继关系可以一目了然了。其中，不仅包括组织系统、专业方法等，而且，如果将清室善后委员会"绝对公开"的作风求本溯源，其本源不能不说是在北大国学门的"整理档案会"。这一作风由于干部传播的作用，在故宫博物院是发扬光大了，它一反旧式文人"单干"的封闭式的坏学风，为后人树立了光辉榜样。

据朱家溍的追忆：

文献部在1928年出版了《掌故丛编》，一至四期是许宝蘅先生编的，这是故

---

1 载《沈兼士学术论文集》。

宫博物院编印的第一种期刊。援庵（陈垣）先生主张赶快公布档案史料，供学术界研究，就从《掌故丛编》开始，后来改称《文献丛编》。又编印一种《史料旬刊》。援庵先生认为：公布档案史料不必耽搁时间……沈兼士和陈垣先生的思想是一致的，继续坚持十天出版一册《史料旬刊》。抗日战争，古物南迁，也包括历史档案，他们预料这个旬刊将要中断。为了加紧出版旬刊，必须缩短周期，在沈兼士的领导下，节省去了档案抄录过程，直接由排字工人看档案原件排字，为了保证档案原件的完整与清洁，即不能有半点损坏与玷污，就派馆员手持档案原件站在排字工人身旁，供排字工人排字，同时馆员负有校对责任。[1]

曾经亲眼看见那些类似"F总长"的官僚和"忽然变了考古家"的"留学生"盗取"大内档案"[2]的鲁迅，也称故宫博物院编辑的《清代文字狱档》"给了我们一种好书"[3]。

讲到北京大学与故宫博物院建院关系时，当然不能不提以"美育代宗教"为宗旨的北大校长蔡元培先生。故宫开院之际，蔡先生正在国外考察，虽不能亲身参与创建，却在此后，无不以满腔的热忱加以推崇。早在1912年，已经46岁的蔡元培卸任教育总长，再度游学于欧洲，有感于"欧洲学术注重实物，精神科学也向实验发展，再加需要标本、图画、表目等，还有陈列年、博物院、图书馆等等参考的地方，所有这些，我国没有，短期内也不能具备"[4]。回国后到处奔走呼吁，提倡博物馆教育，尤其强调博物馆在美育中的作用。

1912年，蔡元培在《北京大学日刊》上撰文，题为《何谓文化》，设想有各类博物馆：

1　朱家溍：《回忆陈垣、沈兼士两位先生》，《紫禁城》1986年第5期。

2　鲁迅：《谈所谓"大内档案"》，载《鲁迅全集》第3卷。

3　鲁迅：《隔膜》，载《鲁迅全集》第6卷。

4　参阅新潮社编辑《蔡子民先生言行录》，1920。

有科学博物院，或陈列各种最新的科学仪器，随时公开讲演，或按照进化的秩序，自最简单的器械，到最复杂的装置，循序渐进，使人一览了然；有自然历史博物院……可以见生物进化的痕迹，及卫生的需要；有历史博物院，按照时代，陈列各种遗留的古物，可以考其本族渐进的文化；有人类学博物院……可以作文野的比较；有美术博物院……不但可以供美术家的参考，并可以引起普通人优美高尚的兴趣。

故宫博物院的建立显然超出了蔡元培当时的预想。他曾在《二十五年来中国之美育》《最近三十五年之中国教育》等文章中一再介绍故宫博物院，他说："故宫的建筑与园林，均有美的价值，昔为清皇室所占有，自十四年后，次第开放，公诸民众。至于宫中的物品，除书籍及档册外，美术品甚多。"他称故宫所藏八千余件书画"皆其特出之件"；称所藏陶瓷为"中国古代名窑之瓷，应有尽有"；古青铜器"均为世间不可多见之物"；玉器"或以润泽胜，或以镂刻见长，数亦以万计"。[1] 可见蔡元培是用怎样的喜悦来庆贺这一事业的成功啊！

当然，若论蔡元培对故宫博物院的贡献，绝不仅在于对博物馆或对故宫博物院的直接论述，而更见诸蔡元培倡导的"兼容并蓄"与"古今中外派"的时代风气，及其所培育出来的北京大学上。他"毕生所求，在于融合中西，创立符合中国实际的新文化"。北大研究所国学门正是在蔡元培所倡导的"研究也者，非徒输入欧化，而必于欧化之中为更进之发明；非徒保存国粹，而必以科学方法揭国粹之真相"[2] 的学风下创立的，也是蔡元培先生为故宫博物院的产生做得最有实际意义的准备工作。

北京大学国学门在故宫博物院成立前后的学术研究状况有力地说明了二者之间的密切关系。随着故宫及其文物的历史文化被强调，相持对峙之时，知识分子

1　蔡元培：《二十五年来中国之美育》，载《环球中国学生会二十五周年纪念刊》，1931 年 5 月。
2　蔡元培：《北京大学月刊发刊词》，载《蔡元培选集》，浙江教育出版社，1993。

逐渐形成的那股独特力量，"吾人欲谋改组委员会，必须于政客党人之外，另行物色称职之人，此凡参观故宫者，所应亟宜注意之一重要提案也"[1]。接下来，博物馆的公共性被突出，参与到清室宫殿及其古物保管争论之中的知识和学术力量，逐渐转向学术争论。

关于这方面的情况，沈兼士说过："溯民国二十余年间，北京大学之于研究国学，风气凡三变：其始承清季余风，崇尚文辞；三四年之后，则倡朴学；十年之际，渐渍于科学，骎骎乎进用实证方法矣……故研究所国学门于古代研究，则提倡考古学，注意古器物之采集；于近代研究，则重公家档案及民间风俗。"[2] 故宫开院正值北京大学渐渍科学之时，从西方引进的考古学、文献学、档案学、博物馆学等新型学科在学校形成学科体系后输入博物馆的业务活动中，在故宫博物院成立之初起到了大放异彩的效果，揭示了紫禁城内独特的历史，及其科学和艺术价值。

北大考古学在故宫的学术建设方面的作用

北京大学于 1922 年设研究所国学门，首先创考古学研究室，其旨趣是要把以往所谓文人赏玩的古董，用考古学的方法去发掘搜集，做综合比较的科学研究。北京大学研究所国学门考古学研究室制定的《古迹古物调查会草章》第二条款中，阐明了其宗旨是："用考古学的方法调查研究中国过去人类之物质的遗迹及遗物。"史学方面添加了一支研究考古学的生力军，古代史上许多问题，或者得到了解决，或者出现了疑问，这都是研究古代遗迹遗物的收获，予史学界以极大的震动。

1　林白水：《故宫博物院之不满意》，《社会日报》1925 年 10 月 13 日。
2　沈兼士：《方编清内阁库贮旧档辑刊序》，载《沈兼士学术论文集》。

1926 年，庄蕴宽接替了易培基的职位。当时已有中外科学家开始研究现存青铜器。1927 年博物院重组后，江庸任古物馆馆长，下设四个部门：博物馆建设部、目录编撰部、出版部和时务部。1928 年春设文物照相室，在这个特殊的黑屋内用照相复制法制作文物复制品等。南京国民政府北伐胜利后，易培基兼任故宫博物院院长与古物馆馆长。古物馆成立了一个全新的委员会，指任官方和民间的专家对博物院内的画作、青铜器、瓷器、书籍等展开细致研究。1932 年出版的《故宫博物院古物馆概览》第 3 页及往后内容详细介绍了文物的分类整理工作。

后来罗振玉的儿子罗福颐校补王国维的《国朝金文著录表》，改名为《三代秦汉金文著录表》（1933 年，墨绿堂石印本）。表内列了他认为可靠的古器物共5423 件。其中有出土地点一栏，大半都做了空白的处理，填写出土地点的器物仅有 133 件，仅占所录器物总和的 2.45%。这张表足以证明清代的古器物学对古器物出土地点的极端忽视，其所造成的学术上的巨大损失也使清代学者无法通过墓葬中出土古器物的组合关系来探讨其所折射出的先秦礼制，同时也印证了考古学成立的必要性与重要性。

曾任北京大学研究所国学门考古学研究室主任、故宫博物院院长的马衡曾学习经史、金石诸学，精于汉魏石经，注重文献研究与实地考察，金石学家、考古学家、书法篆刻家。早在 1922 年被聘为北京大学研究所国学门考古研究室主任兼导师，同时在清华大学、北京师范大学、北京女子师范大学兼课。

1924 年 11 月马衡受聘于清室善后委员会，参加点查清宫物品工作。1925 年 10 月故宫博物院成立后，曾兼任临时理事会理事、古物馆副馆长。1926 年 12 月任故宫博物院维持会常务委员。1928 年 6 月南京政府接管故宫博物院时，曾受接管代表易培基的委派，参与接管故宫博物院的工作。他毕生致力于金石学的研究，上承清代乾嘉学派的训诂考据传统，又注重对文物发掘考古的现场考察，主要著述有《中国金石学概要》《凡将斋金石丛稿》等。许多研究结论至今被国内外金石考古学界视为定识，声誉久享。

唐兰，清光绪二十七年（1901）生于浙江嘉兴市秀水兜。民国初年卒业于商业学校，曾学医、诗词，复就学于无锡国学专修馆，遂发愤治小学，先研读《说文解字》，后渐及群经。早在20世纪20年代初，即著《说文注》四卷，后渐致力于青铜器款识及甲骨文研究，在上海他曾得到王国维的指导，开始研究甲骨文和金文。1931年，他在沈阳首创用自然分类法整理古文字，对甲骨文的考释曾有突出的贡献，同时对美术史也颇有研究，先后任北京大学、燕京大学、辅仁大学、西南联合大学等校教授。1936年受聘为故宫博物院专门委员。

综上所述，在"五四"新文化运动中脱颖而出的考古学，为产生一座像故宫这样巨大的博物馆，做了学术上的准备，以至不再使故宫博物院成为另一座"殆如骨董店"的古物陈列所。故宫博物院古物馆内还收藏了大量的商周秦汉时期的中华仪仗用具和乐器等文物，以及秦汉时期的印迹。为最大限度地面向公众开放，古物馆制作了超过150份精美的印章碑文拓本和仪仗器具的复制品。

北大文献学、档案学在故宫的学术建设方面的作用

1925年故宫博物院成立的时候，图书馆设有两个分部，一个是图书部，一个是文献部。1926年1月，故宫博物院向当时的政府请求将存放于大高殿的档案重新搬回军机处存放。同年，图书馆首先整理了政府从观海堂、方略馆和资政院搬出来的书籍以及军机处的案卷。1927年10月10日，图书馆获准对公众开放。1927年11月，博物院重组后，图书馆改文献部为掌故部。图书馆着手善本的照相制版复制工作，掌故部出版了《掌故丛编》。

1927年11月，文献部更名为掌故部。1929年南京政府对故宫博物院进行改组，掌故部分立为文献馆，成为博物院的第三个独立部门。张继任馆长，沈兼士任副馆长。与此同时，成立了一个专家委员会，成员包括陈垣、朱希

祖、陈寅恪、傅斯年等学者。

此时，实录、圣训、内阁起居注、升平署的戏曲等档案的系统性收集、分类、编目等工作才得以正式展开。1929 年，文献馆接收和分类了刑部及清史馆的档案。1930 年 1 月，朱批奏折及内阁实录的分类及编目工作完成并准备出版。在当时的馆长沈兼士的领导下，文献馆分成了三个分部：出版、展览和分类。文献馆的年度报告堪称典范，清晰介绍了文献馆工作的进程。

文献馆接收了四个部门的档案：宫中（与皇室的居所并称内廷）、内务府、内阁大库及军机处。当年文献馆收集、分类、编目了苏州织造李煦的奏折，共593 份，这些档案为宫中档案。

文献馆所藏内务府档案可分为三类：内务府堂档案，升平署的戏曲，造办处的地图与平面图。文献馆开始收集和分类内务府奏折，并展开编目工作。文献馆另收集到共十五架折包，随之对内务府来文进行分类整理。共分类整理出814 封上谕及 951 份舆礼档案。文献馆还分类整理了数千篇升平署戏曲，这其中有升平署所作，亦有外班所作。这其中包括昆弋和乱弹以及上百册曲谱，对中国戏曲学生来说真的是一座宝库。文献馆分类整理及编目了造办处 453 幅《巡幸图》。

内阁档案分为六类。第一类是著名的"黄册"和试录题名录。文献馆根据前人所作档案目录仔细点查了档案，并根据内容和发布机构分类整理了总共6602 份档案，编写了实际的目录。故宫博物院、中央研究院及北京大学制作了《清内阁汉文黄册联合目录》，这是这三家机构内所有现存清代汉文档案的目录。从 1935 年 11 月开始，文献馆从这堆档案中恢复了：22 份诏书，87 份敕书，6 份小金榜，1183 份红本，55 份奏折（向皇帝奏事的文书，直接由奏事处上呈给皇帝，大多为议论政事与请求指示），383 份贺表和 1183 份《官员考语名单》。

第二类内阁文件为记述帝王言行的起居注（皇帝活动记录）和六科实疏（勘察官府公事的机构的官方文件）。这两类档案都非常重要，不幸的是都被迁往南方了，但是清查中文献馆发现北平仍存有14册起居注和2270册六科实疏。

第三类重要文件为实录（官方记录）、圣训、会典（帝国内所有行政机构的组织和规章制度）、方略、史和志。文献馆在残破的档案中发现了196册实录和407册圣训的稿本。

第四类档案是书志学家和文学历史学家感兴趣的，是与朝廷征收书籍有关的活动的档案，比如《四库全书》的编写。征收到的书籍以及那些需要归还的书籍的抄本由典籍贮库或内阁下属部门接收。图书馆接收的宋元典籍、善本复制品等几乎都南迁了。文献馆从成堆的废弃档案中发现了明朝末年之后的题本稿本、各部档案的副本及其他文件。

第五类档案为内阁日行公事档案，有部分1936年编译出版为《俄国来文原档》，内含康熙三十四年、三十八年、四十二年、五十五年和五十九年档案翻译各一份，以及乾隆十七年和二十二年各两份。另外，文献馆在废弃档案堆中发现了很多此类档案。

第六类内阁档案为盛京旧档。文献馆去年着手整理《满文老档》抄本，原档已南迁。这些抄本抄于乾隆四十年（1775），出自大学士舒赫德之手。此前文献馆已编译出版发现的26块满文木牌，满文木牌是刻在木牌上的内阁军事报告。1935年8月，文献馆又发现了两块崇德三年（1638）的木牌。这些档案主要与沙场、俘虏和战利品等有关。

清军机处文件按出处分为七类。第一类：由于军机处有大量档案，因此在清朝时这些档案被抄录成书，有规律地存放在军机处。第二类：进呈之文。根据清代则例，朱批奏折在军机处存档。第三类：军机处日行公事档案。第四类：照会，是中外相同等级之间的官员的外交往来文件，已于当年进行了清查和分类整理。第五类：这些是内阁会议政务处及责任内阁的档案，例如奏折的稿本和官员监察报告等。第六类：方略馆档案。第七类：弼德院文件。共有3766大箱的历史文件、实录、起居注、乐器和戏文、地图、兵器等。

中国营造学社与紫禁城里的古建筑学

中国营造学社的梁思成曾对故宫的建筑展开研究，并为故宫绘制新的平面图。该学社成立于 1929 年，创办人是北洋政府时期的交通系大员朱启钤。他曾官至代理国务总理，因支持袁世凯复辟饱受非议而退出政坛。其后，朱启钤专注于中国传统建筑的研究与保护，并最终投资创办了中国营造学社。中国营造学社发轫于中国建筑学者在美国庚子赔款资助下于 1929 年开始的关于《营造法式》的系列主题讲座。后来渐成气候，从松散的个人学术讲座发展成有组织的学术团体。

营造学社成立之后，以天安门内旧朝房为办公地点，营造学社内设法式、文献二组，分别由梁思成和刘敦桢主持，分头研究古建筑形制和史料，并开展了大规模的中国古建筑的田野调查工作。

1931 年，该社参与了对故宫南面角楼维修工程。1932 年，故宫人员单士元等先后加入学社。这一年 3 月，该社的《清式营造则例》脱稿。

1932 年，梁思成为故宫内城仅存之东南角楼拟订修葺计划，并为故宫南董殿拟订维修计划。同年 10 月，故宫文渊阁支撑书架的棵柱严重下沉，情况堪忧。故宫博物院方面虽然早已将阁中存书全部取下入存别库，但还是希望找到楼面沉陷症结，以便及时修理。时任故宫博物院总务处长的俞星枢即刻请求正在故宫进行测绘工作的营造学社派社员勘察，给出修复计划。于是，梁思成、刘敦桢、蔡方荫受故宫博物院委托，拟订文渊阁楼面修理计划，并按计划进行修葺。

由此，宫殿开始了规模化的翻修，营造学社的维修工程看起来就像清政府依然存在一样，皇帝的居所得到了有效修缮。

1934 年，营造学社为故宫博物院拟修理景山万春、缉芳、周赏、观秋、富览五亭计划，由邵力功、麦俨增勘察实物，绘制图表，梁思成、刘敦桢二人拟修葺计划大纲。该项维修工程于 1935 年 12 月竣工。

1936 年 12 月，梁思成在《中国营造学社汇刊》第 4 卷上发表了一篇名为

《清故宫文渊阁实测图说》的文章。该论文成为研究中国皇宫建筑形制和大内土木工程档案史料的典范。

博物馆学在故宫的学术建设方面的作用

需要说明的是，即使对于文物历史类博物馆，仅以考古学的指导思想仍然是不足的。在组织博物馆收藏与展示方面，借用所谓的西方艺术审美原则与方向也是不可或缺的。此外，中国的皇家收藏不仅仅只是一般意义上的工艺艺术，长期以来皇家收藏一直被认为是"上天的赐予"，也是国家精神权威和政治合法性的有效依据。

1927年初，德国博物院东方美术部长曲穆尔博士参观故宫博物院。3月7日，他来博物院演讲时说："以博物院规模的宏大来计算，全世界当然以英、法、德为最。陈列方法，早期都以物品归类为尚。现在却不同了，大致超重拿时代为区分，譬如汇列一时衣冠文物在一起，可以表现当时的文明，来追想那时的生活状态，非常明白而有趣。"最后又称："贵院同人于这样政治现状之下，能够如此艰苦地来维持，是非常难能可贵，不易企及的。"这或许是我国与国际上进行的最早的有关博物院管理与陈列形式的学术交流活动。这种外国学者的讲座活动也算是集储博物馆专业力量的一个方面。

前面曾提到故宫博物院开幕之时，林白水在《社会时报》上发表了《故宫博物院之不满意》一文，批评了故宫博物院"以政治的意味，而掺杂于保管故宫、收藏古物之中，宜其无有是处"，同时，也批评了博物院的陈列过于庞杂无章。面对社会上的类似的批评，荟萃于故宫博物院的人们当然不会充耳不闻，只是限于当时时局不利，只好集储力量，以求有朝一日一显身手。

1928年，故宫博物院的契机来了。如果说以后的四年间是博物院的"鼎盛时期"，其中最为明显的标志之一就是这一时期开放的大量的陈列。1928年以后，博物院仍照以前的办法，分三路参观，而各路的陈列室增多了。

如果一开始就广泛地给博物馆以概念化，而不是将其视为一个由独特文化实践所塑造的更广泛的制度和意识形态系统中的文化机构，是不是这样的博物馆就不再需要借鉴其他国家先前的艺术形式了呢？恰恰相反，这与在历史时期以不同形式表达出来的加入了国家最早神话和传奇色彩的艺术精神相辅相成。无论如何，故宫博物院的出现一方面受惠于大学的学科学术研究成果，同时也为大学的专业教学活动注入了前所未有的活力。至今在故宫博物院的档案中仍然保存着这方面的记录。[1]

从上述情况足以看出自 1928 年到 1931 年 9 月的四年间，故宫博物院在陈列开放方面所取得的辉煌成果。另外，1930 年故宫博物院制订并报请国民政府批准了"完整故宫保管计划"，将中华门（即大清门，现已拆除）以北各宫殿以及太庙、景山、大高殿、皇史宬一并归入故宫博物院。

第一届中国博物馆学会合影，前排右五为故宫博物院院长马衡

---

1 《北京大学画法研究会率领学生赴文华殿参观》，故宫博物院档案，编号：jfqgwkfcg100047；《有北京大学学生来所参观由》，故宫博物院档案，编号：jfqgwkfcg100080。

随着中国博物馆事业的发展，到了 20 世纪 30 年代，出现了《博物馆学通论》《博物馆学概论》等有关论著，出现了中国的博物馆理论。1935年5月18日，由当时故宫博物院院长马衡、北平图书馆馆长袁同礼、中央博物院筹备处主任傅斯年等组织发起，在北京景山绮望楼成立了中国博物馆协会，并推选马衡担任主席。就此，故宫博物院的事业又多了一件武器。

考古学与博物馆学对于文物历史类博物馆来说，考古学好比硬件，博物馆学好比软件。可惜，这一学科在故宫博物院成立以前还未能完整地形成，由此也就出现了一些缺陷。

第七章

故宫与罗浮宫、艾尔米塔什开放之比较

16~18世纪，随着世界市场的出现和物质财富的高速增长，把一切包括古董、自然标本、艺术品都变成了商品，同时随着海外贸易和殖民扩张将东方的艺术品及珍宝大量掠入欧洲，大型综合类博物馆大量涌现。由于法国大革命，"中央美术博物馆"成为罗浮宫博物馆的真正起源；十月革命后苏维埃政府颁布了保护文化财产的法令，将昔日属于皇宫、教会或私人的所有艺术珍品，全部收归国有，悉数移到"艾尔米塔什"来收藏，由此产生了苏俄（联）最大的博物馆——国立艾尔米塔什博物馆。相比之下，故宫开院在政治、思想文化的背景上都显得有所欠缺。

与中国的皇家收藏同属一类的世界中世纪史上的西方宫廷收藏，其珍品无疑是一个巨大的数目。这些宫廷收藏往往成为异族入侵与王朝更替时的抢夺目标，其结果无非是或麝以香亡，改变了主人；或是宝物毁于战火，落得个一了百了。奇珍异宝就在这你抢我夺的厮杀中一再减少，然而，却又在新的一次更为暴虐的剥夺和压榨下无限地增加。这便是"美之所能赋，富之所能营"的世界范围内的宫廷收藏的梗概。同样，这些收藏的大部分，经过近代革命的洗礼，大都演变为博物馆收藏了，尽管世界上还存在有十多家王室。

与"博物馆是一种人类文化现象"的命题一样，古代和中世纪的收藏行为也为人类所共有。如果将古代和中世纪的收藏活动的动机与目的加以区分的话，大致可以分为以下几种情况：

（1）出于宗教活动的收藏。这是最古老的一种收藏活动。自然崇拜、万物有灵论、图腾崇拜和巫术是原始社会收藏活动的直接推动力。许多动物、植物、矿物作为崇拜的对象和有灵验的物品被收集和保存下来。多神教和一神教出现后，宗教活动的内容和仪式更加多样化和复杂化了。神像、佛像和圣徒、圣僧的尸骨、遗物以及与宗教活动有关的器皿、用具、艺术品都成为收集和保存的对象。王室与神庙、寺院、修道院、教堂则是保存与宗教活动有关文物的重要场所。

（2）出于经济积累需要的收藏。私有财产、贸易活动和贵金属的出现是出于经济积累需要开展收藏活动的基础。随着货币特别是贵金属货币和手工业的发展，货币、珍宝、精美手工艺品的收藏成为财富积累的重要组成部分。宫廷、宗教机构和世俗的王室府库、珍宝库是此类财宝的聚集和贮藏之地。艺术品收藏的情况往往也具有这样的目的，譬如，二战之后，捷克共和国没收了皇室家族在捷克南部地区的所有财产，皇室便通过变卖重要的画作收藏来渡过难关，其中包括达·芬奇的 Ginevra de' Benci（《班琪的画像》）。

（3）为了显示社会地位和社会声望的收藏。在等级社会里，财富和权力是社会地位和社会声望的基础，人们往往为了炫耀家族的显赫地位和显示国家的威力进行收藏。拥有王冠、珠宝玉器、金银首饰、奇花异草、珍禽怪兽以至古董、抄本，不仅是富有的象征，而且是身份、地位和权力的标志。

（4）表现对群体忠诚的收藏。这种意识由来已久。就家族来说，表现为对祖先的崇敬，保存亲人和先人的遗物，定期举行祭祀、悼念活动以寄托哀思；就一个民族来说，出于文化认同的需要，保存能代表本民族习俗和文化传统的器物、建筑、艺术品；就一个国家来说，为了表现对祖国的依恋和忠贞而保存能反映本国历史文化遗产和成就的纪念物。

（5）出于生产需要，对自然奥秘进行探索和满足好奇心的收藏。生产活动是人类的基本活动，在生产活动中，人们需要不断地增加对自然、社会和人类本身的了解，它的最基本的形态是有机体对环境做出的本能的反应，对周围环境差异性的识别能力，以及了解不同事物的好奇心和探索精神。好奇心主要受感情的支配，无固定方向，而且是多变的。经过理性和科学的洗礼转化为执着定向的追求，成为科学的探索精神。以探索自然规律为目的的藏品收集活动，一般说来具有较高的学术价值。

（6）出于对美的追求的收藏。艺术活动和审美观念起源于人类的生活体验。受审美观念支配的收藏活动起初往往同前几种收藏活动混杂在一起，直到中世纪晚期，艺术品的生产专业化和商品化了，艺术品收藏才具有了相对的独立性。

以上从六个方面阐明了人类收藏动机的一般特征，宫廷收藏的目的当然也不外乎于此。同时，宫廷收藏动机又是极为广泛的。皇帝出自"朕即国家"的观念，无不把社稷和天下视为当然的"王土"与"王臣"。因此，也可以说王室收藏的动机受到一种膨胀的占有欲望所支配，它是一般收藏动机与占有冲动的无限的放大。可以说宫廷收藏是最典型的古代与中世纪的收藏。

皇帝或国王作为最"崇高"的封建领主，操纵着国家机器，为了使自己的统治具有绝对的权威，往往或把自己扮演成为超自然的精神力量的世俗代言人，或与某宗教势力结成同盟，等等，这都使宫廷成为世俗社会中宗教法器及宗教艺术品的最大收藏者；皇帝作为最富有的封建领主，掌握着国家的经济命脉，人君"视天下为莫大之产业"，当然也是一国之中的贵金属货币、珍宝与精美手工艺品的最大收藏者；皇帝作为最显赫的封建领主，具有"九五之尊"、至高无上的身份地位，因此，皇帝也必然是全社会中拥有最多奢侈品、豪华品、礼仪用品、珍奇品以及古董的收藏者；皇帝作为最有威望的封建领主，并往往以"内圣外王"的身份出现，被人为地推崇为全社会伦理的最高典范，这样皇室又成为祖先、民族、国家象征物的最大收藏者；皇帝作为最"贤明"的封建领主，而成为人们在生产和探索中所获得的智力成果的最大拥有者，当然也是其物质形态的最大收藏者；皇帝作为最"高雅"的封建领主与最"和谐"的人格象征，皇室无不用社会最高艺术成就所装点，而成为艺术品的最大收藏者。这样皇帝就成了拥有全社会最高物质财富与精神财富的最大收藏者。

这些印证了斯宾格勒（Oswald Arnold Gottfried Spengler，1880-1936）的论断，"在每种文化中，农民是纯自然和成长的一部分，从而是一种完全不具人格的表现，而贵族和僧侣则是大力培养与形成的结果，因此，就表示一种彻底具有人格的文化"[1]。由于宫廷收藏具有体现全社会最高文化成就的特征，因此，宫廷收藏也就成为新时代博物馆中最适合的收藏。

1 〔奥〕斯宾格勒：《西方的没落》，齐世荣等译，商务印书馆，1969，第538页。

皇室收藏与皇家博物馆

16~18 世纪，随着资本主义生产方式在封建社会内部的发展，随着世界市场的出现和物质财富的高速增长，把一切包括古董、自然标本、艺术品都变成了商品，随着海外贸易和殖民扩张将东方的艺术品及珍宝大量掠入欧洲，同时随着文艺复兴中更多的优秀艺术家的出现，其作品成为新的收藏目标，以及科学的进步所带来的新的探求世界奥秘的方法等，欧洲的宫廷收藏，像是获得了一个千载难逢的契机，在资产阶级政治革命以前，迅速地膨胀起来。除去英国斯图亚特王朝国王查理一世，因于 1642 年企图逮捕皮姆等国会领袖未遂，随即挑起内战，再度战败，1649 年 1 月被国会处死，他的藏品于 1653 年根据国会决议被拍卖以外，其他国家的皇室收藏都是蒸蒸日上，事业发达，其中流传至今的著名皇家收藏举例如下。

捷克皇帝鲁道夫二世（Rudolf II，1552-1612），其主要收藏有：艺术品、用具、乐器、游戏玩具、科学仪器和工具。

（德意志）萨克森选侯奥古斯特（Augustus，1526-1586），其主要收藏有：艺术品与自然标本、珠宝、钱币、徽章、钟表、科学仪器和药物等。

英国国王查理一世（Charles I，1625-1649），其主要收藏有：艺术品，包括绘画、雕塑等。

法国波旁王朝国王路易十四（Louis XIV，1638-1715）在位期间，法国人才辈出，英杰遍地。路易十四曾做作家莫里哀（Molière，1622-1673）和拉辛（Jean Racine，1639-1699）的保护人。同时，他大力营建新的行宫，其中的凡尔赛宫至今犹存。罗浮宫也是在这位"太阳王"的主持下进行了扩建。其主要收藏有：艺术品、青铜器、珠宝和名画。

丹麦和挪威国王腓特烈四世（Frederick Ⅳ，1671-1730），克里斯蒂安五世之子。曾在国内实行改革，1702 年废除西兰岛的农奴制度。其主要收藏有：自然标本、人工制品、科学仪器、机械设施等。

普鲁士国王腓特烈二世（Friedrich Ⅱ von Preußen，der Große，1712-1786）曾在继位后发表了《反对权术主义》的论文，充满了启蒙运动伦理观点，并实行重商主义政策，独揽朝政，同时喜欢与艺术家和作家交往。其主要收藏有：工艺品、家具、染织品等。

俄国沙皇彼得一世（Пётр Алексеевич Романовы，1682-1725）与女皇叶卡捷琳娜二世（Екатерина Ⅱ Алексеевна，1729-1796）。彼得一世在位期间效仿西方实行经济、军事、文化教育和政治改革，加强封建专制的中央集权制，史称"彼得一世改革"。其主要收藏有：武器、战利品、宝物等。叶卡捷琳娜二世，又译为凯萨琳二世，在位时标榜"开明专制"，与伏尔泰（Voltaire，1694-1778）及法国百科全书派交往密切。这时的宫廷收藏最为丰富，主要有：古代东方艺术品、古钱币，古希腊和罗马的雕塑，中世纪的绘画及雕塑等。

诸如此类的例子不胜枚举，更不用说在欧洲历史上有着长期统治的哈布斯堡王朝（1273~1918）、斯图亚特王朝（1371~1714）、波旁王朝（1589~1931）、罗曼诺夫王朝（1613~1917）、汉诺威王朝（1714~1901）等王朝，无不具有收藏传统。大量的王朝收藏使后来的奥地利、西班牙、英国、法国、意大利、俄国等国的博物馆收藏丰富起来。

17~18 世纪的欧洲，是一个将私人的收藏向公共的博物馆发展的时代。随着文化教育与科学技术的发展，人们纷纷捐献或公开私人收藏，建立博物馆。其中著名人物有英国的汉斯·斯隆爵士（Hans Sloane，1666-1753），他于 1733 年将自然史标本 69352 件全部捐赠给大英博物馆，成为该馆的核心藏品。同时，随着英国海外贸易和殖民扩张将东方的艺术品及珍宝大量掠入大英博物馆，该博物馆愈加向大型综合类发展。此外，埃利亚斯·阿什莫尔（Elias Ashmole，1617-1692）将收藏的古董捐赠给牛津大学，于 1682 年建立了阿什莫尔博物馆。德国的戈托普公爵（Duke of Holstein-Gottorp）也将私人收藏，包括自然与人工的珍品，供公众观赏。

在这种风潮的波及下，欧洲的宫廷收藏也开始松动。与此同时，欧洲的王侯们也在部分地开放宫廷收藏。包括有：法国历代宫廷秘藏的一部分，于 1750 年有限定日期地在枫丹白露宫开放；维也纳的哈布斯堡王朝的宫廷收藏，于 1781 年售票开放；著名的艾尔米塔什博物馆也已于 1764 年建成，并向围绕在叶卡捷琳娜女皇周围的社交界开放……除此之外，还有将宫廷收藏部分地向博物馆捐赠，以及建立皇家博物馆等形式。这两种形式，前者比较简单，而后者却比较复杂。如果将各种类型的名为皇家博物馆的由来加以考察，大体上有如下几种情况。

（1）由皇室创设，实行管理，并拥有所有权的博物馆。如丹麦皇家早在 1658 年弗雷德里克三世时，罗森堡宫（Rosenborg Castle）就被用于存放皇家的私人珍宝。1705~1707 年，弗雷德里克四世将"长厅"的装饰改变为现在人们所看见的反映战争和政治主体的绘画穹顶。1833 年，弗雷德里克六世将罗森堡宫改为博物馆并于 1838 年对外界开放。现在罗森堡宫由丹麦国家所有，陈列了大量珍宝，包括丹麦皇冠珠宝和丹麦皇家收藏品。

（2）位于旧皇室（王室）宫殿旧址，以宫廷史及宫廷收藏为主要陈列的博物馆。如奥地利的香布伦宫殿博物馆，馆址是哈布斯堡家族的旧宫殿，陈列也是以哈布斯堡王朝的宫廷收藏为主体。另外，像德国的王室博物馆，馆址在巴伐利亚王朝韦特斯巴哈家族的王宫旧址，陈列品亦然。这样的情况还有不少。

（3）宫廷收藏为主体的博物馆。如比利时王室历史艺术博物馆，其收藏可以追溯到 15 世纪初，当时布尔哥纽家族的安特卫普公爵，曾在布鲁塞尔建造武器库，收藏布尔哥纽家族世世代代的战利品。但是，后来比利时被奥地利哈布斯堡王朝统治时，几乎全部收藏都被运往奥地利，只剩下极少部分。比利时独立后，这些剩余部分便转交新设立的国立博物馆收藏。最后，布尔哥纽王室的收藏回到了比利时，在比利时独立五十周年纪念时，除武器以外的作品交给了这座博物馆。像这样的例子更是不一而足。

（4）在历史上曾受到过皇家的庇护，或由皇室、王室参加了建馆或收集活动的博物馆。如比利时王室自然史博物馆等。

（5）借以皇室或王室的名义而命名的博物馆。例如：英国的维多利亚皇家博物馆，亦称"维多利亚和艾伯特"博物馆。据说博物馆是因纪念维多利亚女王在位60周年庆典而于1899年改名为维多利亚博物馆的。实际上该馆建于1852年，当时英国政府在马尔博罗大厦创办制造商博物馆，收藏1851年"水晶宫博览会"的装饰艺术展品和公立设计学校的装饰艺术作品。原名为装饰艺术博物馆，与皇家并无瓜葛。类似的情况也不少。

王室将宫廷的宫殿建筑或宫廷收藏捐赠国立博物馆，当然是宫廷收藏转变为博物馆收藏的有效途径之一。此外，变宫廷收藏为公共（主要是国立）的博物馆的方式，便是革命的手段。其中有的属于国家政体发生了变化，旧的封建专制政权被赶下了台，新的政府逐步地接收了旧时代的这份丰厚的文化遗产。例如：法国的国立凡尔赛城堡及大小离宫博物馆、罗浮宫博物馆、国立康白尼宫博物馆（此为路易十三、十四、十五、十六以及拿破仑三世的居宫），德国的珊苏西宫、楼阁宫殿等博物馆（此为普鲁士王腓特烈二世的夏宫、萨克森的离宫），荷兰的卡波迪蒙特美术馆（那不勒斯国王查理的别墅），圣彼得堡的艾尔米塔什博物馆与莫斯科克里姆林宫的博物馆——武器库（此为彼得大帝、叶卡捷琳娜二世等历代沙皇的宫廷收藏），等等。

中国皇家收藏品与欧洲王室收藏在许多方面有所不同。欧洲国王的收藏被认定为物质财富积累和对外国征服的标志；而中国皇家藏品几乎完全是中国文化和历史的艺术品和文物，是彰显帝国威严的形象的标志。

在众多的历史场景中，有两座国立博物馆显得尤为重要，即1793年法国大革命开放的罗浮宫，与1917年俄国十月革命开放的包括冬宫在内的艾尔米塔什博物馆。它们产生的过程与1924年冯玉祥发动"首都革命"开放紫禁城建立故宫博物院的过程，构成了以"极端"的革命手段进行宫廷收藏的三个划时代的事件。

大革命造就大博物馆

早在 1915 年，罗浮宫博物馆就被介绍到我国，文章刊载在《青年杂志》第 1 卷第 4 号《世界说苑》栏目上，作者李亦民把其译为"卢布尔博物馆"。这篇文章为国人做了如下的描述：

世人每谓巴黎之繁盛，多出卢布尔博物馆之赐。斯言实非诬妄，设巴黎而无卢布尔，则不知寂寞几许。该馆建筑之壮丽，贮藏之丰富，虽著书百页，不足以尽之；游人至此，则非一二星期，不能看遍也。其贮藏品如埃及东洋之古代美术、世界古今之雕刻绘画，靡不穷极搜采。一九一二年，馆内遗失某名家之画本，立见巴黎鼎沸，如遭奇灾，悬赏五十万法郎，购求回复。某新闻家谓此画若为敌国所得，则虽倾全国之力诉诸疆场，以追还故物，亦所不辞。未几，幸为逻者弋获，始归平静。此等希世珍品，不知其几何也。今次战端既开，某游客尝戏谓法人曰：巴黎如果不守，则将此间藏品，售诸美人，当可得继续数年之战费。言虽谑而足以纪实也。

罗浮宫作为法国故宫的历史，可以追溯到中世纪的城堡；罗浮宫美术馆的历史，则是自查理五世（Karl V，1337-1380）在宫殿（旧罗浮宫，位于现在的方形广场的西南部）中建立起收藏绘图（有插图的手写本）的"图书馆"的 14 世纪末期开始的。随后，法兰西斯一世（Francois I，1492-1547）将此移入宫内的"爱好者陈列室"，并增加了古代美术品。同时召达·芬奇（Leonardo Di Ser Piero Da Vinci，1452-1519）等艺术家进宫，这样收藏了文艺复兴时期的杰作。

伴随着路易十四的秘书官柯尔贝尔（Jean-Baptiste Colbert，1619-1683）将收藏进一步充实，为了谋求文化启蒙的发展，陈列室较前扩大，并使大量收藏在 17 世纪后期集中于罗浮宫。1692 年，绘画与雕塑研究会在宫廷举办了展览会，此后，决定把沙龙集会的地方作为定期展览会的会场，由此，使以罗浮宫为核心的文化活动活跃起来。然而，由于路易十四在晚年将王宫搬到在凡尔赛建造的新的华丽的宫殿，主要的收藏也被全部迁移了。

到了路易十五（le Bien-Aimé XV）时代，其中的一部分绘画作品返回了巴黎的枫丹白露宫，也就在这时出现了上面说过的 1750 年的开放。经过一番周折，这批收藏再度返回罗浮宫是在此 35 年之后。那正是法国大革命的帷幕徐徐落下的气氛笼罩着巴黎时期。法国大革命是于 1789 年开始的，到了 1791 年，在巴黎召集的国民议会上，做出了把没收的王室美术收藏品集中于罗浮宫，并在此设立中央美术博物馆的裁决。又于 1793 年，经国民公会的裁决，将罗浮宫作为共和国国立美术馆，并于 8 月 10 日的纪念日里正式对公众开放。

由于法国大革命，"中央美术博物馆"成为罗浮宫博物馆的真正起源。拿破仑一世（Napoléon Bonaparte，1769-1821）在位时曾极力扩大充实这座博物馆，并将它改名为"拿破仑艺术馆"。后来，经过"七月王朝"的路易·菲力普（Louis-Philippe de France，1773-1850）与拿破仑三世（Charles Louis Napoléon Bonaparte，1808-1873）的经营扩充，达到今天的规模。罗浮宫博物馆经过几代人的苦心经营，现在已经成为具有古代埃及艺术、古代希腊和罗马艺术、古代东方艺术以及中世纪文艺复兴雕刻艺术、绘画艺术等门类，收藏著名艺术作品近三十万件的世界上最优秀的艺术博物馆之一。

1830 年法国革命，
三色旗在巴黎街道
上飘扬

罗浮宫

艾尔米塔什

另一座世界上屈指可数的艺术博物馆是俄罗斯圣彼得堡的国立艾尔米塔什博物馆。

艾尔米塔什博物馆今天的建筑，实际上包括冬宫的全部，然而，当时冬宫与"艾尔米塔什"（以后称为小艾尔米塔什）属于不同的建筑。现在的冬宫是叶利札维塔女皇（1709~1762）在位时所建，由建筑师小拉斯特列里所设计，迄1917年"二月革命"为止，一直是俄国沙皇的主要宫殿。

叶卡捷琳娜二世是一位德意志亲王的女儿，生于斯德丁，于1744年到俄国。1762年1月5日叶利札维塔女皇去世，同年7月9日叶卡捷琳娜率领近卫军团开进圣彼得堡，在喀山大教堂宣布即位为女皇，此后在位34年。她头脑聪敏，壮志凌云，决心要使俄国成为一个繁荣富强的国家，使俄国宫廷堪与凡尔赛宫媲美。她作为彼得大帝的继承人，却比前者更进了一步。人们说，彼得曾为俄国打开了对着欧洲的窗口，而她则打开了一扇大门。这也反映在叶卡捷琳娜二世丰富的艺术品收藏之中，并且体现在她对宫廷收藏有限的开放方式上。以后，历代沙皇无不进行效仿，从而大大地丰富了沙俄的宫廷收藏。

她14岁那一年跟随母亲来到俄国，与当时的俄国女皇叶丽萨维塔·彼得罗夫娜（即伊丽莎白女皇）的外甥，即后来的彼得三世结成政治婚姻，同时皈依俄国东正教，得名叶卡捷琳娜·阿列克谢耶夫娜，成为俄罗斯帝国第四位女皇。

叶卡捷琳娜二世具有超高的文学、艺术才华。她精通哲学，对当时的启蒙思想有深入的研究，并擅长写作，创作过很多童话、戏剧，被历史学家评为"十八世纪最好的俄国作家之一"[1]。

她的收藏最早源于1764年的一次交易，女皇在她的艺术顾问的参谋下，从柏林商人戈茨科夫斯基的手中购得两百余幅荷兰画派和弗兰芒画派的作品，其中包括伦勃朗、鲁本斯、提香、拉斐尔等著名画家的作品。叶卡捷琳娜二世是同时代整个欧洲最大的艺术品购买者，大量的艺术珍品流向俄罗斯帝国。这种购买力

---

1 陈雯君：《北方之星——叶卡捷琳娜二世与她的艺术品》，《上海工艺美术》2010年第4期，第2~4页。

是令人恐慌的，有人甚至戏称"女皇收购艺术品的能量，丝毫不亚于俄罗斯大炮的威力"。为此，英国、法国先后颁布了针对俄国的艺术品出口禁令。

除了以购买的形式获得艺术品外，叶卡捷琳娜二世还向各国订制各种艺术珍品。伦敦生产的名贵钟表、英国韦基伍德厂生产的成套餐具、法国生产的各种装饰品，以及俄罗斯本国著名的图拉兵工厂生产的家具和首饰盒，都深受女皇的喜爱。而这些订制产品的数量也令人咋舌。

"艾尔米塔什（Hermitage）"这个称呼，最早源于1764年开始建造的冬宫侧翼，也就是后来的"小艾尔米塔什"，其含义是"隐蔽偏僻的角落"，主要是供叶卡捷琳娜二世和友人欣赏那些从欧洲购买的艺术品。

在叶卡捷琳娜二世的一生中，她共购买了约4000幅油画、1万幅素描、3.8万册书籍、1万件雕刻宝石、3.4万件雕刻宝石的复制品，另有各种钱币、徽章，以及狄德罗和伏尔泰图书馆的全部收藏。

叶卡捷琳娜二世不惜血本的收藏，除自身爱好以外，还隐藏着深远的政治意图。[1] 在她执政期间，正是俄罗斯帝国崛起于西方并致力于树立霸主地位之际。叶卡捷琳娜二世努力在欧洲列强及自己国民的心目中建立起集"启蒙教化"与"专制君主"于一身的"开明"形象。在西欧君主对启蒙思想忌惮不已的时候，她却与伏尔泰、狄德罗、卢梭、孟德斯鸠等法国启蒙思想家私交甚笃，甚至热情地邀请他们来到自己的皇宫传播先进的思想。她的"开明专制"政治主张，为她赢得了贤良圣明的赞誉，伏尔泰甚至称她为"欧洲上空最耀眼的明星"。

在她的努力下，经过多年的建设，1852年2月，俄罗斯第一个艺术博物馆——皇家艾尔米塔什博物馆正式开放。与叶卡捷琳娜二世在世时的规定相似的是，沙皇仍然下令要求参观者在参观时严格注意自己的仪表，即使是在早晨参观，也要穿上晚礼服。1837年，一场大火对冬宫造成了极大的毁坏，尼古拉一

---

1 倪娜:《涅瓦河畔明珠亮——圣彼得堡艾尔米塔什博物馆（一）》,《境外胜景》。

世（Николай I Павлович，1796-1855）受欧洲近代博物馆的启发，决定建造一座全新的博物馆——新艾尔米塔什，并在这里展示了 1764 年以来的藏品。

叶卡捷琳娜二世曾自己评价自己："我仅仅是一个贪婪的女人，并不是一个鉴赏家。"[1] 她在位期间，俄罗斯的版图大大扩张，经济、文化都得到了极大的发展。

前面已经说到艾尔米塔什于 1764 年左右向围绕在叶卡捷琳娜女皇周围的社交界开放，到了 1852 年，虽然艾尔米塔什仍属宫廷管辖，但已公开给民众参观。不过在 1866 年以前，仍有某些限制，如文官进入观赏，必须穿戴整齐（戴礼帽、穿制服或燕尾服）。1863 年，任命 S·格迪恩为艾尔米塔什博物馆的馆长。1898 年，增建了俄罗斯美术馆。

1917 年二月革命后，资产阶级的克伦斯基临时政府设于冬宫。同年俄历 10 月 25 日（公历 11 月 7 日），"阿芙乐尔号"巡洋舰按照列宁的起义计划炮击了冬宫，接着工人与士兵占领了冬宫。1918 年 12 月 5 日，苏维埃政府颁布了保护文化财产的法令，将昔日属于皇宫、教会或私人所有的艺术珍品，全部收归国有，悉数移到"艾尔米塔什"来收藏，由此产生了苏俄（联）最大的博物馆——国立艾尔米塔什博物馆。

十月革命后列宁在莫斯科发表演说的照片，右边站在平台上的两人是托洛茨基和加米涅夫

1　湘北:《冬宫"炫富"：女皇的有钱任性好刺眼》,《国家人文历史》2015 年第 2 期。

艾尔米塔什的收藏是由 18 世纪后半期的女皇叶卡捷琳娜二世的私人收藏发展而来，藏品十分丰富。譬如：在绘画方面，其中伦勃朗的作品收藏具有世界第一的美誉；达·芬奇、拉菲尔、米开朗琪罗、提香及鲁本斯等艺术大师的作品，无论是数量还是质量，都可以与巴黎的罗浮宫博物馆相匹敌，堪称欧洲名画宝库。现在的艾尔米塔什博物馆是以西欧美术为主，另有原始文化史、古代世界史、东方诸民族文化、俄罗斯文化和古钱币等六个门类的大型艺术博物馆，共收藏与陈列有包括雕刻、宝石、绘画、工艺品等约 270 万件。以冬宫为主体的艾尔米塔什博物馆有陈列室 353 间，建筑物走廊总长有 30 千米。假如用一分钟欣赏一件展品的速度来参观这座博物馆的话，将需要 5 年又 50 天的时间。艾尔米塔什博物馆每年的观众有 150 万人次之多。今天的艾尔米塔什早已享有盛名。

叶卡捷琳娜二世画像

叶卡捷琳娜二世收藏：鎏金珐琅
鸟装饰的桌子

法国大革命是法国历史上推翻封建专制制度，确立资本主义制度的革命。这次革命不仅摧毁了法国封建专制制度，促进了法国资本主义的发展，而且动摇了欧洲封建体系，推动了欧洲各国的革命，从此世界历史进入了一个新纪元，罗浮宫博物馆正是这样一场大革命的产儿。十月革命是俄国无产阶级在布尔什维克党和列宁的领导下，联合贫苦农民进行的社会主义革命，十月社会主义革命的胜利具有伟大的历史意义，它建立了第一个无产阶级专政的社会主义国家，为世界各国无产阶级革命运动和殖民地、半殖民地的民族解放运动开辟了一个新的时代。艾尔米塔什博物馆的产生正是以如此革命洪流为背景的。据此二例，或许可以命题为"大革命造就大博物馆"。

在这个意义上，对紫禁城宫殿的占有表明了权力的简单转移，而不是集合的象征意义的转变。这在 1924 年 11 月 6 日下午皇帝从皇宫中被强行驱逐的报告中进一步被核实。皇帝被"强迫退位"的消息也是不胫而走，传遍了整个北京城。虽然"君主制"在十三年前已被推翻，但是直到皇帝真正从宫殿中被驱逐，交出玉玺，溥仪才真正被认为完全放弃了政治权力。

故宫博物院成立有着强烈的民族主义思潮特征。最具代表的是博物院开放的历史，阐述了博物院作为国家的文化权威和政治合法性的标志。作为"公民仪式"的场所、符号和价值观，在具有特殊性的实践和对象的中国和历史中得到了诠释。中国皇家收藏的"古代"功能与现代民族的意识形态和制度由此相结合。

三座皇宫博物馆开放之比较

假如把 1789 年 7 月 14 日巴黎人民攻占巴士底狱的胜利看作法国大革命的起始，把 1793 年 8 月 10 日罗浮宫向公众开放看作大革命的结束，就在法兰西共和国诞生一周年纪念日，象征法国君主专制的罗浮宫以"共和国博物馆"名义对民众开放，而曾经统治法国的历代君王的陵墓被下令摧毁。在新旧变换之间，革命者在摧毁与重构之间再次强调了法兰西共和国的胜利。也许是太简单了。但是，在此期间发生的几件震撼世界的大事件，足以证明一个崭新的伟大革命时代就此产生了。

1789 年 8 月 7 日，制宪议会通过了《人权宣言》。宣言提出：在权利方面，人们生来是而且始终是自由平等的；公民有权亲自或推举代表参加制定法律；公民有言论、出版自由，但必须受法律的制约；财产是神圣不可侵犯的，不得剥夺。《人权宣言》宣布了资产阶级自由、平等的民主原则，第一次把 18 世纪启蒙学者所阐述的思想以法律形式确定下来。

1792 年 8 月 10 日，被称为"无套裤汉"的革命群众发动起义，攻入王宫，摧毁了数百年来的封建君主专制制度，结束了三年来的君主立宪制。

1792 年 9 月 21 日，国民公会在巴黎开幕，会议一开始就宣布废除王政。22 日宣布成立共和国，这就是法兰西第一共和国。国民公会公布革命历法，以 9 月 21 日为新纪元的开始。这一年被称为自由第四年，即共和元年。

1793 年 1 月 21 日，原国王路易十六被送上了断头台。雅各宾党人路易·德圣茹斯特（Antoine Louis de Saint-Just, 1767-1794）在国民公会上发言说："对国王必须诉讼，不仅因为他在统治时期犯下的罪行，而且因为他是国王。"

此后，法国革命政府下令在罗浮宫的大画廊建立中央美术博物馆，由画家雅

路易十六上断头台

克·路易·大卫（Jacques-Louis David，1748-1825）任主席的委员会负责管理。皇室的艺术品收藏均集中于该馆，没收教会财产中的艺术品也被纳入馆藏。该馆于1793年8月10日，法国人民推翻专制统治周年纪念日正式向公众开放。

罗浮宫正是以这样一场彻底的深刻的大革命、大民主为背景开放的。革命的资产阶级高呼"自由、平等、博爱"的口号，联合人民向封建势力冲击。变宫廷收藏为公共博物馆收藏便成为法国大革命的巨大成果之一。由此，也为世界博物馆史开创了新的纪元。

罗浮宫的开放不是一个孤立的历史现象，它是世界博物馆史上划时代的事件，它反映了资产阶级不仅要从封建统治者手中夺取政权，而且要求打破文化专制主义。民族文化的瑰宝是人民的财富，这一观念也因此得以确立。在法国罗浮宫开放之前，当时法国内政部长罗兰在一封致画家大卫的信中，谈到了将罗浮宫改造为公共博物馆的意图：

按照我的构想，它（罗浮宫）应该起到吸引外国人的作用，给他们留下深刻的印象。它应该成为培养人们对美术的兴趣，满足艺术爱好者的需要，成为艺术家学习大事技法的一所学校。它应该对所有人开放，成为一座国家的纪念碑。任何人都有权利去欣赏它。它应该陶冶心灵、提升灵魂、激发志气，成为宣传法兰西共和国之伟大的最有效的手段之一。[1]

　　继法国之后，欧洲各国纷纷建立国家博物馆。在此期间，席卷全欧洲的拿破仑战争对于各国艺术品的洗劫是一个强烈的刺激，大大加强了各国珍惜和保护民族文化遗产的意识。欧洲的国家博物馆大多是在宫廷收藏的基础上建立的。波旁王朝的艺术瑰宝为法国博物馆奠定了基础；哈布斯堡王朝的收藏大大丰富了奥地利和西班牙国家博物馆的馆藏；彼得大帝以来历代沙皇的珍藏则成了俄国博物馆藏品的核心。

　　日本第一代博物馆学理论家棚桥原太郎在他的《博物馆的职能》一文中提出："（博物馆）的功能随着时代的推移而变化，18 世纪以前的博物馆，只是向特殊阶层的人开放了一个狭小的门，是一种仅有当时（中世纪）的王公贵族，还有当时（文艺复兴时代）的专门研究者享用的封闭型的博物馆。但是，进入了 18 世纪，以法国大革命为契机，罗浮宫向一般市民开放，以及法国国内以外的西欧各国的博物馆随即也一并向市民开放，由此使博物馆增加了'教育'这一新的机制（功能）。"[2]

　　罗浮宫的开放不仅是法国革命史上的大事件，而且也使世界博物馆（当时主要是欧洲）面目为之一新。事隔一个多世纪，资产阶级的"孪生兄弟"无产阶级以成熟的政治力量取得了在一国夺取政权的胜利，建立了无产阶级专政的国家。苏维埃工农联盟政府根据马克思在《共产党宣言》中提出的"工人革命的第一步就是无产阶级上升为统治阶级，争得民主"的理论，在列宁的领导下，对一座实际上的皇家博物馆——艾尔米塔什的所有权实行剥夺，使其成为工人阶级国家所有的博物馆，并以新的姿态向广大工农群众开放。这一伟大的事件，在以后半个世纪左右的时间里，波及了半个世界，成为无产阶级打破资产阶级利用"自由竞

1　Carol Duncan and Alan Wallach, "The Universal Survey Museum," *Museum Studies An Anthology of Contexts*, Bettina Messias Carbonell(ed.), Blackwell Publishing, 2004，p.56. 参阅李军《地域的中心化：卢浮宫与普世性博物馆的生成》。

2　《博物馆学讲座·博物馆学总论》，雄山阁 1979 年版，第 51 页。

争在知识的领域里占统治地位"[1]的行动的榜样。

在十月革命胜利后的苏维埃国家，博物馆成为教育劳动群众的中心。为了实现文物和博物馆的统一管理，1917年11月俄罗斯联邦教育人民委员会成立了博物馆与文物保护委员会。1918年1月召开的全俄苏维埃第三次代表大会通过了发展国内博物馆事业的决议，强调必须把文化珍品发展为全民享有的博物馆藏品，以发挥教育人民的作用。1919年3月，俄共（布）第八次代表大会通过的纲领指出："开放一切靠剥削劳动者建立的，至今还在剥削者独占支配下的艺术宝库，并使其成为劳动者所享用的博物馆。"

随着"阿芙乐尔号"巡洋舰上的炮声，依据苏维埃政府的法令，艾尔米塔什博物馆变"皇家博物馆"为国立博物馆，昔日的宫廷收藏变成了"人民的财富"。"为了进行共产主义建设，苏维埃国家遵循列宁主义对待文化遗产的原则，对文物的安全和有效利用，创造了一切条件。"[2]根据艾尔米塔什的发展历史，可以说以冬宫为建筑主体的宫廷收藏在十月革命之后获得了更大范围的开放，它的利用者不再是较为抽象的"公众"或"市民"，而是较为具体的"工人阶级"、"集体农庄庄员"和"社会主义的知识分子"，或称之为"苏维埃的每一个公民"。

与以上两次对人类的进步产生了巨大影响的革命事件相比，冯玉祥的"首都革命"确实显得有些渺小，甚至"首都革命"这样的一个历史用语，在今天的中国历史学界，仍存在各种不同的看法。在我国许多教科书上，只见有"第二次直奉战争"，而不见"首都革命"。实在也不是国人鄙薄这场政治行动的意义，倒是由于中国资产阶级革命的曲折与复杂性过甚。

在这次1924年的事件中，冯玉祥虽然推翻了贿选的曹锟政府，搞垮了直系军阀，却又与张作霖的奉系军阀一起把段祺瑞捧上了台。就此来说，北洋军阀的统治并没有结束，革命的任务也并没有完成。但是，如果看到驱逐溥仪出宫，肃

---

1 〔德〕马克思、〔德〕恩格斯：《共产党宣言》，载《马克思恩格斯选集》第1卷，第271页。本版中"在信仰的领域里"于1872、1883和1890年德文版中是"在知识的领域里"。——中文编者注

2 《苏维埃社会主义共和国联盟历史文物保护和利用法》，引自《博物馆学参考资料》下册，第345页。

清帝孽的历史意义，当然应当承认冯玉祥对于中国革命的贡献。因为，由于中国封建政治势力的强大，辛亥革命以失败告终，"清室优待条件"的制定从某种意义上来讲连旧民族主义革命的任务都没有完成，其中"尊号仍存不废""暂居宫禁"更是亵渎了革命，所以在这样的情况下，冯玉祥"驱逐溥仪"的行动实际是对前一次资产阶级革命的补充，也是对中国资产阶级革命软弱性的一种纠正，应当说是不乏革命意义的。冯玉祥本人也说："此次回京，自愧未能作一事，正惟驱逐溥仪乃真可以告天下后世而无愧耳。"

有上千年传统的宫廷收藏也正是获得了这样一个契机，而变成公共博物馆收藏，因而也开拓了中国博物馆事业的新纪元。在某种意义上，站在社会进步的角度来看，冯玉祥的"首都革命"已经是功不可没，更何况博物院一开，对民众观念变化上的影响十分有益。

就以上而言，三座皇室宫殿及宫廷收藏的开放，从形式上来看，首先有一点是可以肯定的，那就是革命的契机。为了进一步地分析以上三次革命所带来的三座博物馆开放的相同与不同之处，请看表 7-1 和表 7-2：

表 7-1　三座博物馆开放比较的相同之处

博物馆名称	罗浮宫博物馆	国立艾尔米塔什博物馆	故宫博物院	共同之处 以王宫为主体建筑，以宫廷收藏为基础的大型博物馆
国别	法国	苏俄（联）	中国	具有文化传统的大国
开放时间	1793 年 8 月 10 日	1918 年 12 月 5 日	1925 年 10 月 10 日	属近代史范畴
开放契机	法国大革命 （1789）	十月革命 （1917）	"首都革命" （1924）	武装革命手段
领导集团	法国资产阶级雅各宾党	俄国无产阶级布尔什维克党	中国资产阶级国民党人	革命党人
开放主体	法国王宫罗浮宫	沙皇皇宫冬宫及艾尔米塔什博物馆	清室皇宫紫禁城	皇宫
藏品规模	30 万件	270 万件	100 万件	收藏丰富
原所有者	法国国王	俄国皇帝与俄国资产阶级	清室皇帝	均为君主所有

表 7-2　三座博物馆开放比较的不同之处

博物馆名称	罗浮宫博物馆	国立艾尔米塔什博物馆	故宫博物院	不同之处
开放时的社会形态	封建社会向资本主义社会过渡	资本主义社会向社会主义社会过渡	半殖民地半封建社会	中国所处的社会形态相对落后
所属文化圈	欧洲西部的基督教（新教）	欧洲东部的东正教	东方文明古国的儒教与大乘佛教	文化结构不尽相同
革命者的思想武器	18世纪的法国民主主义启蒙运动者思想	马克思主义列宁主义的无产阶级革命的理论	孙中山的旧三民主义思想	中国革命的理论基础太薄
革命力量状态	较强	较弱	较弱	相对于反动势力的对比不尽相同
原所有者的归宿	法国国王路易十六上断头台	沙皇尼古拉二世被射杀于伊卡特林堡	末代皇帝爱新觉罗·溥仪被废尊号迁出宫禁	法国与苏联的革命就此来看是彻底的，中国反之
相对初级开放	1692年举办宫廷展览会，1750年开放部分藏品	1764年向女皇的社交界开放，1863年出现了博物馆管理机构	1900年八国联军一度强行开放，1914年在其南部设古物陈列所	法国与俄国在历史上已有开放传统，而中国方面没有

　　三座博物馆的相同与不同之处当然并不尽于此。根据文化学理论，以上两个表格所列项目，大多属于中层文化结构（指物化了的心理与意识化了的物质，即行为、理论、制度等），表7-1多与表层文化（指物质文明）相联系，表7-2则多与深层文化（即表层文化和中层文化凝聚而成的心理积淀）相沟通。就此不难看出，越是接近表层文化就越倾向于相同，而越是接近深层文化就越倾向于差异的变化。因此，尽可能地接近研究对象的深层结构，才能透彻问题的本质。进一步地认识三座博物馆开放所处的社会环境、文化特征，尤其是思想意识方面的差异，将是非常有意义的。

　　和17世纪的英国不同，18世纪的法国在进行资产阶级革命的思想准备以及在进行这场革命时，并没有打着任何宗教的旗帜，而是以传播无神论和民主主义的启蒙运动为先导的。这种反封建的哲学思想恰恰起源于培尔（Pierre Bayle，1647-1706）的怀疑论，他首先对宗教表示了怀疑态度，用"自然的理性世界"

向封建的世界观提出挑战，主张信教自由与不信神。

到了 18 世纪上半叶，以伏尔泰为首的资产阶级启蒙运动者，已经参加到法国反对封建专制国家的思想基础和政治基础的战斗中去了。他们主张取消中世纪的社会生活规章，废除贵族和僧侣的特权，并认为关于神的有无问题应当借助理性来解决，对自然界的研究，应当依靠对于自然界的经验认识，依靠完全不受宗教干预的科学来进行。

法国百科全书派的代表人物狄德罗（Denis Diderot，1713-1784）领导出版的"科学、艺术、手工业的百科全书"的哲学出发点，是承认世界的物质性。他们以批判的态度对待宗教与当时反动的封建专制制度。

到了 18 世纪下半叶，以卢梭（Rousseau，1712-1778）为首的法国民主主义启蒙运动者，对封建专制制度发动了更猛烈的批判。卢梭尖锐地提出了关于社会不平等的问题。他把当时的社会说成是不平等的文明，说成是和人民利益背道而驰的、敌对的文化。他主张在教育中也和一切社会生活中一样，不应当有等级特权。这一观点成为雅各宾党人将宫廷收藏向公众开放的指导理论。

总之，18 世纪的法国启蒙运动者，全面而深刻地批判了封建的和神学的世界观，揭露了这种世界观的反科学的本质和政治上的反动性，同时也无情地抨击了封建专制制度和君主专制政体的不合理性，并且提出了在包括教育的文化领域消除封建特权的要求，这些卓绝的理论成就，为法国大革命提供了强大的思想武器。

另外，文艺复兴以来的欧洲社会文化思潮同博物馆事业的发展呈现出错综复杂的联系。在认识论和思维方法方面，这个思想解放运动强调以理性而不是以权威作为判断是非的标准，导致了近代哲学和自然科学的诞生。因此，完全有理由把文艺复兴以来的思想文化运动看成是西方博物馆确立和发展的重要前提。

文艺复兴以后与启蒙思潮相辅而成，西方出现了自然科学革命，这场革命最主要的成果在于现代科学技术循环加速机制的形成。它由三个部分组成：首先是构造性的自然观，即从结构角度来把握自然现象，其理论是逻辑构造型的；其次是受控实验，实验是在严格控制的条件下进行的，是可以重复的；最后是有一个开放性的技术体系，在这个体系里，技术不是某个狭窄专门行业的技艺，而是成为一种循环加速机制。这些恰恰是东方国家所没有的。

不仅如此，欧美国家在此时期建立的博物馆大都有较明确的宗旨。不列颠博物馆的奠基人最早提出要把"藏品用于增进文理学科的知识，造福人类"。美国最早一批艺术博物馆的创建者强调："艺术和艺术家应该对于完善社会的总目标做出贡献。"史密森学院的创办宗旨是"增进和普及人类的知识"。凡此种种都反映了刚刚登上政治统治舞台的新兴资产阶级要用知识之光照亮人类前进道路的勇气。为了达到上述的目的，博物馆工作者在博物馆内部的研究、陈列、展出工作上也做出了不懈的努力。因此，欧美国家的博物馆（包括以宫廷收藏为基础的博物馆）很快进入了与社会同步发展的轨道，产生了较好的社会效益。

由于革命而开放宫廷收藏、建立公共博物馆，在中国的近现代史上，也以相似的形式出现了，这在前面的章节已做过介绍。然而，由于在革命前与革命中，封建统治阶级的世界观没有得到彻底的批判，传统的旧文化体系也没有经过清算，更遗憾的是在中国革命的紧急关头，并没有出现像法国启蒙运动者那样的革命思想家，因而群众的觉悟并未真正唤醒，最后中国资产阶级革命缺乏后劲而惨遭失败。

曾几何时，邹容的《革命军》有如一声春雷，以震耳欲聋的气势，回响在千年专制古国的上空。它的特点是全面而明确地宣告了资产阶级民主革命的口号、纲领、政策和原理，是整个革命派的最早最鲜明的号角。它把天赋人权说、民主共和制、法国革命纲领和美国独立宣言，以及卢梭、华盛顿等人物，统统以明朗的语言搬了进来。

然而，《革命军》正如它的作者短促的年华一样，虽以彗星般的耀眼光焰突然地照亮了一个黑暗的世纪，翻印销售量达百余万册，居当时所有革命书刊的第一位，但它很快就消失在这长夜难明的、云压天低的封建暗空中。邹容所追求的自由、平等、民主、独立和20世纪初的天真理想宛如春梦一般地消退，留下来的仍然是多少世纪的封建妖魔以各种变相不断出现。

再者，孙中山是积极的革命活动家，很少有时间、精力和兴趣去进行专门的思辨。尽管理论深度有所不够，但他所提出的思想和政纲，他的三民主义学说，却反映和概括了当时整个时代的要求和历史的动向，是当时中国最先进、最完整的思想体系，并产生了国际影响。他的"知行学说"则是总结革命经验所达到的理论成果，是中国近代资产阶级认识论的最高成就。

在这面旗帜下的邹容、陈天华、章太炎及朱执信等，也基本上属于缺乏思辨一类的；刘师培、吴稚晖等宣扬的无政府思想，也仅在世界观这一根本问题上与旧时代划清界限。

这样，在较深的内在结构上的薄弱，对表现在外在结构的变化产生了深远的影响。"共和"一事在短期内，看上去虽与法国大革命和俄国十月革命有相似之处，却由于文化形态以至意识形态不为表层结构的变化而变化，或变动不大，辛亥革命党人在与封建专制主义势力的斗争中处处碰壁，又因缺乏更多的觉醒了的革命群众而显得软弱无力。

由于中国资产阶级在辛亥革命后很长的一段时间里，连在政治上消灭封建专制主义的任务也未能彻底完成，也就无暇顾及对封建文化方面的革命运动了。直至五四运动的到来，从根本上说，这是一场较为深刻的思想文化方面的革命运动，是中国传统文化危机的一次总的爆发。

中国传统文化的危机，并不是因为传统文化内部出现了足以动摇儒学传统的思想异端，更不是由于出现了代表新的社会经济力量和新的政治力量的新的阶级在文化上发动了革命，而是伴随着民族危机的到来而产生的。中国传统文化的危机与民族的危机一样，它不仅来自鸦片战争的炮声，而且来自西方先进文化中的"理性主义"与"民主主义"的冲击。五四运动中的先进分子摈弃了"师夷长技以制夷"的主张，从西方那里借来了"民主"与"科学"的旗帜。民族的危机唤起了社会各层的救亡力量，同时辛亥革命的失败也已证实，仅靠资产阶级单枪匹马的力量，是无望完成中国民主革命的任务的。在"民族文化危机"的讨论中，各种思潮一起涌入中国，其中马克思主义的传播促进了中国无产阶级的觉醒，新的救亡道路也由此产生了。

五四运动对于封建意识的冲击，使"民主"观念渐入人心，但是国难当头，解决民族危亡又是一个行动的问题，也只好采取"本急治本，表急治表"的应急办法。因此，故宫的开院与罗浮宫和冬宫的开放相比，又带有明显的"救亡"的性质。

正如吴瀛所说："而谓故宫博物院之嬗化，吾华千百载文明精粹之所寄，乃无策马，拯之于杲兀颠沛之中可乎？则故宫之必为博物院。"[1] 由此可见，故宫博物院的成立在不同程度上受到社会形态、文化形态和意识形态方面的影响。例如，传统的中庸之道的文化形态，就站在维持清室优待条件一边，持这种心态的人提出，（优待条件）"因当时孙中山氏已提出优待条款，袁氏亦转以此正式交由清室，此中华民国之改革，较各国数百年来之革命多有公平仁慈之尊荣，仁之尽，义之尽，在世界中必能受特殊之荣誉"[2]。诸如此类的各种历史的原因，不仅使中国资产阶级民主革命的到来迟于法国大革命一百余年，而且使故宫博物院的成立晚于共和国建成十四载，这种大文化环境的制约因素是极应引起注意的。

中国的空间与经典的欧洲空间相比，不仅强调深度和封闭，而且强调非话语和非意识形态，以及务实的控制和政治。中国政府立即正式做出回应，指出它与"民主"政府形式不符，并且在民国成立十三年后的北京城仍然遗留着有普遍情绪的帝国秩序的痕迹。在一些西方人眼里1912年君主制的结束，标志着世界上最古老的国家代表最高的权威的中央政权长期危机的开始。[3]

就像1911年的辛亥革命后的紫禁城，由于博物馆的制度尚未建立，宫殿的所有权贯穿着一种不确定的感觉，即宫殿和皇家收藏是否应被视为公共财产或私人财产。随后皇帝被驱逐出皇宫，民国政府公开开放北京城中心的空荡的皇宫内的宫殿。博物馆形式提供了新的民族主义"制度性表达"的可能性，中国皇家

---

1 吴瀛：《故宫博物院前后五年经过记》第2卷，第42页。

2 李佳白：《对于移宫及修改优待条款之评论》（摘载《国际公报》），《顺天时报》1924年11月21日。

3 〔英〕庄士敦：《紫禁城的黄昏》，陈时伟等译，求实出版社，1989。

收藏到故宫博物院的转变过程对于理解中国文化在中华民族背景下的保存与延续的具体模式至关重要。这种转变标志着一种意义的结合，由此当代中国政治、文化、历史中最强大的象征诞生了，也显示了在整个 20 世纪博物馆收藏在对中国文化权威和政治合法性的争论中起着重要作用。

因此，中国革命的曲折性也就带来了故宫开院的曲折性。这是西方资产阶级革命中所未遇到的。在将罗浮宫博物馆与故宫博物院做了以上对比之后，深层结构的问题无疑会明显地反映出来。由于这一历史的缺陷，我们必须在不断地对传统文化进行反思的过程中，推进我们对中国的博物馆，尤其是以宫廷收藏为基础的博物馆现象的认识，以期更自觉地利用好和管理好故宫博物院。

换一个角度来看，认识冯玉祥"北京政变"的性质和意义，对于理解三座皇宫博物馆开放的同异之比较将会十分有益，它将提供一个研究故宫开院历史意义的横向分析参照系。

政变领导人冯玉祥的反清意识来源于辛亥革命以前的"排满"狭隘的民族主义的宣传。冯玉祥曾回忆说，在《中日安奉铁路协约》刚签订的那一年，他从朋友那里得到了两本书，一本是《嘉定屠城记》，另一本是《扬州十日记》。这两本书讲的都是二百多年前清兵入关时虐杀关内汉人的记录，这对当时的冯玉祥触动很大，本来希冀做个"忠臣孝子"的冯玉祥很快燃起了仇清的情绪。

此后不久，他与六名下级军官组成了"武学研究会"，讨论如何推翻清朝，建立"新的汉族的政府"。

以后冯玉祥也常以这两本书对部下进行宣传教育。他的这一情绪一直持续到将溥仪从故宫里驱逐出去，无疑这种狭隘的民族主义也是他发动这次事件的主要动机之一。据记载，鹿钟麟实演"逼宫"戏之际，内务府大臣绍英妄图阻止，鹿钟麟义正词严地指出："今天的行动是执行国务院的命令，若以恩怨而论，请不要忘记《嘉定屠城记》《扬州十日记》。"[1] 可见，这一种族的仇恨一直贯彻到辛亥

1　鹿钟麟：《驱逐溥仪出宫始末》，载《天津文史资料选辑》第 4 辑。

革命后的若干年，并且成为一部分仁人志士的夙愿。这是由于当清政府不能抵御外侮、治平内政，统治的合法性遭到质疑和否定时，往昔的旧恨自然地在汉人"集体记忆"中被激活。

冯玉祥正是将这一夙愿付诸实践的人之一。1917年，张勋复辟，冯玉祥任讨伐军第一梯队司令，事后他还发出通电，重申驱逐溥仪出宫与严惩复辟祸首的要求，严惩此次叛逆诸凶，以遏奸邪之复萌。这一切由于段祺瑞等人的阻挠没有实现，但是其精神体现在七年后的修正优待条件中。

面对1924年驱逐溥仪出宫事件，冯玉祥与段祺瑞的基本立场都没有改变。段祺瑞在天津"听到此事，气得将身边痰盂一脚踢翻，大骂摄阁不解事，将公开反对"。旋于11月6日电冯玉祥质问。翌日，冯氏复电云："清室为帝制余孽，复辟之祸，贻羞中外。张勋未伏国法，废帝仍保旧号，均为民国之耻。留此余孽，于清室为无益，于民国为不祥。此次移入私邸，废去无用之帝号，除却和平之障碍，人人视为当然，除清室少数人仍以帝号为尊荣者外，莫不欢欣鼓舞，谓尊重民国，正所以保全清室也。"[1]

后人评价此举之意义者，如简又文在其所著《冯玉祥传》中写道："冯氏'首都革命'一大伟举更有意义，盖不独推翻贿选政府及直系军阀，而且彻底肃清帝孽，以奠定民国也。"又如周恩来在《寿 冯焕章先生六十大庆》[2]中，曾称冯玉祥的"首都革命"表现出先生的革命精神，"其中，尤以……赶走溥仪……更为人所不敢为，说人所不敢说"。历史当然充分地证实了冯玉祥在驱逐溥仪出宫事件中的个人作用与功绩，但是从更广泛的资料中可以证实，故宫开院绝非一个偶然或个人行为的结果。

在冯玉祥的回忆录中这样记述："现在回想起来，觉得当时这种行为，并没有什么思想或主义上的根据，一般都是一种义愤和一种不平之气驱使出来的。后

---

1 沈亦云：《亦云回忆》，岳麓书社，2017，第205页。

2 《新华日报》1941年11月14日。

来民国 13 年（1924）我从滦平班师，发动'首都革命'，依然多少含有这种成份。"[1] 那么，又是什么力量使一种"义愤"和"不平之气"转化成"为人所不敢为，说人所不敢说"的伟大的历史事实的呢？为了解答这一问题，必须回到中国资产阶级民主革命的大背景中去。

与辛亥革命时期相比，第一次世界大战后的中国资产阶级的经济实力的确是大大加强了。但是，在中国民族资产阶级的经济力量不断增长的同时，中国军阀的混战与独裁却在直接破坏和践踏着作为资产阶级共和国象征的《临时约法》，于是孙中山发动了护法运动。护法运动是继辛亥革命、二次革命、护国运动之后，由资产阶级革命派发动的又一场旧民主主义革命，它与以前的几次革命一样，只是不断失败的记录。

俄国十月革命的胜利给予孙中山以重要启示，尤其是在中国共产党的帮助下，他的思想实现了质的飞跃。他重新认识和考察了南北军阀及中国现状，改组了国民党，确定了联俄、联共、扶助农工三大政策，积极准备北伐。他庄严宣告：北伐之目的，"不仅在推倒军阀，尤在推倒军阀所赖以生存之帝国主义"。

孙中山于 1924 年《中国国民党第一次全国代表大会宣言》中重新解释了三民主义。他把民族主义解释为对外反对帝国主义，对内求得各民族平等；民权主义要建立一般平民所共有，非少数人所得而私的民主政治；民生主义以平均地权（实行耕者有其田）和节制资本为中心。一场新的革命正在到来。同年 11 月 4 日，孙中山离粤北上，发表了"这回曹、吴的武力统一被国民军推翻了，兄弟以为到了讲和平统一的时机"[2] 的言论。

有各种文献可以证明，正在壮大的国民党积极参与并指导了驱逐溥仪出宫，以及筹建故宫博物院的工作。国民党第一次全国代表大会于 1924 年 1 月在广州召开，李石曾参加了这次代表大会，当选为中央监察员，并被推选为"北京监察

---

1 冯玉祥：《我的生活》，黑龙江人民出版社，1981，第 67 页。
2 《国民会议实录·总理关于国民会议遗教》，第 5~6 页。

委员"。这一年，孙中山因肝癌住院，成立由李石曾、吴稚晖、于右任、李大钊、陈友仁组成的北京政治委员会，处理重要事务。在同年 11 月 5 日的事件中，国民党第一次全国代表大会的精神无疑是由李石曾加以贯彻的。

据李石曾的记述："国民一、二、三军举义后，黄膺白（黄郛）伯事实上之内阁总理。十三年（1924）11 月 4 日晚，军政当局等会商溥仪出宫事。……卒即实行。吾人送溥仪等至醇王府，而后同至旃坛寺与国务院，晤冯、黄二君，商组'办理清室善后委员会'事。二君欲由我为委员长，由政府明令发表，吾允担任，但须多容纳几分社会及公开性质，不作为官办。遂决定委员长与委员不用任命而用聘请，并多延揽学者专家，为学术公开张本，同时并及博物院事。"[1]

据有关文献的记述，以后组成的清室善后委员会"以李石曾为委员长，委员如黄膺白、蔡孑民、吴稚晖、汪精卫、易寅村、张溥泉诸先生，均国民党之彦，而鹿瑞伯（钟麟）为驱逐溥仪出宫之执行者，同时为京畿警卫总司令兼为委员，故当时参加同人，多数为国民党或接近国民党者"[2]。"故宫的善后工作，实际上是由国民党人员负责"[3]，这也是事实。据吴瀛的回忆，"其时余尚为局外之人，盖不知民党诸公已久有定计，而寅村（易培基）先生或亦早知之也"[4]。从溥仪出宫到组成清室善后委员会进展顺利，这与国民党人早有准备，以及组织得力有关。如 1929 年李石曾在故宫博物院开院四周年纪念日上所言：以前的故宫，系为皇帝私有，现已变为全国公物，或亦为世界公物，其精全在一公字。[5]

"北京政变"虽然得到了国民党人的支持，取得了迫使曹锟下台，削弱了直系军阀的军力，与驱逐溥仪出宫以及筹建故宫博物院（组成清室善后委员会）的成果，但是由于它的主要发动者冯玉祥的主观局限性，后来很多人对这一事件的评价颇低。其主要原因是，当时的冯玉祥对于革命，"只有笼统的观念，没有明

1　李煜瀛：《故宫博物院记略》，《故宫周刊》1929 年创刊号。

2　吴瀛：《故宫博物院前后五年经过记》第 1 卷。

3　蒋复璁：《中华文化复兴运动与国立故宫博物院》，台北：商务印书馆，1977，第 81~82 页。

4　吴瀛：《故宫博物院前后五年经过记》第 1 卷。

5　李煜瀛：《清故宫须为活故宫》，1929 年故宫博物院成立四周年纪念会上的讲话。

确的主张"。1924 年 10 月 31 日，冯玉祥改组内阁，成立黄郛摄政内阁。冯玉祥的政治主张集中反映在黄郛内阁颁布的五条"建国大纲"中："一、打破雇佣政体；二、用人以贤能为主；三、对内实行亲民政治；四、对外讲信修睦；五、信赏必罚，财政公开。"[1] 政纲没有提出反对帝国主义的主张，更没有触及封建军阀势力。实际上，这不过是封建社会所谓"清明政治"在半殖民地半封建社会里的翻版，即使是如此低调的政治要求，在北洋军阀黑暗统治下也是根本不可能实现的。而冯玉祥对改组后的国民党和它从事的革命事业并没有什么认识，却对段祺瑞抱有幻想，认为段祺瑞"遭过失败，养晦多年，当有觉悟，可以请他出来"。结果军阀统治的局面并没有改变。再者，冯玉祥自身的军阀本质还没有彻底改变，还有自己的权力地位打算，还想扩充自己的势力，解决长期以来未得解决的地盘问题。因而在与奉系矛盾尖锐的情况下，冯玉祥一面电邀孙中山北上，一面又对段祺瑞采取妥协的态度，最终捧出老牌军阀安福系头子段祺瑞出来执政。

"北京政变"后，关于这次政变的性质，有几种不同的说法。冯玉祥自己说，这次政变是"革命之行动"。以后他在五原誓师时发表的宣言中称这次政变为"首都革命"，后来也有称之为"甲子革命"（1924 年为农历甲子年）的。段祺瑞当时也说，这次政变"为民国元年第一次革命的之延长"。

与他们的说法相反，陈独秀、彭述之当时认为，这次政变"显然是英美帝国主义者抛弃一个旧工具——吴佩孚，另换上一个新工具——冯玉祥"[2]，"是英美帝国主义更换宰割中国，统治北京的'代办'"[3]。当时的中共北京地委书记赵世炎认为，这次政变"虽有一定的政治意义，但不能算是革命"[4]。还有人认为，"此次名为政变，实则为吴佩孚、冯玉祥二氏之争雄"[5]。孙中山则认为，这次政变起初

1　冯玉祥：《我的生活》，黑龙江人民出版社，1981，第 408 页。
2　陈独秀：《北京政变与中国人民》，《向导》第 89 期，1924 年 10 月 29 日。
3　彭述之：《北京政变与投机无耻公团之请求》，《向导》第 89 期，1924 年 10 月 29 日。
4　《赵世炎生平史料》，载《文史资料选辑》第 58 辑，中华书局，1979。
5　吴聊子：《北京政变记》，上海共和书局，1924。

"好像真有革命的色彩"，随后就"不像革命运动"[1]了。众说纷纭，莫衷一是。在以上诸多的评论中，以孙中山和赵世炎的说法最符合历史事实，而其他议论或近偏颇，或近片面。

国民军起事的前前后后，虽口口声声自称革命，但根本没有明确的政治主张。冯玉祥的第一军与胡景翼的第二军、孙岳的第三军结合的纽带，与其说有共同的政治基础，不如说是迫于形势，不得不互相倚重。奉系军阀入关以后，冯玉祥一方面向奉系张作霖妥协，捧出段祺瑞；另一方面，段祺瑞为了拉拢冯玉祥，把察哈尔、绥远和当时京兆所属 22 个县作为国民第一军的地盘，允其扩军为六个师三个旅。

1926 年 4 月，国民军退出了北京。至于孙岳的第三军，原属旧系的人，多已和直军暗通声气，徐永昌则带部下到山西投靠阎锡山去了，至此第三军实际上已经瓦解。第二军也在河南退却时不复存在。就这样，冯玉祥的情况一天不如一天，国民军最后变作冯玉祥的西北军了。由此可见，由于没有正确的革命思想的指导，国民军的失败是历史的必然结果。

从"北京政变"的过程来看，最初是具有革命的色彩，而后来却找不到革命的影子了。具有改良的政治进步意义而不是革命，正是对"北京政变"的总体评价。这样说并不是要抹杀冯玉祥驱逐溥仪出宫的历史功绩，相反，正因为如此，冯玉祥的"首都革命"才有了光辉。借由故宫的开放，社会民众对皇权的批判转而升华为对民主共和的颂赞。驱除溥仪出宫时，李石曾就指出："物品不必收拾，有关历史文化之物品，以不搬走为是，因系国宝，不宜归一人一姓，你们今天出走后，只将无职守的太监开去，各宫殿仍旧原看守人看守，并加封条，以专责成。"[2]

在感性的情绪得到宣泄后，对于故宫博物院的价值及未来发展，社会亦开始

1 《孙中山选集》下卷，第 900 页。

2 李玄伯:《溥仪出宫情形》,《故宫周刊》, 1931 年，第 102 页。

了理性的思考。民国散文家孙福熙也在《北京乎》中记录了当时尚有皇家余温的紫禁城，他感慨故宫红黄绿的三原色是明清两代城市之美的浓缩，贯穿了北京城绵延近 8 公里的中轴线。作为老北京中轴线上最重要的建筑，紫禁城取紫微星居于天地中心之意。他指出"这样大规模的博物院在中国是首创的"，建议应以"这许多年来帝国的遗骸"做参考，"重新建立政治文艺的基础"。

通过对故宫与罗浮宫、艾尔米塔什的开放所进行的比较，可以看出，推翻封建专制王朝的民众革命是变宫廷收藏为公共博物馆收藏的根本的历史原因，革命是收藏与"博物馆"由旧时代进入新时代的真正契机，是打破以宫廷、皇室为代表的陈旧的、封闭保守的文化专制的强大推动力。而罗浮宫、艾尔米塔什、故宫的开放则是东西方博物馆史上划时代的大事件。

同时还应看到，由于法国、苏联与中国在开放宫廷收藏时的历史和文化背景的差异，其各自的开放过程与理论思想武器，以及由此而凝聚的心理积淀也不尽相同。请不要忘记，与法国大革命和俄国十月革命相比，尽管冯玉祥的"首都革命"不是革命，但是它为紫禁城开放为博物院创造了先决条件，在中国博物馆史上具有重要的意义。而故宫与罗浮宫、艾尔米塔什开放过程中所存在的种种差异，对它们所属各国后来的博物馆事业的发展都产生了不可低估的影响。

第八章

故宫博物院成立
初期的坎坷历程

国民党的北伐军占领北京后，竟发生了国府委员经亨颐提出"废除故宫博物院，分别拍卖或移置故宫一切物品"之案，张继随即在国府发文予以驳斥。此后颁布了《故宫博物院组织法》，这是我国历史上第一部有关博物馆的法律。1928年以后，故宫博物院进入了短暂的"鼎盛时期"。1931年，日本帝国主义发动了九一八事变，故宫博物院迫不得已采取了文物南迁之举。百万件文物在万里行程中，历经15年的战乱岁月，竟大致无损，这不能不说是一个奇迹。五大博物馆（故宫博物院、大英博物馆、罗浮宫博物馆、艾尔米塔什博物馆及纽约大都会艺术博物馆）的所属国都是二战期间反法西斯阵营的重要国家，都是联合国安理会常任理事国，这五座博物馆不约而同地都有转移、疏散国家文物的行动。

　　1925 年 10 月 10 日，故宫博物院正式成立，公开已成事实，然而围绕着故宫的权力与前途的斗争并未因此而告结束。博物院初期的这段历史包括：由于北洋军阀各派系之间的明争暗斗而引发的 1926 年初到 1928 年 6 月的故宫博物院的"四次改组"，1928 年的国府委员经亨颐提出的"废除故宫博物院，分别拍卖或移置故宫一切物品"之案，1928 年至 1932 年故宫博物院的短暂"鼎盛时期"，以及由于日本帝国主义对我国发动的侵略战争而使故宫遭受的自 1933 年至中华人民共和国成立前夕长达十多年之久的文物大迁徙。

故宫博物院的四次"改组"

如昙花一现的"北京政变"并未改变北洋军阀的统治地位，政变发生一个月后，段祺瑞便以临时执政的身份重返北京，组织了新的政府，一时间北京又陷入了黑暗之下。

故宫博物院成立仅仅五个月，北方政局突变。段祺瑞临时执政府久已对李石曾、易培基等人不满，1926 年"三一八"惨案发生，爱国学生在执政府门口被卫队枪杀了许多人，引起了当时社会的强烈不满。在北洋政府方面，因仇视国民党，段执政府借用共产党的罪名通缉一班在北京的国民党重要分子。李石曾是国民党一大监委，党派的色彩在学潮这一阶段显露出来。3 月 19 日，执政府就下了一道通缉令，故宫博物院领导人李石曾、易培基在其内，李的罪名是他安排组织去法国勤工俭学的大批留学生中很多是共产党人，易的罪名是他在湖南长沙第一师范学校当校长时，他的学生之中也有不少共产党人如毛泽东等。两人是国民党同时也是共产党的罪名成立。于是二人被迫逃走，避居东交民巷的瑞金大楼。由此开始了动荡的故宫博物院的所谓四次"改组"时期。

第一次是所谓"维持时期"，始于 1926 年 3 月 26 日。由此故宫博物院失去了主事的人，陷入了无人负责的状态。而清皇室致函执政府要求溥仪回宫，故宫博物院危在旦夕，临时董事会、理事会改而成立了"故宫博物院维持会"，以支危局。就在 3 月 26 日举行了故宫博物院董事联席会议，会上推举了卢永祥、庄蕴宽两位做维持员。这两位老先生在社会上声誉甚高。卢是北洋军阀的重要将领，康有为致庄士敦的信中有"惟有浙不归款"一句话，那时即是卢在做浙江督军，所以康有为知道他不会帮助清室复宫；庄蕴宽虽然年事已高，但还是当时在京的高官，当年袁世凯称帝，全国60位约法会议员，59个表态支持，唯有庄蕴宽一人拒不合作。而且他已在支持故宫博物院，又因他与段祺瑞的私谊可以直接对段祺瑞本人产生影响，知道如何做不会出错。这样德高望重的老先生担纲故宫，自然防的是清室遗老借机生事。然而卢并不在京，与段祺瑞的私谊乃用其名耳，实际上只有庄蕴宽一个"独脚"的维持员而已。

据吴瀛的回忆，那时又是国民军与直奉联军开战失利，鹿钟麟的军队也要退出京师，故宫形势看来真有些岌岌可危，北大的先生们至此也束手无策了。在吴瀛的劝说下，庄蕴宽义不容辞出面维持局面。故宫博物院面临着经费困境，段祺瑞曾提出："要用款，只要开出数目，我命令下面照付。"庄蕴宽考量良久，恐怕拿了段执政的经费，就要听命于政府，且又不知道段执政能支撑多久，于是坚持不要。随后又去同熊希龄商量，熊答应向法国的东方汇理银行（Banque de l'Indochine）去借三万元。该银行允诺了，却不放心政府，以为没有信用，要以私人作为债方方可以照借。无可奈何，只得以庄蕴宽为债务人，此借款方使院务得以维系。

第二次是"保管委员会"时期，始于1926年7月10日。东方汇理银行的担忧是有道理的。4月18日直鲁联军入京，段祺瑞于4月20日通电下野，真正危险的时候终于到了。李石曾又躲进东交民巷的法国医院，久久不敢外出。这段时期，易培基与他一起在法国医院避难。据说北京政府在1926年9月拟向公使团交涉，要求将两人交出，未果。属于吴佩孚势力的杜锡珪上台后，虽然否决了清内务府的回宫请求，却琢磨着把故宫的权柄掌握在自己手中。杜锡珪内阁秘密决定，由各部各派一人做故宫博物院保管员，成立"故宫保管委员会"。故宫保管委员会在中南海居仁堂成立，选举赵尔巽为委员长，孙宝琦为副委员长。其要在文物还未清点时就接管故宫，其实质是要毁灭故宫、变卖文物。

为防国宝重器流失，7月23日，庄蕴宽不顾患中风的身体，召集全体旧任委员集议紧急研究，向报界发表启事，还向同人公开提出：第一，请政府明令声明三事：（1）故宫不发还溥仪；（2）不变卖；（3）不毁灭。第二，交接前必须严格清点。由院组织移交委员会，逐项点交，以清手续。第三，发起监督同志会，办交接监督之事。这个维持会有几个元老：王聘卿、熊秉三、赵次珊、孙慕韩。他们都是维持会的重要主持人，就由他们四位元老担保庄蕴宽，共同签订了契约，拿这三万元，加上每月门票收入，大约够一年的预算，照吴瀛的话说，故宫博物院就此可以"粗安"了。[1]

不幸的是，8月，当时的国务总理杜锡珪建立了新的故宫保管委员会，该机构主管仰慕皇权，无法与前一机构展开高效合作。陈垣先生是著名的史学家和教育家，也是故宫创建时期的元老，他为人耿介，虽因触怒恶势力而被捕，却仍极力坚持必须清点文物后才能交接。点交之争相持至9月，在众博物院同人的努力下，保管委员会接管故宫的企图化为泡影。杜锡珪辞职后保管委员会也消失了。故宫保管委员会因杜锡珪内阁的辞职而解体，此间院内业务工作仍按部就班地进行。

第三次是"维持会"时期，始于1926年10月13日。当时故宫博物院摆脱了保管委员会的纠缠，却再次陷入了无人负责的状态。1926年12月，由李石曾提议的"故宫博物院维持会"正式成立，由汪大燮、熊希龄、颜惠庆及庄蕴宽等人发起，汇集各方名流，委员名单列有六十人之多，并指定常任委员15人，继续维持院务，合力维持，负责典守。推举江瀚为会长，庄蕴宽、王宠惠为副会长。在委员会的不懈努力下，故宫博物院最终摆脱了政治和党派的影响，严格专注于文化方面。维持会曾通过两项救穷措施：一是处分永寿宫银锭及金砂；一是处分消耗品茶叶等项。此间大致安定，而以经济困难尤为严重。

第四次是"故宫博物院管理委员会"时期，始于1927年8月23日。阁议通过了一个查办故宫博物院案，成立故宫博物院管理委员会，取代维持会，王士珍为委员长，王式通、袁金凯为副委员长。9月，张作霖所控制的政府又宣布成立"故宫管理委员会"，强行接管故宫博物院。9月20日，国务会议通过了《故宫博物院管理委员会条例》。10月1日聘定管理委员会委员，10月21日由管理

---

1 参阅吴瀛《故宫博物院前后五年经过记》，第2卷。

委员会所推定的接收委员四人到院接收，故宫博物院维持会至此结束。1928年6月国民革命军北伐成功，成立八个月的管理委员会宣告结束。

由于时局动荡，短短两年多故宫博物院领导层被迫四次改组。但是在守护者们不离不弃的奋力保护下，故宫博物院最终免遭毁灭。

经亨颐提案与《故宫博物院组织法》

正当故宫博物院惨淡经营，一筹莫展之时，国民党的北伐军占领了北京。霹雳一震，青天白日之旗飞扬于燕京故都。时为1928年6月，国民政府派易培基接收故宫博物院，易培基因卧病上海，不能亲往，分别致电委托马衡、沈兼士、俞同奎、袁同礼及吴瀛等五人，代行其事，接收故宫博物院事务。随即在南京举行了故宫博物院理事会全体会议，推举易培基为院长。先是国民政府既收复旧都，接收故宫，遂由李石曾、易培基、吴敬恒等拟订故宫博物院组织法及理事会组织条例，送由中央政治会议议决。

1928年6月，国府委员张人杰与薛笃弼提出："清宫所藏金石书籍，与历史文化有关之器具法物，曾于民国十三年由李煜瀛、易培基诸同志组织委员会，改清室宫殿为故宫博物院，人人观览。现奉军初退，该院无人负责。"[1]1928年7月9日，故宫博物院在绛雪轩招待各界人士，蒋介石、冯玉祥、阎锡山、李宗仁、邵力子、李济深、吴稚晖、张群等国民党要员均在其列。

正当故宫博物院同人欢欣鼓舞，着手重新筹划发展之际，竟然发生了国府委员经亨颐提出"废除故宫博物院，分别拍卖或移置故宫一切物品"之案。国府会议讨论此案的结果，是接受经亨颐的提案，把中央政治会议咨送的故宫博物院组织法及理事会组织条例，函请中央政治会议再行复议。

---

1 《国府会议纪要》，《申报》1928年6月16日。

9月间，中央政治会议第一五五次会议再度讨论到这个问题，一致认为有维持原委之必要，遂再函国府，请公布故宫博物院组织法。其实，所谓提案风波，亦可以看作国家民主政治生活中的正常之举，根本不同于此前来自复辟势力的破坏，完全无损于故宫博物院。而且，通过经亨颐与张继之间一来一往的辩论，只有使是非更加分明。无形之中扩大了故宫博物院的政治影响，对于一般国民来讲也是一次很好的博物院意识的教育。

事情的发端是，国府委员经亨颐于 1928 年 6 月 27 日向国民政府提出"废除故宫博物院，分别拍卖或移置故宫一切物品"之案。议案如下：

我所怀疑的，不但对于名称，而且认为此种机关大规模的设置许多理事院长和办事人，实在没有什么意思。先论名称，这五个字分为两截，均不妥当，"故宫"二字，就过去事实，以清宫为故宫，原是不错。但我国文学上的习惯，故字觉得很有怀念的意思。例如古碑，什么故什么将军之碑，以及"故乡"的"故"字，也可以联想。总之，"故宫"二字，不免有禾黍离离之大感。是不是应该的，与其称为故宫，不如称为废宫。

其次故宫而称为博物院，更大不妥，简直不能。故宫博物院内所有物品，到底博不博？据我所知道，博物院只有两种办法，一种供研究用的，例如历史博物院，教育博物馆之类，要想教育办得更好，所设这种博物院陈列各种模型或研究结果其他一切实验等，故宫博物院，如其作为这种性质，那末是研究宫内应如何设备皇帝所用的物事应当如何办的？岂不是预备哪个将来要做皇帝，预先设立大典等处吗？这一定不是的。还有一种是范围很广，分门别类，无所不备的，就是要实做一个博字，所谓扩充教育的性质。试问故宫里这几件珍贵品不过古董一小部分，并且照现在的组织，有什么图书文献，决不是一般博物院所有的事，图书馆是另有大规模独立的必要，这种组织，万万不像。博物馆的组织既不博，又不合用，故宫博物院五字连缀起来，简直可说是一种莫名其妙的机关。所以我的意见，不如根本废除为是。

所以主张废除理由，不但是名称，如仅论名称，故宫博物院认为不妥，根据事实改一个废宫奢品陈列所，好不好？我想主张故宫博物院的人，一定不赞成，因为太不重视了，但我要问皇宫物品为什么要重视？据我的理想，皇宫不过是天字第一号逆产就是了，逆产应当拍卖，将拍卖大宗款项，可以在首都造一所中央博物馆，至多将清宫物品中有可以供美术研究的分别陈列，而且不必特设一室，表明为清宫物品。应当分类并列在其他性质相同的荟在一处，标明是清宫物品，未始不可。至于像漆雕宝座等皇气十足的东西，我以为不使后人看见更好。以雕漆为美术，别的雕漆正多，不是宝座，就无所谓皇室物品，归在一般的博物馆中，永久保存的目的，并不两样。

老实说，故宫博物院难免有黑幕，现在的几位理事先生，或不至如此，听说前已经有人制成赝品携去易换真物的把戏，将来一定有骨董欲的人混到里面去，稍稍不注意，不到一二十年，所谓故宫的珍品，尽成赝品了。"保管"二字，简直变为"保完"，决不是现在所以设立这机关的本意。我的办法，图书应当分出另办图书馆，在首都也不可少的。关于文献的，可以交给中华大学负责，现在所定的故宫博物院条例即决废止，所有理事一起改为中央博物馆筹备委员，另订委员会条件。主要责任，是审查所谓故宫的博物，那一件可以拍卖，那一件可以保存，当然要由中央议定几条原则。

这种头等逆产，价值一定不小，不但好骨董的，还有好奇的，因为是皇帝物品，买的人必多，骤得巨款，立刻可将博览会破屋，使他焕然一新，事半功倍，首都一个伟大的博物院，可以最短期内成立，似乎比没意思的故宫博物院，年年化许多钱维持下去，好得多哩。是否？请公决。[1]

经亨颐，浙江上虞人。他早年加入同盟会和南社，在日本留学回国后，担任了浙江两级师范学堂的教务长。为了实现其人格教育的主张和理想，他又在他的

1　吴瀛：《故宫博物院前后五年经过记》，故宫博物院，1932，第30~32页。

家乡上虞白马湖畔创办了春晖中学。他是一位有着左倾思想的著名教育家。在经亨颐看来，北伐胜利，迁都南京，国家的统一与建立需要新的符号加以表述。在"推陈出新"和"温故知新"的道路上，经氏选择了前者，自然地将"废宫""逆产"与紫禁城联系起来。故宫存废问题已然不是简单的空间改造和利用问题，其背后蕴含的意识形态和政治文化诉求是历次提案出现的主要原因。

宫殿藏品中的许多物件对一些人来说有可观的货币价值，因此便有人主张在拍卖会上拍卖这些物品，所得收益皆用于建造一个真正的国家博物馆，用于现代科学研究。经亨颐提出拍卖故宫文物案并不是个例。1924年11月5日冯玉祥驱逐溥仪出宫后仅四天，《顺天时报》就发表文章，大谈"清宫宝物，价值十万万"。该文说：

> 清宫宝物系集二十四朝之精粹，数千年来，定都虽不在一处而一朝鼎立以后，一帝崛兴，必多方搜集，以罗列宫中，以为一己有。庚子八国联军霸占清宫，虽攫去宝物甚多，而最最珍贵之物品，尚为慈禧太后随身携去，此次逊帝移居，事前本未预备，所有宝物亦未挪出，闻清宫所藏之宝有古代字画，夏商周钟鼎，大小珍珠，五色宝石……顷据某外人估计清宫变卖，共值十万万元，以之清偿我国外债，足够半数。[1]

7月20日，北平政治分会召开第二次常务会议，决议将"故宫博物院接收委员函为委员经亨颐提议拍卖故宫物品请迅电主持保全原议案"列入下次常务会议议事日程。[2] 经亨颐的提案传到故宫博物院，一时间人们无不感到颓丧。初以为博物院事业为在北洋政府肘腋下唯一的革命工作，必将得到国民政府的同情与援助，万万没有想到至此乃有全部摧毁之恐惧，进而有关联的人们

---

1 《清宫宝物，价值十万万》，《顺天时报》1924年11月9日。
2 《北平政治分会第二次常务会议记录》，参阅《北平政治分会会报》，1929年。

对此提案表示了愤怨之情。

在这样的形势下，故宫博物院前任理事会理事张继以大学院古物保管委员会主席的名义，针对经亨颐的提案，呈文中央政治会议，予以批驳。兹录如下：

窃故宫博物院，成立已将四年，竭数百人之心力，维持于危难之中，幸免摧残，北伐既成，北京既克，钧会正式通过故宫博物院组织条例，派员接收，保障文化之功，中外人士，所共钦仰，乃昨读报章，见经委员亨颐废除故宫博物院拍卖古物之提案，不胜惶骇，考其所持，约有五端：（一）故宫博物院名称不通；（二）研究皇帝所用的物事，是预备哪个将来要做皇帝；（三）图书文献，非博物院所应有；（四）逆产应当拍卖；（五）保管问题。强词夺理，莫此为甚，今谨逐条批驳。为我政治会议公陈之：

（一）经委员说"故宫而称为博物院，简直不通"，又说"有怀念的意思"。"故宫"二字，不过表示博物院所设之地点为"宫"而已，又何怀念之足言。至于故宫博物院联络成立，不过表示市政府所在地点为上海相同，此种用法，触目皆是，从无异议，何对于故宫博物院独有问题耶？且夷考欧洲各国，以旧时皇宫改作博物院者，不一而足，且多以某宫冠于博物院上，而为之名。如巴黎之"狼宫博物院"（Musée du Palais du Louvre）等皆是，至如柏林之 Schloss Museum 皇宫博物院，直以"皇宫"名之矣，岂又故宫而已哉，此足证故宫博物院之名称，准诸世界而可用者也。

（二）经委员又说，"故宫博物院，若为研究性质，那应是研究宫内应如何设备……岂不是预备那个将来要做皇帝，预先设立大典筹备处么？"是说诚荒唐之尤者，研究以前的历史，是完全学术之供应，而非为实行彼时之现象，现在世界学者，争研究近代野人之生活，及发掘荒古时代原人之器物，若以经委员所说例之，是则近代学者，欲弃其进化之生活，而履行古人之茹毛饮血穴居野处乎？譬如医生研究病状，是为得治病之方法，绝无人焉，以为彼之研究病状，为预备实行患此病也。故宫博物院亦何不可作此观察，参观者见宫墙高且多，无异囹圄，见宫中生活之黑暗，一无乐趣，或可兴起其薄视天子重视平民之念乎？

（三）经委员又说"图书文献，决不是一般博物院所有的事"。殊不知伦敦之英国博物院 British Museum 就包有图书文献两部分，相类之博物院，亦欧美所见者，从未闻世界学者，有所批评者也。

（四）经委员又说"逆产应当拍卖"。逆产应否全数拍卖，已成问题。法国大革命，其雄伟之风，激昂之气，迈越往古，为后来各国革命者之先导，然方其拍卖法王室之产业也，亦有"与历史有关之建筑物品等除外"之令，且故宫已收归国有，已成国产，更何逆产之足言，故宫建筑之宏大，藏品之雄富，世界有数之博物院也。保护故宫，系为世界文化史上尽力，无所谓为清室逆产尽力也，且故宫诸藏物皆由明清两代，取之于民。今收归国有，设院展览，公开民众，亦至公也。与拍卖之后，仅供私人之玩弄者，孰公孰私，不待辩而即知矣。

（五）经委员又说，"从前已经有人制成赝品，携去换易真物的把戏"。想系对于冯总司令玉祥、鹿总指挥钟麟而言。当时清室遗老，恨溥仪被逐，奉系诸逆，畏国民军之威严，亟思有以中之，造作谣言，载诸报纸，别有政治作用，遂有种种传说。然冯总司令之从未履宫门一步，鹿总指挥之奉公守法，不畏勤劳，凡参与清宫物品点查者，类皆道之。本会委员马衡、沈兼士诸君，身与目击，尤能绝对担保人言之不足信。经委员此语，采及流言，想明察如政会诸公，必不轻信之也。经委员又说，"现在的几位理事先生，或不至有黑幕……不到一二十年，故宫的珍品，尽成赝品了"。这两句话，岂不是有意自相矛盾。说现在的诸信理事不可靠吗？图穷而匕首见，其谁信之。

现欧洲各国，为供历史之参考，对于以前皇政王政时代物品，莫不收罗保存，惟恐落后。即苏俄在共产主义之下，亦知保护旧物，供学者之研究。至于美国，以新建国家，自己原无故物，亦争往欧洲寻购，其不可得者，更以石膏模型代之，其惜古之心，何其壮耶。至于档案，虽一纸之微，亦不肯弃之，本国者不足，更求之于他国。伦敦英国博物院所藏广州总督衙门档案甚夥，研究太平天国时事者，莫不求助于兹；海参崴博物院所藏东三省档案亦至多，前年苏联驻北京大使馆参赞伊瓦诺夫，且要求北京大学派人往海参崴，代为整理，议虽未成，然苏俄之注意文物，由此可见。

一代文化，每有一代文化的背景，背景之遗留，除文字以外，皆寄于残余文物之中。大者至于建筑，小者至于陈设，虽一物之微，莫不足供后人研究之价值。明清两代，海航初兴，西化传来，东风不变，结五千年之旧史，开未来之新局，故其文化，实有世界价值。而所寄托者，除文字外，实结晶于故宫，及其所藏品，近来欧美人士，来游北平，莫不叹为大可列入世界博物院之数。即使我人不自惜文物，亦应为世界惜之。还观海外，彼人之保惜历史物品也如彼，吾人宜如何努力？岂宜更加摧残。且故宫之内，所藏与革命史料有关者颇多，汪精卫之供词，赵尔巽、徐世昌等身事民国仍向溥仪称臣之证据。段祺瑞因此，屡次思加摧残，赖多方之护持，始未得逞。今经委员一加提议拍卖物品，逆证随消，是何居心，诚不敢加以臆测也。

两月以前，张作霖亦有提取故宫物品之议，本会曾电当时主院事者之王士珍、袁金铠等，谓"国宝摧残，国刑具在，请慎保护以免国诛！"王等深惧物议，其意随寝，足见摧残文物，谁敢尸名！维护历史，莫肯居后！即张作霖，亦不取排当时清议，受千载恶名也，至经委员以为拍卖古物，可以建筑博览会，是直如北京内务部之拍卖城砖以发薪矣，尤而效之。总理在天之灵，亦必愤然而不取也。今者北平初克，外邦人士，对于吾党之措置，异常注意，若不建设是尚，专加破坏，文化摧残，谁负其责，是为钧会所不取。本会保管古物，职责攸关，心所谓危，不敢缄默，明达如诸公，必能排去邪议，保障文化，敢请仍照原议，设立专院，使之责成，而垂久远。后来学者幸甚，世界文化幸甚……

张继的议文一经在国府宣读，又有国民党中央执行委员会9月24日第169次中常会决议，国府随即颁布了《故宫博物院组织法》（院法正式组织第八），经亭颐的提案当然宣布无效。此时值1928年10月5日。

在前后相继的历史事件中，不同历史时期的政府当局均曾面对废除故宫，或拍卖故宫文物，或改造故宫的各种提案。北洋政府时期民国政府国会于1923年通过一项"改建故宫三殿为国会议场"的计划[1]。当年5月，以"直鲁巡阅使"之职驻扎洛阳的吴佩孚听闻此讯后，勃然大怒，并于5月20日致电大总统等，坚决反对国会迁移故宫三大殿议案，曰："尝闻之欧西游归者，据云，百国宫殿，精美则有之，无有能比三殿之雄壮者。此不止中国之奇迹，实大地百国之瑰宝。欧美各国无不断断以保护古物为重，有此号为文明，反之则号为野蛮。"[2]

鉴于社会反对之声，主持国会迁移案的国会众议院议长吴景濂、参议院议长王家襄、代理议长张伯烈、宪法起草委员长汤漪等电复吴佩孚，解释国会迁移三殿的理由：

一曰正视听以固国本。几国之大事，如大总统之选举，及其就职宣誓，宪法之宣布或修正，与夫解释宪法之会议等，必于其国历史上最庄严阔丽之地行之，此古今中外所同也。

二曰谋古建物之保存。凡建物莫不以获用而后存，以不用而就圮，此常理也。今之三殿荒废已久，其旁殿尤甚，倘不加以修葺，别无保存之法，自始议迄今，中外工程师所绘图案，不下十数，无一非就原有楹柱之间，增设议席，及旁听席而止。既无所用其拆，更不知何所谓毁也。[3]

据有关资料及研究，当时国会迁移三殿议案早已是定案，国会已向十余家中外建筑公司招标征集改建三大殿设计方案。瑞典建筑师施达克（Albin J. Stark，1885-1960）就曾为其改建工程设计建筑图纸，据其保留的设计图纸显示：太和殿内的皇帝宝座被移走，殿宇的东西两侧将各新建两座二层的平顶建筑，内设总统休息室、议员休息室、衣帽间、厕所和锅炉房等。[4] 在国会看来，民初复辟事

1　《三殿改修议场之反对声》，《申报》1923年3月3日。

2　《吴佩孚电请保存三殿》，《顺天时报》1923年5月22日。

3　《国会迁入三殿之争论，吴王复吴佩孚之一电》，《顺天时报》1923年5月27日。

4　参阅司汗《施达克——改建紫禁城的瑞典建筑师》，《建筑史论文集》第16辑。

件与紫禁城的保留存在着极大的关系，因为这一帝制的空间为清室君主专制提供了可以凭依的想象空间。

关于故宫存废的争论一直未曾离开国家认同这一场域，晚清民初故宫、故宫文物及故宫博物院的演变历程不断地证明着这一点。历史的演进既改变了它们的身份认同，同时又赋予它们许多新的意涵，历史的、文化的和政治的。

继南京国民政府时期国府会议于 1928 年通过经亨颐提案后，1932 年，北平政务委员会又讨论起"拍卖故宫文物购买 500 架飞机"[1] 的提议来。8 月 21 日北平政务委员会召集专家，通过了关于故宫的三项决议，其中第一项竟然是："各委员签字，呈请中央拍卖故宫古物，购飞机 500 架。"到 10 月 14 日，中央执行委员会政治会议开会，讨论保护故宫办法，由于许多民间团体也呼吁反对变卖故宫文物，第二起故宫文物拍卖风波才算平息。

孙中山在反清革命实践中认识到："人民心力与兵力，二者并行不悖。"而且人民之心力是兵力的基础。[2] 他还指出，要彻底消灭依靠帝国主义的军阀势力，"第一步使武力与国民相结合，第二步使武力为国民之武力，国民革命必于此时乃能告厥成功"[3]。孙中山的这一说法包含两层意思，一是武力要与国民相结合，因为军队的力量是有限的，而被主义动员起来的国民中蕴含着更加伟大的力量。二是武力最终要适应国民之需要，成为国民的武力，革命才能够真正成功。另一方面，孙中山主张阶级之间的调和与平衡，认为阶级斗争不是社会进化的原因，"社会之所以有进化，是由于社会上大多数的经济（利益）相调和，不是由于社会上大多数的经济利益有冲突"[4]。

军事胜利带来的直接后果是权力的高度集中。北伐战争之后的蒋介石建立起

1　《俞同奎致易培基密电》（1932），故宫博物院档案，编号：ifqggwwbg100217。

2　《在广州大本营对国民党员的演说》，载广东省社会科学院历史研究室等合编《孙中山全集》第 8 卷，中华书局，1986。

3　《北上宣言》，载广东省社会科学院历史研究室等合编《孙中山全集》第 11 卷，中华书局，1986。

4　《三民主义·民生主义》，载广东省社会科学院历史研究室等合编《孙中山全集》第 9 卷，中华书局，1986，第 369 页。

来的集权政府垄断了所有的权力。在许多国民党人看来，他们是代表全民的，地主、资本家乃至军阀和土豪劣绅等都是全民的一部分。"本党所代表的全民，不是单纯的代表农工。农民不论地主、自耕农或佃农，工人不论劳工与资方，均为本党所代表的对象。"[1]总之，从北洋军阀时期的"有兵必有阀"到实现以党治军，是中国军队近代化合于逻辑的发展过程。中国当时需要有一种社会力量来推动现代化起步，太平天国起义、戊戌变法及辛亥革命反映了这种需要，维护民族独立的意愿也反映了这种需要，既然资产阶级还没有产生，封建阶级中的某些人便很自然地会出来承担这一历史任务。[2]故宫虽然在时间上被强行附加了政治效果，但故宫转化成博物院以后作为一个公共空间所蕴含的内容则更为丰富和直接。[3]

1928年10月5日颁布了《故宫博物院组织法》，这是中国历史上第一部有关博物馆的法律。10月8日国民政府又颁布了《中华民国故宫博物院理事会条例》。《故宫博物院组织法》凡二十条三十九款，其中第二条规定故宫博物院设古物馆、图书馆（1927年10月，图书馆分设图书部、文献部，11月图书馆改文献部为掌故部），特点在于强调博物馆业务的特殊职能。最为关键的是在法律上明确了故宫博物院的所有权，第一条明确规定，"中华民国故宫博物院，直隶于国民政府，掌理故宫及所属各处之建筑古物图书档案之保管开放及传布事宜"。第八条明确规定，"故宫博物院置院长一人，承国民政府之命，综理本院及所属各处事务"。从此申明了国家对故宫博物院的所有权，从根本上杜绝了"觊觎之心"，并为故宫的保管开放及传布提供了最为可靠的保障。

蒋复璁曾说："民国十四年双十节，成立了故宫博物院，上有理事会，设理事长，处理院务，此时正是北洋军阀时代，还不能算是国家的博物院。民国十七

1　中央组织部编印《地方党务工作讨论会纪要》，1943年5月，转引自王奇生《党员、党权与党争》，上海书店出版社，2003。

2　《李文海教授谈中国早期现代化的历史进程》，《当代中国史研究》2005年第4期。

3　陈春晓：《从皇家禁地到公共空间——由故宫博物院的建立看民国政府政权威信的树立》，《郑州大学学报》（哲学社会科学版）2010年第3期。

年七月，北伐成功之后，国民政府才派院长，十月五日公布故宫博物院组织法，我国才算有了正式的国家博物院。"[1]

《故宫博物院组织法》凡二十条三十九款，兹录如下：

第一条　中华民国故宫博物院，直隶于国民政府，掌理故宫及所属各处之建筑古物图书档案之保管开放及传布事宜。（按：所属各处，系指故宫以外之大高殿、清太庙、景山、皇史宬、实录大库等）

第二条　故宫博物院设下列各处馆：

（一）秘书处

（二）总务处

（三）古物馆

（四）图书馆

（五）文献馆

第三条　秘书处之职掌如左：

（一）关于一切机要事项

（二）关于物品簿册保管事项

（三）关于本院扩充事项

（四）关于理事会议事项

（五）关于本院会议事项

（六）关于职员进退事项

第四条　总务处之职掌如下：

（一）关于典守印信事项

（二）关于撰拟保存文件事项

（三）关于征集统计材料及刊行出版物事项

1　蒋复璁：《国立故宫博物院的历史使命》，载《故宫文物》。

（四）关于工程修缮事项

（五）关于本院庶务事项

（六）关于本院会计事项

（七）关于本院开放事项

（八）关于本院稽查事项

（九）关于本院警卫事项

（十）其他不属各馆事项

第五条　古物馆之职掌如下：

（一）关于古物编目事项

（二）关于古物保管事项

（三）关于古物陈列事项

（四）关于古物传拓事项

（五）关于古物摄影事项

（六）关于古物鉴定事项

（七）关于古物展览事项

第六条　图书馆之职掌如下：

（一）关于图书编目事项

（二）关于图书分类事项

（三）关于图书庋藏事项

（四）关于图书版本考订事项

（五）关于善本图书影印事项

（六）关于图书阅览事项

第七条　文献馆之职掌如下：

（一）关于档案及清代历史物品之编目事项

（二）关于档案及清代历史物品之陈列事项

（三）关于档案及清代历史物品之储藏事项

（四）关于档案及清代历史物品之展览事项

（五）关于清代史料之编印事项

第八条　故宫博物院置院长一人，承国民政府之命，综理本院及所属各处事务。

第九条　故宫博物院置副院长一人，辅助院长掌理院务。

第十条　故宫博物院置秘书长一人，承院长之命掌理秘书处一切事务。置秘书二人至四人佐理处务。

第十一条　故宫博物院置处长一人，承院长之命掌理总务处一切事务。

第十二条　故宫博物院置馆长三人，副馆长三人，承院长之命分掌各馆事务。

第十三条　故宫博物院总务处及各馆分科办事，于各科置科长一人，科员若干人，承长官之命掌理各科事务。科长科员额数，以院令定之。

第十四条　故宫博物院设理事会决议一切重要事项。理事会组织条例足定之。

第十五条　故宫博物院为保管无关历史之财产，得设故宫博物院基金保管委员会。基金保管委员会组织章程另定之。

第十六条　故宫博物院为谋保管及开放之便利，得于所属各处分设机关。

第十七条　故宫博物院因学术上之必要，得设各种专门委员会。

第十八条　故宫博物院因缮写文件及其他事务，得酌用雇员。

第十九条　故宫博物院办事细则，以院令定之。

第二十条　本组织法自公布日施行。

这两份文件的颁布在故宫博物院的发展历史中有着十分重要的意义，标志着博物院已由草创走向成熟，由困惑走向了坚定不移的发展方向。其次是《故宫博物院组织法》明确了院内主要部门的组织结构与业务职责，这也是前一个《故宫博物院临时组织大纲》所无法比拟的。由于《故宫博物院组织法》各条款所确定的各部门的职责范围，基本上适应了博物院的性质与工作原则及规律，因而，对于故宫文物、图书、档案的保管、陈列、转运等都起到了有效的保障作用。

这部组织法一个重要的理念就是正义与效率均衡的权力制衡机制，通过理事享有权力参与和在博物院内部实现广泛的制衡关系的设计，防范公权力为个人或部分人所操持。同时，基本上符合管理手段的"相对封闭原则"，为日后的发展提供了组织系统的保证。还规定，"故宫博物院为谋保管及开放之便利，得于所属各处分设机关"（第十六条）；"故宫博物院因学术上之必要，得设各种专门委员会"（第十七条）；"故宫博物院因缮写文件及其他事务，得酌用雇员"（第十八条），并规定"故宫博物院设理事会决议一切重要事项"（第十四条）；"故宫博物院为保管无关历史之财产，得设故宫博物院基金保管委员会"（第十五条）。由此勾勒了故宫博物院的管理框架。

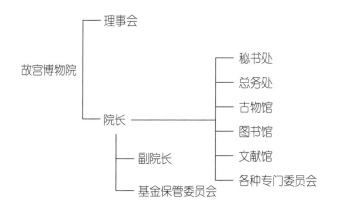

同时，我们通过对以后博物院实践活动的观察，看到《故宫博物院组织法》中的不少缺陷，主要表现是部门与部门之间的职责多有重叠的部分，会出现越俎代庖之嫌。例如，在1928年9月至1931年9月的开放中，文献馆根据《故宫博物院组织法》第七条第（二）、（四）款，开辟了不少"关于档案及清代历史物品"的陈列室。其中，在乐寿堂展出的清代钱币、腰牌与慈禧太后遗物专门陈列，在阅是楼展出的戏衣，在颐和园展出的盔甲及服饰等，虽然并不违背"文献

馆之职掌", 却显得与古物馆的陈列无别。

同时, 在古物馆开辟的陈列中亦有"图书陈列室"。这样的现象大概与《故宫博物院组织法》中"古物"与"清代历史物品"的限界不清不无关系。再有, 在文物南迁时, 博物院秘书处名下直接负责的文物箱件竟有 5672 箱之多, 居各部门之首。这样的现象也符合"秘书处之职掌"第(二)款, 管理古物的权限如此分散, 也就难免造成混乱, 终于酿成了所谓"故宫盗宝案"。虽然通过各方面的调查资料, 可以证明故宫博物院院长易培基应属无辜, 但是《故宫博物院组织法》的某些条款也确实存在制度上的漏洞。

根据《故宫博物院组织法》第十四条规定, 1928 年 10 月 8 日, 国民政府颁布了《中华民国故宫博物院理事会条例》。该条例凡八条七款。第一条申明:"本理事会为故宫博物院议事及监督机关。决议及监督一切重要进行事项。"并列以下七款:

(一)故宫博物院组织法之修改事项

(二)故宫博物院院长及副院长之人选事项

(三)故宫博物院之预算及决算事项

(四)故宫博物院物品保管之监督事项

(五)故宫博物院物品之处分事项

(六)故宫博物院专门委员会之设立事项

(七)其余重要事项

根据这一条例, 理事会基本上行使着一个董事会的职权, 却减少了董事会这一机构。由此改变了过去理事会作为决策机构, 并通过理事下达指令的做法, 形成了以理事会为监督机构, 以院长与副院长组成院的行政管理的决策机构, 以馆、处与委员会为单位的院的执行机构这样一个相对封闭的管理循环系统, 较前一个系统加强了院级行政管理的决策作用, 减少了行政管理中由决策到执行中的多头绪和多环节，并使各机构的权限更加明确。

同时，通过这一条例，也加强了理事会的监督和决议（裁决）作用，较前《故宫博物院临时董事会章程》第三条"本董事会之职权"增加了第（一）款，在第（四）到第（七）款中，也有明显的修订，使其监督与裁决的权限规则更加明确和规范。

至此，故宫博物院有了理论依据，也有了法律的保障，加上一个强大有力的理事会作为后盾，一大批优秀学者作为博物院骨干，这一切为故宫博物院迎来了一个有四年时光的短暂"鼎盛时期"。

理事会管理与短暂的"鼎盛时期"

"国民革命"这个名词虽早在 1906 年由孙中山、黄兴、章太炎等起草的《军政府宣言》中就出现过，但此后的 16 年间不见再使用，直到 1922 年陈独秀重新赋予它新的内涵后，才逐渐风靡。此后，"国民革命"这一口号亦为国民党人所采用，很快成为一个全国普遍的口号。[1] 民国政府在故宫博物院建立的整个过程中，不仅表达了"国民革命"政权对现代文化事业的关注，还向民众渗透了破除帝王权威、去除旧有势力的观念，进而塑造出一个文明现代的政府形象。

冯玉祥驱逐溥仪，为了避免引发社会骚乱，民国政府与逊清和平交涉，做出溥仪自愿出宫之象，这些都是故宫博物院早期权力制衡关系的政治背景。以李石曾为委员长的清室善后委员会聘请社会人士和知名学者，另有清室代表。

而北伐战争之后，随着集权政府的建立，故宫博物院在时间形式上被强行附加的政治效果，终于转化成博物院以后作为一个公共空间所蕴含的必要的形式与

1　1922 年陈独秀在《向导周报》第 2 期发表的《造国论》中提出"国民革命"口号，代替先前所提的"民主革命"口号。

内容。故宫博物院成立之初通过董事会的形式来取得社会上的支持。董事会治理方式及其制度原则的存在显然从某种意义上，可以说是"公司"组织概念的自我复制。

《故宫博物院组织法》规定，理事会决议及监督院务一切重要进行事项。这一次故宫博物院仍然保持了监督机构（理事会）、决策机构（理事长一人与常务理事三至五人，博物院院长为当然常务理事）和执行机构（秘书处、总务处、古物馆、图书馆和文献馆）这三个环节。这样一个由政治人物组成的高层次的理事会是特殊历史条件下的产物，在中国博物馆史上是绝无仅有的。

国民政府任命的 27 名理事，俨然是国民党中央与政府领导机构的核心，表示国家作为故宫博物院后盾的姿态。虽然，这样一个由政治人物组成的高层次的理事会，很快为故宫博物院带来了短暂的"鼎盛时期"，但它必定是特殊历史条件下的产物。

故宫博物院理事会制度中有三个隐性的统领原则，界定了理事会运作的边界，即这三个原则相互联系并交错在一起。

其一，健全内部治理机制的重要目的在于防止非营利性组织内部的个人化控制倾向，为此，现有的制度框架确立了集体决策模式，用以替代和防止个人化决策。理事会是组织的决策机构，由多名理事构成。理事长由理事选举产生。理事会会议实行一人一票的投票决策制，须有一定比例的理事出席方能召开，理事会决议须经出席理事半数以上通过才能有效。严复在其翻译的《国富论》中，更通过按语揭示了公司受制于政治特性的特点。[1] 故宫博物院理事会采取集体和以投票方式决策的共管模式。其中包括，理事通常应当亲自出席，除非得到明示授权，否则只能在会议上行动。

1929 年 2 月 6 日，故宫博物院驻京（南京）办事处召开第一次理事会议，

1　〔法〕孟德斯鸠:《法意》，严复译，商务印书馆，1981，第 440 页。严复按语:"欧美商业公司，其制度之美备，殆无异一民主，此自以生于立宪民国，取则不远之故。专制君主之民，本无平等观念，故公司之制，中国亘古无之。"

谭延闿、蔡元培、蒋梦麟、易培基、李煜瀛、薛笃弼、赵戴文、马福祥、鹿钟麟、胡汉民到会。主席李煜瀛议决个案如下：（1）通过故宫博物院组织法；（2）通过故宫博物院理事会条例；（3）报告十七年度预算书；（4）李煜瀛当选为理事长；（5）通过新加理事蒋梦麟等十人；（6）张继当选为常任理事、副院长，其他理事得同意再推；（7）通过处分无关历史文化物品由院长办理；（8）易培基当选为院长，呈行政院转国府特任；（9）通过聘用专门委员；（10）大学院长为当然理事，大学院既改教育部，则教育部长应为当然理事。[1]

理事，即权力行使者，而不是"财产所有权人"。合议、代表和投票选举制度并不是自然产生的，是和特定的制度、文化及对人的假定等联系在一起的。因此，合议与共管制度，内部人选举最高领导，是为了保证组织的独立性。遵循"影响全体之事必经由全体同意"。实践中，人们还陆续认识到理事会具有制衡监督的功能，即"层层钳制，事事秉公"。[2]

其二，根据传统，理事会决议必须有实际的会议过程。对合议存在不同意见，应当记录在案。譬如，1932 年 6 月的故宫博物院《理事会案卷副本》详细记录：

处分物品一事，经行政院核准，并设监察委员会，规定一切，及监察事务。开会多次在案。现在已经处分之物品，并不甚多，且有许多不能处分，如四执库之皮货，据职员报告，皮已脱毛，一弹即下，不能变售。自去年七月开始处分起，至目前止，金砂售得银约近九万元。茶叶原存甚多，约有四五万斤之谱，燕

---

1 故宫博物院理事会理事：李煜瀛、易培基、黄郛、鹿钟麟、于右任、蔡元培、汪精卫、江翰、薛笃弼、庄蕴宽、吴敬恒、谭延闿、李烈钧、张人杰、蒋中正、宋子文、冯玉祥、阎锡山、柯邵忞、何应钦、戴传贤、张继、马福祥、胡汉民、班禅额尔德尼、恩克巴图、赵戴文，共计 27 人。理事会复推举理事：马衡、沈兼士、俞同奎、陈垣、李宗侗、张学良、胡若愚、熊希龄、张璧、王宠惠 10 人。《第一次理事会》，故宫博物院档案，编号：jfqggzz00099。

2 钟天纬：《轮船电报二事应如何剔弊方能持久策》，陈忠倚辑《皇朝经世文三编》卷26，"户政三"，"理财下"，台北：台联国风出版社，1960。

窝亦有八百斤上下，药材种类虽多，多半变坏，犀角亦有多个，只卖去两个，尚称得价。现商药行公会开会，意存垄断，限制各家不准出高价竞买。就本院现有犀角数量，致中售卖，可得四万元，商药行议定不得过二万五千元收买，故此时亦不能出售。茶叶、燕窝、药材三种，已售出者共得银约三万余元，皮货售得银八万余元，售出之件，以印清单，印好再送越。绸缎亦售得银八万余元，合计处分物品，共售得银二十八万余元，遵照从前在京开会决议，完全充作本院基金。不过本院经费积欠六十余万元，以及印刷品出版增多，仅有中美文化基金补助费三万元，当然不敷，现略有移用。但是印品，绝不致赔本，现在约计可有余利一分。[1]

其三，理事会和执行层的权力是分立的。理事会处于权力的中心，对执行层起着支配作用。理事会负责聘任、评估和解聘执行层，执行层受理事会委托负责组织的日常运营，对理事会负责，具体执行理事会的有关政策。与任何一项重大的公益文化事业的产生伊始所面临问题一样，故宫博物院举步维艰，经费的不足，以及制度上存在着与外部市场尚未对接的困惑。

譬如，1934年12月25日，故宫博物院理事会第四次常务理事会议就印刷所议题的表述，"查本院前与商人杨心德续签印刷所草约，原非得已，从以困于经费即使事实所需要，不得不暂继现状，以图徐筹善策。且商业组织，利弊互见，至难抉择，现本院处境，既不能采有限责任公司之制（因须发起人七人以上之规定）；又未可用合伙组织（营业失败时须负连带清赏债务之责任）。目前改组印刷所方式，似以下列二种为宜：（甲）由商方招足六万六千元股本，组织纯粹商公司，院方所投之资，作为借款，每年收定率之利息，对院方所印刊物只收成本（所谓成本者，包括寻常开支及负担利息），借款以公司全部财产担保。（乙）将二万二千元商股尽数收回，完全公营"[2]。

1　《理事会案卷副本》，故宫博物院档案，编号：jfqggzz00098。

2　《本院理事会第四次常务理事会议记录》，故宫博物院档案，编号：jfqggzz100267。

执行长在理事长的领导下开展工作。鉴于理事会和执行层在某些具体事务上可能存在职能重叠的地方，各组织的具体情况也可能存在一定差异，基金会管理条例把理事长与执行长之间具体的职权分工交由各组织相机决定。

我们在前面已经简略地介绍过 1925 年以前的中国博物馆。那时，无论从博物馆的物的状况来说，还是从博物馆的人的状况来说，都可以认为中国博物馆尚处于"萌芽时代"。故宫博物院的出现为贫困不堪的中国博物馆事业，凭空增加了一笔巨大的财富，包括在一座地处国都中心的占地 72 万多平方米，屋宇 9000 余间，建筑面积为 15 万平方米的帝王宫殿（内含当时的古物陈列所），与见于一份有六编 28 册的《清室善后委员会点查报告》中的 117 万件古物。同时还引来了一大批包括政界、军界和文化教育界的杰出代表与优秀人才的参与，这一人才聚集的直接体现是"中华民国故宫博物院理事会"与故宫博物院的业务人员队伍。前者集中了国民政府中的首脑人物和国民党的元老及其他著名社会活动家，后者集中了以北京大学教授为骨干的著名学者、专家以及优秀的大学毕业生。这真是人财两得，不能不说是中国博物馆事业的大收获。

由于故宫开院，尤其是 1928 年以后的"鼎盛时期"发展的刺激，加上国家的扶植，民国时期的博物馆从"北伐成功"到抗战前有了显著的发展。据统计，从 1928 年至 1936 年，博物馆的数量平均每年增长 29%。1936 年博物馆总数达 77 所，比 1928 年增加 6~7 倍，这还不包括 56 所美术馆和 98 所文物保存所。这其中虽然也有些名不副实的馆，但数量增加较快是不能否认的。特别是有些重要的省、市博物馆，如河南省博物馆、浙江省博物馆、上海市博物馆等都是 1928 年以后不久发展起来的。这一时期博物馆所经历的膨胀发展，首先来源于国民革命的成果——国家的统一给文化教育事业的发展带来了契机，而且故宫开院与国民政府接收故宫博物院的事实给人们意识上的刺激，带着反封建斗争中集聚的热忱，使人们迅速投入被当时的社会舆论认为与封建专制相对立的博物馆的建设中。

"呜呼，大道之行也，天下为公。千百年来取众私于一姓之窟宅，一旦公诸天下非大道之端乎？各界同人胼手胝足，效墨翟之风，为苦无报之工，非公之至？……"[1]不能不认为，民主革命为人们注入了参加博物馆建设的热情，成为这一时期博物馆事业大发展的主要推动力之一，其中，故宫博物院的产生与发展又给予了人们最生动的启示。

"鼎盛期"故宫博物院的业务实践也是史无前例的，无论是其规模还是其规格，故宫博物院的业务活动，不断地在一场场博物馆业务的大演练中创下成功的记录，在登记保管、出版发行、陈列开放、转运疏散等几个方面都取得了卓著的成绩。

首先是登记与保管。清室善后委员会接收故宫后，要做的第一件事就是组织清点宫内物品，并且进行登记整理。这项工作不仅是保管故宫及文物的依据，而且也是成立故宫博物院的重要前提。

故宫博物院正式成立以后，院内物品的点查还未结束，"阅数月间，同人仍然继续努力于物品之点查，永巷踏冰，深宫不火，朔风如刀，寒气入骨，其苦乃不堪言，然而同人勇气曾不因之少怯，甘愿牺牲其他事业之时光，尽此无酬之义务者何哉，岂尽好奇之心，要亦外患有此之也，古人谓多难足以兴邦，岂不然哉！岂不然哉！！"[2]

由于故宫物品占地面积大、放置分散、种类繁杂等，这无疑为点查工作带来了很大的困难。然而，博物院的开创者们无不以既定的"博物院原则"认真地工作。清室善后委员会时的点查，据《点查清宫物件规则》第八条，"点查物品时，以不离物品原摆设之地位为原则"，因此当时的保管工作投入，大都在于为保护物品不受侵害，为取信于民而进行清点，并将清单公开。

故宫博物院文物的保管也开始有了一些办法。当时，故宫博物院对于散在各处的文物，有集中管理的办法：第一，凡是与礼制有关或皇家居住之所，必须保

1　吴瀛：《故宫博物院前后五年经过记》第2卷。

2　同上。

存原状的部分，一律保存原状，陈设品仍存放原处；第二，凡有库房特殊设备的地点，如文渊阁、摛藻堂的图书，景阳宫、景祺阁的瓷器，都保存原状，仍存原处；第三，凡是散在各宫殿的文物，分类集中到各馆的库房去，编目整理。这一方法，基本上延续至今。

另外，也开始做一些鉴别真伪的工作。但是，由于这毕竟是第一次如此大规模的文物清查与登记工作（除乾嘉年间的《西清三编》、《石渠宝笈》三编、《秘殿珠林》二编之外），不尽如人意之处也是有的。如果你翻开当时印刷出版的《故宫物品点查报告》看看，你会发现有"古铜香炉""古铜痰盂""古铜长方盘""古玉柱形长方器"……这一类的名称，"古铜香炉"事实上是"古铜鼎"，"古铜痰盂"是"古铜尊"，"古铜长方盘"是"古铜"，"古玉柱形长方器"是"古玉琮"。那时找不到许多专家，这种笑话是难免的。这些在清查登记中的工作缺陷，到头来也是无碍大局的。由于它为后来的保管工作与研究工作提供了翔实的点查原始登录，因此，给后继者的补充整理登记工作提供了切实的依据。

当时故宫博物院的编辑出版也有着突出的成绩。故宫博物院的最早出版物大概要算是清室善后委员会公布的清单与清册了。当时，清室善后委员会把点查宫内物品的情况，用清单清册的形式报告给各界，揭出了千年宫禁的"家底"，也树起了"公开一切"的一代新风。然而，自 1925 年故宫博物院成立至 1928 年博物院走过"维持会"的艰难历程，到了北伐军进驻北京时，博物院已是为经费而困扰，无力开展什么业务活动了。故宫博物院曾接洽国民政府有关人员，商议使用庚子赔款问题。据记载，有关人员任叔永通知故宫方面，美国庚子赔款款项依照上年例补助三万元为出版流传费用，但是当时的故宫博物院由于经费困难，只得暂行挪用作为维持费，抵发本年薪金，否则出版流传事业也无法进行。可见，当初故宫博物院已经拮据到何等地步。

故宫博物院由于经亨颐提案的风波，因祸得福，博物院非但没有被废除，反而得到了国民政府做后盾。故宫自此百废俱兴，流传出版事业也就此起步。1928年，文献部出版了故宫博物院编印的第一种期刊《掌故丛编》。接着，1929 年双十节，《故宫周刊》问世了。另外还有一种月刊，由俞星枢主办。以后还陆续发行了《故宫书画集》《故宫》《故宫名扇集》等刊物，还有各种书画古物的分类单行本以及大幅单页。

此间，文献馆发行了《清宣统朝中日交涉史料》，重整《内阁大库残本书影》、《文献丛编》（其前即《掌故丛编》）、《清代文字狱档》、《清代外交史料》、《太平天国文件》等。

图书馆印行了《故宫所藏殿本书目》、《故宫殿本书库现存目》、《清乾隆内府舆图》一百〇八张、《故宫方志目》、《影印善本书影》、《影印明史本纪》、《影印天禄琳琅丛书》以及罕见书籍多种。

故宫发行周刊以后，各馆出版事业有了一个普遍的发展。拓片、印谱以及日用文物，如日历、信笺、信封、挂片等，不下千种。吴瀛与李玄伯还设想了一个十年或五年计划，将所有本院文物摄制副本印刷出版，既可普及，又便保存稽考，可见清室善后委员会的遗风犹存。编辑出版进一步扩大了故宫博物院的影响，普及了文化艺术。但是这次编辑流传的高潮期，却因战争而中断。

回顾一下故宫博物院初期开放与陈列的情况，也十分有意义。故宫博物院自开放之日起，其广阔的面积就使管理者望而生畏，这里的工作人员因此曾想了不少办法。他们曾通过规定开放日期来弥补由于面积过大而难以应付开放管理的不足。当时，故宫博物院决定，每周开放六天。其中两天，参观中路及内东路，称之为"中路"；两天参观内西路及部分外西路，称之为"西路"；两天参观外东路，称之为"东路"。如果有人想把宫中所有可以参观的地方都看到，至少要去三天。这样做当然也会给游客带来许多不便，尤其是对于远道而来的游客就更为不便。对于我国博物馆事业来说，管理如此大规模的开放与陈列，当时一是力量不足，二是缺乏经验。

前面曾提到故宫博物院开幕之时，林白水在《社会时报》上发表了《故宫博物院之不满意》一文，批评了故宫博物院"以政治的意味，而掺杂于保管故宫、收藏古物之中，宜其无有是处"，同时，也批评了博物院的陈列过于庞杂无章。

面对社会上的类似的批评，荟萃于故宫博物院的人们当然不会充耳不闻，只是限于当时时局不利，只好积蓄力量，以求有朝一日一显身手。

1928年，故宫博物院的契机来了。如果说以后的四年间是博物院的"鼎盛时期"，其中最为明显的标志之一就是这一时期开放的大量的陈列。1928年以后，博物院仍按照以前的办法，分三路参观，而各路的陈列室增多了，内东路的"东六宫"及斋宫，除延禧宫改建为库房外，辟作为六个专门陈列室：钟粹宫的前后殿陈列宋元明书画，景阳宫陈列宋元明瓷器，承乾宫陈列清瓷，永和宫陈列钟表，景仁宫陈列铜器，斋宫陈列玉器。中路各殿的两庑，辟有下列各陈列室：清画陈列室、雕刻陈列室、文具陈列室、法器陈列室、珐琅陈列室、烟壶陈列室、如意陈列室、碑帖陈列室、朝珠陈列室、雕漆陈列室、成扇陈列室、郎世宁作品陈列室、图书陈列室、象牙陈列室、花盒陈列室、织绣陈列室以及武器陈列室。

内西路各殿大部分是皇家居住的地方，为保存现状，不能辟作陈列室，只把咸福宫开辟了一个乾隆御赏物陈列室，把乾隆的一个大多宝阁中的珍贵文物陈列出来，其中瓷、铜、玉、玻璃、雕刻等物都有，也可以说是一个综合性的陈列室。另外，在抚辰殿与建福宫成立了两个木器陈列室。

外东路的皇极殿等处，原来存物就不多，且殿宇宽大，是极好的陈列处所，文献馆便把这一路的殿宇，完全辟为陈列室。

皇极殿——陈列光绪大婚图及历代名臣像。

宁寿宫——陈列乾隆南巡及乾隆行乐图。

养性殿——陈列奏折档案、图书及复辟文证等。

乐寿堂——陈列清代钱币、腰牌并辟慈禧太后遗物专门陈列室。

阅是楼——陈列剧本及剧衣。

颐和轩——陈列盔甲及服饰。

外西路也开辟了两个陈列室——陈列写刻各本佛经及清初旧画佛像。

殿本图书陈列室——陈列殿本书籍。

此外在神武门楼上，还成立了一个銮驾仪仗陈列室。

当时的太庙及景山两地也都开放了，设在这里的陈列室暂且不算，并除去作为皇家居室的复原陈列，当时，仅在故宫博物院内开辟的各类专门陈列室就有三十六处之多，成绩实在斐然。只是这颗粲然的东方博物馆之星，在初放光芒之际，就因日本帝国主义发动的侵华战争而隐匿去了它的荣耀。

到 1933 年 2 月 6 日故宫第一批南迁文物启运，"鼎盛期"正式宣告结束，前前后后仅有四年多的时间。短短的四年，像划过天际的流星，一瞬即逝，不由让人慨叹：当时的中国是一个半殖民地半封建社会的国家，文化事业在这样的社会环境里没有基本的保障，它的命运是那样的飘忽不定，朝不保夕。

"国宝"大迁徙

1931 年，日本帝国主义发动了九一八事变，华北及北平形势日趋危急。故宫博物院在日本帝国主义发动侵华战争的紧急形势下，迫不得已采取了文物南迁之举。1933 年 1 月 31 日，故宫博物院理事会正式决定精选部分文物避寇南迁。故宫文物南迁的消息见诸报端后，舆论哗然，引起一片反对声浪。平津文化人士认为故宫文物是北平古城的文化命脉，一旦迁移，不仅仅留存古建筑、古城之躯壳，且亦难复合，极力主张就地保存。

鲁迅连续发表《逃的辩护》《崇实》《论"赴难"和"逃难"》《学生与玉佛》，给予有力的驳斥和辛辣的嘲讽。

得知北海团城承光殿中的珍贵玉佛将随故宫古物南迁，鲁迅更是慨叹"寂寞空城在，仓皇古董迁"，而国民政府不顾学生死活，却执意搬迁北平的古物，"所嗟非玉佛，不值一文钱"。[1]

---

1 《学生与玉佛》，该文最初发表于 1933 年 2 月 16 日《论语》第 11 期，署名动轩，参阅《南腔北调集》，人民文学出版社，2006。

1930 年 11 月，易培基北上北平，以故宫博物院的管理为终身事业，任院长兼古物馆馆长，院务逐步走向正轨。此为故宫同人欢迎易培基院长回京。

除了鲁迅之外，周作人、茅盾等知识分子亦对政府只顾忙着搬迁古物而不顾国土与人民的行为极为反感。1933 年初，故宫文物分批迁移上海、南京期间，《申报·自由谈》连续刊载数篇评论，批评政府搬迁古物之事。茅盾《欢迎古物》一文辛辣地讽刺了主持古物南迁的国民政府和北平文化人士：在民国的"大人先生们"眼中，"老百姓可憎而古物可贵"，因而，在"日本帝国主义用火车运兵增援热河边境"之时，民国的"大人先生们急急地用火车装运古物"，"平津的老百姓见古物南下却不见兵车北上，他们那被弃无告的眼泪只好往肚子里吞"。[1]

当时，反对古物南迁的人很多。其中，胡适曾以学者的态度发表谈话，反对南迁。其重要理由有三："（一）榆关失陷，非仅华北局部陷于恐怖态度，已

1　茅盾：《欢迎古物》，《申报·自由谈》1933 年 2 月 9 日；另参阅《中国大实话：申报·自由谈》。

成为全中国极恐怖时期。在此军事状态之下，日军野心勃勃之际，何处是安全土地？如移至南京上海，又怎能料定将来？北平因在国际严重监视之下，未必有人敢公然破坏。（二）古物数量甚巨，移出北平途中，如五千箱失掉五箱，或受意外损失，再遇临城劫车，又有何人去负责任？即或有人负责，而亦不能赔偿原物。（三）我个人意见，不妨在上海、南京、洛阳各地，多设几个博物院。将故宫同样物件，分地储存。整个南迁，影响于地方至巨，在此时期，大可不必云云。但政府对他事均可衍塞，此事则极为坚决，无可挽回。更不容人民激烈抗争。先生既不能积极制止，乃以北平图书馆委员长之资格，消极反对该馆储藏之宋元善本书籍南迁。虽已装箱，因其权限所及，终未起运。"[1]

胡适仅是当时民众反对文物南迁呼声中的一个代表，可见文物南迁有利有弊。但是，从现在来看，历史已经证明，当时还不可能有比南迁更为有效的保护方法。为了避开战争的灾难性破坏，为了保证在这一个非常的时期文物不受损坏，不断地进行文物清点和登记，最为可靠的方法只能是将文物迁到安全的地方。迁徙疏散就成了战时文物保护与保管的手段。

九一八事变后，中国东北三省相继沦陷。国人忧心日本侵华南迫危及故宫文物，纷纷商议对策。为临时防备起见，故宫博物院与古物陈列所立即加强警卫。易培基与汪申等商议以修建故宫库房为名，着手集中文物，未雨绸缪。[2]1932年1月28日，日军发动"一·二八"事变，上海的文化教育机构遭受战火摧残，损失难以计数。社会人士纷纷致电易培基，建议迁移故宫文物以图保存。多齐云致函故宫博物院，建议迁移文物，以免毁于兵燹，曰：

> 夫故宫博物院、古物陈列所，所藏古物，咸为希世之珍。为本国之文化计，为世界文化计，均宜早为之所，妥为保存，纵不能一举迁避，亦宜先后施行……

1　王森然：《近代二十家评传·胡适先生评传》，文献出版社，1987，第322页。

2　李宗侗：《从九一八说到故宫文物的南迁》，（台北）《传记文学》第19卷第3期，1971年，第43～44页；参阅《李宗侗回忆录》，中华书局，2010。

深愿贵会诸公刚果毅断，一洒因循敷衍之积弊，速行有效之处置；古物得免于难，文化不再遭劫，则中华文化幸甚，世界文化幸甚！[1]

王维骃致函易培基，要求故宫博物院选择文物精品，迅速迁移，谓：

夫暴日至侵我土地，固已筹之最审，而其摧残吾国文化，亦同为预定之阴谋，试馆一·二八沪变之顷，肆意掷弹纵火，致使吾规模较大之文化机关，如商务书馆、东方图书馆，及国私立各大学，多遭焚化，损失之大，诚难计数。今彼犹复进袭不已，热河告急，平津齿寒，以彼之顽暴，吾人诚不能不预事避防。是以拟恳钧座，迅速将院内宝物，择优移置，以保数千年遗下之国粹，是乃未雨绸缪。[2]

在社会人士积极建议迁移故宫文物的同时，北平文教界人士也为妥善保全北平文物筹议办法。1932 年 10 月，江瀚、刘复、徐炳昶、马衡等三十多位北平文教界人士认为北平各文化机关所藏的许多珍贵文物是"表扬国光，寄附着国家命脉、国民精神的"，"是断断不可以牺牲的"，建议国民政府从北平撤出军备，使其成为一个不设防的文化区域。[3] 但对于"文化城"的建议，部分社会人士亦有不同看法。祝秀侠认为文化城建议不切实际，对学者们为维持文化而超然世外的态度，祝氏不以为然：

我以为，称北平"文化城"，还不十分彻底，根本中国就是"文化国"，不如在中国的四境竖起文化国的大牌楼，那末，"姜太公在此，百无禁忌"，看文化的

---

1 《多齐云致故宫博物院、古物保管委员会函》（1932 年 8 月 8 日），故宫博物院档案，编号：jfqggwwbg100164。
2 《王维骃致函易培基请速移故宫古物》，《申报》1932 年 8 月 17 日。
3 《拟向政府建议请明定北平为文化城撤除军备意见书》，《世界日报》1932 年 10 月 6 日。

面子，列强自会顾虑到"文化"前途，而对中国人客气一些……"文化城头退武人"，预祝我们的古都借"文化"而清吉太平。[1]

任鸿隽发表《故宫博物院的迷》一文，主张故宫古物应"就地保存"，并提请当局注意迁移古物的危险：

这样严重的国难之下，主张迁移，不见得便是破坏故宫博物院。主张抵押或变卖，当然又当别论了。不过若是有人主张以迁移为保全故宫博物的一个方法，我们要请他注意以下几点：

一、照目前下的情形，若是北平不安全，何处算是安全的地方？洛阳吗？西安吗？这些地方，不但兵险不能保，就是水险火险也不容易保了。

二、听说故宫博物院的物品，装起箱来，已不下千余个。这样大批的箱笼，经过长途轮船火车的运输，谁能保定途中不出事呢？

三、故宫博物院之所以难得，不但是因为他有许多古物，乃是因为他把许多时代的古物搜罗在一起，可以作比较研究的用处。一经搬移，即使不至损夫，亦不免分散，那末，古物的功用也就减少了。[2]

然而，争议尚未统一，日军已于 1933 年 1 月 3 日攻陷山海关，26 日战火燃及热河，平津已危在旦夕。故宫博物院理事会一面召开紧急会议，一面呈文中央政府，商议妥善保护故宫文物办法：

查故宫博物院，文物渊薮，甲于世界，而又为清室裹日窃据之地，满逆日寇，咸所瞩目。际兹日犯热河，榆关吃紧，平津地面当然在可危之列。则以故宫

1　祝秀侠：《"文化城"有感》，《申报·自由谈》1933 年 1 月 15 日。

2　任叔永：《故宫博物院的谜》，《独立评论》第 17 号，1932 年 9 月 11 日。

物品之繁重宝贵，设非未雨绸缪，万一仓促变生，势必束手无方，非沦敌手，即遭摧毁。用是预定计划，及时妥筹安顿之册，实为必要。现在本院新库方告落成，正集中新库。择其最要数千箱，佥议必要时期分别装送北平交民巷及天津、上海租界区域，暂为安顿，再策万全。惟兹事体既大，责任綦重，自非本院所能擅专，应请行政院迅予核准备案并派大员就近会同办理。[1]

故宫文物于 1933 年不得不实行"南迁"，将馆藏的最重要的珍品打包装箱，并在接下来的 15 年里从北京转移到南京，再到中国西南地区。这些文物先后五次从故宫博物院运出，第一批是 1933 年 2 月 6 日起运，第五批是同年 5 月 15 日起运，四个月中，运出的箱件包括：古物馆 2631 箱，图书馆 1415 箱，文献馆 3773 箱，秘书处 5672 箱。以上共计 13491 箱，另有其他机关附运文物 6066 箱。

这些文物的第一个落脚点是上海租界内的库房。到了 1937 年，抗日战争全面爆发，故宫文物又实行疏散。到了 1945 年抗战结束，南迁的故宫文物虽然避过了战火，然而其中一些重要文物却没有返回北京本院，而在 1948 年底和 1949 年初被运往台湾。故宫文物运台问题暂且不论，从 1933 年初故宫文物运出北平，到 1947 年底前后 15 年的时间里，故宫博物院共南迁文物 13491 箱，疏散文物 11421 箱。在如此漫长的时间里，转运迁徙如此大规模的文物，不用说在中国博物馆史上为空前，在世界博物馆史上也是绝无仅有。为了保护这批民族文化的珍贵遗产，故宫博物院付出了艰辛的努力与一代人的青春年华。这段经历作为非常时期文物保护的典范，或作为世界博物馆史上的一项空前的纪录而留载史册。

文物迁运的准备工作，第一件事是装箱。当时有人认为北平琉璃厂的古玩商人，他们常常运东西到外国去，对于古物的包装，一定具有相当的经验，决定请

1　此件为故宫博物院档案，无署名及日期，据内容推断，应写于 1933 年 1 月 26 日日军进犯热河之后。

故宫文物准备南迁装箱

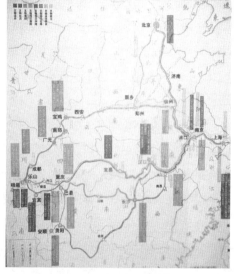

故宫文物抗战期间迁徙路线
示意图

他们来专办包装的事。在他们包装的时候，古物馆工作人员，就在一旁监视，也同时学习，过了些天，故宫工作人员就了解了他们的装箱秘诀。秘诀无非有二：一要装紧，二要隔离。

准备工作中第二件事是选件。宫中物品极多，应当选些什么？答案自然是以迁运精品为主。陈列室的展品，是经过选择的精品，列为必须装运之物。其次是存在各馆库房中的文物，都是由各馆在各宫殿里选提集中的。装完这些之后，再到各宫殿去直接选装。

当时，故宫博物院是以古物馆、图书馆、文献馆及秘书处四个单位分别装箱编号的。每一箱装好，把盖子钉牢，加上封条，刷上字号。编字号的方法由各馆自行决定。

古物馆是用英文字母编字，以后又有一部分箱件改用天干编字，每一种字，所编箱数如下。

A：瓷器1058箱。B：玉瓷158箱。C：铜器55箱。D：书画128箱。E：杂项381箱。F：新提806箱。乙：玉器14箱。庚：铜器2箱。丁：剔红10箱。戊：景泰蓝15箱。己：象牙5箱。共计2631箱，63735件。（注：B字箱中有三箱是碑帖；杂项箱中，有E字第340号未南运，实运出380箱，编号为381号；"新提"为直接到各殿选装的箱件）

图书馆编字的办法，大部分是以所装文物类别的首一字编为箱件的字号，各字所编箱数如下。

善（善本书）72箱、佛（佛经）13箱、殿（殿本书）228箱、观（观海堂藏书）62箱、内（实录库藏书）6箱、满（满蒙文刻本）23箱、志（方志）46箱、绝（明刻本清殿本及官刻书）34箱、大（大藏经）54箱、甘（甘珠尔经）54箱、龙（龙藏经）2箱、图（文渊阁图书集成）32箱、经（四库全书经部）85箱、史（四库全书史部）129箱、子（四库全书子部）139箱、集（四库全书集部）183箱、荟经（四库荟要经部）28箱、荟史（四库荟要史部）46箱、荟子（四库荟要子部）26箱、荟集（四库荟要集部）45箱。共计1415箱。

文献馆的箱件，不编分类字号，直接在箱外写出文物类别，另外刷上一个"文"字，表示出这是文献馆的箱件，就以"文"字第一号起，顺序编下去，编到第3046号，又从文字第3142起，编到第3868号。其分类箱数如下。

内阁大库档1516箱、地图铜版26箱、舆图17箱、图像62箱、仪仗16箱、册宝35箱、武器5箱、盔甲32箱、陈列品9箱、印玺空盒2箱。共计3773箱。

秘书处记录箱件的办法主要有两种：一种是以宫殿名的第一字或第二字来编

字，一种以所装文物的类别编字。也有一些例外，所装箱数如下。

　　和（钟表及养性殿、颐和轩等处文物）540 箱、长（长春宫、太极殿等处文物）59 箱、康（寿康宫及寿安宫等处文物）208 箱、内（钟表及盆景等）293 箱、北（北五所等处文物）49 箱、园（慈宁宫花园等处文物）93 箱、太（太庙文物）28 箱、缎（缎库及茶库等处文物）74 箱、遂（遂初堂、三友轩等处文物）34 箱、皮（皮衣，为处分时未售出的）41 箱、宁（宁寿宫文物，大部分为瓷器）1281 箱、皇（皇极殿、阅是楼等处文物）763 箱、墨（墨）6 箱、漱（漱芳斋等处文物）41 箱、重（重华宫等处文物）44 箱、养（养心殿等处文物）283 箱、牒（玉牒档案及乾清宫等处文物）384 箱、崇（崇敬殿等处文物）23 箱、翊（翊坤宫及储秀宫等处文物）162 箱、丝（衣料织锦及咸福宫等处文物）369 箱、寿（永寿宫等处文物）180 箱、如（如意馆等处文物）153 箱、木（家具及延晖阁等处文物）41 箱、雨（雨花阁等处文物）70 箱、性（养性殿及乐寿堂等处文物）30 箱、勤（符望阁及延趣楼等处文物）8 箱、慈（慈宁宫等处文物）87 箱、端（弘德殿及懋勤殿等处文物）44 箱、武（枪炮等武器）64 箱、永（珠宝）20 箱。共计 5672 箱。

　　需要说明的是，第一，故宫文物中，凡是由各馆提去的，都有提单存秘书处，未经各馆提取仍留在各殿原处的，是由秘书处负责保管。第二，编字例外的如，珠宝箱是从永寿宫开始装起，编为永字，后来继续在其他宫殿里所装的珠宝，也一律编为永字，永字不代表永寿宫，而是代表珠宝；又如和字箱，是在永和宫所装文物，永和宫的文物以钟表为最多，等到以后装其他宫殿的钟表时，也编了和字，和字不但代表永和宫，也代表钟表。

　　以上装箱工作，从 1932 年秋开始办理，到 1933 年 5 月最后一批文物运出之前才结束，装箱文物共 13491 箱。

　　1933 年 2 月 6 日，《中央日报》刊登了一篇题为《古物即南运，今日运两千箱》的简讯，简讯正文称：2 月 5 日 "宋子文电某方，对古物运沪，有所阐明，故一时难运之古物问题，渐有开展之势。故宫当局称，鱼（六）晚先运两千箱，余续运"。

1933年2月7日，《中央日报》第1张第3版刊登了以《故宫古物昨夜起运》为标题的一组简讯，继续关注文物南迁事宜。从简讯看，从1933年2月6日早晨起，故宫东西华门开始戒严。上午9点半起，北京市区文物要经过之开始戒严，由军警严密把守。当晚，3000箱古物被装上汽车，从故宫运往火车站。为方便汽车夜间行驶，从故宫前往火车站的沿路，还加装了电灯。[1]

据那志良的记载，这次装箱，除留下一小部分在陈列室中悬挂，维持照常开放参观外，其余的都装了箱。有一幅韩幹《文苑图》，本是一幅名迹，它是《历代名绘》册中的一幅，那时正在北平制版印刷，要留在那里校对颜色，未能随原册一起运出，以后也就没有机会再运了。另有一件"雍正款锦鸡牡丹碗"，也同样因为印刷制版的原因，被留在北平，没有运出。

另外，1937年卢沟桥事变发生后，留守北平本院的人员又在库存文物中挑选最精品，装足80箱，一路辗转，运抵长沙，寄存于湖南大学新建的图书馆中。

另据吴瀛的回忆，南迁之议，李玄伯与马衡起了很大的作用，他们先将南迁的建议呈报了国民政府，国府批令："交行政院同军事委员会核办。"后来批准了迁移，理事会议通过了六万元的迁移费预算案。

吴瀛本人作为负责人，与监运人员一起，参加了第一批古物的运送工作。他回忆说：

第一批南迁古物出发了，这比花石纲重要得多，一共二十一节车。……在车顶四周各个车口都架起机关枪，各节车上都布置了宪警荷枪实弹地保卫着。每到一站，都有地方官派人上车招呼，车行两旁逐段都有马队随车驰骤。夜间开车，在重要关口熄灯，重要员司和衣而卧。尤其徐州一带，时有匪众出没，据报在前一天晚上，已有一千余人在徐州附近向车行地段窥伺，被地方发觉了打了一仗，他们知道有

1　白雁：《3000箱故宫南迁文物打包待发》，《现代快报》2015年2月5日。

备，所以退去。因为绕道陇海，到第四天才到达南京下关，大家松了一口气。[1]

据王森然的说法，当时政府饬运古物，是由翁文灏、李书华、高鲁平负责监运的。为首的翁文灏当时代理清华大学校长，1936 年后，任国民政府行政院秘书长，可见政府对文物南迁十分重视。但是，车到了浦口，第一个目的地是到达了，最后的目的地是哪里？却没有人知道，因为国民政府也还没有决定把这批文物存放在哪里。这样在浦口停留了一个多月，两列车被路局停放在靠边的铁道上，等候政府的决定。直到 3 月中旬，政府才决定把古物和图书运到上海，在浦口装轮船运沪；文献部分，暂存南京，借行政院大礼堂存放。据参加了第一批文物押运的那志良说："我们先把文献部分运过了江，送到行政院（这一批文献，后来随第四批文物也运到上海），然后把古物图书装上了招商局的江靖轮，运到了上海，存放入鲁迅所说的'中国乐土所在'，法租界天主堂街，一座七层楼的钢骨水泥建成的仓库（原仁济医院旧址），一放就是四年。"

故宫博物院的南迁文物到达上海之后，很快进行了一次详细登记。南迁清册只记品名与件数，实在过于简单，在这次点收清册中，做了比较详细的记载，例如一幅画，就要记载它的质地、色彩、尺寸、款识等，一件瓷器，便要记出它的颜色、尺寸（口径、底径、深度、腹围等）、款识、有无破伤等，铜器、玉器、牙器等还要称它的重量，这个清册名为《存沪文物点收清册》。文物点收工作在上海时并未完成，因文物迁南京，停止了一段时间，文物到南京后又继续进行，从 1937 年 1 月 12 日恢复工作，到 6 月 14 日才告结束。这是故宫博物院史上一次很好的藏品登记工作。

故宫文物南迁到上海以后，易培基因所谓的"故宫盗宝案"，辞去了院长职务。1933 年 7 月，经理事会决议，由原古物馆副馆长马衡继任。马衡就职后，院里增加了副院长一人，由徐鸿宝担任，马衡自兼古物馆馆长，原图书馆

1　吴景洲：《故宫盗宝案真相》，文史资料出版社，1983，第 96 页。

所谓的易培基盗宝案

副馆长袁同礼及文献馆副馆长沈兼士都升为馆长，总务处处长一职仍由俞同奎担任。

　　马衡院长亲自主持了到上海以后的文物点收。清点手续，北平与上海两地分别举行，这次把每一馆处的箱件，规定一个字来代表，每点一箱依次编号，由马院长规定用"沪上寓公"四字。古物馆箱件编"沪"字，图书馆箱件编"上"字，文献馆箱件编"寓"字，秘书处箱件编"公"字。他的意思是，文物点收之时，文物正在沪上，做了寓公。一直到现在，各箱文物的品名数量，都是以此清册为据。

　　今天，再看到马衡的这四个字的题名，实在为故宫博物院的文物颠沛流离的生涯而感到别有一番滋味。自 1933 年 2 月 6 日，故宫首批南迁文物离开北京，在上海租界做了"沪上寓公"开始，1936 年 12 月 8 日，又运至南京，做了南京的"寓公"，第二年，日本人就在上海发动了八一三事变。1937 年 8 月 14 日，故宫博物院的文物开始运出南京，此后分别做过长沙岳麓山的"寓公"，贵州安顺的"寓公"，四川乐山的"寓公"，峨眉山的"寓公"与重庆的"寓公"。

　　就在山海关陷落的第六天，故宫博物院召开的理事会，决定将故宫文物南迁，以策安全。经过一年的整理、装箱，1933年2月6日，13427箱64包故宫文物离京，经过三个月的时间到达上海，1936年又运送到南京。"八一三"淞沪会战打响了全民族抗战爆发后的第一场大会战，南京已不安全，护送队伍不得已，又兵分三路，将一部分文物运抵贵阳、安顺，一部分运送到四川乐山，另一部分经过郑州、宝鸡，抵达峨眉。

文物南迁路上，走水路

　　1934年12月，故宫博物院举行第四次常务理事会议时，由王世杰理事提议，把南京的朝天宫全部划归故宫博物院，用此建筑做南京分院及仓库地点，又经大会议决，呈奏行政院核准，地点问题才告解决。1936年12月，行政院最后核准把存沪文物运往南京。12月8日开始运输，分成五批。此次文物箱数，比较南迁时又增多了93箱，与其他单位的南迁文物加在一起为19650箱。1937年1月，故宫博物院南京分院宣告成立。南京分院还没有来得及有所作为，就因战事被迫开始了文物疏散的工作。

　　也就在故宫博物院南京分院筹划将朝天宫大成殿修作陈列室之时，日本人在北平发动了七七事变，紧接着，又在上海发动了八一三事变，南京情势一天比一天紧急，故宫博物院报请行政院核准故宫文物紧急输送到后方去。"西迁时期，自是发端。惟是期过程特长，事迹繁驳，时延十年，地迤万里。"[1]

当时是分三路先后向后方疏运，最先的一路，于 1937 年 8 月 14 日在南京装船，运往汉口，并换装火车运到湖南长沙岳麓山，存入湖南大学的图书馆里。没过多久，长沙遭空袭，后又决定迁往贵州，于 1937 年 12 月间起运贵阳。另一路是溯江而上，经汉口，再运到四川，这次抢运，是从 1937 年 11 月 20 日开始的，到达目的地四川乐山安谷乡时为 1939 年 9 月 19 日。第三路也是从 1937 年 11 月 20 日开始抢运的，从陆路，由南京沿津浦线到徐州，改循陇海线到陕西，后被"西安行营"安排到宝鸡，又转汉中，1938 年 5 月 26 日，又由川陕公路入川，后经成都，在 1939 年 7 月 11 日运抵峨眉。这样，南迁文物终于在战时找到了安身之所。三路运输的箱件分别是：

运到湖南再转运贵州的一批为赴英展览文物的 80 箱；

运到汉口再转运四川的一批为故宫的 4055 箱和其他机关的 5314 箱；

运到陕西再转运四川的一批为故宫的 7286 箱和其他机关的 622 箱；

这样，疏散到后方去的箱数，实际是南迁箱件中的 16650 箱，其余 2900 余箱，便是陷落在南京的了。在这 2900 箱中，故宫博物院本身文物有 2770 箱，约占南迁总数的 1/5。这次疏散文物的功绩是巨大的，当时押运和保管人员备受艰辛，有的甚至献出了生命。通过他们艰苦卓绝的奋斗，这批珍贵的历史文物终于免遭战火。抗战胜利后，故宫南迁文物分别从 3 个避难所运回南京。当时，行程绵延 3000 多千米，经过两个月的长途跋涉，又一次来到南京，还是存放在朝天宫仓库。1947 年底，"南京中央博物院"修竣。次年春，部分国宝在南京公园展出，曾引起轰动。百万件文物在万里行程中，历经 15 年的战乱岁月，竟大致无损，这不能不说是一个奇迹。

1　欧阳道达：《故宫文物避寇记》，王硕整理，紫禁城出版社，2010。

故宫博物院在辗转流离中，仍然不忘博物馆的职责，在可能的情况下，努力办好文物珍品展览，以弘扬中华文化艺术，发挥博物院的教育职能。故宫在国外举办的文物展，最重要的是 1935 年 11 月到 1936 年 3 月赴英国参加的"伦敦中国艺术国际展览会"。此次参展文物总计 1022 件，其中故宫博物院文物 735 件。在欧洲，"故宫文物首次正式作为民族艺术的再现"，并且展示了当时"国民政府寻求国际政治认同的尝试与努力"。正如马衡院长所说，这一系列国内外展览"结果不独在阐扬学术与国际声誉方面，已有相当收获，即于启发民智，增进一般民族意识，亦已有影响，成效颇彰"。1938 年 1 月，故宫博物院又接国民政府行政院指示，选取文物精华参加"纽约世界博览会"。这年 10 月，由于武汉沦陷，故宫文物参加"纽约世界博览会"之事遂寝。

在国外的另一次成功展览是在苏联。1939 年，苏联政府的艺术部门为提升其国内民众对中国历史文化以及抗战民心士气的了解，决定仿照英国办理"伦敦中国艺术国际展览会"的方式，在莫斯科举办"中国艺术展览会"，由国立东方文化博物馆筹备。1940 年 1 月 2 日，"中国艺术展览会"于莫斯科国立东方文化博物馆揭幕，应邀出席的苏联党政军要员、社会名流、各国外交人员、文艺界与民众团体代表达 3000 余人。1941 年 3 月，移至彼得格勒展出。两地展览均受到苏联民众的盛赞。6 月，因苏德战争爆发，苏联为保障文物安全，提早结束了在彼得格勒的展出。1942 年，参展文物运回重庆。

保护本国、本民族文化遗产是反法西斯战争中的一项任务。从世界反法西斯战争的全局看，故宫文物南迁的壮举与成就，是保护人类文化遗产的伟大贡献。故宫文物南迁是中国抗日战争的有机组成部分，完整保留这批文物是抗战胜利的成果，其播迁历程也赋予故宫文物特殊的价值。故宫文物南迁是抗战时期文化、教育南迁的组成部分，故宫文物的有效保护是社会各界共同努力的结果，是全民抗战的体现。

波澜壮阔的抗日战争是一次伟大的民族洗礼。中华民族在救亡图存中形成的以爱国主义为核心的民族精神，进一步凝聚了中华民族的意志和力量，促进了全民族空前的觉醒和团结。故宫同人在这一抗日洪流中，在保护国宝的实际工作中，在本院已有精神资源的基础上，也形成了具有鲜明特色的故宫精神。

五大常任理事国与"五大博物馆"保护国家文物

把故宫博物院和大家公认的世界四大博物馆，即英国大英博物馆、法国罗浮宫博物馆、俄罗斯艾尔米塔什博物馆及美国纽约大都会博物馆并列起来进行研究，基于两方面的考虑。

首先，联系到二战，这五大博物馆的所属国都是反法西斯阵营的国家，是最终的战胜国，是联合国安理会的常任理事国。而文化上的"巧合"在于，二战期间这五大博物馆不约而同地都有转移、疏散文物的行为，五大博物馆文物的迁徙意味着面临侵略的反法西斯国家的一种生存意识。这五个博物馆有相同点，也有不同点。相同的是，它们都拥有丰富的藏品，这不仅体现在数量上，同时也体现在其价值上。不同点在于，五个博物馆曾经的历史和性质不同，罗浮宫、艾尔米塔什博物馆（冬宫）以及故宫都是各自国家的皇宫，在革命的背景下，转而成为博物馆。

其次，政治和文化本身就关系紧密。无论是从殖民时代，还是从新大陆的发现算起，近代才诞生、强大起来的美国与欧洲老牌强国英国、法国以及俄罗斯的发展都有着惊人的相似之处。他们在政治发展日益强大进行殖民活动的时候，不断地掠夺大批优秀的珍贵文物，以此丰富本国的博物馆藏品，这些博物馆甚至藏品见证了政治大国的崛起和扩张。而故宫文物的流失与再聚合则见证了中国政治的腐朽、衰亡以及再次崛起和复兴。

但是，以往人们通常提"四大博物馆"，而不提"五大博物馆"，即使有"五大博物馆"的说法，故宫博物院也未必被视为其中之一，其低估了故宫博物院的地位。故宫博物院的藏品结构和组成体现了中国在文化上，作为东方文明的杰出代表，是世界上唯一一个文明从未被阻断的国家，在民族融合和各民族共同发展上有着丰富的历史，对比其他四大博物馆，故宫博物院具有诞生世界级大博物馆的可能。

简单地说，纽约大都会博物馆遭受的战争破坏最轻微，因为战火没有烧到美国本土。大英博物馆在伦敦大轰炸时受到相当严重的破坏，德国进攻彼得格勒时，艾尔米塔什博物馆也遭受到战火的严重损坏，法国的罗浮宫博物馆的情况相较而言要好一点，因为法国人要保护首都，宣布巴黎为不设防城市，那么，罗浮宫就没有直接遭受炮火的洗礼。

不过，这四大博物馆在战前以及战争期间都有文物保护、疏散的举措。据我们目前了解的情况，即便是远离战火的美国，纽约的大都会博物馆也是有所准备的，只是最终没有实施疏散。

先说苏联的艾尔米塔什博物馆。当时的圣彼得堡已更名为彼得格勒。1941年德国进攻苏联彼得格勒，包围彼得格勒900多天。在此之前，艾尔米塔什博物馆100万件博物馆珍品分别装载到两列经过特殊改装的火车被运往乌拉尔地区，在那里成立了艾尔米塔什乌拉尔分部，弗拉迪·莱文森莱辛任负责人，保护了大批的文物。

而留在彼得格勒的艾尔米塔什博物馆的工作人员，在粮食、水源、武器等极度缺乏的状态下，忍饥挨饿，抢救滞留在博物馆内的文物，以及一些其他地方还没有来得及运出的文物。并且他们在装备极度落后的情况下，认真清理德军轰炸后的博物馆内的设施，保证了文物的安全。

大英博物馆在文物保护方面的行动比较早。1933年，当纳粹分子在德国掌权后，大英博物馆管理者就预料到战争不可避免，于是抓紧转移藏品以防患于未然。他们在诺丁汉郡找到一所寄存博物馆藏品的建筑，还借用了一条很少使用的地铁隧道，不过后者湿度较高，不利于文物保存。博物馆职员按重要性给文物列出清单，随时准备撤退，沙袋和防毒设施都在博物馆内安置妥帖，博物馆东面的地下室还用钢材和木头进行了加固。

1939 年 8 月 23 日，战争迫在眉睫，博物馆职员和志愿者被连夜叫起，第二天一大早就开始了装箱与搬迁。他们将文物打好包装，一件件贴上标签，随后分批转移到指定地点，第一天就运走了 12 吨文物。到英德宣战时，大多数藏品都已安全撤离博物馆。剩下的一些文物就没有那么幸运了，有的没经包装便装车，有的由于体积太大不能转移而被迫另想办法，来自夏洛特女王岛的图腾柱干脆被就地隐蔽在了博物馆的柱廊里面。伦敦大轰炸中，大英博物馆建筑先后遭受高爆炸弹、燃烧弹袭击，本身受破坏严重。

为了避免更大的损失，大空袭过后，博物馆的管理者把已转移出去的文物二次转移到威斯特伍德的一座矿井中，那里的通风设备较好，也有足够的空间。二战结束后，大英博物馆开始全面复建，藏品陆续搬回"老家"。只是由于空袭中馆舍遭受了比较严重的破坏，许多分馆到 20 世纪五六十年代才修缮完毕，其中有两个直到 20 世纪 80 年代才得以重新开放。

第二次世界大战的主战场在欧洲，美国本土未受攻击，这为保护文物提供了一个相对安全的环境。"合众"是美国在二战中拯救文物的主题，大都会博物馆机构设置也体现了社会各界联合起来抢救文物、与欧洲国家联合协作的特点。

目前对大都会博物馆的具体情况了解有限，知道的情况是，官方对此很重视，他们成立了专门组织——保护和拯救战区艺术历史遗址委员会。在美国，从文化工作者到政府官员，多个领域的人员为保护文物做出了贡献。

美国最高法院首席法官、国务卿提出草案，总统罗斯福成立委员会，美国最高法院法官欧文·罗伯茨担任主委。美军始终将保护艺术作品和文物，作为其作战计划的一个重要组成部分。

另外，还有大学和政府的联合行为，旨在拯救艺术作品和文物。1942 年，哈佛弗格艺术博物馆的成员乔治·斯陶特提出文化遗址在欧洲战火下岌岌可危。随后，1943 年 1 月，美国学术团体委员会组织了一个保护委员会，由来自哥伦比亚大学的威廉·丁斯摩尔担任考古学协会主席，成员还有来自纽约大都会博物馆的弗朗西斯·亨利·泰勒，国家美术馆的大卫·芬利，以及来自哈佛的保罗·萨克。

法国虽然是投降不抵抗，但是政府确立不设防政策时，也包括了一系列文物保护办法。1939 年 9 月 2 日，博物馆工作人员将众多艺术品向外省转移。经过 4 个月的努力，5446 箱来自罗浮宫和巴黎其他博物馆的艺术品，分成 51 个车队 199 辆卡车分批转移到外省，隐藏在法国西部和中部的 11 个修道院和城堡里。

比如，著名的画作《蒙娜丽莎》，可以说说它的流亡生活。早在希特勒上台的 1933 年，由于一战的前车之鉴，时任法国国家博物馆副馆长的雅克·若雅尔敏感地嗅到了战争的气息，他和巴黎各个博物馆馆长们开始酝酿将博物馆内的艺术品分期转移到外省隐蔽的计划。

远离巴黎的中部和西部乡村是隐藏艺术品的最好地点，特别是卢瓦尔河谷地区，一共有大大小小 300 多座城堡，大多隐藏在遥远的乡村，被森林和河流包围着，它们优越的地理位置和与世隔绝的生活环境成了艺术品的最佳避难所。

1939 年，战争的硝烟已渐渐燃起，8 月 28 日，第一批艺术品转移工作从罗浮宫开始。提前几天，罗浮宫的工作人员就开始打包需要运送转移的 50 幅名画，达·芬奇的巨作《蒙娜丽莎》在第一批运送名单里。

《蒙娜丽莎》离开了罗浮宫，抵达香波堡躲避战火。此后迫于时局形势，这幅画作随着战火蔓延，一路向北，在法国各地辗转——离开香波堡后，被送抵法国萨尔特省的卢维涅城堡，后来又来到了阿韦龙省的洛克·帝尤修道院。但是夏季来临时修道院过于潮湿，于是 1940 年 10 月，《蒙娜丽莎》与大量罗浮宫珍品一起被安置在法国西南部蒙托邦的安格尔博物馆。

二战中德国人曾要求法国将隐藏在农村古堡里的艺术品都运回巴黎用作德法"艺术交流"。于是，《蒙娜丽莎》再次逃亡，被转移到洛特的蒙塔尔城堡。直到 1945 年盟军胜利在即，《蒙娜丽莎》才结束逃亡生活，回到巴黎的罗浮宫。

另外，罗浮宫的文物保护中还有里应外合的保护者。1939 年至 1940 年，德国刚要发动进攻，法国国家博物馆的主管雅克·若雅尔就将罗浮宫内一件件国宝疏散转移了出去。大部分文物是集中运送的，为了防止空袭，艺术品大都存放在偏远的古堡中。

弗兰茨·冯·沃尔夫－梅特涅伯爵是纳粹驻巴黎总督阿贝茨任命的艺术品保护部的主管。他不是纳粹狂热分子，而是通常说的"好纳粹"。他和若雅尔密切合作，坚决按照《海牙公约》办事，致使不少落入纳粹囊中，即将运往德国的文物又被送回罗浮宫。因为梅特涅伯爵只做"对法国有利的事儿"，1942年他被撤职。战争期间，虽然罗浮宫的藏品受到了一些保护，但是法国私人藏品则难以避免地遭到劫掠。

还有，当时欧洲战场前线有一群战士，他们被称为"古迹卫士"，其主要工作就是搜寻被盗或失踪的文物和艺术品。这350名战士，来自13个国家，平均年龄40岁，领命于罗斯福总统，受助于艾森豪威尔将军。他们所在的单位叫"古迹、艺术品和文献部门"，一般简称为"MFAA"。参军前他们都是文物艺术方面的行家里手——或是建筑师，或是教授，或是博物馆馆长，都是具备专业技能的精兵强将。他们的任务非常明确：竭尽所能拯救欧洲文化。

由乔治·克鲁尼自编自导自演的影片《古迹卫士》，影片根据著名历史学者、"古迹卫士艺术品保护基金会"创始人罗伯特·M.艾德塞的小说《古迹卫士：盟军英雄、纳粹强盗与寻宝之旅》改编，片中乔治·克鲁尼饰演哈佛弗格美术馆的工作人员乔治·斯陶特。

日军的献铜运动波及故宫博物院

根据文献记载和相关研究，抗战期间故宫的情况是比较清楚的。七七事变爆发之前，为了使故宫文物不至遭战火毁灭或被日本帝国主义掠夺，故宫博物院决定采取文物避敌南迁之策，大部分精品文物已经迁出、转移，留存的文物在后来也未受到严重破坏。

故宫博物院先后进行过五次文物南迁，实行文物的"战略大转移"。1933年2月至5月，宫内重要文物被装成13427箱又64包，分五批先运抵上海，后又运至南京。1937年淞沪会战爆发，南迁文物又沿三路辗转迁徙至四川，分别存于四川省的巴县、峨眉和乐山。抗日战争胜利后，三处文物复归于重庆，于1947年运回南京。

从1933年起，这批文物陆续经铁路从北京迁往南京和上海。然而存放在南京和上海的古物登记整理工作尚未完成，便爆发了卢沟桥事变，继而八一三事变上海烽火再起，日本飞机甚至已经飞临南京城头肆意轰炸，这使得刚刚被安置下来的国宝转移又迫在眉睫，马衡连忙再安排文物西迁内地，经过故宫工作人员不断地研究和商讨决定分南、北、中三路出发。1939年底，经过一年多的辗转运输，三批文物终于被妥善安置在祖国内地的各个角落。在寻觅选定安全地点中，马衡都亲临现场勘察，反复权衡，才做出最后决定。

在那严酷的战争环境中，恶劣的自然条件下，任务艰巨，时间紧迫，交通困难，沿途还要经常受到日军飞机的轰炸威胁，"其仓皇急遽，如救焚拯溺，呼吸之际，间不容发"[1]。马衡自己也说："那一年，乐山泸县皆受到燃烧弹的轰炸，都烧了小半个城。独有这宜宾没有受到轰炸。还有长沙湖南大学的图书馆，在我们搬出以后，不到四个月，被炸毁了。重庆的几个仓库，在搬出不到一个月，那空房也被炸了。南郑的文庙，目标甚大，南郑成都的距离又远，又要翻过剑门关等险道，看来是来不及搬完了。我就在中途的广元，借了一个庙，设一个腰站。将南郑文庙的存物，先抢运出来。运完才十二天，那文庙在一天里聚落了七个炸弹，又炸的

1　欧阳道达：《故宫文物避寇记·绪言》，《紫禁城》2009年第3期。

是空房。像这一类的奇迹，简直没有法子解释，只有归功于国家的福命了。[1]"

　　故宫的同人竭尽全力把 20 余万件文物搬迁存放到安全地带，直到抗战胜利，这 20 余万件国宝无一受损，无一失落，无一被盗，全部安然返回南京。而在古物于重庆集结时，马衡便提议直接运回北平，然而这个建议并没有被国民政府采纳，使得之后故宫这批南迁文物，现分藏于北京故宫博物院、台北"故宫博物院"、南京朝天宫库，这也成了马衡平生的憾事之一。

1947 年，故宫博物院同人于重庆南温泉野溪石上合影，前排中右依次是庄尚严及四子庄灵、庄夫人申若侠，黄异、那志良及幼子、刘峨士；前排左一为庄尚严长子庄申、庄夫人后为次子庄因；最后排中立少年为三子庄灵

　　南迁文物中有相当一部分是历代的宫廷收藏，堪称国宝，其中包括鼎鼎大名的毛公鼎、著名的《快雪时晴帖》等。在这 15 年里，南迁文物行程上万里，穿越大半个中国，然而这上百万件文物没有一件丢失，也几乎没有毁坏。

　　2010 年，也就是故宫博物院建院 85 周年、反法西斯战争胜利 65 周年时，

1　欧阳道达：《故宫文物避寇记》，王硕整理。

故宫博物院曾倡议举办了"重走文物南迁路"实地考察活动，这次活动得到台北"故宫"的积极响应，南京博物院也参与其中。当时参与这个活动的人员，很多就是当年故宫南迁亲历者的后代。这次考察路线就是按南京—贵阳—安顺—宝鸡—汉中—成都—重庆—峨眉行进，途中也考察了乐山、峨眉两地的文物存放地和存放遗址。

1937 年 7 月 7 日，日军发动卢沟桥事变，抗日战争全面爆发。7 月 29 日，日军攻克北平，北平和天津相继沦陷。随后，日本人扶持江潮宗出面组织"北平地方维持会"。1937 年 8 月 21 日，故宫博物院、古物陈列所、北平图书馆、历史博物馆联合设立总司四机关警备办事处，联合保卫四机关文物，钱桐任处长。1937 年 9 月 14 日，北平地方维持会以故宫博物院、古物陈列所、北平图书馆、历史博物馆、北平研究院、地质调查所、历史语言研究所、中国大辞典编纂处等文化机关关系中国国粹，为保护原状，免有疏虞起见，组织"文化机关保管委员会"，周肇祥任主席。

北平沦陷后，故宫北平本院与国统区的交通、通信几乎断绝，难以得到国民政府的财政支持和具体行政指导，所以国民政府对于沦陷时期故宫北平本院的档案资料也很少。主持故宫日常工作的就是故宫博物院总务处长张庭济，他与留守职工一起还是按原有体制工作，典查留存文物，在极其艰苦的环境下苦撑了八年。当时，日本人虽然攻占了北平，但是也不得随意进入故宫，除非带有介绍信，否则会被留守的工作人员拒之门外。

日本也曾妄图派日本人担任故宫的院长或顾问，但遭到了故宫方面的坚决抵制，因而未果。日伪在投降前后，销毁了大量档案资料，有关北平本院的档案资料分布相对分散，查找困难，另外其他如日本新民会的档案等，鉴于地域条件的客观限制，难以更大程度地利用日本的档案资料，所以对沦陷期间故宫本院的研究较少。

从七七事变到 1942 年，故宫博物院经历了北平地方维持会时期、王克敏伪政权时期、王揖唐伪政权时期，在外有侵略者窥伺、内有伪政权觊觎的境况下，为保护古物不受损害，故宫博物院也是历经风波。1940 年 3 月 30 日，伪中华民国临时政府改组为伪华北政务委员会。配合伪政权的统治，古物陈列所开始整顿所务。

比如，1938 年 6 月，敌伪宪警曾两次闯到故宫博物院太庙图书馆，以检查为名搬走撕毁大批图书杂志。据《马衡传》记载，这次故宫图书馆共计损失书籍 242 种 340 册，杂志 369 种 10682 册。在当时的政治环境下，故宫博物院面对这种情况也是无可奈何，张庭济一面指示太庙图书馆做好损失统计、藏匿好余下的"敏感"书籍杂志，同时也利用人脉关系与日伪政权华北政务委员会积极交涉，追讨部分书籍。

1943 年《国立北平故宫博物院第五届理事会第二次会议记录》中，马衡院长在向理事会报告院务时指出："北平本院自 1937 年卢沟桥事变，华北告陷时起即密饬总务处处长张庭济率同保管人员留守监护，相机应付。数年以来北平本院文物，终因该处长忍辱负重，赖以无恙，幸免散失。"

日军占领北平，故宫博物院的文物未遭大规模的掠夺、破坏。其主要原因大概在于：首先，被占领的故宫已成为日军的囊中之物，动与不动只是时机问题；其次，中国的抗日武装还大量存在，日本人的主要精力更多的还是放在军事行动上；再次，日本人与清室贵族自民国建立以后结成了特别关系。1928 年夏，孙殿英清东陵盗墓惊天大案引来逊清皇室的强烈不满。1932 年春，日本在侵占中国东北之后，又抬出溥仪来充任"满洲国"皇帝，日本关东军和"满洲军"强行进驻东陵地区，把东陵划归"满洲国"热河省管辖，并在这里设置了"东陵地区管理处警察署"。由此来看，日本人更不会重蹈孙殿英的覆辙。

不过，当时日军确实在故宫搜集大量铜器、铁器，用作军需。

1944 年 8 月，伪政权相关机构下令搜集铜器、铁器事宜，并成立了专门的机构，叫"北京市金品献纳委员会"，强制征收各类铜铁制品，故宫也未能幸免。

因为故宫和历史博物馆中铜缸、铜炮等数量很多，日方就曾以游览之名前往调查过，所以他们是了解情况的。搜集令下达之后，故宫人员一方面强调这些铜器都是古物，且均已编号登册，不能交出；另一方面也对此类文物盘查、分类。尽管故宫也是多次抵制，但最终迫于压力，为了确保整体安全，不得不将一些散落于各院落无号又残破的铜缸铜炮交了出去。但是他们并不满足，要求故宫必须交出更多。

故宫人员呈请伪华北政委会到院审定，予以主持，以应对强征。最终，200多口缸被分成三类：（1）明清两代所造有款识者就是 98 件；（2）虽无款识，但察铜色类似明代造者 125 件；（3）无款识，查其式样不能断明年代者 54 件。最终由彦局长和祝院长会同呈复，并缮具清册，交由委员会审查。伪华北政务委员会最终下令将不能断明年代的铜缸 54 件以及 2 尊铜炮运走检送。[1] 而日人仍不满足，1944 年 6 月 22 日，日军又从故宫劫走铜灯亭 91 个，铜炮 1 尊，这批文物刚运到天津，还未及转运到日本，日军即宣告投降。此时故宫博物院派出专门人员张庭济等会同教育部清理战时文物损失委员会平津区助理代表王世襄，前往天津接收运回这批文物，"有的已残破、毁坏，共重 4460 公斤，较劫走时少了 971 公斤，而此前被劫走的 54 个铜缸也不见踪影"[2]。

1945 年 2 月，委员会饬令故宫查明历史博物馆所存铁炮情况。其中，元明两代所造有历史价值者 14 尊；明清所造无款识的大小铁炮 1406 尊。征集委员会要求，除有历史价值的 14 尊保留和明清无款识的每类保留一个样品用作陈列外，余下铁炮都要上交。[3] 3 月 3 日和 16 日，金品献纳委员会按约带领日军北支派遣军 180 部队分两次将历史博物馆的铁炮运走。对于当时尚不属于故宫管辖范围的历史博物馆而言，张庭济等人无能为力，只好眼睁睁看着日人的野蛮掠夺行径。至于后来金品献纳委员会再次索取故宫太庙内的大鼎、铜缸、铜香炉等供器时，遭到故宫的严词拒绝，因为太庙的皇家器物有着重大的历史文化价值，绝不

---

1 《故宫博物院对于北平市历次收集铜铁应付情形始末记》，故宫博物院档案，编号：jfqggwwbg100827。

2 孙岩：《人非物是——八年沦陷的故宫博物院》，《紫禁城》2005 年第 5 期。

3 《本院历次被敌军铜铁品清单及历次被宪兵搬走撕毁书籍杂志清单目录》，故宫博物院档案，编号：jfqggwwbg100910。

可以破坏、亵渎。

故宫的工作就是文物的查点、保护，还有维修、展览。这期间比较重要的一件事情是故宫测绘工作。

从 1941 年到 1944 年，日伪建设总署和北平市计划局委托华北基泰工程司，由张铸主持对北平中轴线及其外围重要古建筑进行了系统的测绘，先后测绘了故宫中轴线以及外围的太庙、天坛、先农坛、社稷坛、钟楼、鼓楼等古建筑。这次测绘范围主要集中在中轴线上，北起钟鼓楼，南抵永定门，重点就是紫禁城内的建筑。

因为此次测绘工作的初衷就是战争毁坏后的重建，所以前期规划很详细，测绘的内容比较精密丰富，手段也比较先进。为了方便保存真迹，测绘图纸采用的是厚的橡皮纸。这套图纸除单体建筑有精密的平面、立面、剖面和大样图外，各宫院还有总平面图、总立面图、总剖面图，此外，对于屋面及内外梁架的彩画以及细部纹样都进行了较为详细的测绘。

这个工作进行了 4 年，1944 年秋完成。最终绘制出的大幅图纸有 680 多张，另附大量古建筑照片及测量数据记录手稿，这些都为中华人民共和国成立后故宫古建筑的修缮提供了重要的参考资料。

二战期间，五大博物馆以博物馆机构的形式开放给公众。这些机构时至今日依然是国家的象征，展现了一个国家的宏大叙事和正统的历史。这些博物馆在第二次世界大战中的丰功伟绩值得人们纪念。通过博物馆来展示抗击法西斯侵略的智慧、力量和深度将是五大博物馆的一项挑战。

1945 年 10 月 10 日，抗日战争胜利后，北平地区中国军队接受日军投降的典礼在太和殿前广场举行。不久，张庭济接马衡院长指令，于 23 日会同国民政府教育部平津区特派员沈兼士办理北平本院各部门接收工作。[1] "接收工作进展相当顺利，院里职员，十之八九为抗战前的旧人，全部留任，只有伪院长及少数敌伪派驻的高级职员免职。机构设置仍如旧制，设古物、图书、文献三馆及

1　中国第二历史档案馆藏，国民政府教育部档案。

总务处。马衡院长，各馆馆长，总务处处长都恢复了原来的职务。"[1] "沈兼士接收后，当即革除祝书元代理院长职务；日伪聘任之临时理事、监事，同时解职。所谓《整理院务临时办法》，亦予废止。故宫院产发还，由原总务处张庭济处长代表接受。"[2]

"完整故宫保护计划"

1945 年，日本帝国主义宣布无条件投降，十四年抗战取得了彻底胜利。马衡院长带领全体本院职工从日伪手中接收了故宫博物院。复原后的故宫博物院，接受了古物陈列所存在北平的文物，结束了故宫之内两馆并立的局面。1947 年秋，开始分六组点收，11 月间又增为七组，到 12 月 22 日全部点收竣事。又根据 1945 年的《留院文物点查清册》证实，十四年沦陷期间，在日寇铁蹄下，北平本院尽管受到很大损失，但留院职工克尽职守，保住了库藏文物，使紫禁城宫殿建筑免遭破坏。

南京方面，陷落区的文物被迁到北极阁中央研究院里，这批文物费了许多时间才点查完毕，文物虽有凌乱，但大体上并没有什么损失。

原巴县、乐山、峨眉三处的文物集中于重庆，1947 年 3 月 7 日完全运毕。存放于重庆南岸海棠溪向家坡原贸易委员会办公处及宿舍的文物，于 1947 年 5 月 31 日迁往南京，至 12 月 9 日，文物迁返工作全部完成。至此，历时 15 年的迁运疏散文物的工作，以保全绝大多数文物的业绩而告一段落。然而，由于内战，铁路中断，交通阻隔，自 1933 年运离北平的文物，大部分未能再运返本院，南迁文物的悲剧又因国内政治时局的变迁而重演——故宫文物于 1948 年底被大批运抵台湾，开始了新的流亡，这已是后话。

1　刘北汜：《故宫沧桑》，紫禁城出版社，2004。
2　"国立故宫博物院"编辑委员会编辑《故宫跨世纪大事录要》，台北："国立故宫博物院"，2000。

早在北伐军攻占北京之前，留德哲学博士张武曾建议将北京建成文化古城，并提出城市规划的"都心说"及"分区规划"。"都心说"即以故宫、三海和中央公园为中央都心，以东西单牌楼及九门为小都心，整个北京城以同心圆形式向外扩展，以放射性道路连接都心和周边地区。"分区规划"即将整个北京城划分为四区——美术区、商业区、工业区和居住区，规划建议在中央都心设置中央公园、中央图书馆、美术馆、博物馆及歌舞院、音乐堂之类。[1]但是当时北洋政府正与南方的国民军交战，无暇顾及城市建设，此议未引起重视。

1928年6月，国民政府定都南京。随着国都南迁，政治中心和经济中心随之南移，于是历史文化很快地被视为振兴北平市的重要资源。1928年11月，朱辉向市政府上呈《建设北平意见书》，提出建设北平的七条基本标准，其中建设北平"国故之中心""学术美术艺术之中心""东方文化表现之中心""观光游览之中心"皆与故宫及其文物有关。首先朱氏认为北平城市规划的首要任务是旧城保护与改建，明确提出"保存、利用旧有建筑物，并维护其艺术美术性"的原则。在具体实施办法中，朱氏指出应将城墙、城楼、宫殿、坛庙、旧皇家寺院、三海、景山、颐和园、万寿山、各种牌楼、库房、王府及旧时一切皇家建筑汇集成册，进行审查，择其有保存价值者，备案呈请中央，制为定案。更为难得的是，朱氏认为即使没有保存价值的旧建筑，在没有制订改建计划前，须严厉禁止拆改。[2]考察故宫博物院史时应将北平城市规划一并予以考察。

1929年春，故宫博物院重新制订计划，对紫禁城建筑群、城墙、护城河及景山的空间进行整体布局：

第一，博物院分设古物、图书和文献三馆：

奉献殿、斋宫、毓庆宫及东六宫，拟划于古物馆，以奉献殿为总陈列室，斋

---

1 张武：《整理北京市计划》，1928。

2 朱辉：《建设北平意见书》，《北京档案史料》1989年第3期。

宫及毓庆宫为美术品陈列室,东六宫为古物分部陈列室。外西路之寿安宫、英华殿各处,拟划属于图书馆,作为收藏室及阅览室。宁寿宫各宫殿,拟划属于文献馆,作各史料陈列室。

第二,改建特别陈列室:

本院各宫殿房屋,大多数均有历史上价值。即辟为陈列室亦不能不保持原状。而光线及各种设备,均未能合式。故有添造新式陈列之必要。而宫中空地无多,颇少隙地,以容此种建筑物。现拟东西以茶膳房、上驷院,西面以造办处,改建此种陈列室。景山寿皇殿东西空地,亦作此用焉。

第三,辟设紫禁城公园:

由神武门登城,东西马道甚宽,直达角楼。游眺其上,全城及西山风景,一望无际。春秋佳日,诚登临之胜地也。城外破屋,亦已拆卸。培植花树,沿河临眺,十里荷香,为夏日最好消夏窝,此两处再加修缮,统名为紫禁城公园。

第四,改建景山公园:

景山在神武门北,绕以红垣,周二里。山凡五峰,峰各有亭。山后为寿皇殿,东为观德殿等处,均为目前文献馆之陈列室。今拟在寿皇殿东西,添造特别新式陈列室。并于山上下添植各种植物,辟为公共植物园。[1]

上述多项规划设想在 1929 年至 1930 年间基本得以落实。

故宫文物疏散时期,迁运中的主要问题是如何保障运输安全,到了疏散地点,因库房条件大都比较差,事务性的工作就变得多起来。当时,故宫博物院成立了三个办事处:安顺办事处(后改为巴县办事处)、乐山办事处和峨眉办事处。各办事处的工作重在保管,所以把防火、防潮、防虫与防盗列为最重要的工作,其次是做索引,而编目工作做得并不多。后来情况有所变化,抗战胜利后,三处

---

1 《故宫博物院概况及将来之计划》(1929),《北平故宫博物院报告》,转引自徐婉玲《清末民初中国博物馆规划及其实践——以紫禁城为视域的考察》,《故宫博物院院刊》2015 年第 2 期。

的文物又都集中到重庆,在 1947 年集中重庆期间,防白蚁成为重要的工作,此外便是筹备文物还都的运输事宜了。

故宫文物南迁与战时文物疏散,以及战后文物的迁返,是在战争期间保护文物的壮举。故宫博物院通过艰苦卓绝而又有效的工作,使故宫文物作为一个整体得以免遭战火与日寇的抢掠而保存下来。但是,战争仍然给故宫博物院的事业,以及一部分文物带来了无法挽回的损失。

当 1933 年日本侵略者危及华北及北平之时,这批文物被迅速地转移到中国的中部,当时曾引起公众的广泛关注。当这批文物的最终命运仍然留待将来回答的时候,所有热爱中国与中国古老文化的人们都在希望,它们不要被肢解,更不要在国外发现它们的踪迹。

1928 年 6 月,南京政府接收古物陈列所。受其与北洋政府关系的牵连,古物陈列所被南京政府打入另册,原来直属北洋政府内务部一度改为归南京政府内政部北平档案保管处管理,缩减编制,所长改称主任,地位大不如前。古物陈列所开始改组机构、裁汰冗员、核减经费、清点文物。

1930 年,易培基拟订《完整故宫保管计划》,呈送国民政府,拟计划将乾清门以外的古物陈列所和乾清门以内的故宫博物院合并,将中华门以北各宫殿,直至景山,以及大高玄殿、太庙、皇史宬、堂子一并归入故宫博物院。[1] 这一年,以国民政府主席蒋介石领衔的 10 名故宫博物院理事联名提出《完整故宫保管办法》,并经行政院第 91 次会议批准,将中华门至保和殿原属古物陈列所、国立历史博物馆的部分全部交由故宫博物院接收管理,将古物陈列所来自沈阳故宫的文物归还沈阳故宫,这无疑是在向当时北平实权人物张学良示好。其他文物先由故宫博物院挑选配置旧藏,剩下的将来运往南京筹建新的博物院。

1931 年九一八事变后,北平地区散兵游勇日渐增多,"甚至有身着军服未佩

---

1 《关于完整故宫保管俾全□为文化古迹一案抄发尔□办法两条》(1930),故宫博物院档案,编号:jfqgwxzsw10019。

2 同上。

符号之军人来所游览，在太和门前无故放枪情事"，"及天津发生事变，平地谣诼益滋"[1]。合并计划无形停顿。

1932年至1933年，古物陈列所南迁和西迁古物共5415箱，共计111549件。1935年5月，国民政府在"机关裁并、政费紧缩"的原则下再次重申"北平古物陈列所并入故宫博物院，古物保管委员会并入内政部"[2]。古物陈列所则多方呼吁政府"重付审查，暂缓归并"[3]，并表示可千方百计节省经费。6月，经内政部提请行政院第217次会议复议，决定暂缓归并，但将古物陈列所的年度经费缩减12%。[4]

北平陷落之后，古物陈列所的主要管理人员又出现了失节附逆的严重情况。故宫博物院方面在南京国民政府时期对于古物陈列所一直存有合并的想法，抗战胜利后，故宫博物院方面以"古物陈列所失节附逆"为借口，同时拔高自己同国民政府"从一而终"的政治觉悟，借以吞并古物陈列所，实现自己"完整故宫保护计划"。1946年12月3日，国民政府行政院决议"古物陈列所房屋及其留北平之文物拨交故宫博物院"。

横梗在故宫博物院与古物陈列所之间的界墙终于有了推倒的必要。时人就在推测，这段界墙是不是故宫博物院方面在北洋政府垮台之前的这段时间修筑的，若是这段时间，则故宫方面是借这段墙来表明自己与北洋政府、古物陈列所划清界限。

古物陈列所南迁文物则全部拨交中央博物院筹备处，1949年中央博物院筹备处挑选852箱精品运往台湾，其余成为今日南京博物院的藏品。故宫、故宫文物及故宫博物院多元的身份认同，使之变得更为重要，"完整故宫"最终使其从旧符号逐渐走向新符号，并逐渐成为国家和民族的深刻的且完整的文化记忆。

---

1 《古物陈列所概略及所务工作情况的报告》（1932），故宫博物院藏《古物陈列所档案·领导指导类》第6卷。

2 《大公报》1935年5月28日。

3 故宫博物院藏《古物陈列所档案·组织人事类》第90卷。

4 《世界日报》1935年8月8日。

第一，故宫文物南迁不仅仅保护了中华民族的珍贵文化遗产，更是保护人类宝贵文化遗产的一次壮举，是世界反法西斯战场上文化遗产保护的巨大胜利。众所周知，残酷的战争不仅会造成人民生命财产的损失，也必然对文化遗产带来破坏，文化遗产既是每一个国家和民族文明的承载物，也是全人类文明进步的见证和成果。那么，凡是损坏民族文化遗产的行为都是对世界文化遗产的破坏。因此，为了降低文化遗产在战争中的破坏，1899年海牙和平会议通过的公约就提出："在包围和袭击中，应采取一切必要的措施，尽可能保全用于宗教、艺术、科学和慈善事业的建筑物、历史纪念物，以及医院和病者、伤员的集中场所，但以当时不作军事用途为条件。"[1] 并且规定："对这些机构、历史性建筑物、艺术和科学作品的任何没收、毁灭和有意的损害均应予以禁止并受法律追究。"[2] 然而，第二次世界大战期间，德、意、日法西斯在占领区肆意掠夺、破坏各国的文化遗产。世界各国普遍采用文物转移的方式，保护自身的文化遗产。因此，故宫文物南迁的胜利不仅仅是抢救中华民族的珍贵文化遗产的壮举，更是维护世界文化遗产多样性的一次伟大胜利。

第二，故宫文物南迁虽有争议，但最终得到了社会各界的有力支持，这是中华民族全民抗战的体现。抗日战争的伟大胜利，离不开国共合作，离不开全民参与，正是各行各业的团结精神，中华民族最终取得了战争的胜利。故宫文物南迁耗时长、任务重、困难大、计划复杂多变，如果没有政府和社会组织提供的资金、运输等物质支持以及广大民众的全力配合，可以说寸步难行。因此，文物南迁的胜利是全民抗战的一次具体体现，进一步体现了中华民族的伟大凝聚力。

第三，故宫文物南迁是故宫博物院发展的特殊历史时期的壮举，从文物南迁任务之重，环境之艰苦，培育和形成了以"视国宝为生命"为核心的典守精神。[3]文物南迁后，故宫博物院快速完成了工作任务与工作方式的转变，从"纯粹的学

1　1899年《陆战法和惯例公约》，即海牙第二公约，第二十七条。

2　1899年《陆战法和惯例公约》，即海牙第二公约，第五十六条。

3　郑欣淼：《故宫文物南迁及其意义》，《华中师范大学学报》2010年第5期。

术性质"转变到适应战时需要，肩负起保管保障文物及运输安全之责。正如马衡院长所说："本院西迁以来，对于文物安危原无时不在慎戒惧、悉力保护之中，诚以此仅存劫后之文献，俱为吾国五千年先民贻留之珍品、历史之渊源，秘籍艺事，莫不尽粹于是，故未止视为方物珍异而已矣。"[1] 如协助搬运国子监的石鼓，故宫人悉心包装、运输，在跋山涉水翻车的情况下，所有石鼓安然无损。可见故宫人在文物南迁过程中的尽心尽力、严阵以待。除此以外，由于运输保管艰难，险象环生，故宫人为了文物安全，付出了自己的生命。但所有人员无怨无悔，忠于职守，体现了故宫人强烈的责任感、使命感。

参与南迁的当事人将这一奇迹归功于"古物有灵""国家的福命"，其实是仰赖上上下下各阶层、各方面人员为之付出的努力和牺牲，共同铸就了这一历史传奇。[2]

1　《国立北平故宫博物院理事会 1940 年度会议记录》，中国第二历史档案馆。

2　陆佳凡：《浅析国人典守精神——以抗战时期故宫文物南迁为角度》，《山西青年》2016 年。

第九章

共产党接手
故宫博物院

早期的中国共产党受到"共产国际"的影响。1926年6月，在中共最早的机关刊物《新青年》季刊上，刊登了《共产主义之文化运动》的译文，提出了"共产主义本身就是文化运动"的观点，并且主张"共产主义者也爱百合花的娇艳"。但是，由于国民党右派背叛革命，中国共产党人不得不走上了武装夺取政权的道路，因此《新青年》季刊中所提出的设想，未能在后来的中国革命实践中实现。共产党接管下的故宫博物院，有时是热烈异常的，有时还挟携着疾风骤雨，故宫博物院迎来了"延安精神"的挑战。1949年之后，故宫博物院根据清宫散失文物的记载看，如今大部分已重新回归故宫。此外，新收的文物，无论质量、数量均不逊于清宫所藏，学术研究则更胜一筹。

1949 年中国共产党在解放战争中取得的胜利，不但没有像某些西方预言家所断言的那样——出现政治上的混乱，而且还结束了长达一个世纪之久的混乱时代。孙中山曾称之为"一盘散沙"的中国，迅速地凝聚成一个具有强烈民族使命感的强大的现代国家。在这样的情况下，中国的博物馆事业才真正焕发了生机，故宫博物院才最终从危难与惶恐中解放出来，身心开始苏醒了，机能得到了更新，迎来了灿烂的时光。

然而，与新时代的太阳一起到来的并不都是"竟将明媚色，偷眼艳阳天"的诗情画意，它有时热烈异常，有时还挟携着疾风骤雨。此时的故宫博物院迎来了"延安传统"的挑战。从某种意义上可以说，延安传统是一种神圣的革命价值观念的体现，其主要内容集中反映在精神方面和伦理方面，它是延安成长起来的革命者的生活态度，因此它被认定是革命持续进程中的根本因素。

壮丽的革命年代所具有的价值观念包括：为人民的利益英勇斗争、敢于牺牲的观念，艰苦奋斗，勤奋努力，勤俭节约，毫不利己，专门利人以及自我约束等观念。在这里，无法看到它们与博物院里陈设的艺术珍宝之间的内在联系，那么，共产党领导下的故宫博物院将走向何方？

"文化大革命"对于故宫博物院来讲无疑是一场劫难。然而，无论如何，就其辉煌的成就而言，共产党接手后的故宫博物院与昔日相比取得了不可否认的长足发展。由中国共产党人来认识并管理这样一座由皇宫演变而来的博物院，同样有着一维性的历史发展过程，我们甚至可以追溯到中国共产党建立的最初阶段。

"统了都拿来，统了都认识"

中国无产阶级觉醒的外部因素，来自俄国的十月革命，正如毛泽东所说，"十月革命一声炮响，给我们送来了马克思列宁主义"。中国无产阶级作为一种政治力量登上历史舞台，最早是在五四运动前后，其政治行动大大迟于中国资产阶级。然而，中国无产阶级对于文化问题的关注，却是始于中国共产党建立的初期。原因一方面是五四运动实际上成为中国共产党成立的理论准备与干部基础。

中国共产党的创建人之一、中共首任总书记陈独秀曾发表了一篇《新教育是什么？》的文章，倡导"新教育对于一切学校底概念，都是为社会设立的。自大学以至幼稚园，凡属图书馆、试验场、博物院，都应公开，使社会上人人都能够享用，只有如此，才能将教育与社会打成一片，才能使社会就是一个大学校，学校就是一个小社会，才能造成'社会化的学校'、'学校化的社会'"[1]。在这篇文章中，陈独秀注重学校教育与社会生产、生活实际的联系，强调利用启发式教学以发挥受教育者的自主能动性，发展其天赋才能。在他的思维中已经意识到博物馆教育功用的存在。

另一方面，早期的中国共产党受到共产国际的影响。1923 年 6 月，中共的最早机关刊物《新青年》季刊上刊登了《共产主义之文化运动》的译文，该文实际上是 1922 年 11 月的共产国际第四次世界大会的文件。文章在开头指出：

社会改造的伟业不能没有精神上的文化能力来担负。况且共产主义本身就是

1　陈独秀：《新教育是什么？》，原载于 1921 年 1 月 3 日《广东群报》，又刊于同年《新青年》第 8 卷第 6 号。

文化运动，是最先进最普遍的文化运动。文化运动必定要能增进劳动群众之政治智识及政治觉悟，使农工平民了解其所处之社会地位，自觉其政治能力，方才能行向社会改造，尽复兴人类文化之天责。唯其如此，文化运动方能实际增加社会运动之内力；社会运动亦必有此，方能成为文化的社会运动，共产主义派的社会运动及文化运动所以永不能相离，亦永不能不注意于"政治教育"——宣传方法的研究，学理深入的讨论，其重要不在实际运动之下。[1]

这一文件的发表引起了强烈反响。

1924 年 8 月，《新青年》季刊还刊载了蒋侠僧的文章《无产阶级革命与文化》。这篇文章阐述了无产阶级在革命中，对于包括博物馆在内的文化现象的态度。由于当时冯玉祥既未驱逐溥仪出宫，中国大地上又无像样的博物馆，因此，该文的论据均来自苏联革命的经验。文章以德国著名诗人海涅（Heinrich Heine，1797–1856）对于无产阶级革命的忧惧为引子，写道：

　　……想起来那个时候——共产主义者，不信神的人们得到了统治权，用自己粗糙的手腕，毫不怜惜地破坏一切温柔的美的偶像（我的心灵所贵重的东西）——我真是恐怖而战栗啊！他们破坏一切为诗人所爱的艺术的幻景；铲锄去我的娇艳的樱桃树林，而种下粗野的马铃薯；美妙的百合花亦将要被芟去而离开社会上一块土了……呸！当我想起来那个时候——凯旋的无产阶级将我的诗抛入坟墓与一切旧的浪漫幻想的世界同归于尽——我真抱着无限说不出的羞辱啊！

　　德国伟大的诗人海涅在一八五六年临死不久的时候，写出自己对将来的悲痛。他明知道无产阶级，粗糙的共产主义者，要得到政权，为世界的统治者；但同时忧惧他们破坏一切为诗人所爱的东西。哎哟！我的多情的海涅啊！你真是空忧惧了！倘若你能活到十月革命之后，亲见俄国无产阶级对于旧有艺术保护无所

---

1 《新青年》季刊，第 1 期，1923 年 6 月。

不至，你又作如何感想呢？

共产主义者也爱百合花的娇艳，但同时想此百合花的娇艳成为群众的赏品……[1]

接着，文章又以两位俄国无产阶级诗人的观点相对立的诗篇展开了议论。其中一位革命诗人是克里洛夫，他在《我们》一诗中写道：

为着明天，我们抛去艺术之花，

我们焚毁宫殿，破坏博物馆！……

另一位革命诗人是格拉昔莫夫，他在答复克里洛夫的诗中写道：

我们统了都拿来，我们统了都认识，

我们探讨广大的深渊到底。

这金光灿烂的五月，

使得春天的心灵沉醉，

我们能领受一切，

我们向着这新的博物馆高举玉杯。

文章就以上两种不同的对待旧有文化的态度评论说："克里洛夫本是无产阶级出身的革命诗人，这一种不顾一切的宣言，实可代表俄国无产阶级对于文化，一种反常的心理。""我们又可以在无产阶级诗人格拉昔莫夫诗中，看出无产阶级革命对于文化问题之一种伟大纯正的趋向。"在俄国十月革命中，布尔什维克党对于像艾尔米塔什这样的博物馆，多是采用了无产阶级诗人格拉昔莫夫的主张，即对其实行"统了都拿来""统了都认识"的政策。当时的苏联收集、编目文物，

---

1 《新青年》季刊，第3期，1924年8月。

用以保存并研究其帝国时代的历史。这无疑为取得全国胜利以后的中国共产党人提供了可借鉴的经验。

在以上两篇文献中可以看到，难能可贵的是中国共产党在建立初期就关注到文化问题，提出了"共产主义本身就是文化运动，是最先进最普遍的文化运动"的观点，并且主张"共产主义者也爱百合花的娇艳，但同时想此百合花的娇艳成为群众的赏品"。然而，在中国共产党领导下的文艺大众运动主体是无产阶级新文艺，即所谓的"普罗"（Proletariat）文艺，与中国传统文化及包括博物馆在内的整个文化界的关系还存在着大片空白。

这时取得政权的国民党正在通过对传统文化的回归汲取治国安邦的意识形态方面的养料；与之相反，由于国民党右派背叛革命，中国共产党人不得不走上了武装夺取政权的道路，《新青年》季刊中所提出的设想，未能在后来的中国革命实践中实现。尽管如此，史学家郭沫若、吕振羽等还是积极参与中国社会史论战与社会性质问题的论战，尤其是郭沫若注重从包括实物的考古遗存、体制的社会结构变迁和意识形态的古典文献的民族文化遗产的构成上来考察中国古代社会。这些研究，不仅对改造和利用传统文化，对新生政治力量与旧有文化传统的有机结合做出了可贵的成功尝试，同时也为共产党接收故宫博物院预留了一个宝贵的连接点。

冯玉祥发动"北京政变"也为工人阶级政治力量的发展带来了机遇，孙中山接受冯玉祥邀请后，于11月10日发表《北上宣言》，宣布对内要打倒军阀，对外要推倒军阀赖以生存的帝国主义，废除不平等条约。宣言表示接受中共在《第二次对时局主张》中提出的召集国民会议的主张。因此，中共领导人瞿秋白指出："工人阶级在（北京）政变后，日益发展他们的政治势力，组织团结他们的力量是一件很明显的事实。"[1]

"二七"惨案后，中国工人运动进入短暂的低落期。很快，在中国共产党的大力推动下，国共两党实现合作，在孙中山"联俄、联共、扶助农工"的新三民

1　瞿秋白:《北京政变后的政局与工人阶级》,《中国工人》第 4 期，1929 年。

主义政策指引下，国民党一大通过了有关工人运动的政纲，指出："制定劳工法，改良劳动者生活状况，保障劳工团体，并扶助其发展。"同时规定由中国共产党领导工人部，给工人运动带来了新气象。

1925年1月11日，中共第四次全国代表大会在上海举行，大会通过的职工运动决议案指出："工人阶级必须积极参加民族革命运动，并且要在这一革命运动中取得领导地位。"同年5月1日，第二次全国劳动代表大会在广州召开，大会成立了中华全国总工会，这次大会的召开和中华全国总工会的成立，为动员和组织全国工人迎接革命高潮做了准备。此时的中国共产党领导工人罢工应属合法斗争，除了争得经济上的利益外，主要是鼓舞工人阶级反帝反封建的意志，加强工人阶级的组织力量。

《在延安文艺座谈会上的讲话》与新的挑战

1926年10月23日，上海工人在中国共产党的领导下发动了第一次武装起义，因准备不足而失利。1927年2月21日，上海工人又发动了第二次武装起义，因敌我力量悬殊而失败。第三次武装起义发动于1927年3月23日，上海工人在陈独秀、罗亦农、周恩来、赵世炎等组成的特别委员会领导下，组织了一支5000多人的武装纠察队，并进行秘密的军事训练，组织各级指挥部，选派指挥人员。1927年3月20日傍晚，北伐军的先头部队已经开到上海近郊龙华。3月21日清晨，上海总工会发出同盟罢工令。以少数武装纠察队为先锋，闸北地区经过36个小时的激战，歼灭了直鲁军和白俄的铁甲军队，于22日下午6时攻占了上海北火车站。至此，上海工人第三次武装起义取得了完全胜利。

然而，以蒋介石为首的国民党新右派在上海发动反对国民党左派和共产党的武装政变，1927年4月12日，他们大肆屠杀共产党员、国民党左派及革命群众。这就是历史上著名的"四一二"反革命政变。此政变成为大革命从胜利走向失败的转折点，同时也宣告国共两党第一次合作破裂。经过"四一二"政变，国民党的基层组织基本瘫痪。

"四一二"以后，工人运动处于低潮，但全国许多城市工会组织没有瓦解，转为秘密形式的赤色工会，在中国共产党领导下仍然组织工人不断进行斗争活动。共产党在群众中的影响迅速扩大。经历了深刻的锻炼和严峻的考验，共产党初步积累了正反两方面的经验，为领导中国人民把斗争推向新的更高的阶段准备了条件。大革命失败后，以毛泽东为代表的中国共产党人，高举起土地革命和武装反抗国民党反动统治的旗帜，肩负起独立领导中国民主革命的重任，实行武装斗争，经过创建、发展红军和农村革命根据地的实践，提出了农村包围城市、武装夺取政权的思想，逐步找到了一条适合中国国情的民主革命的道路。

由于长期的艰苦的战争生活，中国共产党人走上了另一条文化路线，其理论的基础集中体现在 1942 年 5 月毛泽东的《在延安文艺座谈会上的讲话》中。在这篇著名的"讲话"中，毛泽东提出并解决了无产阶级文艺运动中一系列带有根本性的理论问题和实践问题，明确了文艺为工农兵服务的方向。毛泽东指出："我们的文学艺术都是为人民大众的，首先是为工农兵的，为工农兵而创作，为工农兵所利用的。"《在延安文艺座谈会上的讲话》等一系列理论性文章，就是在武装斗争背景下发表的，也是继五四新文化运动向马克思主义文化运动发展的一个重要里程碑。这一文艺方针，再加上十月革命对于艾尔米塔什博物馆之类"旧文化"所采取的"统了都拿来""统了都认识"的革命经验，便成为中国共产党领导的人民政府接收故宫博物院时所奉行的方针政策。

为了"想此百合花的娇艳成为群众的赏品"，也为了中华民族的利益，中国共产党领导下的八路军曾用鲜血保护了中华民族的历史文化遗产。这就是闻名于中外的《赵城金藏》。

《赵城金藏》是金代民间募资雕版的佛教大藏经，原藏于山西省赵城县（今洪洞县）广胜寺，为卷轴装，以千字文编排次第，自"天"字号至"几"字号，计 682 帙，每帙基本上包括 10 卷，或略有增减，总计约 7000 卷。《赵城金藏》

为我国第一部官方刊印大藏经之复刻本中的孤本，这对佛学、版本学以及在雕版史上，皆具有无与伦比的价值和意义。

1932年，《赵城金藏》被发现。1934年10月，近代著名佛教居士欧阳渐弟子蒋唯心通过实地探勘写成了《金藏雕印始末考》，对《赵城金藏》的历史谜团进行了全方位的梳理和论述。

《赵城金藏》刚刚问世，就引来了所谓"日本东方文化研究所"的觊觎。该所派人来到广胜寺，表示愿出22万银圆购买，遭寺院住持力空和尚及众僧人断然拒绝。接着来了一些日本僧人，他们先后几次窜入广胜寺，仍然想用高价买断藏经，同样没得逞。这两件事情的发生，引起了具有强烈爱国心的广胜寺僧人的警觉，为防止藏经遭遇不测，他们把5000余卷经卷由霍山南麓的广胜下寺迁移到山顶上寺，吊运进13级琉璃飞虹塔，并用砖石固封，进行集中保管。

侵华日军占领中原后，就开始在占领区大力搜刮文物。1942年初春，驻扎在广胜寺附近的日军突闯寺庙，通知住持力空和尚，说要在农历三月十八庙会时登临琉璃飞虹塔，鸟瞰庙会盛景。力空和尚深知日军是想趁机抢劫藏经，便冒着被日军发现的危险，深夜下山跑到数十里外的赵城县抗日政府驻地兴旺峪，找到时任县长杨泽生，提出要将经卷交给抗日政府，并要求转运延安。此时的广胜寺周围已陷入日军包围，转运5000卷的藏经谈何容易。于是，他打电报请示上级领导。时任太岳区军政领导陈赓、薄一波接报后亦觉事态严重，立即转报延安。

党中央马上复电命令太岳区全力保护《赵城金藏》，绝不可让国宝落入侵华日军之手。太岳区接命后紧急动员，做出周密部署，特派太岳军分区基干营、赵城县游击大队和洪洞县游击大队百余人借助夜色，秘密进入广胜寺，登上琉璃飞虹塔，经四个多小时的抢运，将5000卷藏经全部转移出寺庙，由民工驮运队运抵安全地带。由于行动悄无声息，驻广胜寺几里内的几个日军据点并无察觉。当日军如期登临飞虹塔时，发现藏经早已搬空，欲拿力空和尚问罪，但人与藏经早已不知去向。

在接下来的5月反"扫荡"中，地委机关同志身背经卷在崇山峻岭中与日军周旋。由于行军战斗频繁，携带不便，深恐散失，这些经卷又被分别藏在山洞、废煤窖内，派人看管。尽管藏经运抵安全地带，但因日寇扫荡频繁，藏经以后又几经辗转迁移，先是存放于太岳区二地委机关驻地安泽县亢驿村，后又转移至太岳区党委驻地沁源县，抗战胜利后又转至太行山区涉县。

1946 年国民党发动内战后，太岳行署又将经卷转移到河北涉县。北方大学校长范文澜派专人照看，北平解放后，华北人民政府命令将其运到北平，收藏在北平图书馆。

在艰苦的抗日战争时期，中国共产党全力保护《赵城金藏》，绝不可让国宝沦落外敌之手的事实，印证了中国传统文化总归是一份我们自己必须占有优先利用权的，绝好的用以提高民族认同感、自豪感的战略资源，也是共产党与民族优秀传统文化有机结合，有效地防范各种势力抹杀、危害中华传统文化的光辉范例。其为共产党领导下的 1949 年以后的故宫博物院事业找到了一个重要结合点。

当中国人民解放军在全国胜利进军之际，毛泽东决定将郭沫若在 1944 年发表的《甲申三百年祭》作为党内文件，发至党内干部进行学习。这本小册子讲的是 1644 年李自成领导的农民起义军攻入北京，推翻明王朝，后因农民起义军居功自傲，最后走向失败的历史故事。毛泽东的目的是告诫全党，在全国胜利以后，不可对失败的阶级放松警惕，要"将革命进行到底"。

《甲申三百年祭》提到的那位明末农民起义军的领袖李自成，在进驻紫禁城时也是很朴素的。史书记载，"李自成，毡笠缥衣，乘乌驳马，入承天门，丞相牛金星等骑而从，登皇极殿，下令大索帝后，期百官三日朝见"[1]。这位农民义军首领自 3 月 19 日打进北京，4 月 30 日退出北京，一共只在北京停留了 41 天，若除去东征讨伐吴三桂一度离京的时间，实际在北京只待了 20 多天。在此期间，李自成对"宫中一切华贵龙凤器物，一概不用"[2]，如此豪侠作风，实在令人钦佩。

出于对明王朝的仇恨，李自成起义军在撤退北京时，放火焚烧了宫殿及九门

1　萧一山：《清代通史》，台北：商务印书馆，1980。

2　谢承仁：《李自成新传》，上海人民出版社，1986。

城楼。一时四处大火，烟焰冲天，大内及十二宫，或焚毁殆尽。据刘敦桢著《清皇城宫殿街署图年代考》载："今所知者，唯武英、保和、钦安三殿未遭劫灰，其余殿阁是否全部付诸一炬，无从查考。"

1948年秋，南京国民政府自感东北不保，平津也岌岌可危，于是抛出了"抢救"平津学术教育界知名人士计划，企图裹挟北平的著名专家学者南迁。被列入"抢救"名单的有四类人员，包括各大学及文化单位领导、与政府有接触的文化界人士、中央研究院院士和在学术界有地位的学者。既是文化单位领导又是知名学者的故宫博物院院长马衡，自然也在被"抢救"之列。

徐悲鸿画马衡像

12月上旬，平津战役刚打响，国民党青年部部长陈雪屏就急匆匆地飞抵北平，游说"抢救"对象尽快南下，教育部也允诺派飞机前来接运。在南京国民政府的努力下，北京大学校长胡适、清华大学校长梅贻琦、北平图书馆馆长袁同礼、北平研究院院长李书华等人匆匆南下，然而，更多的文化教育界人士却选择了留在北平等待解放。年近古稀的马衡是"应走"而未走的一位，他不想走，因为他要留下保护故宫、看守国宝。

辽沈战役期间，国民党军队在东北的败局已定，北平的国民政府军政界人心惶惶，而马衡却镇定自若地推进各项业务工作。1948 年 11 月 9 日，他主持召开了故宫复员后的第五次院务会，讨论决定了一系列重大事项，如清除院内历年存积秽土，修正出组与开放规则，把长春宫等处保留原状，辟为陈列室，增辟瓷器、玉器陈列室及敕谕专室，修复文渊阁，继续交涉收回大高殿、皇史宬等。

平津战役打响后，国民政府多次来电催促马衡"应变南迁"，均为马衡托词婉拒。12 月 17 日，国民政府教育部政务次长、故宫博物院理事会秘书杭立武发来专电催促马衡南下。马衡委托即将南下的梅贻琦代转不能南下之意。

1949 年 1 月 13 日晚，儿媳妇林裴宇（次子马彦祥之妻）从南京打来电话，转达了国民政府外交部长兼故宫博物院理事王世杰敦促马衡南飞之意，马衡当即回绝说"决不南来"。

1 月 14 日，马衡致函杭立武，以身体有恙、不宜乘机为由婉拒了他的邀请。他在信中说："弟于十一月间患动脉紧缩症，卧床两周。得尊电促弟南飞，实难从命。因电复当遵照理事会决议办理，许邀鉴谅。嗣贱恙渐痊而北平战起，承中央派机来接，而医生诫勿乘机。只得谨遵医嘱，暂不离平。"同时，他也请杭立武向王世杰等人代转不能南来的"苦衷"。

1948 年 12 月 13 日，傅作义宣布"倚城野战"开始后，华北"剿总"搬进了中南海，北海、太庙、景山也都驻满了军队。12 月 24 日，国民党联合勤务总司令部第五补给区奉命在故宫午门门洞堆沙包储存美援军械，只留出正中一门及右掖门供出入。为了保护故宫、景山等处的安全，马衡数度亲自或托人与华北"剿总"督察总监楚溪春交涉，希望撤出景山驻军和午门军械。12 月 22 日，楚溪春答应说："故宫、太庙不驻兵，景山仅作望哨，已命令现驻景山部队矣。"12 月 25 日，马衡致函楚溪春，请求将"景山所驻交警队移防，以免日后误会兹深"。12 月 27 日，马衡再次打电话给楚溪春请求撤出驻军，楚氏回答说："已令警备司令部迫令迁移。"尽管马衡不厌其烦地多次交涉，楚溪春也一再允诺要撤出驻军，然而，国民党军队始终不愿撤出北海、太庙等文化重地。

1949 年 1 月 6 日，第五补给区将数万发炮弹存放在太庙的殿堂里。马衡为

马衡与子女。前排左起：长女马珍、孙马思猛、马衡、长子马太龙。后排左起：二子马彦祥、二儿媳云燕铭

此连日奔波之后本已心力交瘁，终致心脏病发。

马衡似乎成竹在胸，对南下之举无动于衷。1948 年 12 月 21 日，教育部派来专机两架，可以搭乘 60 余人，马衡早于 12 月 19 日就知悉此事，但他没有走。1949 年 1 月 7 日，国民政府再次派来两架专机，同样可以搭载 60 余人，马衡还是没走。1 月 11 日，马衡在获悉教育部专机不再来北平，但可以搭飞机至青岛转南京时，仍然没有一丝一毫要走的意思。

据朱家溍的回忆，1948 年冬的故宫博物院，形势十分严峻，南京方面多次要求博物院将文物南运。然而"一天一天过去了，马院长没有催。并且听院长室的工友尚增祺告诉我：'袁（同礼）馆长来电话，他就要飞南京了，问第一批装箱文物如果赶得上就一起走。院长回答说：第一批装不完，你先走吧，当然还要另派专人押运古物'。我听了这个消息，分析马院长自安排古物装箱的工作以后，从来没问过我，他怎么知道装不完？显然这是搪塞袁同礼，由此证明他并不打算装运的。其时解放军已进关，形势日新，北平已几乎是一座孤城，国民党行政院电催装运古物，院长只好回复说机场不够安全，暂不能起运。又过几天，东西长安街拆卸牌楼，计划用长安街的路面作跑道，以便在城内飞机起飞降落。后来，这个城内机场尚未使用，形势已经急转直下，北平和平解放了……" [1]

1949年1月10日，原北平市市长何思源回到北平，冒死公开倡议和平，主张派代表出城与解放军接洽。在何思源的倡导下，北平的和平气氛越来越浓厚。马衡为保护故宫而奔走之举，为广大市民所知晓和称誉，成为和平代表的热门人选，媒体一度谣传他已与梁秋水、冯友兰、陆志韦、汤用彤等当选为和平使者。

马衡自己也愿意出城与解放军接洽。他忧心故宫国宝遭受兵燹，迫切希望搞好和平运动。他频频出入何思源的家门，探听和平运动的消息。1月16日，马衡再次拜会何思源，当得知何思源即将出城与解放军接洽时，立即请他代向解放军请求避免向北平中心地区开炮。

同日，中共中央军委就保护北平文化古城问题指示平津战役总前委，要求："此次攻城，必须做出计划，力求避免破坏故宫、大学及其他著名而有重大价值的文化古迹。你们务必使各纵队首长明了，并确守这一点。"北平城内，马衡不顾年老体弱，拖着病躯，为保护故宫文物向国民党北平军政当局奔走呼吁，劳心劳力，一刻也不得安歇。

1月18日，马衡在日记中写道："今日和平使者于三时出城访叶剑英。仙槎（即何思源）力疾参加。同行者有吕复、康同璧等十人。"次日，和平代表回城，对外宣称"和平前途甚有希望"，此外没有发表具体细节。1月22日，傅作义在春藕斋召集北平各机关领导开会，宣读了"北平和平协议"十四条。马衡以故宫博物院院长的身份出席了会议，当听到双方从今日起开始休战，城内部队开始移

---

1 朱家溍：《马衡院长保护故宫文物的故事》，《紫禁城》1986年第2期。

驻城外进行整编时，他那颗悬着的心终于落了地。

解放军这边，1948年12月28日，北平市军管会在《关于成立北平纠察总队的通知》中宣布：纠察总队随华北野战军大部队开赴北平西南郊良乡，准备北平的接管和警卫任务。

纠察总队随即在良乡待命。其间纠察队总队的领导组织学习了北平的战略地位、文化古迹、城市交通的地形地图和街道等情况，请来了北平地下党的同志讲解北平市的情况，还找来了国民党宪兵和警察介绍宪兵十九团和警察局的分布情况，并重新进行了三大纪律八项注意的教育，要求部队入城后不能扰动北平市民的一草一木。

1949年1月21日，守城的傅作义将军宣布接受《关于北平和平解放问题的协议书》，命令守城的国民党部队25万人，陆续出城接受解放军的改编。从1月22日到1月30日，国民党部队25万人全部撤出城内。天刚蒙蒙亮，远处还有些薄雾，公路上黑压压地走来傅作义的起义部队，开往老解放区接受改编。只听到人声、车马之行声，25万军队整整走了一天一夜，直到2月1日黎明，傅作义所部才全部过完监视点。

傅作义戎装像

1949 年 1 月 31 日，北平和平解放。人民解放军开入北平城

　　1949 年 1 月 31 日，是北平和平解放的日子，这天是大年初三。第二天正月初四，一大早，平津纠察总队开进北平。按照中央军委布置的任务性质，平津两个纠察总队执行的就是类似国民党宪兵的任务，即对军事单位实行监督，主要是对国民党军事机关进行接管。

　　这一天中午 12 时，解放军在莫文骅将军领导下，从西直门、德胜门、复兴门入城接防。2 月 1 日清晨，北平纠察队从司令部到各大队、中队全体部队，奉命乘坐刚刚修复的平汉铁路北段的第一列火车，开往和平解放的北平城。纠察队从前门火车站下车出站，看到了路两边熙熙攘攘的人群和大批涌上街头的北平市民，热情地欢迎人民军队进城。欢迎人群中还有不少身穿军装的国民党军政人员。纠察总队的战士们高唱《三大纪律八项注意》的歌曲，以雄壮整齐的步伐进入前门，开往内城的防地。

　　纠察队官兵穿的是臃肿的旧棉军装，背着军被，扛着三八大盖，佩带着手枪，雄赳赳气昂昂地迈着整齐的步伐走在从永定门到前门大街的路上。北平市民冒着严寒站在街道两旁，打着"欢迎解放军"等标语，挥舞着彩旗，欢呼声响彻震天。

到达天安门稍加休整后，纠察队各中队分别到达指定地点。纠察队总队先到达西城区锦什坊街已经铺好稻草的大庙，全体指战员就在大庙里睡了一夜。

北平和平解放后解放军炮兵部队通过前门大街

1949 年 2 月，北平和平解放，入城部队宣传车经过西四牌楼。高帆摄

前进中的故宫博物院

到了 1949 年 2 月 11 日，北平军管会联络员罗歌到达了故宫博物院，传达军管会指示，马衡接待。

北平和平解放，故宫博物院被人民解放军接管。2 月 21 日，《人民日报》（北平版）发表了题为《故宫博物院已顺利接管》的报道。全文如下：

[本报讯]故宫博物院于本月十九日为军管会接管。上午九时文化接管委员会文物部部长尹达和副部长王冶秋两人，奉命前往接管故宫博物院，当即召集各部门负责人及职工代表三十余人，举行座谈会，由马院长说明接管事情，然后由尹达同志讲述人民解放军的文化教育政策，并着重指出：这些东西，现在回到人民的手里，是真正找到了它的主人，我们应当对人民负责任，切实加以保护；院内员工也应想办法布置陈列室，使之适合于广大的劳苦大众，使人们了解封建统治者穷奢极欲的统治生活。

3 月 6 日，北平市军管会正式接管故宫，马衡仍任故宫博物院院长，全体员工原职留任。故宫博物院之所以能够顺利接收，受益于北平的和平解放，也受益于以马衡院长为代表的中国知识分子对故宫文物的保护。

共产党接手的故宫博物院曾三次迎来了中华人民共和国主席毛泽东，然而这位具有诗人浪漫气质的伟人并没有走进昔日的皇宫禁地，而只是登上神武门楼，眺望紫禁城全景。然后顺着城墙向东走，一直走到东华门。在一个间隔很近的时间里，毛泽东在故宫城墙上整整走了一周，并没有去参观博物院内的各个展室中陈列的珍贵文物。以后再也没有到过故宫博物院。毛泽东把余下来的一切留给了人民，他所领导的中国人民解放事业将故宫博物院归还给了全国人民。

20 世纪 50 年代，沿中轴线的宫殿对公众开放，从里面可以看到一些房间和

1949 年 3 月 25 日，毛泽东进入北平

毛泽东在故宫城墙上

它们的陈设，还有一些宫殿变成了临时展览的空间。宫殿似乎已经作为一个宏伟的中国建筑技巧向公众展示，人民政府将故宫博物院的这一方面作为其独有的特征，从而无视其他"有价值"的艺术文物。宫内的日常用品，尤其是清代文物，在很大程度上都保持原有风貌不变，皇族用品材料在世界范围内都是非常罕见的。因此，皇族用品是构成故宫博物院的一个重要元素，并且使它在世界博物馆中独树一帜。

从历史学和文化学的角度看，毛泽东不愧为中国优秀传统文化的继承者和发展者。他阅读文史古籍的批语包含丰富的内容，反映出毛泽东与中国优秀传统文化的关系，这是对中国智慧或东方智慧的提炼、发展和结晶，提到一个新的高度加以发扬光大。他谈的是历史人物和传统文化，而关注的焦点却是共产党的现实情况。他的史识远远超越前人，在对中国优秀传统文化的继承与发扬方面，含有丰富的辩证思维，使人耳目一新，看出了本质。可以这样说，他注重吸收中国优秀传统文化中最有代表性的精粹就是渗透于古代文史和各种文化构成（如器物、书法、绘画、建筑、服饰等）之中的辩证思维方式，并提到一个新的高度加以发扬光大。

共产党接管故宫博物院使之获得了新生。故宫博物院隶属中央人民政府文化部。首先是博物院从此结束了半殖民地半封建社会颠沛流离的历史，开始在强大的社会主义共和国的怀抱中健康的成长。中华人民共和国成立初期，人民政府即大量拨款给故宫博物院，经费有了着落，各项工作得以顺利开展。在人民政府的领导下，马衡院长带领全院职工，努力探索，认真工作，为将故宫博物院改造成新时代的为人民服务的博物馆，进行了最初的建设与尝试。

马衡院长因工作需要调离本院以后，1954年上级党组织委派热爱文博事业的革命前辈吴仲超任故宫博物院院长，同时还选派了一大批革命同志充实故宫的职工队伍。吴仲超来院后，深入基层科室调查研究，制订了一整套整顿与发展博物院事业的计划。在他的主持下，对紫禁城内外进行了清理整顿，清除了25万立方米的垃圾和渣土。根据博物院的任务，改变了"三馆鼎立"的局面；新设学术委员会以及陈列、保管、群工、古建等主要业务部门；加强政治思想和行政管理工作，建立和健全规章制度；尽力征集文物，开辟馆室，建立库房，清理藏品以及大规模修缮古代建筑等。

1959年中华人民共和国成立十周年大庆，故宫中轴线上的太和、保和、中和三大殿油饰一新，殿堂金碧辉煌。展出古代艺术的陈列专馆有：历代艺术馆、绘画馆、雕塑馆、青铜器馆、陶瓷馆、织绣馆、珍宝馆；在后三宫、西六宫和外东路一带有皇帝办公以及帝后居处的原状陈列。在宣传方面，则有口头讲解和广播介绍等方式。

在马衡和吴仲超两位院长的先后领导下，经博物院职工的积极努力，故宫面貌有所改观，陈列初具规模，文物保管工作逐步走上正轨，不少古代建筑经过保养或重点修缮，参观者逐年增加。全院基本上完成了变革过程，进入了稳步发展时期。

1961 年 3 月 4 日，国务院颁布《文物保护管理暂行条例》，同时公布第一批全国重点文物保护单位名单，故宫作为古代建筑被列在名单的第 100 号。这表明国家对故宫博物院的高度重视。

和以往一样，文物的点查整理是中华人民共和国成立以后故宫博物院第一位的业务工作。1949 年 10 月 1 日以后，1 万余箱南迁的文物开始运回北京本院，加上已在院文物与一大批非文物物品，故宫博物院面临着大量文物急需妥善保护、管理的严峻现实。针对这一情况，1951 年 6 月，故宫博物院首次建立起藏品保管部，开始了逐步清查、整理的工作。留在南京博物院的故宫文物被陆续运回北京故宫博物院共计 1 万余箱。后来，由于"文革"，运送文物北返的工作暂时搁置，现在仍有 2221 箱封存于南京库房，由南京博物院保管。[1]

故宫博物院能具有目前如此丰厚的收藏，其直接原因来自艰苦卓绝的征集文物工作。在中华人民共和国成立前夕，国民党当局将故宫所藏 2000 余箱珍贵文物运往台湾，使北京本院所藏具有重要历史、艺术、科学价值的珍品十分缺乏。人民政府十分重视故宫博物院的文物征集工作，不仅每年拨巨款以作征集文物之用，还通过各种渠道调给故宫文物达 14 万件之多。另外，博物院还通过收购、接收捐赠等方式，征集文物达 21 万余件，其中珍品达 4000 余件。在所有被征集的文物中，历代法书、绘画作品的征集，成绩最为显著，占这两类文物藏品总数的 80% 以上。

中华人民共和国成立之初，联合银行（原四行储蓄会）天津分行经理将一本银行"清册"交给了当时天津军管会金融处的工作人员。"清册"中登记着包括瓷器、玉器、金印、金编钟等在内的 2000 余件宫廷文物。这批文物在 1953 年由国家文物局拨交给故宫博物院。

在 20 世纪 50 年代，检查人员在原盐业银行总经理岳乾斋的西堂子胡同宅院

1　金冲及：《第一次国共合作的建立》，沙健孙主编《中国共产党通史》第 2 卷，湖南教育出版社，1996。

内发现了一份"岳家子女分家单",按图索骥发现了千余件故宫流失文物,多件属于国宝级文物,按照 1952 年文化部向全国发出的收回故宫文物的通知要求,这批文物拨还故宫博物院。这是共产党征集故宫文物回归故宫博物院的一个缩影。

在共产党的领导下,在广大知识分子的支持下,故宫博物院卓有成效地从境外征集回不少珍贵故宫文物。中华人民共和国成立前,故宫的藏品大量失散在外。"三希堂"所藏的三件稀世之宝,载在故宫文物点查报告中的原来只有"一希"(王羲之的《快雪时晴帖》),现存台湾;另外"二希"(王献之的《中秋帖》和王珣的《伯远帖》)转辗流失到香港,后经周恩来总理指示,设法购回,这"二希"才回到"三希堂"里。

此后,故宫博物院积极开展文物收购工作,收集了一批书画精品,如顾恺之《洛神赋图》,展子虔《游春图》,阎立本《步辇图》,韩滉《五牛图》,张择端《清明上河图》等共五百余件,约占已散失书画目录中所列总数的一半,以精品而论,几乎是全部。此外,新收散失书画目录以外的历代法书名画八万多件,历代名瓷二万多件,青铜器一万多件,加上各种工艺美术品以及其他杂项文物,总共新收二十多万件,使故宫的文物藏品总数达到一百万件之多,这是故宫博物院了不起的功绩。无怪末代皇帝溥仪在中华人民共和国成立后重游故地时也发出感慨。

1959 年 12 月 4 日,溥仪作为二战的战犯,根据中华人民共和国的特赦令被释放,回到北京,他在参观故宫博物院后感慨地说:"令我惊异的是,我临离开故宫时的那副陈旧、衰败的景象不见了。到处都油缮得焕然一新,连门帘、窗帘以及床幔、被垫、桌围等等都是新的。打听了之后才知道,这都是故宫的自设工厂仿照原样重新织造的。故宫的玉器、瓷器、字画等等古文物,历经北洋政府和国民党政府以及包括我在内的监守自盗,残剩下来的是很少了,但是,我在这里发现了不少解放后又经博物院买回来或是收藏家献出来的东西。例如,张择端的《清明上河图》,是经我和溥杰盗运出去的,现在又买回来了。"[1]

---

1 溥仪:《我的前半生》。

西晋 陆机《平复帖》

西晋 陆机《平复帖》(清拓《秋碧堂法书·卷一》)

中华人民共和国成立后，张伯驹捐献给故宫博物院的陆机《平复帖》

　　1954 年，吴仲超院长提出了"整理历史积压库存物品方案"，揭开了中华人民共和国成立以来故宫博物院保管工作第一阶段全面整理工作的序幕。这一阶段的工作至 1965 年结束，大致分为两个步骤进行。从 1954 年至 1959 年为第一步骤，主要清理历史积压物品和建立文物专库。

1961 年，成为公民的溥仪（右）与当年驱逐自己出宫的鹿钟麟一起畅谈往事

在清理过程中，保管部工作人员共发现文物一千二百余件，其中珍品文物达五百余件，像战国龟鱼蟠螭纹方盘、宋龙泉窑青釉弦纹炉和哥窑葵瓣洗、唐卢楞伽《六尊者像册》、宋赵佶《听琴图轴》、明朱瞻基《山水人物大折扇》等。从发现的情况看，有的是被清室人员藏匿，准备盗运出宫的；有的是被当作次品、伪品险遭淘汰的；有的是清室善后委员会点查物品时被遗漏或未被发现的。其数量之多，文物之精，在当时曾称为"地上的考古发掘"。

建立文物专库是与清理历史积压物品工作同时进行的，其方法是参照 1925 年的《点查清册》和 1945 年的《留院文物点查清册》，逐宫逐室进行清点、鉴别、分类、挪移、抄制账卡，然后移送指定的文物分类专储库，排架存放。经过第一步骤的藏品清理工作，随之又产生了诸如文物划级、管理、保护工作缺乏主次之分，账目与实物不完全符合和登记过于简单等问题。

根据这些问题，故宫博物院又提出了"以科学整理工作为中心的规定"，自 1960 年开始了对藏品进一步鉴别、划级，对珍品文物制档造册，建立全院文物总登记账并核实各文物专库的分类文物登记账的工作。由于这一步骤的藏品整理工作规定，各类文物专库将通过建立库藏卡片、核对入库凭证与文物分类账，做到账、卡、物相符合，然后把核实后的文物分类账汇总为全院文物总登记账，所以该项清理工作又被人称为"三核对"。

这是一项历经数年的大规模的文物清理工作，博物院首先讨论并统一规定了新文物计件法，以纠正因计件过于笼统而出现的偏差。经过几年的核对，基本上做到物、账相符，并以故宫旧藏文物汇总为全院的"故"字号文物总登记账，又与核对过的 1954 年 5 月开始登记的"新"字文物登记账，合为故宫博物院藏品总记账。在此基础上，每季度统计一次，随时掌握各类文物的库存和增、减、出、入的变化及流动情况；同时建立文物的借出、借入、销号、寄存等辅助账，统由专司账目的文物总保管组管理，以做到账、物分管。以后，这些制度便被沿继下来了。这项艰巨的任务至 1965 年基本完成，至 1985 年，建院六十周年之际，故宫博物院宣布，经过账、单、物"三核对"的文物共 1052653 件，这不能不说是一项巨大的成绩。

1949 年 10 月以后，故宫博物院通过全院调整机构，全院的陈列工作由陈列部（下设陈列和美工两个组）统一筹划布置。整个博物院的陈列，也被确立为两大体系：一个是以故宫宫殿建筑为主体的宫廷史迹陈列；另一个是以故宫藏品为主的历代艺术品陈列。

整个 20 世纪 50 年代，宫廷史迹部分力求恢复原状陈列，并着手加以整理。为了对被破坏的原状进行恢复，陈列部工作人员翻阅了大量档案文献，同时还进行社会调查，去采访那些在世的曾在清宫服役的太监、宫女，记录所谈内容，务求宫廷原状陈列做到有根有据。在 20 世纪 50 年代，博物馆被定义为古代艺术品的展览场所。从 1961 年 3 月起，故宫博物院被列为国家保护的关键文化单位之一。

人民政权已经从之前国家宝藏流失的"痛苦的政治挫折"中恢复过来，并向外展示了之前全国各地博物馆中收藏的古文物。然而故宫博物院并不打算在光线不足的房间里展出满是灰尘的陈列柜，而是选用故宫里的 9000 多个房间来彰显威严。从这里人们可以了解到皇族的日常起居，这无疑对中外游客有着强烈的吸引力。

解放军军管会接管故宫博物院以后，提出博物院应"适合于广大的劳苦大众，使人们了解封建统治者穷奢极欲的统治生活"，并且举办了皇帝与农民生活对比展览。等到这类"反常的心理"进一步膨胀之后，相继出现了把故宫博物院改为"故宫人民公社"，拆毁紫禁城垣，拆除一部分宫墙、宫门，以便修筑几条宽阔的马路，在角楼上开茶馆，在文华殿开跳舞场，把紫禁城内空地交出来做园圃，在陈列上搞"宝座靠边，诸神退位"等情况。据说，由于当时担任博物院院长的吴仲超四处呼吁，上级才收回成命，从而避免了完整的宫殿群体遭受肢解的灾难。[1]

同时，我们还应看到，在这一时期，毛泽东曾提出"苏联共产党就是我们的最好的先生，我们必须向他们学习"。当时中国的博物馆与考古界都深受苏联影响，故宫博物院的业务工作也因此走了一大段弯路。

紧接着是 1958 年的人民公社运动，这一运动中最激进的乌托邦方面也许是人民公社被赋予了改组和行使政治权力的职能。1958 年，有文章强烈建议要把人民公社当作"无产阶级专政"的机关，尽管其中并没有城市无产阶级。人民公社取代乡政府行使管理职能，这些做法被解释为人民公社作为"行使国家权力职能"的基层政治单位，它是从社会主义向共产主义过渡时期中"最理想的组织形式"。"故宫人民公社"的荒诞提法正是此种极"左"思潮的反映。

在 1958 年的"大跃进"运动开始后，有人不但主张拆毁了北京的老城墙，还要将紫禁城的城垣夷为"新的设计"的平地。

1966 年，史无前例的"文化大革命"终于爆发了，它以"造反有理"为口号在全国蔓延开来。从 1966 年底到 1967 年初，"文化大革命"只是在被动地应付那些出人意料的突变情况。青年学生在"造反有理"口号的刺激与鼓舞下，走出校门，走上社会，他们以"否定一切""打倒一切"的眼光来看待中国存在的一切，破"四旧"以红卫兵的最后通牒的形式横行北京及全国。

"十六条"指示他们要"敢字当头"，红卫兵以好斗的姿态开展着一场反对过

1　欧志培：《为新中国博物馆事业披荆斩棘的勇士——怀念故宫博物院前院长吴仲超》，《故宫博物院院刊》1985 年第 3 期。

去封建主义的各种象征和当代资产阶级的影响的运动。博物馆和住宅被抄洗，旧书和艺术作品被烧毁，从旧儒学的书本到贝多芬的唱片等所有的东西都被抄出来扔进火中。年轻的造反者更多的是按照早期红卫兵宣言的不可思议的无政府主义精神行动的，宣言说，他们将"把旧世界打个天翻地覆，打个人仰马翻，打个落花流水，打得乱乱的，越乱越好"[1]。在这样的一场巨大的民族文化的灾难中，故宫博物院似乎已是在劫难逃。

自1966年起的"文革"，对故宫博物院来说，无疑也是一场灾祸。由于"左"倾思潮泛滥，许多领导干部被剥夺了工作权利和行动自由，一切陈列展出被迫停止，各项工作陷入停顿状态。为了保护故宫及其所藏文物，经周恩来总理同意，派遣军队实行军事保护。

从另一方面看，故宫博物院在"文化大革命"高峰期间被关闭并被有效保护。从此，故宫大门紧闭，长达五年之久，院内大批文物珍品和古代建筑才幸免于难。自1969年9月，故宫博物院的工作人员十之八九都下放到湖北干校劳动，直到1971年才有少数人调回工作，博物院的业务力量受到了无端的耗损与摧残。

"文化大革命"使博物院的一切陈列展出被迫停止。在"左"倾思潮的严重影响下，故宫博物院的陈列受到了不同程度的破坏。在"文革"的后期，博物院在展品的选择和说明文字中，出现了一些牵强附会和不尊重历史事实的现象。例如，1974年绘画馆展出历代绘画作品，就是不顾艺术本身及其发展规律，而是以"儒法斗争"为纲的思想去设计布置，尽管煞费苦心，结果归于失败。故宫博物院在灾难与恐慌，在停滞与被歪曲中熬过十年。

自"文革"后期，故宫博物院的专馆陈列得到逐步恢复，1976年以后，博物院的陈列又获得了新的发展。1980年恢复了历代艺术馆，陈列内容比过去有了显著的改进。青铜器、陶瓷、明清工艺美术各馆都更新了陈列内容。绘画法书方面的专题展览则一个又一个的不断出现，如1980年举办的"明代院体浙派绘

---

1 《无产阶级的革命造反精神万岁》，《红旗》1966年第11期。

画展览"，1981 年的"清代扬州地区绘画展览"，1983 年的"明代吴门画派展览"，1984 年的"安徽地区黄山派展览"等。

另外，"左"的意识还存在，过分强调文化现象的政治实用性。故宫博物院举办的"祸国殃民的那拉氏展览"（1976）、"清代帝后生活文物展览"（1979）与"清代宫廷典章文物陈列"（1982）等展览都造成了较大的不恰当的社会影响。

"文革"之后便是全民族痛定思痛的反思。在这一反思中，中国人民获得了只有在苦难中才能升华的精神力量，随之产生了进行新的创造的认识，其中包括对中国本位文化的再认识。众所周知，中国是东方的文明古国，也是一个文物大国，地下地上遗留着大量的文化古迹；同时，中国在历史上又不乏收藏与考据古物的传统，而且延绵至今。这样一种文化现象，给我们的民族带来些什么影响？哪些是积极的？哪些是消极的？对于中国文化的进步又将起到什么样的作用？

其实，政治革命导致故宫博物院的成立，这一政治语境中的文化立场抉择使得故宫博物院一开始就带有符号性的色彩。[1] 文物反映历史，而且是一种现实。

这当然是一条反博物馆方向的道路，因为"价值实体从价值中相对独立出来，是博物馆历史上的近代博物馆形成的契机"。

因此，今天的博物馆绝不可简单地罗列文物，而要在博物馆教育上下功夫。正像《浮士德》的作者歌德曾说的那样，"博物馆者，非古董品之墓地，乃活思想之育种场"[2]。

故宫博物院不仅具有建筑价值，而且作为政治生活的先前中心和帝国力量的象征，它具有历史和文化意义。它大部分都有自己的伟大意义。更重要的是，博物馆已经意识到，该综合体不是一个"空壳"或只是一个地点；故宫连同其中的珍贵展品，构成了中国传统文化的载体，是中国文明本身的象征。

1　郭长虹：《故宫图像：从紫禁城到公共遗产》，《国际博物馆》2008 年第 1 期。该文为 2012 年度国家社科基金艺术学项目"博物馆与认同之建构——以民国时期故宫博物院为中心"（项目编号：12CH103）的研究成果之一。

2　君实译《博物馆之历史》，《东方杂志》第 15 卷第 2 号，1918 年 2 月。

故宫藏品国之瑰宝商代三羊尊

接续的故宫学脉

1949 年之后，故宫博物院的学者们深入了解宫廷实际历史的兴趣与更一般的抽象学术之间力学砥砺，学术观点所产生的成就显然会加深对这座皇宫历史和文化的专业洞察力。故宫的历史不仅仅是一系列与皇室家族有关的轶事，它对整个中国文化产生了直接的影响，增加了发展非物质文化遗产的意愿，人们对故宫博物院的理解已经从传统的古董概念扩展到现在的文化遗产保护。

吴仲超执掌故宫博物院时期，对著名学者唐兰、陈万里、单士元和一些青年业务骨干委以重任，并聘请沈从文、陈梦家等著名学者、教授协助开展业务工作。

故宫博物院将与宫廷历史有关的文物集中起来，建立了珍宝馆和钟表馆等专馆陈列。历代艺术品陈列部分，陆续建成了陶瓷、绘画、青铜器、雕塑、织绣、明清工艺美术六个专馆。陈列的方式，亦是在调查研究的基础上，按照历史的发展顺序进行设计的。自 1952 年开始至 1956 年，逐步完成了按时代发展的综合艺术口陈列，1959 年正式定名为"历代艺术馆"，同时建立历代艺术组专职负责。

除了上述宫廷史迹和历代艺术品的专门陈列之外，故宫博物院还举办了一系列临时展览和特展。据统计，从 1949 年至 1966 年，博物院的各类陈列展览大小约 116 次。这些展览建立起了古代中国工艺制品的声望，再次展示了伟大的中华文明，显示了共产党对中华文化遗产的保护。

在故宫博物院的历史上，1928 年至 1933 年是一个编辑出版的高潮期。以后国民党将 2972 箱清宫文物精品运到台湾，于是在 20 世纪 50 年代中期到六七十年代初期也出现了一个编辑出版故宫文物的小高潮。又一次编辑出版工作的高潮期出现在 1976 年以后的故宫博物院。

自 1979 年，故宫博物院定期出版的学术性、知识性刊物有《故宫博物院院刊》（季刊），1980 年 6 月又创办了《紫禁城》杂志（双月刊），在香港印刷，主要供国内外旅游者阅读。博物院与国外合作出版的《故宫博物院》图册，与商务印书馆香港分馆合作编辑出版的《紫禁城宫殿》《国宝》《清代宫廷生活》三本中文版精装图册，均是具有较高欣赏价值和学术价值的书籍，其中有的已出版了英、日文版本，在世界各地发行。故宫博物院于 1983 年成立了紫禁城出版社。

有关明清宫殿建筑、宫廷文化、宫廷古代艺术及历史文物藏品词目 5100 余条，大体涵盖了故宫的全部内容；万依、王树卿、刘潞的《清代宫廷史》和万依、王树卿、陆燕贞的《清代宫廷生活》，清代宫史研究会编的《清代宫史论丛》《清代皇家礼俗》《清代宫廷音乐》等，反映了近年来宫廷史研究的主要成果。

故宫博物院研究形成了重文献考据及鉴定的特色，其科研成果不断补充着艺术史的实际内容，主要有徐邦达的《古书画过眼要录》《改订历代流传绘画编年表》《古书画鉴定概论》等，刘九庵的《宋元明清书画家传世作品年表》《刘九庵书画鉴定集》等，王以坤的《书画装潢沿革考》《古书画鉴定法》等，马子云的《碑帖鉴定》（与人合作）、《金石传拓技法》等，杨新的《吴门画派研究》《杨新美术论文集》等，肖燕翼的《故宫藏石涛绘画》等，单国强的《中国绘画史讲义》《明代绘画史》《古书画史论集》等，聂崇正的《宫廷艺术的光辉》《清代宫廷绘画》等，施安昌的《唐代石刻篆文》《善本碑帖论集》等，余辉的《画史解疑》等。

由于故宫的专家学者掌握了大量具有鉴定标尺作用的书画，并对古代书画有着较为广泛的涉猎，因此在书画鉴定方面受到国内外的相当重视。故宫博物院1994年曾受国家文物局委托兴办了一个"全国赝品书画展览"，同时开办了书画鉴定高级研讨班，讲课的绝大多数是故宫专家，根据讲稿整理出版的《中国历史书画鉴别文集》，凝结着这些专家多年的心得经验。

古陶瓷收藏在故宫博物院是最大一宗，这方面也是专家辈出，成果颇丰。《陈万里陶瓷考古文集》问世时，距陈先生1969年去世已28年。《孙瀛洲的陶瓷世界》收录了孙先生为数不多但又篇篇珍贵的论文。冯先铭是中国陶瓷研究会首任会长，主编《中国陶瓷史》并执笔宋代部分，这是我国第一部详尽、系统的陶瓷通史巨作；他主编的《中国古陶瓷图典》被列为"九五"国家重点图书，收词1603条，约60万字，又配图480幅；他主编的《中国陶瓷》是全国文物博物馆系列教材之一；《冯先铭古陶瓷论文集》则是冯先生的遗著。耿宝昌的《明清瓷器鉴定》、李辉炳的《中国瓷器鉴定基础》，都是有分量的著作。一些年轻的专家也在推出研究专著。由中国古陶瓷学会编辑的《中国古陶瓷研究》，其中有一些故宫研究人员的文章。

在金石考古方面，有《唐兰先生金文论集》《殷墟文字记》《中国文字学》《西周青铜器铭文史征》和《甲骨文自然分类简编》等，顾铁符的《夕阳刍稿》，罗福颐的《古玺汇编》《古玺文编》《汉印文字征补遗》《近百年来对古玺印研究之发展》和《三代吉金文存释义》等，叶其峰的《古玺印与古玺印鉴定》和《古玺印通论》等，张忠培的《中国考古学：走进历史真实之道》等，刘雨的《信阳楚墓·信阳楚简释文与考释》《乾隆四鉴综理表》《中国青铜器发展史》和《吉金文字与青铜文化论集》等。

在工艺方面，朱家溍以其在漆器、竹木牙角、家具、珐琅、文房用具、织绣等多方面的精深造诣，承担了一些国家级大型丛书的主编任务。杨伯达不仅有

《中国古代艺术文物论丛》《古玉史论》等论著，他主持的中国玉文化研究会也相当活跃，兴办了中国玉文化玉学学术研讨会，并出版了《传世古玉辨伪与鉴考》《出土玉器鉴定与研究》和《中国玉文化玉学论丛》等。还有陈娟娟与人合作的《中华服饰艺术源流》《中国历代装饰纹样》及《中国丝绸科技艺术七千年》，郑珉中关于古琴研究的十多篇论文，颇有影响。另外，关于雕塑、文房四宝、古漆器、古玻璃、古代珐琅器、鼻烟壶、竹木牙角等门类都有一些鉴赏与收藏的专著。

在图书文献的整理与研究方面，故宫博物院出版了《清代内府刻书目录解题》，影印出版《故宫珍本丛刊》《永乐北藏》和《满文大藏经》等。专著有朱赛虹的《古籍修复技艺》、向斯的《中国宫廷善本》、齐秀梅的《〈古今图书集成〉与〈四库全书〉》等。第一历史档案馆用20多年对明清档案史料进行了认真整理及出版，为明清史研究提供了珍贵的资料。故宫博物院有单士魁的《清代档案丛谈》等专著。这些档案的研究与利用，主要是结合业务工作来进行，主要有以下三项成果。一是《紫禁城建福宫花园资料汇编》。为了复建建福宫花园，从大量的档案、图书资料中，包括"内务府秦销档""工部档""内务府旨意题头底档""内务府奏案"《清史稿》《清会典》资料中查阅、摘抄，整理了50万字的资料，保证了这项工程的顺利完成。二是朱家溍选编的《养心殿造办处史料辑览》第一辑"雍正朝"。该辑是雍正朝13年养心殿造办处制造和贮存皇帝御用的金器、玉器、铜器、珐琅器、玻璃器、绘画、图及兵器盔甲等物的档案记载，是了解清宫艺术品来龙去脉的第一手材料，全套书共五辑。三是适应故宫轮番式规模维修的需要，正把明清档案"内务府秦案""秦销档"中的古建筑档案数字化，录入古建筑数据库，通过关键词，可在电脑中查阅和检索，并拟整理出版。

古建筑研究方面，有故宫博物院编的《禁城营缮纪》，回顾建院周年的《紫禁城建筑研究与保护》，于倬云的《中国宫殿建筑论文集》《紫禁城宫殿》，收录古建筑与明清档案研究两部分内容的紫禁城学会，每两年召开一次学术研讨会，已出版了八辑《中国紫禁城学会论文集》，每辑50万字左右。学会还组织编写了"紫禁城文化丛书"，兴办了"紫禁城文化"系列讲座。

这些成绩的取得，为故宫博物院继续向社会贡献更多的出版物奠定了一个基础，也为进一步发挥故宫博物院的出版潜力积储了一定的技术力量。

故宫博物院是我国最大的古代艺术和明清宫廷史迹博物馆，随着博物馆事业的发展，开放任务日益繁重，参观者最多时每日达 18 万人之多，这样的成绩不仅在中国，在世界博物馆中也是屈指可数的。今天故宫博物院已是世界闻名的，以明清两代五百多年漫长历史和皇宫与宫廷文物为主要内容的旅游胜地。

对有形和无形的文化遗产，在充分重视有形文化遗产的同时，也要加强对无形的非物质文化遗产的保护。后者一方面包括建筑和艺术品保存技术和技能的传播，另一方面包括保护宫殿的非物质文化遗产。因此，故宫博物院每年都向公众开放。宫殿的文化资源全面重组产生了一个积极的结果，由所有人共享物质对象，文物的整个库存将被列入目录，并向公众提供关于它们的详细信息，近年来更容易获取信息是这种开放的证明。皇家收藏是皇家努力收集文化贵重物品的遗留，他与宫殿的建筑一起，形成了一个完整的世界文化遗产。

第十章

飞去的黄鹤
——两岸两座"故宫博物院"

台北"故宫博物院"的产生，是以故宫文物迁台为根由的，主要由三批运台故宫文物组成。台北"故宫博物院"新馆于 1965 年落成，1965 年 11 月 12 日为纪念孙中山百年诞辰，台湾举行外双溪新馆正式落成开幕典礼。当年故宫文物南迁，鲁迅就说过："昔人已乘黄鹤去，此地空余黄鹤楼。"今天的北京人民，同样仍在思念着那离去许多岁月的故宫文物。

1948 年 12 月 22 日始，故宫博物院的一大批文物精品，先后三次装船，离开大陆，又到台湾做了"寓公"。鲁迅曾拟作崔颢《黄鹤楼》诗吊南迁古物，云："阔人已骑文化去，此地空余文化城。文化一去不复返，古城千载冷清清……"不料这一戏言竟真不幸而言中了，该诗最初发表于 1933 年 2 月 6 日的《申报》上，正是在这一天故宫首批南迁文物起运了，如果说是巧合，也太巧合了。

鲁迅是一位以批判精神，而且经常用一种极其透彻敏锐的目光来观察世界的伟大思想家，对于北平古物的迁徙，他更是感到沉痛和失望。他在载有上面诗句的文章中还写道："倘说，因为古物古得很，有一无二，所以是宝贝，应该赶快搬走的罢。这诚然也说得通的。但我们也没有两个北平，而且那地方也比一切现存的古物还要古。"

部分南迁文物最终迁往台湾，形成一个故宫、两个博物院的特殊格局。

1949 年 4 月 21 日，人民解放军横渡长江，势如破竹。23 日，解放军攻入国民党统治中心——南京。消息很快传到浙江奉化的溪口镇，在这里宣告第三次"下野"的蒋介石已预感到在大陆统治的末日来临，仓皇下令："把船只准备好，明天离开溪口。"次日下午 2 时，蒋介石一行到达宁海县西庐乡团村，在此先乘竹排，又由汽艇驳到"太康"号兵舰上，下海出走，从此永远离别了家乡。

蒋经国 4 月 25 日的日记，写下了临行前的离别情景："上午，随父亲辞别先祖母墓，再走上飞凤山顶，极目四望，溪山无语，虽未流泪，但悲痛之情，难以言宣。本想再到丰镐房（蒋氏故居）探视一次，而心又有所不忍；不想向乡间父老辞行，心更有所不忍，盖看了他们，又无法携其同走，徒增依依之恋耳。终于不告而别。……且溪口为祖宗墓庐所在，今一旦抛别，其沉痛心情，更非笔墨所能形容于万一。"

故宫文物运台

蒋氏父子怀着凄楚的心情离开故土，终于未能携带乡间父老，不辞而别了。然而，1948年底至1949年2月间，却有2976箱故宫博物院文物运抵台湾。关于这批艺术珍宝运台的策划，台湾方面有两种不尽相同的说法。

其一是原故宫人员随文物去台湾的那志良提供的一种说法。他说："民国三十七年冬，徐蚌战争（即淮海战役）紧张，南京岌岌可危，故宫博物院理事翁文灏及故宫、中央两博物院理事：王理事世杰，朱理事家骅，杭理事立武，傅理事斯年，李理事济，徐理事鸿宝等在翁理事长公馆商讨，决议把故宫、中央两博物院存京文物，选提精品，迁运台湾。在这第一次会议上决定，故宫博物院以运六百箱为原则，而以参加伦敦艺展之件为主，以后再经开会，才决定全部运台，万一不可能时，也要尽量搬运，于是迁运工作在第一批运出之后，又续运了两批。"[1] 在这份材料中，故宫文物迁台之举，被认为是故宫博物院理事会的决议，然而，据另外的材料证实，此举还存在更大的背景。

其二是曾在台湾"故宫博物院"任院长的蒋复璁提供的一种说法。他在一份材料中说：

三十七年冬，徐蚌战事又起……总统（指蒋介石）虽在引退之时，仍以故宫文物为念，一面指示将典藏文物迁运台湾，一面通知故海军总司令桂永清将军派军舰载运。当时的决定，是分四批运来台湾，可是运到第三批时，已经有了许多

---

1 那志良：《故宫四十年》。

困难，第四批便由当时代总统李宗仁下令制止起运。如果不是决定得早，恐怕全部文物，都无法运出了。[1]

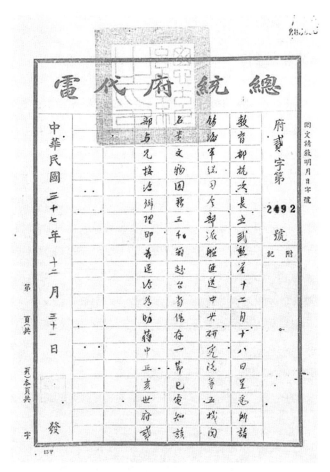

蒋介石致杭立武请海军派舰运送文物赴台公函。1948 年 12 月 31 日的总统府代电，蒋介石通知杭立武次长，已请海军派舰运送文物三千箱赴台的公文，这是唯一可资证明蒋介石实际介入文物南运的文献

---

1 蒋复璁：《中华文化复兴运动与国立故宫博物院》，载《故宫文物》。

事实是，1948 年 11 月 10 日，南京政府教育部长朱家骅、故宫博物院理事会理事长翁文灏（正于国民政府行政院担任院长之职）、中央博物院理事长王世杰、中央博物院筹备处主任杭立武等在翁宅密商选运古物去台湾事宜，是秉承了"上面"的旨意。11 日报告蒋介石，很快故宫博物院文物便先后分三批被国民政府运往台湾。故宫文物南迁台湾，众所周知是由宋美龄委派杭立武主持，虽然时任教育部长的朱家骅曾在回忆录中提及是他任内的决定，但事实上大权掌握在时任次长的杭立武手中。值得一提的是，和这一代电一并交给杭立武的是一封蒋介石秘书周宪章的信函，文内所述的时间，比代电发文的时间竟然早了十七天。专家推断，这也许是作为秘书的周宪章，考虑到几天后蒋介石即将下野，在下野前下令南运文物，情面上说不过去，而故意将公文时间往前挪了十七天。

　　故宫文物迁台之初一波三折，当时新任职管处常务委员的熊国藻，因暂居台中的文物储存处为驻军所占，而致函向杭立武求救。十天后的 1950 年 1 月 23 日下午，"国立北平故宫博物院""国立中央博物院"筹备处两院理事联合谈话会议在台北行政院会议室召开，会议中有理事提出文物运存国外的提案，这个提案在杭立武的主导下，被认定为不予考虑的决议。

　　今天，在海峡两岸，事实上存在两座故宫博物院，它们都是以清室宫廷收藏为基础的博物馆，而且，它们在追溯博物院的发展史时，无不把 1924 年的驱逐溥仪和 1925 年的开院作为自己博物院的开始。在人们今天的习惯中，台湾的那

台北"故宫博物院"外景

一座被称为：台北"故宫博物院"。

台北"故宫博物院"的产生，当然是以故宫文物迁台为根由的。根据有关资料，三批运台文物的基本情况见表 10-1：

表 10-1　三批运台文物基本情况

批次	船名及派出单位	启达时间	随行原故宫人员	文物箱件种类
第一批	中鼎轮（海军部派）	1948 年 12 月 22 日离南京，22 日到达基隆	庄尚严、刘奉璋、申若侠	古物 295 箱、图书 18 箱、文献 7 箱，合计 320 箱（包括伦敦艺展 80 箱）
第二批	海沪轮（招商局派）	1949 年 1 月 6 日启，9 日到达基隆	那志良、吴玉璋、梁廷炜、黄居祥	古物 496 箱、图书 1184 箱，合计 1680 箱
第三批	昆仑舰（海军部派）	1949 年 1 月 29 日启，2 月 22 日抵台	张德恒、吴凤培	古物 643 箱、图书 132 箱、文献 197 箱，合计 972 箱
合计	三个航次	1948 年 12 月 22 日启至 1949 年 2 月 22 日止	9 人	古物 1434 箱、图书 1334 箱、文献 204 箱，合计 2972 箱

文物迁台后，国民党和台湾当局对故宫文物的政治、文化内涵以及中国艺术典律的形成进行了不同程度的阐释。

那志良认为："运台文物的箱数，与南迁箱数相比，以数量计，自然是仅有南迁箱数的四分之一，但是若以质计，则南迁文物中的精华，大部分已运来台湾了。"

书画方面，"（南迁）这九千多件中，属于御笔的，散在各箱中的不计，整箱都是御箱的，有二十六箱，计二千四百二十四件，属于近代墨拓的，有二百一十九件，法院检查'易案'，另箱封存起来的是五百九十四件，总计这些没有什么价值，根本未打算运来的，总数是三千二百三十七件，除此之外，书画的数量应是五千七百余件，运台的书画件数是……共计五千四百五十八件。未运台的，不过是二百余件，其中大多数是清代匠工的书画"[1]。

以后，台湾"故宫博物院"院长蒋复璁夸耀本院书画典藏时说，在该院藏有

1　那志良：《故宫四十年》。

法书 2201 幅，名画 12786 幅，合计书画为 14987 幅。其中，宋画 943 幅，以宋元画迹收藏，尤其是山水画一部分特别丰富。"唯一遗憾的是缺少清朝嘉庆以后道、咸、同、光四朝的画幅。"他认为，"集世界所有博物馆的中国画，不及（台湾）故宫博物院的半数"[1]。这一说法是否可靠尚待考证，然而，台湾"故宫博物院"的书画收藏以运台故宫书画为基础是没有问题的。

铜器方面，南迁的总共 2789 件。运到台湾来的铜器、铜镜、铜印总数是 2382 件，所差的不过是次要的 400 余件。其中的西周晚期青铜器毛公鼎的铭文为 497 字，至今仍然是商周青铜器铭文数目之冠。

瓷器方面，南迁数量是 27870 件，运台的数量是 17934 件，集中了故宫博物院各瓷器陈列室与敬事房的精品，各窑毕备。如宋瓷中的汝窑，宫中仅有十余件，现在全部运台湾；清瓷中的古月轩，也是 9/10 都在台湾。蒋复璁还说："以宋汝窑瓷器为例，传世仅三十多件，而二十三件……现皆在本院。"[2] 因此，台北"故宫博物院"的瓷器，可以说是其最值得夸耀的收藏之一。

图书方面，南迁的数量是 1415 箱，运到台湾的是 1334 箱，只有 81 箱未运去。重要的为大部头书，有文渊阁的《四库全书》，摛藻堂的《四库全书荟要》、《天禄琳琅》、《宛委别藏》及观海堂藏书的全部，文渊阁、皇极殿、乾清宫三处所藏的《古今图书集成》也全部运到了台湾。

文献方面，数量比较少，南迁的数量是 3773 箱，存台的仅有 204 箱，但这 200 多箱中包括：军机处档、宫中档、清史馆档、实录、本纪、起居注、诏书、图书等。

另外，秘书处公字箱，精品极少，已见前述，运台的只有 722 箱，都是没有经过选择，也没有系统的。具体数字，我们在前面已经介绍过了，在这里不再重复。

1950 年 7 月 17 日，"两院"（台湾的"故宫博物院"与"中央博物院"）共

1　蒋复璁：《国产故宫博物院的历史使命》，载《故宫文物》。
2　同上。

同理事会举行会议。朱家骅理事提议，清查"两院"存台文物，以明责任，经理事会通过。又于 1951 年 1 月的理事会上成立清点委员会，办理清点事项。该委员会聘请董作宾、黄君璧、孔德成、劳干、高去寻为清点委员会专家。此次清点工作自 1951 年始，至 1954 年结束，历时四年。

运台文物的选择，只注意到某箱所装文物的重要性，所以运来箱件，号数是不连续的，登记检查有诸多不便。文物到达以后，重新编号，冠以"院"字，自院字第一号编起，编到第二九七二号止。每箱四面，都贴一签号，上一行印出院字编号，下一行仍注出在沪点查时所编号数。通过四年多的点查整理（第一年为抽查，后三年为普查），这批由新编院字第一号到第二九七二号的 2972 箱文物的情况已经摸清，其大致数据见表 10-2。

表 10-2　运台文物状况一览表

古物部分				
类别	箱数	件，册数	藏品特征	占南迁同类别文物比例（%）
铜器	61	2382	其中著名的有铭文最多的毛公鼎	（件）85.4
瓷器	895	17934	宋汝窑瓷器、古月轩的清瓷最精	（件）63.4
玉器	103	3894		
书画	94	5760	以宋元画迹收藏，尤以山水画特丰	（件）约 63
漆器	34	318		
珐琅	70	817		
雕刻	8	105		
文具	24	1261		
杂项	145	19958		
合计	1434	52429		
图书部分				
善本书	83	14348		
善本佛经	13	713		
殿本书	206	36967		

图书部分

类别	箱数	件，册数	藏品特征	占南迁同类别文物比例（%）
满蒙藏文书	23	2610		
观海堂藏书	58	15500		100
方志	46	14256		100
实录库藏书	6	10216又693		
四库全书	536	36609	故宫文渊阁藏书	
四库全书荟要	145	11169		
图书集成三部	86	15059		
藏经	132	154		
合计	1334	57602册又693页		

文献部分

类别	箱数	件，册数	藏品特征	占南迁同类别文物比例（%）
宫内档	31			（箱件）6.7
军机处档	47			
实录	2			（箱件）80.5
清史馆档	62			
起居注	50			
国书	1			
诏书	1			
杂档	2			
本纪	8			
合计	204			（箱件）5.4
总计	2972	238951件、册		（箱件）22
备注	资料来源：（1）那志良：《故宫四十年》；（2）1932～1934年《国立北平故宫博物院工作报告》			

表 10-2 所记录的这 23 万余件文物[1]，以后成为台湾"故宫博物院"藏品的基础。虽然以后该院院藏也有增加，但是，此次点查登录为在台湾建立"故宫博物院"做了技术上的准备，为文物的保管、陈列提供了各种数据，也为博物院的科学管理提供了统计资料，同时，也给海峡对岸的"黄鹤楼"传来一个"黄鹤"尚在的音讯。

继承了文物，手上就握有了历史证据，权力就有"正统"的权威加持。人们或许是这样想象的，将蒋介石与迁台的故宫文物联系在一起。然而，这未必就是事实。塔玛拉·哈里希（Tamara Hamlish）指出："蒋介石是一个从来不太关心艺术藏品的人，但最后把精力集中在运走皇家的收藏去台湾，可以看出他是要以这些藏品来证明他还是全中国的统治者。这对共产政府来说永远是个心结。"[2]

故宫博物院的文物，在运到台湾之后，选定了台中县雾峰乡吉峰村作为贮存地点，这是一个极僻静的地方，目的在求得文物的安全，避免空袭的危险。后来又有过转移。然而，最初阶段，只注意于文物的保管，后来到了台中北沟，也只是建修了三幢库房，并没有做展览的打算。到 1949 年 4 月，又新建了三个仓库。与此同时，工作人员又立即对文物进行了一次彻底的点查，并编制了一份《故宫运台文物清单》。

这些装着文物的木箱从北京先后运到南京和西南，最终于 1949 年运到了台湾。这些藏品再次出现在公众的视野，首先在台中，之后，在 1965 年，移到台北郊外新址，建立并命名为"国立故宫博物院"。在美国人眼里，转移到台湾的那些珍贵藏品使北京故宫很难组织一个"中国艺术的杰作"来与台北"故宫博物院"于 1961 ~ 1962 年在美国的成功展览竞争。

---

1 台北"故宫博物院"最初统计的文物总数为 230863 件，"中央博物院"并入后，增至 242592 件，连同整理后的档案 30 余万件及受赠、收购 1 万余件，目前院藏文物 60 万件。

2 Tamara Hamlish, "Preserving the Palace: Museums and the Making of Nationalism(s) in Twentieth-Century China," *Museum Anthropology* 19(2): 20–30, September 1995.

台中雾峰北沟故宫文物存放洞口　　　　　　　庄尚严一家在台中北沟

打开箱子晾晒文物的做法很快也重新恢复了，这是文物当年存在中国西部的十年间养成的习惯，那时藏在山洞和庙里的文物每隔六个月就要被打开晾晒一次。1954 年 2 月，亨利·卢斯（Henry Luce）来台湾访问并参观了这些皇家藏品。亨利·卢斯是美国《时代》和《生活》杂志的出版商，他是蒋介石集团的热情支持者。在他的影响下，当时的美国新一届政府（和美国中央情报局）建立了一个亚洲基金会，1956 年春，得到美国亚洲协会提供的 60 余万元资金，在台中郊区北沟建了一个小规模陈列室，占地面积只有 60 多平方米。1957 年，新建的陈列室在 3 月 24 日举行预展，25 日正式开幕。每期展出文物 200 余件，每三个月更换一次。

编辑出版运台故宫文物的一个小高潮期，发生在台湾"故宫博物院"和"中央博物院"两院联合管理时期。当时"两院"还都没有展厅或陈列室，因此，对于文物保管，只是计划把重要部分逐件摄成影片，以备登记流传及供给国内外人士参考研究之用。编辑出版的图书包括：《石渠宝笈》及《秘殿珠林目录》《文物影集》《中华文物集成》（其中故宫文物有 300 张，占全书选登文物的 60%）、《故宫书画录》（共八卷，收书画 1471 件）、《中华美术图集》《故宫名画三百种》《故宫法书》《故宫藏瓷》《故宫铜器图录》《故宫瓷器录》《影印两汉书》《文物影片》（其中属于故宫文物的有 2699 件）、《两院概要》《中国文物图说》（分 13 类），另有复制名画和影印图片。总计 80 余种。以上编辑出版均在故宫文物运台之后，外双溪新馆建成之前，约 15 年间的编辑出版工作取得了很大的成绩。

台北故宫博物院建立

1961 ～ 1962 年，台北"故宫博物院"赴美巡展的"中国古艺术品展"，选择了常常被美国博物馆界所遗忘的城市旧金山做巡展，那时旧金山刚刚获得一批重要的亚洲艺术收藏，汇集了优秀的中国绘画研究者，由此，旧金山突然变成世界上著名的东亚艺术研究中心之一。关于此次展览的目的，在大陆方面激起了强烈反应，国民党退居台湾后所产生的文物所有权问题不得不被反复考量，吴淑瑛的结论是："为了争取美国的支持，因此利用故宫展览加强中、美文化交流，赢得美国人民的情感……"[1]

这次赴美展览最重要的成果无疑是美国为台湾提供了一笔资金，以便建一个更大的博物馆来收藏皇家文物。1960 年，美国国际开发署（the United States Agency for International Development，简称 USAID）向"博物院"提供了一笔 88.8 万美元（当时合 3200 万元新台币）的赠款。这笔款项和台湾当局为建

1　吴淑瑛：《展览、文物所有权与文化外交——以故宫 1961 年赴美展览的交涉为例》，（台北）《近代中国》总第 155 期，2003 年。

院拨发的 3000 万元新台币数额相当。1960 年秋，"行政院"开始为修建这个永久性的博物院制订计划。而赴美的"中国古艺术品展"是表明复杂的文化互动和具体政治环境如何使故宫收藏承载了民族主义思想的最明显例子。[1]

新馆行将落成之际，原有理事会已感到"国立故宫中央博物院联合管理处"的名字有更改的必要，拟议改称"国立故宫博物院"，直属"行政院"，并把以前的"理事会"改为"管理委员会"，全称"国立故宫博物院管理委员会"，另颁布临时组织规程。第一届主任委员是王云五，常务委员有王世杰、李济、陈雪屏、连震东、叶公超、阎振兴、罗家伦，另有委员 27 人，李宗侗、庄尚严、蒋复璁等列在其中。

新馆建筑于 1965 年落成，1965 年 11 月 12 日为纪念孙中山百年诞辰，台湾举行外双溪新馆正式落成开幕典礼。蒋介石为之题额"中山博物院"。

外双溪博物院的建筑为四层宫殿式大厦，即地面一层之外，有楼三层。全馆四层，面积合计 7204 平方米。第一层中间是讲演厅，厅的两旁是储藏室，前面是办公室、研究室、接待室等室，后方是图书室、摄影室、裱画室、机械室等室。第二层至第三层完全是展览室。第二层中央是大厅，两旁各有一个画廊，四角上是四间陈列室。第三层平面与第二层相同，只是第二层的大厅高达两层，所以这一层只有前后左右四个画廊及四角上的四间陈列室。第四层大部分是屋顶平台，中央高耸楼阁一座，四周是落地长窗，绕以回廊，中央是斗八藻井，外檐是斗拱出跳，反宇檐飞，是典型的中国宫殿式建筑。另有高 180.5 米，宽 2.6 米，略呈马蹄形的山洞，以廊桥与正馆第三层相连，桥长 26 米，仿照宫殿游廊式样，并有正馆前非常宽敞的庭园，为中国传统园林设计。

从 1965 年正式开放以来，台北"故宫"扩建、修缮过多次。尽管曾任院长的秦孝仪创制了一种积极的接收政策，但台北"故宫"的收藏在多年间

1　朱静华：《中国艺术、台北故宫与冷战政治》，徐婉玲译，故宫博物院编《故宫学刊》总第 6 辑，紫禁城出版社，2010。

台北"故宫博物院"外双溪新馆一期工程初竣

台北"故宫博物院"外双溪馆址

都没有太大的变化。

台北"故宫博物院"通过捐赠、外借和购买弥补了以上皇家收藏中存在的一些缺陷。1967年,台北"故宫"开始接受赠品和外借品,但是直到1985年才确立了每年预支200万美元接收藏品的政策。相当著名的一次购买发生在1986年,这次购买的对象是宋代文豪苏轼的《寒食帖》[1],台湾当局"外交部长"王世杰私嘱友人在日本访觅《寒食帖》,当得知下落后,即以重金购回,并题跋于帖后,略述其流失日本以及从日本回归中国的大致过程,千年国宝赖王世杰之力回归中国。

正当大陆轰轰烈烈地开展"文化大革命"时,在台湾则进行了一场"中华文化复兴运动"。在这场运动中,"道统"作为一种政治术语从历史文献中被发掘出来,一时在台湾被喊破了天。而且,当时台湾"故宫博物院"院长蒋复璁先生的《中华文化复兴运动与国立故宫博物院》,专门阐述了该院在宣传"道统"上的责任与任务。因此,要想了解台湾的"故宫博物院"的办院方针,不了解什么是"道统"将是困难的。

其实,"道统"的原意只是儒家所指圣道承继的统系,即尧、舜而至汤、文王、武王、周公、孔子、孟子的统系。如韩愈所说:"斯道也……尧以是传之舜,舜以是传之禹,禹以是传之汤,汤以是传之文武周公,文武周公传之孔子,孔子传之孟轲,轲之死不得其传焉。"[2]又如朱熹说:"自是以来,圣圣相承,若成汤文武之为君,皋陶伊傅周召之为臣,既皆以此而接夫道统之传。"[3]

---

1 《寒食帖》在1860年英法联军火烧圆明园的时候散佚。1917年在北京书画展览会上展出过,受到书画收藏界的密切关注。1918年转传到颜韵伯手中。当年12月19日为苏轼生日,颜韵伯作跋记录此事本末。1922年,颜韵伯游览日本东京时,将《寒食帖》高价出售给日本收藏家菊池惺堂。在日本历经1923年的关东大地震和二战期间盟军的轰炸而安然无恙。世人将苏轼的《寒食帖》与东晋王羲之的《兰亭序》、唐代颜真卿的《祭侄稿》合称为"天下三大行书",或单称《寒食帖》为"天下第三行书。"还有人将天下三大行书对比后说:《兰亭序》是雅士超人的风格,《祭侄稿》是至哲贤达的风格,《寒食帖》是学士才子的风格。它们先后媲美,各领风骚,可以称得上是中国书法史上行书的三座里程碑。

2 韩愈:《昌黎集》卷11《原道》。

3 朱熹:《朱文公集》卷76《中庸章句序》。

后来又有叫黄幹的人说："道之正统，待人而传，自周以来，任传道之责者，不过数人，而能使斯道章章较著者，一二人而止耳。由孔子而后，曾子、子思继其微，至孟子而始著。由孟子而后，周、程、张子继其绝，至熹而始著。"[1] 再后来到了 20 世纪 70 年代，又有蒋复璁者，在这"道统"的后面增加了孙中山和蒋介石二人。他说："伦理、民主、科学既然是中华文化的基础，所以国父继承尧、舜、禹、汤、文、武、周公、孔子的道统，历圣相传的心法，发明了三民主义，总统继承国父的道统，发扬光大，实施全国。"

在谈到他所领导的博物院在这场运动中的具体责任时，蒋复璁说："故宫博物院的责任，在文化复兴的号召中，在民族自信心的恢复上，最需要具体的实物或艺术品现象出来作证。""我国的历史悠久，文化优美，人人都是这么说，但是'人证、物证'在哪里呢？——这就是深一层探寻真理的问法了，故宫博物院在这方面可以给予完整的答复，若说人证，故宫博物院藏有成系统的历代帝王图像。……他们的面貌，栩栩如生，历史间架，清晰如画。……至于历史的'物证'，那更是琳琅满目，美不胜指。商鼎周彝、秦权汉镜、宋画明瓷……——都在博物院中有系统地陈列着。"[2]

以上这段文字几乎没有分清楚"人证"与"物证"（其实历代帝王图像根本不可能做什么人证）之间的区别，然而引用它仍然具有了解台湾的"中华文化复兴运动"方面的意义。通过蒋复璁的论述，我们基本上可以得出如下结论。

台湾方面所说的"道统"，是千百年来被作为正统思想的儒家学说，即所谓中国传统文化中的正统意识。

蒋介石的"伦理、民主、科学"也是来自儒术。所谓"历圣相传"的"道统"就是儒家思想中带有神秘主义色彩的东西。

"国粹与西化的折中"的主张仍然是来源于"中体西用"的旧观念。

---

1 《宋史》卷 429，"道学三·朱熹"。

2 蒋复璁：《文化复兴运动中的故宫博物院的责任》。

"中华文化复兴运动"是一场由台湾当局发动的，旨在坚持中国传统文化方向的运动。

台北"故宫博物院"向这个运动提供以"历代帝王图像"为"人证"，以文物、艺术品为"物证"的陈列展览。台北"故宫博物院"与所谓"中华文化复兴运动"的关系即"器"与"道"的关系。

蒋复璁的上述观点不能不令人遗憾。两岸同属中华民族，但社会制度等实际情况又不同，这样就很容易陷入两种不同价值观判断的争论。所谓历圣相传的"道统"仅具有意识形态领域的象征意义，而不具有思想史的研究价值。如果要考察这一思想体系的来源，还必须从近代思想史入手，而不是从上古史的尧、舜、禹那里探寻在中国资产阶级中所存在的这样一种思想的"道统"。

"中华文化"的概念，确切地说，应当是来源于中国资产阶级民主革命的思潮。当时，同盟会是一个松散的组织，有各种各样的"革命家"，有各种各样的思想和人物。邹容、陈天华、章太炎、朱执信的思想可以看作革命派思想的主流或代表，它们都基本从属和概括在孙中山的三民主义纲领下。

与这个主流相并行，也还有一些支流，其中又可分出"左"右两翼。右翼是当时的国粹主义思潮，这一思想与章太炎相联系，但更专门致力于保存和发扬国粹，强调用封建传统教义如华夷之辩等来宣传革命，它把人们引导到单纯复仇、"反满"等狭隘的民族观念中去。这一派当时未对革命造成严重损害，但其潜状的消极影响在日后都充分表露出来，如所谓"整理国故"之类，后来经常成了封建主义文化反攻的组成部分。

另外的"左"的一面是由刘师培、吴稚晖等人所宣扬的无政府主义思想，在这里姑且不谈。中国资产阶级革命中的右翼思潮，可以与清末洋务派首领张之洞的"中学为体，西学为用"的主张相结连，又经"整理国故"的发展，基本上与台湾的"中华文化复兴运动"联系在一起了。这一大致的脉络见下图。

	中体论	国粹主义	整理国故	中华文化复兴运动
（代表人物）	张之洞	章太炎·陈去病	胡 适	蒋介石
（宗旨）	中学为体 西学为用	保种 爱国 存学	研究问题 输入学理 整理国故 再造文明	承继道统
（时期）	清 末	清末至民初	"五四"后期	20世纪60年代

这其中的前两次思潮，第一次是张之洞提倡以纲常名教的中学"治身心"，以西方技术的西学"应世事"，"体"和"用"本来是中国古典哲学的范畴，兼指一个事物的两面，有体则必有用，有用则必有体。"中学为体，西学为用"的口号，表面上兼顾中西，融中西之长于一体，实际上既没有正确的技术观，也割裂了自己的传统。张之洞用这样的主张进行清末封建政治内部的"变法"，妄图挽救日益衰落的清王朝，结果彻底失败了。第二次是以《国粹学报》为代表的思潮，企图用一个所谓正统的封建教义去反对另一个非正统的封建政权，结果也是不能成功的。由于这两次思潮产生的年代距故宫博物院的成立较远，因此，所产生的影响相对来讲，不如后两次大。下文将着重分析后两次思潮对故宫博物院所产生的影响（最后一次尤其对台湾的"故宫博物院"有着重大影响）。

"整理国故"运动的主要代表人物是胡适，他的后期对中国传统文化是持肯定态度的。如，拿破仑曾说中国像一头睡狮，将来睡狮醒时，世界都会为之震惊。后来世界上许多人都跟着这样说。胡适却认为"以睡狮喻吾国，不如以睡美人比之切也"，因为我们是东方的文明古国，将来强盛了，能有所贡献于世界，应该在文物风教方面，而不应在武力方面。所以他便写了《睡美人歌》，来"祝吾祖国之前途"。诗云：

东方绝代姿，百年久浓睡。

一朝西风起，穿帏侵玉臂。

碧海扬洪波，红楼醒佳丽。

昔年时世装，长袖高螺髻。

可怜梦回日，一一与世庆。

画眉异深浅，出门受讪刺。

殷勤遣群侍，买珠入城市。

东市易宫衣，西市问新制。

归来奉佳人，百倍旧姝媚。

装成齐起舞，"主君寿百岁"！

从以上胡适对中华文化赞美的诗句和他所寄予的"东市易宫衣，西市问新制。归来奉佳人，百倍旧姝媚"的理想来看，是与其后来"整理国故"的主张完全一致的。胡适正是想通过"整理国故"来唤醒中国这个"睡美人"。

胡适正式提出"整理国故"的主张是在五四运动之后不久。1919 年 7 月，胡适首先提出了"多研究些问题，少谈些主义"的议论，同年 12 月又在《新青年》第 7 卷第 1 号《"新思潮"的意义》一文中提出"整理国故"的口号。后来又于 1923 年，在北京大学《国学季刊》的《发刊宣言》中，更系统地阐述了"整理国故"的主张。

1919 年 8 月，胡适写了关于"整理国故"答毛子水的一封信。他一方面赞成并支持毛子水提出用科学精神来"整理国故"的主张，另一方面又批评他们从"有用无用"的狭隘功利主义出发，不重视"整理国故"的缺点。胡适指出："现在整理国故的必要，实在很多。我们应尽力指导'国故家'用科学的研究法去做国故的研究，不当先存一个'有用无用'的成见，致生出许多无谓的意见。"在《"新思潮"的意义》一文中，胡适便把"整理国故"作为一个口号，正式提出来了。这篇文章的标题下，排列着四句口号：

研究问题

输入学理

整理国故

再造文明

他说："新思潮对于旧有文化的态度，在消极的一方面是反对盲从，是反对调和；在积极的一方面，是用科学方法来做整理的工夫。"

的确，胡适将"整理国故"当作新思潮的口号提出来，这当然与封建守旧派的"保存国粹"论有着很大的区别。尤其是胡适所提倡的"用科学的研究法去做国故的研究"的主张，直接促进了新兴的考古学在中国的建立与发展；他的"整理国故"的思想也直接指导了北京大学研究所国学门的研究实践。而这些学术研究工作，正像本书曾在第六章第二部分论述的那样，对故宫博物院的产生提供了最有力的学术准备和干部准备。

然而，胡适却过分夸大了"整理国故"的社会意义。他曾提出，"发明一个字的古义，与发现一颗恒星，都是一大功绩"，因而被人批评，说他在企图诱使知识分子和青年学生脱离现实的革命斗争。鲁迅先生就曾尖锐地批评说："其一就是'整理国故'。自从新思潮来到中国以后，其实何尝有力，而一群老头子，还有少年，却已丧魂失魄地来讲国故了，他们说，'中国自有许多好东西，都不整理保存，倒去求新，正如放弃祖宗遗产一样不肖'。抬出祖宗来说法，那自然是极威严的，然而我总不信在旧马褂未曾洗净叠好之前，便不能做一件新马褂。"[1]

鲁迅在这里指责的是胡适等人夸大了"整理国故"的社会作用，以致旧的封建文化肆意泛滥，封建的旧势力也重整旗鼓，乘势向新文化发动了攻势。如果从崇尚传统的旧有文化的角度来看，"整理国故"与"国粹主义"确实并非二致，

1　鲁迅：《未有天才之前》，载《鲁迅全集》第 1 卷。

只是用了科学的研究方法，区别了"国粹"与"国渣"，而使"国粹"更"粹"了一些罢了。

另外还可以看到，在这一时期，"整理国故"还迎接了来自民族文化虚无主义思潮的挑战。这股思潮的来源，也许是民国革命中无政府主义思想的余潮；也许是由于"五四"新文化运动对传统封建文化进行彻底审判而得出的误解；也许是北伐胜利所带来的一种类似俄国革命诗人克里洛夫式的不顾一切的狂热情绪……总之，它的来源还有待进一步地考证。但是，这一思潮与思潮之间的撞击，却集中体现在经亨颐与张继围绕故宫博物院的去留问题而展开的一场不算小的论战上。

在此，再来谈谈蒋介石与故宫博物院的关系。前面已经提到，1928 年 10 月 8 日发布中华民国国民政府令，其中，蒋介石被任命为故宫博物院理事。这对于当时的故宫博物院来说，可谓一种"殊荣"。因此，也有了蒋介石本人与故宫的联系。

据吴瀛的记载："在这时期，故宫正是财源茂盛之际，处分物品有进款，发行刊物有收入，还有一些人士，歆羡故宫建筑伟大宏丽，年久失修，动了捐款兴修之念。首创的当然是蒋主席了，他在统一北平之后，同夫人宋美龄来参观，整整一天，我同（俞）星枢陪他们周游一遍。他看见许多破坏之处，我们趁势说穷，他慨然捐了六万元，写了一个手谕，命令到行营去取。后来星枢经手，据说只领到四万元，这是第一笔。"从此，故宫博物院与这位政治家结下不解之缘。

据蒋复璁介绍，九一八事变发生后，平津受到最大威胁。国民政府遂决定把重要文物暂行运到南方，但是遭到许多人的反对，当时"总统的看法便不同了，他认为土地失掉，有收复的可能；人民留在平津，可以协助政府，抵御敌人；惟有文物留在那里，只有受到损失的危险。况且，这些国宝，是我国几千年来的文化结晶，毁掉一件就少一件，国亡犹有复国之日，文化一亡，便永无复兴之望了。于是坚决主张必须南迁"。

抗战爆发，蒋介石作为军事委员会委员长，大力主持了文物疏散事宜。一则通过军事委员会命令迁转文物于安全地带，指示何处为安全地带；再则由军事委员会饬令各地提供运输工具、库房和军事保护。"总统负抗敌大任，责任繁重，犹殷殷以故宫文物为念，由军事委员会对文物安全，妥善计量。"在故宫文物运台问题上，前面已经提到，也与蒋介石本人的关注而关系重大。

故宫文物迁台之后，蒋介石更是把其看作心理寄托，多次亲临故宫文物所在地进行视察。至 1957 年春，台湾当局才在台中的北沟兴建了一座小型陈列室，展览文物，公开参观。蒋介石曾多次绕道前往台中北沟，视察那里的故宫文物，后来决定在台北市郊士林外双溪建造新馆址，他又迭次莅临视察指导。这在后来蒋复璁的《国父与总统对于故宫博物院的功绩》一文中有过较详细的描述。

以上材料并未向我们提供蒋介石视察台北"故宫博物院"的具体次数，但是，从上面的文字足以肯定这不会是一个太小的数字。作为台湾当局领导人，能够如此频繁地莅临视察一座博物馆，不要说是在中国，即便是在世界上也是不多见的。蒋介石如此重视故宫文物，作为一个政治家来说，无疑是为了抓住中国传统文化这个纲来治理台湾。

蒋复璁还有如下表述："民族自信心和上述的历史向心力是相互关联的，正如鸟之二翼，车之二轮，缺一而不可，不过后者是回顾既往，而自信心则是展望将来，一前一后，才可以使我们中华文化继续发展，千百世而不竭，依现今的情况和需要的迫切，民族自信心且有更大的比重。……故宫博物院的丰富收藏，证明了其历史的坚定向心力，如今我们只需从这基础上推衍一步，就能振兴他的民族自信心了。"[1]

过去，胡适在"整理国故"时所倡导的"不当先存一个'有用无有'的成见"的方式，经在台"文人"的发展，国故已经成为振奋其"民族自信心"的

---

1 蒋复璁：《文化复兴运动中的故宫博物院的责任》。

功利性的工具了，通过"整理国故"的"国粹"自然是更"粹"了一些。到了台湾的"故宫博物院"新址落成，"国粹"如同一再精选的故宫文物一样，变成了"道统"下精而又精的"国宝"。其所谓"文化复兴运动"，不同于欧洲的"文艺复兴"，后者是在复兴古代灿烂文化的旗帜下，而张扬崭新的人文主义观念，而台湾之蒋氏的"复兴"，讲的仅是儒家的道统，充其量不过是"道德重整"式的思路，因而也不可能为世人留下什么精神财富，这也是意料之中的事。

台湾当局的"行政院"院长严家淦在外双溪博物院新址落成的剪彩仪式上说："此一博物院定名为中山，并在国父诞辰之日落成，尤具意义。国父以继承尧、舜、禹、汤、文、武、周公、孔子相传的道统为己任，博物院代表一个民族的文化，现在博物院以中山为名，来纪念国父，就是要把国父的思想发扬光大，达到天下为公的地步，'天下为公'四字，实可作为博物院之指南针。"[1] 在此基本上看清了从"中体论"经"国粹主义"，再经"整理国故"，达到"中华文化复兴运动"的维护旧的所谓"正统"文化于危机之中的"道统"的过程。作为台湾当局"宠儿"的故宫文物，也乘势坐上了"道统"的车，进入了这座岛屿上最显赫的殿堂。

综上所述，两座"故宫博物院"基本的发展脉络大致可以看清楚了。它们同发源于 1924 年的溥仪出宫，承认 1925 年博物院正式成立，受益于 1928 年的《故宫博物院组织法》。然而，在 1948 年至 1949 年之际，故宫博物院一分为二，并且走上了不同的发展道路。

1928 年 10 月 5 日颁布的《故宫博物院组织法》所设组织结构，基本上被 1965 年于台湾外双溪所建新馆的组织设置所承袭。据（台北）"国立故宫博物院管理委员会临时组织规程"第八条，博物院设如下单位：

1　那志良：《故宫四十年》。

一、古物组：掌理铜器、玉器、漆器、缂丝等古物之编目、典藏、展出、研究、考订等事项。

二、书画组：掌理书画及古籍文献之编目、典藏、展出、研究、考订等事项。

三、总务处：掌理出纳、庶务、招待、警卫及不属于其他各组室事项。

四、出版室：掌理古物书画之影印出版等事项。

五、秘书室：掌理文书机要及有关院内外联系等事项。

六、安全室：掌理有关安全事项。

在《临时组织规程》中，院内各单位的架子明显缩小了，馆变成了组，但设置基本照旧。又由于运台的文物中，原文献馆的档案数目太少，加之运台文物多是精品，品类清晰，尤以其中的 5760 件书画占有十分特殊的地位，因而将书画从古物类中提出与古图书及文献合并，组成书画组的藏品并对其进行特殊保管。另外，总务处是保留了原名的机构，原秘书处变成了秘书室。

同时，汇集了全院的出版工作成立了出版室，只是由于故宫文物迁台的初期并没有陈列工作可做，编辑出版故宫文物反成为这一时期院内的主要工作，由此也就形成了一支比较强的编辑出版力量。

另一个新的机构是安全室。即使如此，博物院下设组织机构仍可以说变动并不大。这是由于博物院的业务组织机构仍然是根据藏品的种类归纳而划分的，只是职责的规定比起前一个《故宫博物院组织法》要明确了许多。那么这样根据藏品的种类归纳而划分的组织结构的缺陷，一般在于重保管而轻陈列。

这一点台湾的"故宫博物院"的同事们也注意到了，他们认为管理委员会的《临时组织规程》"对于文物展览方面的管理，是忽略了，所以新馆成立之前，便决定成立展览委员会，办理展览室的照料及招待的事宜"，这样就感到比较周全了。

台北第一届"博物院"的主管人员包括：院长蒋复璁，副院长何联奎、庄尚严，古物组组长谭旦冏，书画组组长那志良，总务处处长周凤森，出版室主任黎子玉，秘书室主任王璞，安全室主任史松泉，登记室主任李霖灿，会计室主任周才藻，人事室主任詹冠南，展览委员会执行委员汪继武。

自有了外双溪新馆，存台的故宫博物院文物才算是走出了低谷，有了比较理想的收藏与展出的场馆。在新馆落成的第二年，一下子举办了七个特别展览，包括：明清扇面展览、唐寅画展览、珐琅彩瓷器展览、汉唐故事画展览、历代画马展、古铜镜展览、代方册展览。展览中每一件展品有一张卡片，每一个陈列柜有一个分类说明，每一间展览室有一个总说明。而书画的卡片，不但详列时代、作者、画名，而且对画景有说明，有作者小传。如果是一张故事画，还要把故事叙述出来。同时"故宫博物院"外双溪新馆还利用其广播系统向参观者介绍各陈列室及画廊的文物，分门别类，并用汉语及英语两种语言播出。

台北"故宫博物院"的文物收藏丰富，展览方面不愁没有展品，所以博物院管理委员会还规定每三个月更换展品一次。开幕后的一年间确实更换展品四次。

新馆还为自己制订了发展计划，主要侧重在如下方面。

（1）扩充陈列室。台北"故宫博物院"在新馆开馆之初的陈列室，每次可以陈列一千七百余件文物，比起在北沟时每次只陈列二百余件已是大得多了，但是如果把每类文物都做系统的陈列，使观众对其有较为全面的认识，犹感不足。因此，计划在馆的两翼，扩充陈列室若干间，以增加展览文物的件数。

（2）补充欠缺文物。台北"故宫博物院"的文物全部来自清宫旧藏，品种当然欠缺。例如瓷器一项，总数有两万余件，不为不多，历代官窑悉备，不为不博。但是，有瓷而无陶，有官窑而乏民窑，至于清瓷，则嘉、道以后，概付缺空。书画也是如此，清初之石涛，八大山人，扬州八怪，以及乾、嘉以后，至于清末，凡非宫廷画家，其作品均无所存。其他文物，也有类似的不足。为供研究，了解一类艺术的完整过程与演变，看来有必要予以补充。

在20世纪70年代早期，台北"故宫博物院"清代档案的开放最终促进了历史学家对文献丰富的 18 世纪历史的兴趣。另外，还有院内图书馆培植新人，充实各项设备，以及复修文物设备等，都是台北"故宫博物院"新馆面临的现实问题。

黄鹤楼与飞去的黄鹤

人们欣喜地看到，经过二十多年的经营，今天，落户于台湾外双溪的"故宫博物院"已经在藏品与设施方面取得了长足的进步，这不仅是台湾值得庆幸的事，从国家统一的长远前景来看，也是大陆人民的荣耀。

从北京与台湾的两座故宫博物院的发展情况来看，它们所走的道路，是两条很不相同的道路。然而，殊途是否可以同归？人们企望着"一国两制"的实现。或许真的有那么一天，存台的故宫文物像是归来的黄鹤，飞回北京，飞回到它的故乡，那时两座博物院合而为一，不再分离。

当年，故宫文物南迁，鲁迅就说过："'昔人已乘黄鹤去，此地空余黄鹤楼。'……但北平究竟还有古物，且有古书，且有古都的人民。"[1] 今天的北京人民，同样仍在思念着那离去许多岁月的故宫文物。

1985 年，日本二玄社将台湾的"故宫博物院"藏画精品制本拿来大陆展览，引起轰动。著名学者启功先生参观后，忆昔抚今，无不感慨。他说：

> 好端端的一块陆地，固有一条注陷处，无情的海水，乘低流过，使得这海峡两岸的家人父子夫妇兄弟互不相聚，已若干年了。我们全家祖先的光辉文化，最集中，最突出的标志，莫过于历代文物。这些年来，在中原各省新出土的几乎近于"算数譬喻所不能及"了，以古书画论，也发现了五十年前从来没有见过的许

1　鲁迅：《"京派"与"海派"》，最初发表在 1934 年 2 月 3 日《申报》，署名栾廷石，载《鲁迅全集》第 5 卷。

多"重宝"。现在二玄社已把海峡彼岸的部分古书画精品复制出来，饱了此岸人的眼福。大家看了展览之后，彼此交谈，表现的心情，不约而同地想到了如何把我们此岸的精品，也给彼岸的同胞同好们看看。我们都从童年过来的，回忆童时得到一件好玩具，总想给小朋友看，互相比较夸耀，中心目的，还是共赏。小孩如此，我们今天虽早已成了"大孩""老孩"，可以说，我们还是童心尚在，天真未泯的。我设想一旦大大小小的天真孩童相见，心中的酸甜苦辣，谁能不抱头倾诉呢？互有的玩具，共同拿出来比较夸耀一番，岂不是弥天之乐吗？

我个人也可算文物界的一个"成员"，我敢于代表，也确有把握地代表此岸有童心的大小老少诸童们"发愿"。"愿文"一大篇，这里只先说最小的一项：我们愿虚心学习先进的印刷技术，向日本二玄社引进先进的技术，或合作复制此岸的古书画精品，尽快给彼岸的骨肉们瞧；进一步创造条件，使两岸的原迹有并肩展出的机会；再进一步，使两岸骨肉有并肩观看展品的机会。这些机会，有！我相信有。我还相信这机会实现时，大家的眼睛一定都已看不见展品，而是被眼泪迷住了。[1]

启功先生的"发愿"是情真意切的，就目前来讲也是最为可行的。故宫文物是一批"千年历劫不磨的文物，是中华民族艺术的精华，也是中华民族文化的表征"[2]。这是海峡两岸的炎黄子孙和两座博物院都能接受的认识。在这样的认识基础上，在一致的民族文化情感的沟通下，"此岸"与"彼岸"的两院，首先要开展学术间的各种交流，譬如资料的交换就是必要的，也是可行的。

今天的台北"故宫博物院"有着十分出色的文物陈列，不仅陈列形式美观，而且尤以不断更换展览与展品而见长，这也是自北沟陈列室以来的传统了。因此在国际上颇有声望。与之相比，故宫博物院的北京本院占有"地利"的条件，它

---

1 启功：《台北故宫博物院藏书画精品复制本展览观后感言》，《紫禁城》1985 年第 3 期。

2 蒋复璁：《国立故宫博物院的历史使命》，载《故宫文物》。

的陈列与紫禁城的宏伟宫殿建筑融为一体，这是在北京的故宫博物院之外可遇而不可求的。

在藏品上，据说台北"故宫博物院"现已有藏品约六十万件，北京的故宫博物院已经超过了一百八十万件。从质量上来说也是各有千秋，更不要说在开放、宣传、出版物方面，两院无不有相似之处，也各有特色。因此大有相互交流、相互切磋之必要。

譬如，北京故宫博物院藏有"三希"中的"二希"，而台湾藏有其中的"一希"，三希堂帖，不能得以延津之合，不可不谓是天下的大憾事。亦可试问，诸如此类，你据东，而我有西，在两院之间还可以尽数吗？假如在两院之间，先行学术情报交递，也将是功德无量、名垂青史的大好事。

然而，两院殊途同归与祖国统一大业一样，其前景并非一派光明，在台湾总有那么一些人，把眼睛盯着脚后跟，在强大的祖国跟前闹独立，硬说要代表台湾的大多数，却无视在大陆上的大多数，这些人难道忘记了在台湾岛存放着的二十万件故宫文物，那可是中华民族文化之精华。可曾记否"国宝摧残，国刑具在，请慎保护以免国诛"！随着台北"故宫博物院"藏品的增多，又有人认为"国立故宫博物院"的名称不适宜了，有几个台湾人提议要改变名称了，这是一种倾向，不能不引起关心故宫文物的人们的注意。

苏东坡《寒食帖》（台北"故宫博物院"藏）

第十一章

故宫学与
平安故宫工程

1987 年，故宫被列为世界文化遗产，"文化遗产"观念被引入，突破了传统的"文物"观念的局限性，强化了遗产的环境意识、共享意识，以及全社会都必须承担管理和保护的理念。2003 年，时任故宫博物院院长的郑鑫淼提出"故宫学"概念，是人们对于故宫价值认识进入新的更高阶段的表现。古建筑、文物藏品、历史遗存以及在此发生过的人和事，是一个不可分割的文化整体。"故宫学"在研究生教育中的出现，极大地改变了原有高校文博专业常规学科的既有理论图景的地平线，为研究生的学科教育观念的变革，标示出故宫相关认识里程上的新阶段。

罗振玉比孙诒让小 18 岁，王国维比罗振玉小 11 岁。罗、王生活的年代正值古文物大量出土的时代，就材料的占有来讲，孙氏是不能跟后来的二人比拟的。罗振玉和王国维的学问，在后代被人合称为"罗王之学"。他们一方面继承了乾嘉学派，特别是晚清考据之学的严谨，熟谙古代文献典籍与文字音韵之学；另一方面又皆强调实证，摆脱了传统经史之学从文献到文献的研究方法，并能够有机地将这两方面的材料与学问结合起来治史，以地下出土的古文字资料来补证文献史料。

1922 年 3 月，罗振玉和王国维在通信中多次谈到清理皇室古物等宫中情况，王写道："近闻内廷有旨召季秀皋，欲令清理皇室财产，此事自不可缓，优待费万靠不住，季高操守甚好，于财产事极有经验，然亦须现政府中人相助，则清理庄田等事方有效力。现在诸人中惟王怀庆可以任此，或亦尚肯担任，又须在鼎臣任期内为之较好。鼎臣故不足言，然他人尤非鼎臣比也。公盖与凤老等熟计之。"

王国维以"守国"与"守天下"的传统观念相互砥砺，在立身行事、学术研究中，顽强地昭示其特立独行的品格和文化诉求。深受近代西学影响的王国维，在其走向遗民的思想进程中，遗民心态对他的古史研究与文化观念的形成有举足轻重的意义。实证式的治学方法与回归儒家传统的文化理想之间的紧张，始终浸润于王国维的古史研究之中，这也是导致其悲剧人生的一个重要原因。

"甲骨四堂"之一的董作宾（彦堂）较早在台湾发表文章，他说："书中引用王国维之说处，均有王氏国维曰字样，如考唐、土、季、王亥、王亘、上甲六条……间有附己见的，则加'玉案'，这足证《考释》一书为罗氏自撰。"[1]

---

1 《王国维之死》，台北：祺龄出版社，1995，第 415 页。

1923 年 4 月 16 日，王国维因升允（字吉甫）的推荐，作为海内遗老中的硕学，奉逊帝溥仪的"谕旨"："杨钟羲、景方昶、温肃、王国维均着在南书房行走。"王国维是在 1919 年 10 月经罗振玉介绍而与原清朝陕西总督升允结识的。王国维乃得到布衣入值南斋的殊荣。

1923 年 7 月 14 日，溥仪颁"旨"，王国维"着加恩赏给五品衔，并赏食五品俸"。17 日，王致函罗振玉，告以南书房"入值"。约半月后方确定，每日上午入值，每六日入内一次，"觐见请旨"。1924 年 1 月 7 日，溥仪颁"旨"，赏赐王国维"在紫禁城内骑马"。这一年王国维 47 岁，到清宫里去教溥仪读书，他便把这视为一生莫大的荣誉。

刘蕙孙回忆王国维入宫的背景说，北京大学当时想聘王为教授，并由马衡寄出了聘书，王回信说"当请示罗先生再定"，不久便函谢而退回了聘书，仅与罗一起接受了"函授导师"的名义。

身处宫外的罗振玉也时时关注着宫中的动向，王国维则频繁写信给罗，每信必详述宫中重要人士，从中可以看出，宫内外遗老中间派系复杂，对溥仪的忠诚与引导则更是第一位的。他们尽量要使自己的意见达于"上闻"，希望溥仪的言行举止都能符合"帝王的规范"，为此他们非常严格地对待每一篇要呈递的"奏折"。这是真正意义上的学者进入故宫，也说明金石旧学与皇室宫廷之间深厚的缘分。

故宫学术的脉络与"故宫学"

现代意识对皇家收藏品描述为"archaic survival"（古老的生存），一些藏品可以让人联想到一个时代，"藏品……由具有象征性意义的物品组成，只有获得政治权利才能拥有它们"。宫殿在当代语境中的意义，既是文化权威的场所和象征，也是政治合法性的象征，这片内城的区域供皇族生活，里面以一种常人无法想象的模式存在着。对于它的研究具有学术上的排他性。

1924 年，北京大学考古学会发表《保存大宫山古迹宣言》，指责清室出卖产业，散失文物。王国维非常不满，当即致书沈兼士、马衡，怒而辞去北京大学研究所国学门导师职务，并要求将胡适、容庚索去拟刊登《国学季刊》的文稿，宣布"停止排印"。

1924 年 5 月 18 日，王国维向溥仪呈递《筹建皇室博物馆奏折》，"今有一策，有保安皇室之利而无其害者，臣愚以为莫若开放禁城离宫之一部为皇室博物馆，而以内府所藏之古器、书画陈列其中，使中外人民皆得观览，如此则禁城之内，民国所辖地面，既有文渊阁之四库全书，文华、武英诸殿之古器、书画，皆我皇室之重器，而皇室所辖地面，复有皇室博物馆陈列内府之重器，是禁城一隅实为全国古今文化之所萃，即与世界文化有至大之关系，一旦京师有事，万国皆有保卫之责"。[1]

数日后，王又上书溥仪，论说中国传统的修身齐家治国平天下之道，他把孔子、老子的学说与"西学西政"做了对比，并联系近世以来中外国情，得出

---

1 《罗振玉和王国维交往始末》，《社会科学战线》2000 年第 5 期，第 168 页。

结论："盖与民休息之术，而长治久安之道，莫备于周孔，在我国为经验之良方，在彼土尤为对症之新药，是西人固已憬然于彼政治之流弊，而思所变计矣。"这些"奏折"，真实地反映了他的政治理想。

1925 年，王国维接受清华研究院的聘请，也还是溥仪吩咐他去的。后来溥仪移居天津，他还时常去请安。到 1927 年 6 月 2 日，他竟自沉于颐和园昆明湖而死，享年 50 岁。[1] 由于王国维生平中最后两年是在清华大学国学研究院度过的，遂能拥有一批素质很高的以国学为事业的入室弟子，他们以老师所取得的蜚声中外的学术成就和老师敦厚的人品、清白的经历为条件，对他在学术史上的地位迅速给予了充分的确认。

现今故宫博物院藏有王国维给马衡的数十封信。这些信多未署年月，从内容分析，应属晚年所书。信中所述，涉及石经、古文字、青铜器、虎符、度量衡、《切韵》等方面的问题，对了解王国维的学术观点及其晚年的学术活动有重要价值，同时也能表明罗、王，尤其是王国维的学术思想对故宫所藏青铜器研究的影响。[2]

1924 年 9 月 2 日，罗振玉来到北京，暂寓王国维家，他已奉溥仪之命，入值南书房。不久，溥仪谕命检查审定各宫所藏古彝器，罗乃于"觐见"时面荐王同任检查事，随即从宁寿宫始查验，继而检查养心殿的陈设品，这是两人同在清宫中为逊帝服务的实例。然而，才过去两个月，在"北京政变"中控制了政权的冯玉祥就提出修改清室优待条件，并经黄郛摄政内阁会议通过，11 月 5 日即派部将鹿钟麟将溥仪驱逐出宫，罗、王两人"南书房行走"的生活，也随之结束了。

与后来的故宫博物院产生密切关系的内阁大库明清档案，罗振玉参与开拓保存。罗振玉和王国维自 1898 年结识订交，即相伴相偕，其间王国维在日本京都又调整了自己的研究方向，而与罗振玉一致起来。王国维对罗振玉的评价则是，

---

1 《中国史论文集》，湖北人民出版社，1956。

2 叶其峰：《王国维致马衡书》，《故宫博物院院刊》1982 年第 1 期。

"先生独以学术为性命……先生之功业，可谓崇且广矣，而其志与勤，世殆鲜知之"，"传古之功，求之古人未见其比"。共同的经历与事业，再加上清朝遗民的共同的心态，成为维系他们的友情、学术情、亲情的前提条件。

1931年，罗振玉的儿子罗福颐校补王国维的《国朝金文著录表》，改名为《三代秦汉金文著录表》。表内列了他认为可靠的古器物共5423器，其中出土地点一栏，大半都做了空白的处理，填写出土地点的器物仅有133件，占所录器物总和的2.45%。这张表足以证明清代的古器物学对古器物出土地点的极端忽视，其所造成的学术上的巨大损失也使清代学者无法通过墓葬中出土古器物的组合关系来探讨其所折射出的礼器制度。

唐兰在古代史研究方面，主张奴隶社会与封建社会的分期应在西周、春秋之交，对夏、商、周纪年的推算提出了自己独到的见解，对青铜器的起源与发展亦有独到的论点。总之，他主张应把文字学、历史学、考古学等学科，运用辩证唯物主义的观点有机地联系起来。1953年至1972年，唐兰先生数次将所藏铜器等文物捐献故宫博物院。

从一定意义上说，故宫博物院收藏的青铜器与铭文，是清宫收藏之延续，但又增添了许多新的重要藏品。从整体来看，故宫收藏的青铜器种类丰富和齐备，铭文内容丰富。故宫青铜重器，其中还应包括今收藏在台北"故宫博物院"的不少珍品，如毛公鼎、散氏盘、宗周钟等。

故宫收藏的先秦青铜器和铭文有独特的学术方面的价值与意义。研究青铜器和铭文，有着丰厚的学术传统。以上四位学者的学术活动始终围绕我国殷周青铜器及其铭文等内容展开，他们特别注重故宫博物院所藏青铜器的整理，以青铜器铭文内容为基本史料，探讨先秦史学的若干问题，是他们学术活动的重要特色。尤其是马衡与唐兰更加主动地将历史、历史理论运用于具体的研究课题，并注重依据科学考古发现的青铜器标准器和标准器群与故宫藏器的对照。

无论是北京还是台北的"故宫博物院"，数量巨大的清代作品曾被当作主要用于装饰的"不重要的艺术"。对清史学家，紫禁城原本也是个非常边缘化的题

故宫格伯簋及其铭文

故宫兽面纹簋及其铭文

台北故宫博物院散氏盘及其铭文

目。1949 年以后，中国和西方的清史学家普遍关心清代的政治、经济和国际关系。很大部分注意力被放在 19 世纪，其次被放在 17 世纪的国家重大事件上，仅头四个清代皇帝被重点关注。雍正帝和乾隆帝由于对他们的研究而变得更为人所知了，清代同非汉民族的关系重新并更深地被考虑。到 20 世纪 90 年代，注重清代皇帝满族身份的旧国家主义被重新检验，特别是在美国，被以有力和超越民族的多元主义更适当地重塑。

2003 年，时任故宫博物院院长的郑欣淼提出"故宫学"概念，他说："故宫学将故宫作为一个文化整体来研究，从文化整体的角度去评估故宫的文物价值和文化内涵。同时故宫学也从文化整体的角度来认识和理解故宫学的各个领域（如古建筑、文物藏品、宫廷历史文化和博物院史）的深刻内涵及各领域之间的紧密联系。"[1] 也就是说，"故宫学"是故宫人与故宫研究者的自我意识觉醒的重要标志。至此，"故宫学"的学术途径已转向对相关知识发展模式的构建。从反映皇家文化的特点来划分"故宫学"，有狭、广两义。狭义的"故宫学"是人文科学的一门独立学科；广义的"故宫学"则是一门知识和学问的集合。它们承载着中华文明的历史进程，蕴藏着中华民族历史文化艺术及其丰富的史料。

"故宫学"与敦煌学一样，都具有深不见底和横无际涯的特点，其内涵之丰富，涉及的范围之广泛，从已发布的研究成果看，许多都是中国文化史、中国艺术史、中国历史（尤其是明清史）的重大课题。

据郑欣淼的说明，"故宫学"又可包括紫禁城学、明清宫廷史学、明清档案学，以及中国古代书画、工艺、金石等多种研究学科，初步梳理"故宫学"至少包括如下若干方面："故宫学"与紫禁城皇宫建筑群研究的关系；与明清皇家建筑物研究的关系；与中国古代建筑技术与艺术研究的关系；与中国古代艺术（古书画、古青铜器、古陶瓷及各类工艺品）研究的关系；与明清民族问题研究的关系；与明清时期中外文化交流研究的关系；与明清皇家艺术品收藏与制造研究的关系；

1　郑欣淼：《故宫学纲要》，《故宫博物院院刊》2010 年第 6 期。

与明清时期皇宫修书藏书研究的关系；与明清典章制度研究的关系；与明清宗教政策及宫廷宗教活动研究的关系；与明清重大政治、军事事件研究的关系；与明清皇帝、后妃子嗣、太监生活研究的关系；与明清朝臣疆吏研究的关系；与明清档案管理、利用研究的关系；与中国近现代革命史研究的关系；与80年来中国文物保护的关系；与中国博物馆事业发展的关系；与故宫专家、学者及中国现代学术研究史的关系；与无形文化遗产保护传承的关系；与文物科技保护的关系；等等。[1]

"故宫学"主要包括如下知识内容。

（1）明清宫廷历史文化与宫廷建筑遗存。以紫禁城为主体的明清皇家建筑是一个整体，宫室、田囿、祭坛、寺观、行宫、陵寝、藏书楼及王府等，是一个有统一规划、统一规制、统一管理的庞大体系。紫禁城是"故宫学"最核心的层次。

（2）《西清古鉴》与故宫礼器收藏。乾隆十四年（1749），廷臣梁诗正（1697~1763）等仿照《宣和博古图》的体例，将殿廷陈列的与内府储藏的青铜器著录成书。这些青铜器多系元明两代与清初出土的。至光绪十四年（1888），又收青铜容器、乐器、武器及其他杂品、青铜镜共1529器。尽管据容庚考证，其中有铭伪器约占全数2/10，无名伪器更多，但由于《西清古鉴》是乾隆帝亲自敕撰编修的青铜器书籍，故对青铜器研究之复兴起到较大的推动作用。在这一方面，玉器也包括其中。

（3）《石渠宝笈》与故宫书画收藏。《石渠宝笈》是清代乾隆、嘉庆两朝编纂的宫廷收藏的大型著录文献。《石渠宝笈》主要收录为自晋、六朝、隋唐直至清朝的书法、绘画、碑帖、版本、缂丝等。全书有初编、续编和三编，总数为255册，所收书画家（合作作品不计）名头共863人，其中《石渠宝笈》收录作品计7757件。书中详细记载了作品的名称、质地、尺寸、款识、前代鉴藏印记、题

---

1 余三定、郑欣淼：《故宫学：故宫研究的新阶段——郑欣淼先生访谈录》，《学术界》2009年第1期。

跋以及清内府印记、乾隆皇帝过目的题跋诗文等。

（4）官窑与宫廷瓷器收藏。传世的官窑瓷器，以北京故宫博物院与台北"故宫博物院"收藏最丰。南北地域划分，次以官窑、民窑顺序排列。北方陶瓷，如汝窑、钧窑、定窑、耀州窑、磁州窑等窑系的制品，并及金、辽及西夏瓷器等；南方的哥、官、越窑、龙泉窑以及景德镇、建窑等窑系的制品。

（5）文渊阁与皇家典籍。明清两朝皇室藏书除前代皇室遗存外，还大力搜索求购天下遗书，使皇宫荟萃了许多极其罕见的宋元明各代珍本。明清两朝宫廷藏书包括《四库全书》《四库全书荟要》《天禄琳琅》《古今图书集成》《武英殿聚珍版书》《宛委别藏》，以及一批明清方志、文集杂著、观海堂书、佛经等稀世珍本。现在故宫博物院已建账善本 19 多万册，还藏有 20 多万块武英殿殿本的书版及铜版等。现存台北"故宫博物院"善本也有 15.7 万余册。

"故宫学"的主要特征是对以往常规学科的覆盖，而非越俎代庖，这些常规学科包括考古学、历史学、古器物学、建筑史、政治史、博物馆学等。

在"故宫学"的课程体系中，故宫将被视为一个文化群系。要理解这些群系，就必须详细审查故宫的表达所凭借的文化资源，故宫作为博物院对这些文化资源做出反应的境况，以及故宫本体转化这些境况的文化方式和对其他境况有影响的文化方式。

1987 年，故宫被列为世界文化遗产，"文化遗产"观念被引入，突破了传统的"文物"观念的局限性，强化了遗产的环境意识、共享意识，以及全社会都必须承担管理和保护的理念，促使人们从"大故宫"的观念来看待故宫保护。从"故宫学"角度审视，故宫不仅是举世闻名的物质文化遗产，同时也有着重要的非物质文化遗产内容，其中最突出的是中国古代宫殿建筑的工艺技术。它们一方面以物质的形态存在于建筑物中，一方面以手艺的形态，通过工匠口传心授世代相传。

由于故宫文化的特殊性，文物藏品都有相当丰厚的内涵，需要不断地探求。例如武备、宫廷生活用具类藏品，既涉及工艺美术，又与宫廷史、文化史、典章制度等有关，而且随着资料的挖掘与研究视野的扩大，这种研究会不断深入。从多方面去探寻文物的价值，这是综合性研究的一个重要方面。同时，故宫学把学术研究与业务工作结合起来。例如陈列展览、科技修复、宫廷原状陈列等，既是实际工作，又需要通过研究成果来体现和提高。现实中的"故宫学"需要把研究与传承结合起来。古建筑的维修技术、文物修复技术、书画器物的鉴定方法等，都需要在研究的基础上更好地传承、弘扬。

郑欣淼在 2003 年提出"故宫学"概念，使"故宫学"研究由自发阶段进入了自觉阶段。具体来说，这几年里，在构建"故宫学"学科体系，整合研究力量，规划研究方向和重点，加强薄弱环节，不断提高研究水平方面做了大量工作，取得了明显的进展。尽管"故宫学"的倡导者依然无休止地为这一学说做论证，但是并未一味地指责它的批评者如何地曲解他的思想，这时的我们已经意识到值得去做的工作是重新系统地阐释自己的学理体系。

"故宫学"注重的是有关故宫知识的"内在的"性质，即把这一专业领域首先理解为一种实践性的参与和投入。"故宫学"终将以学理阐述的"新的方式"反哺故宫博物院。

故宫大修与"平安故宫"工程

到 1987 年 12 月，故宫成为一个被世界正式认可的世界级文化遗产。这是一个重要的里程碑。北京的社会政治活动的探索局限于符号、仪式行动和建筑形式的有限领域。中心轴是紫禁城的中心，从个别建筑到首都，整体的对称性，轴线达到其"高潮"。在建筑史上的传统研究也指的是城市的对称形式及其建筑体现出的力量象征。

几年前，对艺术作品更为精确的感知，大量的文件，或者更确切地说，"非文化资产"，隐藏在博物馆的各个角落。这种文化资产与古董的概念的混淆造成了有价值的信息损失，这在当时被认为是没有价值的。博物馆正试图重新整理或重新分类这些文件，并通过当代标准来整合并判断其价值。

再就是，自 1912 年清帝逊位以来进行的最大规模的修缮，计划从 2002 年开始，到 2020 年结束。到 2020 年，"外部和内部环境的全面改造和整体保护将完成"。

此前，古建专家们赖以增长经验的大修只进行过两次，第一次在中华人民共和国成立初期，第二次在 1974 年到 1976 年。在第二次大修中，故宫古建施工队招收了 457 名技术工人，培养了大量古建修复人才。一般性修缮仅仅意味着对建筑外表进行整修粉饰，而且范围很小；只有大修才会涉及木结构等建筑的根本性问题。其实为国力所限，尽管名为"大修"，1974 年那次修缮也仅耗资 1400 万元。除此之外，故宫只能 3~5 年进行一次小规模修缮。

当大修进入实质性阶段，曾围绕大修计划展开的种种争议似乎消弭于无形之中。但是以故宫的地位，稍有差池，它必然会再次成为中国文化遗产保护工作的风暴眼。在故宫西翼，备受瞩目的武英殿修缮工程已经顺利完工。

自 2002 年开始的故宫大修对精度要求很高。工人们先把砖用电锯切割成块，然后用刀具砍削其边缘，再用刨打磨，并且反复用尺度量，每一块砖的尺寸都要精确到毫米。工人自己说，他们一天只能加工 30 块砖。

对结构发生损坏、内外装修残破的武英殿、寿康宫、慈宁宫及慈宁花园等重点古建区域进行抢救性修缮，是 2002 年以来开始的故宫大修的重要内容之一。当时主管大修工程的故宫博物院副院长晋宏逵表示，重修武英殿的经验将对其后进行的工程起到示范作用。

武英殿是故宫西翼的主殿，康熙帝曾集合文人学士在此开馆编书，仅次于《永乐大典》的大型百科全书《古今图书集成》就编纂印制于此。明末李自成于此殿称帝，清初顺治也在这里登基，现存建筑为同治年间复建。

故宫博物院将武英殿作为建筑物修缮的试点工程，这一决定的基础在于，它处在游人如织的中轴线以外，便于大规模施工，而且有着故宫未开放区建筑典型的糟糕状况。1949 年后，历史博物馆、革命博物馆、中国文物交流中心先后设址于此，导致它多年来未能得到最基本的维护，在大修之前已经破败不堪。

当时武英殿算是危楼。皇家建筑的木工技术，无论整体木结构，还是梁、檩、枋、椽、柱、榫、望板、雕花等细节，都古老而难以掌握。同样，灰瓦和黄、绿两色的琉璃瓦的烧制、维修和铺设，包含相当繁复的工艺。油漆的调制配方则包含岩石颜料、桐油、米浆、兽血等古老材料，亦需要工人们旷日持久地学习和实践，才能掌握其中的窍门。

当时国务院副总理李岚清视察故宫，在辉煌的表象之下，看到砖瓦残破、漆画凋零、管线暴露，一片凌乱景象。

大修之前，武英殿的情况相当糟糕。大殿的整体结构已经出现偏差，殿顶的四个角不在一个水平线上。按照建筑力学的解释，这种偏差在一定程度上可以允许，但问题在于，殿顶结构还在继续向一侧滑动，再不维修就有整体脱落的危险。汉白玉石雕久经风雨已经模糊不清，大殿外部彩绘则风化严重，很多地方痕迹全无。

如此规模和结构，远不足以抵消近百年来氧化、霉菌、虫蛀、酸雨、雷电、旅游开发和错误规划造成的侵害。到 2002 年，不仅古建筑专家忧心忡忡，就连非专业的政府官员们也一眼能看得出，故宫已经太老了。在前期勘察工作中，工作人员首先把琉璃瓦和殿顶构件逐一编号，然后由故宫自己的古建修缮队伍按步骤拆卸，把整体木结构重新拨正归位。殿顶拆下后，工人们发现原有的大梁早已糟朽不堪，空手就能掏下整块木渣。这是同治年间国力衰微所致，当时木料没有晾干就用于建筑。

故宫的专家们认为，这是一个例外事件，故宫其他宫殿不会出现如此糟糕的情况。除了这根大梁以新的红松木替代之外，故宫对武英殿的大多数木构件都采取了加固原有材料的做法，因此木构件的更换量很少，只有 10% 左右。建筑的结构材料的选用并不必须考虑"修旧如旧"的原则，但故宫面临的问题是，并没有足够好的新木料可供使用。即使是此次采用的最大的新木料，直径 90 厘米、12 米长的红松木，对于武英殿来说也远远不够大，必须加长一截，内以钢筋连缀之后才敷使用。

古建修复技术有"铁三角"之说，分别为木、瓦、油。木料的匮乏情况甚至早在明代就已经出现。万历三十二年（1604）起，焚毁的三大殿就因木材缺乏而迟迟不能重修。直到天启五年（1625），通惠河工部侍郎陆澹园在天津至海岸沿途的芦苇中意外发现历朝剩下的楠木1000余根，重修工程才得以启动。

从清代开始，砖木建筑的楠木时代已成过去。这种樟科常绿大乔木坚硬耐腐，却生长缓慢，良材难得。故宫常用的金丝楠木为楠木中的一种，一般出自川涧，木纹中隐含金丝，在阳光照射下白烁华美。明代采办楠木的官吏络绎于途，清室认为此举太过靡费，便改用东北黄松。

如今故宫中已经没有完整的楠木殿，楠木使用较多的也只有南薰殿一处，甚至乾隆皇帝为自己特别修建的颐和轩，也只是采用了红松做柱外包楠木的办法而已。现在的情况更差些，足够大的红松亦属难得，况且木材干燥费时太久，又使急于大修的故宫无法等待。

由于大多数宫殿的内部木结构还没有打开，因此需要多少木料现在还难以预计。尽管如此，故宫对武英殿的施工质量依然信心十足。晋宏逵说，故宫可以保证，这次修缮后武英殿的主体结构在一两百年内不再需要大修。

除了琉璃瓦之外，基本上都尽善尽美了。作为熟谙琉璃瓦工艺的高级技术人员，对包括武英殿在内的故宫各处建筑的屋顶的每一块瓦都进行了勘察，目的是找出"瓦样"，即分类为乾隆年造、道光年造等不同样式，再画出图纸，标出顶瓦、檐瓦的不同位置。按照故宫的整体计划，表面残破面积超过50%的琉璃瓦要替换，没有超过50%的则要继续使用。时任故宫博物院文保科技部副主任曹静楼表示，从整体上说，故宫中的琉璃瓦大约有四成需要替换。

此次武英殿大修，淘汰下去的琉璃瓦都由新瓦代替。尽管殿顶没有100%的琉璃光彩，但在雨云低垂的晦暗天空下，在槐树的浓重阴影里，整修过的武英殿焕然一新。工人们正在按照图样进行彩绘，产自南京的崭新金箔使得屋檐下的龙纹熠熠生辉。

以外行的眼光看过去，重生的武英殿的外表还是非常漂亮的。几乎可以说它洋溢着某种格外特殊的皇家气质，如果人们对皇家品位的想象并不荒谬的话。

"武英殿经验"将在大修中得到推广。在故宫未开放区域，可以看到还有很多像武英殿一样需要整修的建筑。除了慈宁宫、寿康宫等计划修缮的项目和一些办公用房之外，英华门后的院落等地显然久未打理，有的院落甚至荒草蔓生达一米多高。

故宫总面积 72 万平方米，目前的非开放区将近 40 万平方米。开放区域内的文物多次进行一般性修缮，占总面积 2/3 的未开放区域内的文物则很少或从未得到修缮。

另一处重要的修缮工程———倦勤斋保护工程进入关键的内饰修缮阶段。倦勤斋修缮工程由美国世界文化遗产基金捐资注入约 1800 万元，这次故宫大修，计划对藻井、天花板、花罩、隔扇等古建筑内装修进行保护修缮。虽说此次修缮是以内部修缮为主，而从某种程度上说，内部修缮是此次大修的困境所在。

倦勤斋以"通景画"闻名，这座故宫东北角的闲雅居所，名字中隐含着乾隆皇帝放弃最高权力退居思静之意，装饰精美，为故宫之冠。其中用于书画保护的预算就有 800 万元，古画修复专家已对通景画绘画本身和织物进行补色、修复。通景画类似于国外的教堂天顶画，上承藻井，下接四壁，画面连绵一体。

倦勤斋内的作品是国内留存至今者中规模最大的，共约 170 平方米。由于此画采取透视法，笔法却是典型中式，故宫专家推定为当时供奉内廷的意大利画家郎世宁的学生王幼学等人所绘。与教堂绘画不同的是，倦勤斋通景画的画意不是疏离人间，而是亲近生灵。四壁绘画与周围景色协调一致，如北面直接绘有宫中院落、门廊、花鸟，西面绘有西山景色，让人产生恍若真实的错觉。藻井则绘有整幅藤萝，绿色枝条次第低垂，蓝紫色的花朵星星点点，纷披而下。

从文物种类上说，倦勤斋通景画属于宫廷"贴落"，即相当于壁纸用途的绢本绘画。通景画的修缮只是倦勤斋课题的一个部分，却是最重要的一个部分。尽管通景画已经多处损坏，到了画绢酥脆断裂、颜色脱落的程度，但以故宫修复古画的丰富经验，200 多年历史的作品当应付裕如。不过此次的问题出在另一个

武英殿老照片

大修后的武英殿

倦勤斋通景画

方面：这幅画的面积太大了。仅仅为了把它从墙上完好地揭下，古画修复人员就不得不设计了多个备选方案。

修缮人员首先在倦勤斋内安装现代化的温控装置，用空调器、加湿器调节局部环境，把温度控制在 14℃~20℃，湿度 50%~60%。揭裱通景画时，先用符合规定的 pH 值的蒸馏水润湿画纸，避免酸碱腐蚀，然后分成局部，由专业技师手工揭下。下一个步骤是杀菌，一般器物可以使用熏蒸的方法，书画则只能使用冷冻法，以避免颜色遭到破坏。霉菌和蛀虫被杀灭后，最重要的工作由修复画家们来完成，按照原画的颜色、笔触、气韵逐一描摹。最后一道工序是，选取优质的宣纸、绫绢、糨糊、天地杆进行装裱修复。

大量的古代工艺需要曹静楼所在的故宫科技部去重新研发，而已经研发出来的新工艺正在等待鉴定。

倦勤斋的一些"贴落"的外表贴有竹黄，由于时间久远，竹黄多因干燥过度而卷曲变形，这是此次内部修缮的难题之一。如果无法令竹黄变软，重新贴服的修缮计划就会完全成为空谈。故宫有关专家根据清朝内务府档案记载的当时工匠来源，赴浙江、江苏和江西等地寻访工艺，至今没有结果。

在内饰修缮部分，隔扇、花罩、围子等的修缮工作尤其繁重，这些用以隔断和装饰房间的器具在现代生活中早已不复存在，因此在修缮技术和材料上都面临难题。故宫的建筑物大多经过几次维修，而这些内部饰物在 1911 年以后几乎从没仔细保养过，很多物品的情况相当糟糕。内部修缮的难题在于：在材料上，所需的上等木料、薄纱、油漆，种类繁多而且多已湮没；在人才方面，既掌握技术又具备相应艺术品位的工匠寥寥无几。比如，卷勤斋门扇上的双面绣已经风蚀脆化全部脱落，只好重新制作替代品。

故宫对一些纺织品采取了仿制保存的办法，因为有些文物事实上无法实地保存，比如地毯、被褥、幔帐，只要放在原处就会不断糟朽，只好把它们收藏起来，以仿制品代替。但仿制策略也远远没那么容易奏效，由于文物所需材料甚少，常常只需要几十米甚至几米，几乎没有纺织厂愿意接受订单。尤其是花罩中间所夹的薄纱，不仅种类繁多，而且疏密、颜色的不同都会大异其趣，不能以简单的几种统一替代，至今没有好的解决方案。

内饰修缮在某种程度上是一场"时间之战"。"就算是有好的老工匠，也在不断地去世。"工程管理处的处长张克贵说。

与石头建筑相比，中国砖木结构建筑需要更快的新陈代谢节奏。明清时期皇家以举国之力维修故宫，这一更新进程从未间断。因此造成了这样一种结果：到清末时期，从材料上说，故宫的大多数细节都已打上了晚近的烙印；但是从格局、样式、技术和美学上说，它始终是货真价实的古代建筑群。

成年人的身体中已无孩童时期的细胞，但我们与昔日的少年仍然是同一个人，故宫也本应如此。但是由于大修频率过低，现在的故宫的问题是，它已经35 岁了，却保留着 20 岁的细胞，因此显得像 70 岁一样老。

因为有将近 30 年的时间没有进行大规模修缮，"飞鸟尽而良弓藏"，故宫博物院曾拥有的 435 人的修缮队伍，已经渐渐减少为 100 人左右。那些最好的技术工人的失散、老迈和死去，更使得大修在技术上举步维艰。在工程开始之前，专家们对于是否应该大修、如何进行大修的争论不绝于耳。问题主要集中在：修建地下展馆和重建一些已经毁掉的宫殿的计划是否会造成新的破坏？大修所需的材料和技术是否过关？在此条件下进行大修，究竟是大修还是大毁？

争论激烈地进行了两年时间而没有结果，大修工程却已经开始。"至少有1/4的面积同时在修。"这是一次急迫的维修，有时不得不边维修边摸索。问题是，有些古代工艺没有破解，另外一些工艺被破解了，却无法实施。

在传统材料来源上，故宫的木料来自湖广、江西、山西等地，汉白玉石料来自北京房山，五色虎皮石来自蓟县的盘山，花岗石采自曲阳县，殿内墁地方砖来自苏州，砌墙用砖是山东临清所烧，宫殿墙壁所用的红色颜料产自山东鲁山，加工在博山，室内墙壁上的杏黄色颜料产自河北宣化的烟筒山。对于现代文明来说，这些材料的考究是一种不可能完全模拟的古风。

中华人民共和国成立40年时，故宫博物院先后完成古建修缮保养只有约300顷，经费开销也仅有2000余万元，其中包括土木修缮、油饰彩画、环境整理、安全设施、庭园古树木养护等。然而，就是在这样的艰苦条件下，在古代建筑的维修保护过程中，故宫博物院逐步建设起了一支300余人的专业施工队伍，并积累了丰富的经验。他们正在以历史、艺术、科学的"三大价值"标准来维护这座目前世界上最为宏大的皇宫建筑群。

在对故宫古建筑群实施的众多保护项目中，人们逐步认识到，其实材料的问题并不是最关键的，关键还是人才和技术，只有不间断地着力于此，方能挽救即将消逝的传统艺术与工艺。在全国各地寻访工艺和老艺人的工作早在2002年就已经开始了。寻访的调查组依循的线索，仅有清内务府的活计档和其他一些零星文献。修复乾隆花园的倦勤斋通景画就是其中的重要成果之一。背纸即书画装裱所用的衬纸，倦勤斋通景画采用的是乾隆时期的高丽纸，由纯桑树皮制成，现代的造纸企业中已无此工艺。2002年，调查组专家在安徽一家小纸厂找到这种传统工艺，当地有这种桑皮，而且操作过程全部用手工完成。传统方法的失传对于故宫来说是个难题，传统方式是首选的方法，但是现代科技也可以用来解决以前没有遇到、不能解决或解决不好的问题。

作为古建筑维修的专业队伍的补充，故宫文保科技部负责开发替代性的新技术，其中"旧瓦翻新"即为故宫方面着重向外界宣传的成果，实验表明"效果相当好"。

"旧瓦翻新"的现实基础是，旧材料总是比新的好。乾隆年间造的瓦胎虽然历经风雨，但仍然比新造的瓦胎结实得多，也厚得多，因此刮掉残破的琉璃重新上釉，就成了修缮故宫最好的选择。"旧瓦翻新"是故宫刚刚研发的新技术，由于工期漫长，此次武英殿大修没有利用这一技术，但是可用于武英殿以后的修缮工程。

不过，问题依旧在远景中存在。随着时间流逝，旧瓦的瓦胎终究也要消耗殆尽，届时旧瓦翻新技术也将失去意义。更糟糕的是，由于成本控制等原因，即使是最好的古建公司出产的新瓦胎，也远远不及清代的瓦胎厚实均匀。

"油"对于故宫来说也是一个传统难题。至今，新油漆的色泽仍然做不到与传统油漆完全相同。同时，一位昔日的油漆技师、现在的老看门人也承认说，还有一点新漆不如旧漆，就是在太阳的暴晒下很容易脱皮、开裂。其他一些工艺也面临类似的问题，如裱糊技术就面临即将失传的窘境。故宫试图采取师承制的方法尽可能保留工艺，但其效果还需要时间检验。

卷勤斋修缮工程将不得不采用一些替代方案。在勘察过程中，工作人员发现即使是清代也有一些使用替代材料的例子。这次百年大修的材料和技术注定要同时带有两种时间的痕迹，一种是古代的，一种是现代的。它的古代时间终结于1911年，现在故宫博物院希望在2020年寻回失去的时间。

对于梁思成先生提出的"修旧如旧"原则只是一种模糊的描述，用《文物保护法》的原文来解释就是"不改变文物原状"，故宫大修就依此原则进行。有人说，"文物保护工作在时间面前总是会失败"，故宫大修更是一种新旧杂陈的大修，即使木结构建筑不再成为时代的主流，但随着技术手段的丰富和财力的增长，故宫古建筑保护工作必将会越做越完善。

2013 年 4 月 17 日，故宫博物院院长单霁翔在北京通报《"平安故宫"工程总体方案》已获国务院批准。

根据总体方案，"平安故宫"工程的保护对象为：一是占地 112 公顷、建筑面积 17 万平方米的木结构宫殿古建筑群的安全；二是 180 万余件故宫藏品的安全；三是每年约 1500 万中外游客的安全。工程重点内容主要包括七项：一是故宫博物院北院区建设；二是地下文物库房改造；三是基础设施改造；四是世界文化遗产监测；五是故宫安全防范新系统建设；六是院藏文物防震；七是院藏文物抢救性科技修复保护。

"平安故宫"工程的近期目标是争取用三年时间，在 2015 年即故宫博物院成立 90 周年之时，有效缓解目前存在的火灾、偷盗、雷击、地震、踩踏等重大安全隐患，解除其中最紧迫、最危险的隐患点。中长期目标，是用八年时间，在 2020 年即紫禁城建成 600 年之时，基本实现故宫博物院进入安全稳定的健康状态，全面提升管理和服务水平，迈进世界一流博物馆行列。

故宫将以推进"平安故宫"工程为契机，使古建筑的原真性和完整性得到充分体现，逐步改善故宫藏品保存和修复条件，提升故宫博物院的文化遗产保护能力、展示传播能力和服务游客能力。实现文化遗产完整保护；实现环境质量稳步提升；实现安防设施全面覆盖；实现开放区域适度扩大；实现文物库房功能改善；实现文物藏品保护修复。

2014 年，故宫出现两起安全隐患。一次是雕塑文物的库房漏水，好在尚未伤及文物；一次是御花园堆秀山太湖石滚落，幸未伤及游人。"针对这些隐患，我们需要加强监测和管理水平，而平安工程正是朝着这个目标迈进。"

2020 年是故宫建成 600 年，单霁翔坦言自己的"故宫梦"就是"把壮美的紫禁城完整地交给下一个 600 年"。

作为世界文化遗产的故宫博物院

自从 1987 年 12 月故宫被列入世界文化遗产名录，我们深感荣誉和国际责任兼具。作为世界文化遗产，故宫博物院就要按照《世界遗产公约》及其《实施指南》的要求对遗产地进行保护与管理。

故宫博物院"更是定义、区隔文化或是国家，甚至用来强化、塑造民族主义与国家艺术的重要途径"。同时，《世界遗产公约》的实施、世界遗产地的管理，以及为更好地保护世界遗产地对保护方法和技术的改进，培训项目应利用现有技能、当地智慧和各阶层专业知识的优势，包括高校和地区合作伙伴关系，加强与诸如国际文化财产保护与修复研究中心、国际古迹遗址理事会、世界自然保护联盟和联合国教科文组织等国际组织的合作。

故宫整体维修是国之大事，历史重任。故宫大修工程由财政部、文化部、国家文物局三个部门推动步入正轨。经过三年的努力，2005 年 3 月 15 日，《故宫保护总体规划大纲》得到了国家文物局批复。《大纲》确定大修工程的目标是完整保护和整体维修故宫建筑群，故宫大修分近期、中期、远期三个阶段：2003 年至 2008 年、2009 年至 2014 年、2015 年至 2020 年。预计投资 19.52 亿元人民币。在沸沸扬扬中，期待已久的故宫大修已经开始了它的漫长历程。这是自 1911 年故宫修缮后，这个世界上规模最大、最完整的古代宫殿建筑群的首次整体大修。

与以往不同的是，故宫大修引来了世界遗产委员会的质疑。2006 年 7 月在立陶宛首都维尔纽斯召开的世界遗产委员会第 30 届大会上，就北京故宫、天坛和颐和园当前的修复工作表示质疑，并建议在 2007 年或 2008 年在北京召开国际研讨会对此进一步研讨。

2007 年 5 月 24 日至 28 日，国家文物局、国际文化财产保护与修复研究中心、国际古迹遗址理事会和联合国教科文组织世界遗产中心于北京联合举办了"东亚地区文物建筑保护理念与实践国际研讨会"。

此次会议也是针对遗产保护原则和实践所产生的争议展开的一次后续讨论，而这些遗产体现出不同的文化与传统。会议议程包括考察并讨论北京三处世界遗产地的修复工作。与会代表通过的《北京文件》，其中包括对北京世界遗产地正在进行的修复工作提出的建议，以期使这一文件不仅有助于上述遗产地的保护，而且为地区合作奠定基础，从而更好地制定针对东亚地区其他古迹遗址保护与管理的理论和实践指导原则。

此次会议回顾了有关保护理念与原则，包括2000年经国家文物局批准，中国古迹遗址保护协会颁布的《中国文物古迹保护准则》（以下简称《中国准则》），联合国教科文组织1972年通过的《世界遗产公约》及其《操作指南》，联合国教科文组织通过的其他建议与宣言文件，相关国际会议通过的决定，以及国际古迹遗址理事会通过的国际宪章和文件，如《威尼斯宪章》（1964）、《奈良真实性文件》（1994）、《古迹、建筑群和遗址的记录准则》（1996）、《木结构古建筑保护准则》（1999）、《国际文化旅游宪章》（1999）、《壁画保存、保护与修复准则》（2003）、《建筑遗产分析、保护和结构修复准则》（2003）、《西安宣言——关于古建筑、古遗址和历史区域周边环境的保护》（2005），以及国际古迹遗址理事会澳大利亚国家委员会通过的《巴拉宪章》（1999）。此外，各国遗产保护机构自现代保护运动发起以来，从各自保护实践中，以及从世代相传的文物建筑保护的传统做法中总结的原则和经验，也在此次会议上受到了关注。

《北京文件》进一步强调，文化遗产的根本特征是源于人类创造力的多样性。文化多样性是人类精神和思想丰富性的体现，也是人类遗产独特性的组成部分。现代保护理论可以被视为涵盖决策过程的方法论，这一决策过程从认知遗产资源的重要性和价值开始，并构成采取相应保护处理的依据。

《中国准则》明确指出，保护遗产地不得改变其历史原状。这是特别针对历史建筑群，如古代宫殿建筑群的完整性条件而言的。《实施世界遗产公约的操作指南》指出，完整性可定义为"衡量自然和／或文化遗产及其特征的整体性和无缺憾性"。

保养和维修的目的是保证古迹遗址保持良好的状况，这一工作应当基于对该财产的真实性和完整性的明确认识和尊重。定期的防护保养至关重要。材料和结构的替换或更新应保持在合理的最小的程度，以便尽可能多地保留历史材料。所有的工程均应做好恰当的档案记录。只有在需要采取相应的措施，替换腐朽或破损的构件或构件的某些部位，或需要修复时，方可进行更换。在维修木结构时，选用替换木材应适当尊重相关价值。新的构件或新构件的某些部分应用相同的树种制作，如果无法做到这一点，则应与被替换构件保持相似的特性，这一点至关重要。

要特别重视提倡传统技能以及有关建筑工艺和其他传统技能知识的传承与抢救。尽管故宫博物院做出了一些努力，但是，在新西兰基督城举行的第 31 届世界遗产大会还是对故宫博物院的文化遗址保护给予警告。

既然进入世界遗产保护名录，应该得到更好的保护才对，为何反而越来越危机四伏呢？明清皇宫紫禁城遭遇警告，是因为故宫周边原有建筑生态环境越来越与故宫建筑风格不协调。一些地方缺乏经验，保护需要和世界接轨。过分追逐商业利益，一些商业区为了增加收入，将遗产地完全租赁给商贩，使遗产区变成彻底的旅游区，一些保护、修复原则没有与国际接轨，招致"非议"。还有说法是，重新刷漆、建造后是很新的感觉，与世界遗产可能有所出入。

这促使故宫人的世界遗产意识进一步加强。《故宫博物院世界文化遗产监测工作报告（2012 年）》正式出版。该报告中文版、英文版于 2014 年 4 月正式由故宫出版社出版发行，这是国内首个系统介绍世界文化遗产地监测工作进展的年度报告。中国世界文化遗产监测工作整体刚刚起步的阶段，各遗产地需要加强学习与合作，更多学习国内外的文化遗产保护的先进经验，将遗产监测工作作为一个长期、动态发展的工作坚持不懈地去完成，最终真正成为文化遗产保护的强大助力。

同时，故宫世界文化遗产监测工作研讨会在故宫博物院召开。院长单霁翔在会上表示，世界文化遗产监测是"平安故宫"工程的重要组成部分，也是国际遗产保护组织对世界遗产地的基本管理要求。故宫世界文化遗产监测从 2008 年筹划至今，已经建立了监测内容框架，确定了监测的目标，制订了近期的工作计划，在对存在重大安全隐患的价值载体进行监控、测量和记录的同时，着手建立完整的监测信息平台。借助监测工作报告的出版，故宫向所有对文化遗产保护拥有知情权、参与权、监督权、受益权的广大公众和保护团体系统地汇报遗产保护监测工作的理念、技术思路、内容方法和项目进展。这必将使更多的人了解故宫的监测、理解故宫的保护、参与故宫的管理，最终推动故宫乃至全国世界文化遗产地的监测工作发展。

故宫博物院作为世界著名的文化遗产，同时它还是多项非物质文化遗产的拥有者。为保护这些非物质文化遗产，故宫一方面加速人员的培养，另一方面借助音视频技术，采集古书画装裱技术的图像资料，完整地记录了工艺流程、操作手法及技术细节，为防止技术流失上了双保险。

2004 年至 2010 年，故宫博物院完成了第五次，也是建院以来最为彻底的一次藏品清理，当时登记在册藏品总数量为 1807558 件（套）。

2012 年 10 月到 2016 年 10 月，我国开展了第一次全国可移动文物普查。故宫博物院根据工作和藏品实际，于 2014 年至 2016 年，在第五次文物藏品清理的基础上，开展了"三年藏品清理"工作，对部分之前未彻底整理的文物藏品进行系统清理，开展登记著录、影像采集等工作。经过本次清理，截至 2016 年 12 月 31 日，故宫的藏品总数由 1807558 件（套）升至 1862690 件（套），这其中珍贵文物 1683336 件（套），一般文物 163969 件（套），标本 15385 件（套）。"珍贵文物占到总藏品量的 90.37%"，这在全世界博物馆都是一个惊人的数字，因为一般博物馆藏品架构都呈"金字塔"结构，塔尖上是最珍贵的文物，故宫正好相反是"倒金字塔"形态，最多的反而是最珍贵的文物。

经过三年多时间，对 15 个项目藏品完成了清理，这些"大隐隐于朝"的文物或"藏得"很隐蔽，躲在犄角旮旯里被发现出来，之后在这次清理过程中"该修的修""该归档的归档"。分别是乾隆御稿，明清尺牍、瓷片和窑址标本，旧存瓷器、甲骨、石碑，散置全院各处的文物箱柜架、旧有席垫褥等文物资料，清宫老照片、清宫老照片玻璃底片、古建库房整理、石刻构件、原存材料、古建筑及其附属物品登记，部分无收藏价值的藏品报请国家文物局退出藏品序列，涉及全院的书画部、器物部、宫廷部、图书馆、资料信息部、古建部等八个部门。

几乎每个藏品背后都有一段小故事，例如曾经被摞起来放置的一个长方形木质匣子，原是专门用来盛放"黄马褂"的，也是同类存放衣料木质匣子中，体量最小的一个。本次清理前，它们被堆积着满是尘土。本轮清理中受到约两个月的清洗除尘的"礼遇"，最终进入特制柜架，被定名、编号和影像采集。

第十二章

两岸故宫博物院比较

国民党溃败逃台，郭葆昌之子郭昭俊曾携《中秋帖》《伯远帖》来台，台方无力收购，后在香港抵押给了英国汇丰银行，经周恩来总理批准，中央人民政府赎回并送还故宫博物院。张大千的友人谢稚柳买下了他出售的《韩熙载夜宴图》。台北"故宫博物院"典藏有众多乾隆朝档案，经检索找到了138份相关的档案。两岸两座故宫博物院的格局正式形成。两岸故宫所藏文物数量不一且各有特色。一座"故宫博物院"在台湾岛，客观上在台湾筑就了中华大文化的中流砥柱。

认同是不同群体在记忆场域中的不断争夺，并逐渐形成一种稳定的鲜明的历史——历史认识。2009年2月14日，台北故宫博物院的周功鑫院长一行来北京访问，被称为"破冰之旅"，最终形成了八项共识。3月2日，两岸故宫博物院举行会谈，达成了"两岸故宫落实合作交流方案"。

称之为"认同"亦即"共识"的核心是一种稳定的鲜明的历史认知，两座不同场域的故宫博物院，其形成与当年抗日战争时期的文物南迁有关。台北"故宫"收藏着约1/4的南迁文物。早期故宫博物院院史是两岸故宫的根，是共同走过的路，也是共同的财富，对故宫博物院今后的发展有着重要意义。两岸故宫都感到需要认真研究早期院史，还互相交换有关档案资料，并且做出研究的规划。

从1948年12月21日中鼎轮的起航算起，到1949年12月9日最后一架飞机起飞之时为止，从大陆到台湾，直接间接运往台湾的珍贵文物一共有5606箱。这5606箱文物中，属于中研院历史语言研究所和"中央图书馆"的，都相继归还，河南博物馆的文物送到了台湾历史文物美术馆，即后来的"国立"历史博物馆，剩下的3879箱文物属中博筹备处和台北故宫博物院所有。

那个时候的学者认为，金石是最重要的，鼎是国家的象征，所以拿走了不少青铜器（2382件）。文人重视书画，书画本身也好运载，能拿的尽可能拿，共拿走了5424件。中国有君子佩玉之说，故玉器也拿走不少。陶瓷只拿走了一部分，计17934件，集中了北京故宫博物院各瓷器陈列室与敬事房的精品，可谓名窑毕备。

国共两党为政权的合法性与认同性的博弈已经渐行渐远，与古老传统的延续以及权力的更迭相比，人们更期待一个中国的立场在两岸达成共识，这也使故宫文物在现代中国和西方价值观下的见证作用显得更加重要。

台北故宫博物院的存在从两个因素予以体现：第一是它的设立能响应现代社会的发展，令西方社会接受当局统治权的合法性和认受性；第二是这象征着其统治权传承了古代中国的历史，具有深厚的文化底蕴。这就是为什么国共两党要争夺故宫博物院拥有权。

多件故宫珍品文物与台湾擦肩而过

继承了文物，手上就握有了历史证据，权力就有"正统"的权威加持。人们或许是这样想象的，将蒋介石本人与迁台的故宫文物联系在一起。然而，这未必就是事实。到美国斯坦福大学胡佛研究所研读过《蒋介石日记》的日本学者野岛刚，在读完了已公开的十年日记后说："在日记中读到蒋介石详细描述其如何用尽一切手段将黄金运到台湾，然而却没有发现任何谈到故宫的只字片语，完全不符合我原先的期待。"

从 20 世纪 50 年代后半期开始，台湾经济出现了高速增长，到了 60 年代，其令人惊异的增长率便以"台湾奇迹"的神话风靡世界。在其背后，有人居然探听到了个中秘诀：这只"小龙"的养成原来与故宫里的玉器有着密切的关联。[1]

身在台湾的蒋介石开始意识到要想"拥有中国的正统统治地位"，在向海外宣传时就一定要利用台湾拥有的故宫文物。"1949 年后，台北故宫博物院成为国民政府合法性的象征。"[2] 这些认识是刚在台湾站住脚的蒋介石还无暇考虑的问题。

在《山堂清话》的《我与中秋、伯远二帖的一段缘》中写着："1933 年，北方情势吃紧，当局惟恐爆发战事，北平有遭受战祸甚至沦陷之虞，于是决定文物南迁。临行前，与庄尚严同去赴宴的还有他的两位恩师——故宫博物院第

1　〔日〕典厩五郎：《故宫深秘录》，前章"台湾的奇迹"，东京：新人物往来社，1997。
2　参阅朱静华《故宫之为文化的再现：中国艺术展览与典律的形成》，《美术馆》2008 年 B 辑（总第 15 期）。

徐森玉　　　　　　　在整理文物的庄尚严

二任院长马衡和古物馆馆长徐森玉。"据庄尚严回忆，"那天吃的是一顿别致的火锅"。

做东的主人可不是一般人，他是曾做过袁世凯的"账房先生"，官拜九江关税监督，后来服务于古物陈列所的郭葆昌。1915 年，袁世凯为筹备帝制"大典"而委派他为"洪宪"帝国的陶务监督使。据有关资料记载，郭走马上任，在景德镇花了 140 余万元巨款，烧制的那批落"居仁堂"款的所谓"洪宪御瓷"，共四万多件，备极精致。他因此进一步发迹、发财。

请客的地点是他在秦老胡同的家——觯斋。饭后，郭葆昌取出珍藏的翰墨珍玩，供大家观赏，其中赫然有《中秋帖》《伯远帖》。那时候郭葆昌当着来客及儿子郭昭俊的面说，在他百年之后，将此二希帖，无条件归还故宫，让《快雪时晴帖》《中秋帖》《伯远帖》三希再聚一堂，而且戏称要庄尚严届时前往觯斋接收。

1949 年，国民党溃败逃台，郭昭俊曾携《中秋帖》《伯远帖》来台，旧事重提，欲履行他父亲生前宏愿。由于郭府逃离大陆时，家产散尽，故希望台湾当局能在"赏"他一点报酬的条件下，他再将二帖"捐赠"出来。可惜那时国民党当局刚刚来台不久，一切措施尚未步上正轨，财源短绌，囊中羞涩，实在无力顾及于此，希望以后再从长计议，以致二帖重回故宫之事，在台湾不克实现。后来郭昭俊携此"二希"去了香港。

在香港，郭昭俊将"二希"抵押给了英国汇丰银行，赎期定在 1951 年 11 月底。眼看日子临近了，他将此事报告给了中央人民政府。经周恩来总理批准，赎回。12 月 27 日，文物局局长王冶秋亲自将《中秋帖》和《伯远帖》送还故宫，此时距离"二希"离开紫禁城，已经整整过去了 27 年。

另外，张大千流亡到印度，住在大吉岭，说是佛缘，但没人买画，太太徐雯波又病了。1951 年，张大千从印度回到香港，准备移居南美。在留港的一年时间里，香港银行高级人员徐伯郊与张时常往来，谈笑甚欢。徐伯郊为人忠厚，待人诚恳，对友热情，照顾张大千的生活。张大千对他非常感激，把他当作知心朋友，无话不谈。其时，郑振铎与徐伯郊亦有联系，郑便指示徐伯郊争取张大千回国，并努力通过张大千的关系，尽量多收购一些流失在外的中国书画名作。

当徐伯郊把郑振铎的意思转告张大千后，张大千对郑的关心十分感动。虽然张大千最终没有回国，但他把自己最心爱的五代画作《韩熙载夜宴图》、董源画《潇湘图》、北宋刘道士画《万壑松风图》以及敦煌卷子、古代书画名迹等一批国宝，共折价仅 2 万美元，以极低的价格全部半卖半送给了祖国。从此，《韩熙载夜宴图》等一批国宝级文物便成了国家文物局馆藏稀世绘画珍品。

另一说是，友人谢稚柳买下了《韩熙载夜宴图》，不想背后买家是共产党，蒋介石囊中羞涩，没钱买，便恨上了张大千。1977 年，张大千的同乡、族人张群从中策划，张大千才定居台湾。

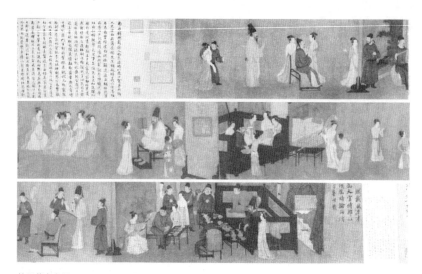

韩熙载夜宴图

180 万件对 60 万件——两岸故宫文物各有特色

北京故宫博物院约 85% 的文物源于清宫旧藏，而台北故宫博物院 92% 的文物都来自清宫。后来到了台湾的故宫老人那志良说："运台文物的箱数，与南迁箱数相比，以数量计，自然是仅有南迁箱数的四分之一，但是若以质计，则南迁文物中的精华，大部分已运来台湾了。"

两个故宫博物院的形成，就与当年抗战期间的文物南迁有关，如那志良所说，台北故宫收藏着约 1/4 的南迁文物。故宫文物南迁是故宫博物院早期院史中的一件大事。

文物南迁有当时的考量。对台北故宫来说，宋元绘画作品、清珐琅彩比较多。而清朝人物图像都在北京。北京故宫博物院的大堆瓷器碎片都是宝，因为你可以直接取样分析各种釉彩、陶瓷的成分，而且乾隆"三希堂"中的两帖都在北京。可以说，北京故宫最大的镇馆之宝就是紫禁城，全世界找不到第二个。

并不是说当年文物南迁时搬走的都是重要精品，因为从 1933 年到 1937 年这段时间，故宫还在开门正常展览，很多展品都留在了北京。

国家的命运体现在帝国收藏的命运。溥仪借赏赐他弟弟的名义，将 1000 多件中国早期著名书画精品偷带出宫，包括《五牛图》《伯远帖》等国宝。这些国宝后来被带到了长春，在抗战末期遭哄抢，中华人民共和国成立北京故宫只收回了其中的 1/3。

文物南迁时，因多种原因，所挑选并非都是精品，"也有的提箱人员因对文物缺少研究，留下真品，选去伪品"。这是引用了中央文史馆馆员刘北汜《故宫沧桑》里的原话。当时台湾有的媒体质疑。

文物精品的概念是随着人的认识和社会变化而改变的。北京故宫现存文物分成 25 个大类，59 个小类，目前有 180 万件。书法有西晋陆机《平复帖》、东晋王献之《中秋帖》，绘画有隋代《游春图》、宋代《清明上河图》、五代《韩熙载夜宴图》，瓷器有乾隆时代的各种釉彩大瓶。另外，重达 5 吨的《大禹治水》玉山石，搬不走的太和殿宝座等都是北京故宫的代表精品。但要说哪一件是镇馆之宝，就看各人喜好了。

说到文物流失，文物的界定是不断变化的。比如以前，清代皇帝的字画都算不上文物，现在都算。2002 年的故宫，文物只有 90 多万件，经过七年重新清点，"家当"已达到 180 万件。原先不属于文物范畴的清代帝后书画作品、古籍善本、书版、未流通的古钱币等，现在都纳入了文物范畴，进行了库存登记。

又譬如宋代汝窑烧制的青瓷。汉族传统制瓷工艺中的稀世珍品，其窑址在汝州境内（今河南汝州、宝丰一带）。汝窑创烧于北宋晚期，为宫廷御用瓷器。金灭北宋后，汝窑也随之消亡。其开窑时间前后只有 20 年，由于烧造时间短暂，传世亦不多，在南宋时，汝瓷已经非常稀有。现今存世的汝瓷，一般认为有 65 件，其中台北故宫博物院 21 件，北京故宫博物院 17 件，上海博物馆 8 件，英国戴维基金会（Percival David Foundation of Chinese Art）7 件，其他散藏于美、日等国博物馆和私人收藏 12 件。

重要的是,《平复帖》是陆机所写的真迹,其价值应远在"三希"之上。《石渠宝笈》所载"三希"的作者——作《快雪时晴帖》的王羲之,作《中秋帖》的王献之,作《伯远帖》的王珣,都是东晋人,而陆机则是西晋初由吴入洛的人物。《平复帖》之所以没有登录《石渠宝笈》,是因为这部帖始终收藏在乾隆帝母后孝圣皇太后的手中,等到皇太后驾崩后传给了她的孙子成哲亲王永瑆,所以成

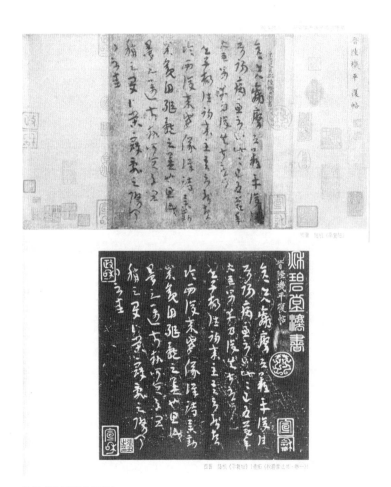

陆机《平复帖》(局部)

亲王的斋号叫"诒晋斋"。到了光绪年间，此帖到了成亲王的后人载治（治贝勒）手中。后来又归了恭忠亲王，光绪七年（1881）他曾拟将此帖赠予李鸿藻。

此事见于《翁同龢日记》，这一年十月初十日翁记："于兰翁（李鸿藻）处得见陆平原《平复帖》手迹，纸墨沈古，笔法全是篆籀，正如秃管铺于纸上，不见起止之迹。后有香光一跋而已。前后宣和印，安岐、张丑诸印，宋高宗题签，董香光签，成亲王签。"宣和是北宋徽宗年号，又有南宋高宗的题签，足证南北宋时曾入内府。安岐是安仪周，朝鲜人，与著《清河书画坊》的张丑皆收藏名家。在民国时期谭延闿院长看见了这段日记，以为帖在李氏舍间，找到李石曾，希望能一看。李石曾亦茫然不知，李宗侗就去问父亲李煜瀛，李煜瀛就将这件事的经过告诉了李宗侗。后来此帖由溥心畬经傅沅叔（增湘）介绍卖与张伯驹。

据张伯驹记：

> 余恐《平复帖》再为沪沽盗卖，倩阅古斋韩君往商于心畬，勿再使流出国外，愿让余可收，需钱亦可押。韩回复云："心畬现不需钱，如让价二十万元。"余时无此力，只不过早备一案，不致使沪沽先登耳。

没有想到第二年，事情有了转机。

> 腊月二十七日回京度岁。车上遇傅沅叔先生，谈及心畬遭母丧，需款正急，而银行提款复有限制。余谓以《平复帖》作押可借予万元。次日，沅叔语余，现只要价四万，不如径买为简断。乃于年前先付两万元，余分两个月付竣。提额由沅老持归，跋后送余。[1]

---

1 张伯驹：《烟云过眼》，中华书局，2014。

1956 年，张伯驹与夫人潘素商定，将此帖捐赠给国家，珍藏于故宫博物院。

大陆的博物馆对文物也有优先购买权。比如，故宫博物院就曾在拍卖会上购买过两件文物，一个是米芾的《研山铭》，花了 3000 万元，另一件是清宫流失文物《出师颂》，花了 2200 万元。但这个购买过程非常谨慎，因为现在市场比较混乱，只要有专家意见不一致，故宫就会放弃回购。此前曾有米芾的书法《离骚》开价 2900 万元，但因为专家有不同看法，故宫博物院最终没有买。

绢帛、书画是有机材质，有寿命限制，台北"故宫"的这类馆藏每四年才出来展览一次。由于海峡两岸都各自在争取政治上的合法性，所以博物馆就成了一种有利的象征。台湾当局收藏的历史文物曾经给中华人民共和国遗留下了一个非常棘手的问题。

乾隆的台湾与台湾的乾隆

1949 年以后的"一宫两院"格局的形成和两岸故宫的关系问题，本质上是两岸同属一个中国的问题。

乾隆五十七年（1792），82 岁的乾隆帝在十月初三亲自撰写了《十全记》，"以昭武功而垂久远"。何为"十全武功"，按照他自己的解释是："十功者，平准噶尔为二，定回部一，扫金川为二，靖台湾为一，降缅甸、安南各一，即今之受廓尔喀降，合为十。"平定台湾林爽文叛乱彪炳其中。乾隆帝承先朝遗业，继续把安定边疆、巩固统治当作朝政要事，并为此进行了一系列战争，意在通过军事成就巩固疆域，维护统一。"靖台湾为一"即用武力解决台湾地区的矛盾与冲突的历史事件。

乾隆五十一年（1786），因当时的台湾府知府孙景燧取缔天地会，天地会领袖林爽文率军反抗，于是台湾爆发了当地历史上规模最大的农民起义。这场起义的响应人群号称有 150 万之众，几乎波及全台，一时间震惊朝野。

从乾隆五十二年（1787）始，朝廷多次调兵遣将赴台镇压台湾林爽文之乱，同时命钦差大臣一等嘉勇公福康安与大将海兰察督办军务。有勇有谋的福康安于当年十二月由鹿港登陆，在他的指挥下，赴台清军仰仗与天地会敌对的台湾各地"义民乡勇"的密切配合，终于扭转了处处被动挨打的局面，福康安所率清军与林爽文军决战于八卦山。结果清军大胜，福康安先后收复彰化、嘉义，并于次年二月生擒林爽文。至此，持续一年零四个月的农民起义被彻底平息。

乾隆帝于平定台湾之乱后，有针对性地采取了一些措施，如在乾隆五十三年（1788）批准了经大学士、九卿议复，福康安上奏的《清查台湾积弊酌筹善后事宜》章程十六条，以严明台湾吏治、加强管理。从此，清政府对台湾的统治进入了一个新的阶段。

当前在台北故宫博物院藏有众多乾隆朝档案，经检索找到了 138 份相关的档案。总的印象是，在乾隆帝眼里，台湾乃"民番杂处"之地，岛上居民可分生番、熟番、籍民、屯丁等，朝廷则针对不同人等分别采用怀柔、武力、赈济、移民等方略。

当国民党统治面临彻底垮台的命运时，面对艰难的形势，蒋介石采纳历史地理学家出身的张其昀的建议，决定把台湾作为今后的退身之所。他认为退居台湾，退可守，进可攻；凭借海峡天险和已有的海、空军力量，完全可以抗衡当时尚无海、空军的共产党，以积聚力量，待国际形势发生于己有利的变化时，再反攻大陆。

屈原的《天问》中有这样一个发问："伯昌号衰，秉鞭作牧。何令彻彼岐社，命有殷国？迁藏就岐，何能依？"伯昌即周文王，他在殷王朝衰微末季而能发号

施令，做西方六州之牧，行使政治权力。前一问是周武王伐纣灭殷，迁都就丰，另立新庙于新都，而取代天下，这是为什么？后一问是周的祖先携其财产，率领族众，由邠地定居于岐地，如此广大的民众何以依从追随他呢？时逾千年，唐人柳宗元作《天对》以答，曰："伯鞭于西，化江汉浒。易岐社以太，国之命以祚武。"很明显，屈原与柳宗元都将周祖古公亶父迁岐，周武王迁丰的成功归于祖庙的设立，祖庙不仅能够延祚后王，而且还能统率族众。

近年，台北故宫博物院通过普通民众的推举，评选出了"十大国宝"，显示了当地民间意向，其中多件都与乾隆帝相关，因此有一种"台湾的乾隆"的意味。台湾民间对待故宫旧藏文物的态度，所谓"票选十大国宝"也含有不少台湾地方特色。

翡翠白菜，这是台北故宫博物院内最受人喜爱的藏品，长 18.7 厘米，宽 9.1 厘米，厚 5.07 厘米。匠人巧妙地运用玉料本身的色彩变化，雕出一株浑然天成的白菜，白嫩的菜茎，翻卷的菜叶以及叶片上的昆虫，均栩栩如生。传说这是清末瑾妃的嫁妆，白菜寓意清白，象征新娘的纯洁，昆虫象征多产，祈愿多子多孙。

按说翡翠就不是中国文化的物件。《礼记·聘义》载，孔子论及"君子比德如玉"，玉有十一德等，说的是软玉。翡翠是硬玉，不产于中国，产于缅甸，经云南输入中国。18 世纪之前，中国人并不知道这种东西。明十三陵之一的定陵的出土文物中，也未见翡翠制品。或清代初期，中缅之间的翡翠文化交流逐渐频繁，翡翠原石和制品便越来越多地传入中国。清末的慈禧太后最热爱翡翠，可谓

翡翠白菜

痴迷，致使宫中的翡翠收藏品增多。另外，白菜谐音"百财"，也是台湾民众喜爱翡翠白菜的重要原因。

另外，没有列入台北"故宫博物院"藏的重要文物还有很多，比如良渚玉琮、怀素《自叙帖》、黄公望《富春山居图》、西周晚期毛公鼎和散氏盘等，都是我们由衷喜爱的。

名不正则言不顺。如在1989年赴美的"中华瑰宝展"，中华人民共和国政府对展品提出法律要求，指出展览名称上不能使用"中华民国"的称号，台湾当局与美方均进行了多番协商。[1]这或许是在一个特定时间段该院难以摆脱的窘境。

台北士林外双溪的故宫博物院新馆建筑带有典型的中国宫殿风格，它是仿照北京故宫式样设计建造的钢筋水泥大厦。伫立在院前大眺台上观瞻全院，令人恍若置身北京故宫。而紧贴博物院的是覆盖浓密树林的陡峭山势，又令人宛如站在南京紫金山。碧瓦黄墙，气势宏伟，充满着中国传统的宫殿色彩。它似乎是在告诉台湾，乾隆帝的治理传统还在持续地存在，此种宫殿所映射出来的权威在告诫试图挑战一个中国原则的人们，那些破坏国家权威，破坏中国地理连续性的政治势力必将受到征讨。

中华文化的定海神针与台北故宫的"镇馆之宝"

历史记忆可以凝聚集体，也可以经由选择性遗忘或回忆而形成新的历史记忆从而改变认同。陈水扁上台，故宫文物就若芒刺在背，他曾一度要将"国立故宫博物院"改名为"万国博物馆"，增列台湾"本土文物"及"世界文物"，而现有的文物则列为"中国文物"……运一座故宫到台湾岛，客观上在台湾筑起中华大文化的定海神针。

1　周兵:《台北故宫》，金城出版社，2009。

《左传》昭公三十二年中有句话："是以为君慎器与名，不可以假人。"器与名是权力的象征或标志，决不可轻易给他人，"若以假人，与人政也"。故宫文物迁至台湾并不简单，台湾人士认为"这二十余万件的珍品，是数百年来，由前人点滴积累起来的，而且是我们今日台湾，最足以号召世界，证明我们承继了中国五千年文化的最具体的信物"。"在文化复兴的号召中，在民族自信心的恢复上，最需要具体的实物或艺术品现象出来作证。"[1]

在整个 19 世纪这主导了中国的知识、社会和政治生活：中国文化的保存和永久化作为构建现代中华民族的一个组成部分。在过去很长一段时间的国家意识与分裂意识的斗争和争论中，出现了这样一座博物馆。虽然他们在当下的国家意识的故宫博物院中有明确表示，但是它的概念仍然是混乱的，仍需被界定和商讨。

海峡两岸两个故宫博物院的同时存在，为两岸同胞及国际社会所关注。从现实的政治状态来看，台湾自古以来就是中国不可分割的一部分，虽然有一小撮人宣称"台独"，但是根本无法找寻任何理论与现实依据。就以现在的台北故宫博物院来说，假如质问"台独"分子，台北故宫博物院从何而来？台北故宫博物院的文物又是从何而来？相信台北故宫博物院是抗日战争期间，故宫文物为避免战火毁坏而南迁，其后国共内战，国民党败退台湾，紧急挑选文物运台，之后在台北建院，才成立了台北故宫博物院的这个事实是不可否认的。

台北的"故宫组织条例"第一条原来明确写着"国立故宫博物院整理、保管、展出原国立北平故宫博物院及国立中央博物院筹备处所藏之历代古文物及艺术品，并加强对中国古代文物艺术品之征集、研究、阐扬"。但是，1 月 17 日，台湾当局"行政院长"苏贞昌下令删除"条例"中宝物来自"北平故宫博物院

1　蒋复璁：《中华文化复兴运动与国立故宫博物院》，载《故宫文物》。引文中的"文化复兴"全名为"中华文化复兴运动"。

及国立中央博物院筹备处"的字眼，同时也将条例中"中国古代"字眼修改为"国内外"，并声称此举旨在"避免中共未来在国际场合，要求扣押或归还故宫宝物"。

在任"故宫"管委会常委的宋美龄的直接支持下，1965年，台北外双溪故宫博物院新址落成，此后又拨巨资进行了多次改建、扩建博物院的院厦，包括新建了一座行政楼、一座大礼堂。在文化休闲氛围中，以中国宫殿结合庭园式设计彰显了中华传统建筑元素。在山脚下面进出口处，还规划设计了两座仿宋花园"至善园"和"至德园"。

台北故宫博物院囿于展览面积，一次只能展出3000多件文物，以三个月一次轮换，这其中有众多中华文化中的精品。

《快雪时晴帖》是王羲之致朋友的书信，他在一场大雪初晴之时想起了远方的朋友而作。原帖长23厘米，宽14.8厘米，内容如下："羲之顿首，快雪时晴，佳想安善，未果为结，力不次。王羲之顿首，山阴张侯。"王羲之的作品已无真迹传世，这是唐代的摹本。乾隆皇帝将此帖与王献之的《中秋帖》、王珣的《伯远帖》同列为三件稀世珍宝，珍藏于他的书房"三希堂"中。另两幅法帖现藏于北京故宫博物院。

龙形佩，中华民族早在周代以前就有佩玉的礼俗，这组以青绿玉雕成的龙形佩产自战国时代，长20.5厘米，宽7.8厘米，厚0.75厘米。像这样尺寸如此之大而又保存完好的佩玉实属罕见。此玉佩与20世纪90年代于江苏徐州狮子山的西汉早期楚王墓葬中出土的一件玉龙形佩极为相似。龙身中段雕琢规律的浮雕谷纹，呈现战国晚期向西汉早期转变的过渡型风格。

大雁玉带饰，长11厘米，宽6.4厘米，正面以多层次镂空技法，呈现大雁穿梭于河塘苇丛间的景况，塑造出线条层叠的丰富空间。背面则由铜制带扣，供穿系革带之用。这件作品既有元朝带饰的椭圆造型，又只呈现大雁而无猎鹰，可能创作于元明风格交替的时期。此类玉带饰在大陆也多有考古出土。

清院本《清明上河图》[1]，设色绢本，长 1152.8 厘米，宽 35.6 厘米。《清明上河图》历代有很多画家相继模仿，清院本便是其中最著名的仿本，雍正皇帝下诏绘制，乾隆年间完成。此版本广采各家所长，并增添了很多明清时代的特殊风格，如踏青、戏剧、猴戏、特技和擂台等。北宋张择端原作《清明上河图》藏于北京故宫博物院，当为无上珍品。

掐丝珐琅天鸡尊，此为 18 世纪后期文物，铜胎，仿古铜器天鸡尊形制，高 25.8 厘米，宽 9.0 厘米，最长处 21.0 厘米，重约 3535 克。北京故宫博物院藏有类似的文物较多。

清高宗夏朝冠，这是乾隆皇帝的夏朝冠，又称为凉帽。冠高 14 厘米，直径 28 厘米，冠顶高 12.4 厘米。帽体以一种出产于东北的"玉草"编织而成，凉爽舒适。帽饰镶嵌有东北出产名贵珍珠"东珠"。2008 年，北京故宫博物院举办"天朝衣冠——故宫博物院藏清代宫廷服饰精品展"首次集中亮相，共陈列展出近 200 件华丽的皇家服饰。据介绍，北京故宫博物院收藏了约 13 万件珍贵丝织品，皇家龙袍、朝服等就多达 1 万件。

乾隆香山九老，这件清朝木雕是广东宫廷匠人杨维占所作，高 18 厘米，宽 9 厘米。这件比一本书还小的沉香木上雕刻出九位老人在危岩壁洞边的活动，形象传神，岩壁间还刻有乾隆皇帝的诗句和印章。北京故宫博物院所藏皇室旧藏木雕更是不胜枚举，美不胜收。

多宝槅这是清宫内专门收藏各式珍玩的百宝箱，常被称为"皇帝的玩具箱"。北京故宫博物院藏有类似的文物较多。

汉六朝玉角形杯，玉角杯以温润的和田美玉制成，高 18.3 厘米，宽 8.3 厘米，造型模仿兽角，口沿宽，底部尖。杯的正面为龙纹，杯上雕有一龙头，并以刻线的方式绘出龙身，杯底的龙尾则以浮雕的方式盘绕到另一侧，灵活生动。北京故宫博物院藏有类似的文物较多。

1　由清乾隆年间的宫廷画师所作。

毛公鼎   肉形石

两岸故宫博物院的交流

2009 年，两岸故宫院长互访，确立了包括落实双方合作机制、使用文物影像互惠机制、建立展览交流机制、建立两院人员互访机制、出版品互赠机制、资讯与教育推广交流机制、学术研讨会交流机制、文化创意产品交流机制等八项共识的具体方案。其中最引人注目的关系推进是 2009 年台北故宫博物院为举办"为君难——雍正时代文物特展"向北京故宫博物院商借雍正的画像，获得北京故宫博物院积极回应，借展 37 件雍正文物，打破了两岸故宫六十年无正式往来与合作的局面。

台北故宫博物院从浙江省博物馆、北京故宫博物院、中国国家博物馆、上海博物馆、南京博物院、云南省博物馆借得《富春山居图（剩山图）》及相关藏品，于 1995 年办成了让两岸民众和媒体高度关注的"山水合璧——黄公望富春山居图特展"。这里面承载的政治、文化意涵就更丰富了。政治体制、意识形态、身份认同、民族情感等方面的因素汇集在一起，合展署名、司法免扣押这些具体操作上的障碍只是问题的表层浮现，内里围绕着这些展事进行了哪些话语的交锋，而这样的互动又将如何影响两岸政治、文化，都是耐人寻味的话题。

2009 年，双方合办的雍正大展，让隔绝一个甲子的两岸故宫博物院拉开了交往的序幕。两岸故宫的交流必然会发生，因为我们是互相离不开的。两个博物院要很好地发展，不了解对方是不行的。有人说，都是北京送展品过去，台北的都不来，吃亏大了。这不存在不对等，都是中华民族的文化遗产，坚信台北"故宫"的展品终有到大陆来在故宫展出的一天。

2009 年的雍正大展开启了两岸故宫的合作，我们双方求同存异，达成两岸合作九项共识。此后，康熙与路易十四大展、富春山居图合璧展中，都是台北"故宫"向北京故宫借展品。在这个过程中，的确是台湾受惠比较多，但与此同时，也惠及了来看展览的大陆民众。

2010 年，北京故宫倡议重走文物南迁路，台北故宫提出加上了"温故知新"四字为主题，开展了半个月的考察，探寻了 37 个重要的故宫文物存放地点。

"十全乾隆：清高宗的艺术品位"特展于 2013 年 10 月 8 日至 2014 年 1 月 7 日在台北举办，展出约 200 件文物，其中 45 件来自北京故宫博物院。于台北"故宫博物院"举办的开箱记者会上，展方特别精选了北京故宫博物院典藏的"英国十八世纪铜镀金仙鹤驮亭式表""清乾隆窑变釉描金诗句花开纹胆式瓶"和"清乾隆高宗是一是二图轴"三件文物，让记者先睹为快。

据介绍，为举办此次展览，两岸两院筹划了两年多的时间。此次展览分三单元：第一单元"品位养成"，旨在探究皇祖、皇父、帝师对乾隆皇帝的启迪，以及词臣、画师、能工巧匠与丰富典藏的环境对其艺术品位的影响；第二单元"鉴藏制作"，主要呈现乾隆皇帝大规模且有系统地整理清宫典藏，编辑各种图录，并对文物进行品评；第三单元"生活艺术"，展示清高宗独特丰富而多元的艺术品位。

《中国皇家收藏传奇》这样写道："昔日的皇家珍品现在被分别收藏于中国大陆和台湾的两个故宫博物院中，一方面国宝的分割象征着国家的政治分裂，可与此同时，这种分割又证明同一个中华文化将在两地继续延续下去，文化的纽带始终在牵连着。"[1]

　　2016年，岛内政局发生了剧烈变化，台湾大选，民进党再度上台，特别是台湾民意的民粹化表现，对大陆的敌意上升，"台独"走上了不归之路，大有"山雨欲来风满楼"之势，唱响台湾挽歌的时刻已经迫近。

　　今天，这两座故宫博物院已经不再有必要和他们归属的地区一样，在历史正统性的主张上毫不退让地争斗下去，一个中国的原则不容挑战。像国家政治一样，故宫博物院也有一个想象的空间，不仅出现在全球政治和文化进程之外，而且出现在民族政治和特殊经验之外，让我们满怀热情去迎接"一宫两院"更加光明的未来。

1　Jeannette S. Elliott with David Shambaugh，*The Ddyssey of China's Imperial Art Treasures*，Seattle：University of Washington Press，2005.〔美〕珍妮特·埃利奥特、〔美〕沈大伟：《中国皇家收藏传奇》，潘利侠、刘继月译，当代中国出版社，2005。

参考文献

著作类

《孟子·滕文公上》。

董仲舒:《春秋繁露》。

韩愈:《昌黎集》卷11《原道》。

朱熹:《朱文公集》卷76《中庸章句序》。

《钦定四库全书·石渠宝笈》。

〔德〕马克思、〔德〕恩格斯:《共产党宣言》,载《马克思恩格斯选集》第1卷。

《津门战后记》,《西巡回銮始末记》卷3,上海书局石印,1905。

《庚子国变记》,《西巡回銮始末记》卷4,上海书局石印,1905。

观渡庐编《共和关键录》第1编,著易堂书局,1912。

观渡庐编《共和关键录》,台北:文海出版社有限公司印行,1912。

新潮社编辑《蔡子民先生言行录》,1920。

吴聊子:《北京政变记》,上海共和书局,1924。

周作人:《谈虎集》(上、下卷),北新书局,1928。

国立中央研究院文书处:《总理关于国民会议之遗教》,国立中央研究院总办
事处,1930。

曹亚伯:《武昌革命真史》正编,中华书局,1930。

《张季子九录·教育录》,中华书局,1931。

吴瀛:《故宫博物院前后五年经过记》,故宫博物院,1932。

金梁:《清宫史略》,自印本,1933。

白蕉:《袁世凯与中华民国》,载中国史学会主编《中国近代史资料丛刊·辛亥革命》第 8 册,上海人民出版社,1957。

《盛京大内文溯阁前建博览馆折》,《锡良遗稿·奏稿》,中华书局,1959。

吴玉章:《辛亥革命》,中国人民大学出版社,1960。

陈忠倚辑《皇朝经世文三编》,台北:台联国风出版社,1960。

刘骥:《阎相文的自杀和冯玉祥督陕》,载《文史资料选辑》第 30 辑,文史资料出版社,1962。

溥仪:《我的前半生》,中华书局,1977。

金梁:《道咸同光四朝佚闻》,"皇宫博物馆",广文书局,1978。

鹿钟麟:《驱逐溥仪出宫始末》,载《天津文史资料选辑》第 4 辑,天津人民出版社,1979。

中国社会科学院近代史研究所中华民国史组编《胡适来往书信选》,中华书局,1979。

《赵世炎生平史料》,载《文史资料选辑》第 58 辑,中华书局,1979。

甘孺辑述《永丰乡人行年录(罗振玉年谱)》,江苏人民出版社,1980。

那志良:《故宫四十年》,台北:商务印书馆,1980。

溥佳:《1924 年溥仪前后琐记》,载《文史资料选辑》第 35 辑,中华书局,1980。

萧一山:《清代通史》,台北:商务印书馆,1980。

德龄女士:《清宫二年记》,顾秋心译述,云南人民出版社,1981。

姚维斗、黄真主编《五四群英》,河北人民出版社,1981。

《鲁迅全集》第 1~8、13 卷,人民文学出版社,1981。

《周作人回忆录》,湖南人民出版社,1982。

周作人:《知堂回想录》,湖南人民出版社,1982。

吴景洲:《故宫盗宝案真相》,文史资料出版社,1983。

陈夔龙:《梦蕉亭杂记》第 2 卷，上海古籍出版社，1983。

文化部文物局主编《中国博物馆学概论》，文物出版社，1985。

汪曾武:《劫余私志》，载荣孟源、章伯锋主编《近代稗海》第 3 辑，四川人民出版社，1985。

秦国经:《逊清皇室轶事》，紫禁城出版社，1985。

广东省社会科学院历史研究所等合编《孙中山全集》第 6 卷，中华书局，2006。

广东省社会科学院历史研究所等合编《孙中山全集》第 8、9、11 卷，中华书局，1986。

《沈兼士学术论文集》，中华书局，1986。

谢承仁:《李自成新传》，上海人民出版社，1986。

易竹贤:《胡适传》，湖北人民出版社，1987。

王森然:《近代二十家评传·胡适先生评传》，文献出版社，1987。

《清实录》卷 70《宣统政纪》，中华书局，1987。

罗继祖:《庭闻忆略——回忆祖父罗振玉的一生》，吉林文史出版社，1987。

胡汉民:《胡汉民自传》第 3 辑，台北:传记文学出版社，1987。

单士元:《小朝廷时代的溥仪》，紫禁城出版社，1989。

万依、王树卿、刘璐:《清代宫廷史》，辽宁人民出版社，1990。

《国家博物院图书馆规画条议》，张孝若编辑《张季子九录》卷 3，上海书店，1991。

劳祖德整理《郑孝胥日记》(四)，中华书局，1991。

劳祖德整理《郑孝胥日记》第 4 册，中华书局，1993。

《蔡元培选集》，浙江教育出版社，1993。

《王国维之死》，台北:祺龄出版社，1995。

金冲及:《第一次国共合作的建立》，沙健孙主编《中国共产党通史》第 2 卷，湖南教育出版社，1996。

傅振伦编著《七十年所见所闻》，华东师范大学出版社，1997。

《中华民国大事记》第2册，中国文史出版社，1997。

陈三井、居蜜合编《居正先生全集》（上），中研院近代史研究所，1998。

《罗振玉王国维往来书信》，经济科学出版社，2000。

《中国近代史资料丛刊》编委会、中国史学会编《中国近代史资料丛刊·辛亥革命》第8册，上海人民出版社、上海书店出版社，2000。

"国立故宫博物院"编辑委员会编辑《故宫跨世纪大事录要》，台北："国立故宫博物院"，2000。

柳诒徵：《中国文化史》，上海古籍出版社，2001。

王奇生：《党员、党权与党争》，上海书店，2003。

那志良：《典守故宫国宝七十年》，紫禁城出版社，2004。

刘北汜：《故宫沧桑》，紫禁城出版社，2004。

王子林：《紫禁城风水》，紫禁城出版社，2005。

吴瀛：《故宫尘梦录》，紫禁城出版社，2005。

《徐志摩散文集》，西苑出版社，2006。

《顾颉刚日记》第1卷，1924年11月6日记，台北：联经出版事业股份有限公司，2007。

《清实录·德宗景皇帝实录》，中华书局，2008。

那志良：《我与故宫五十年》，黄山书社，2008。

周秋光编《熊希龄集》，湖南人民出版社，2008。

郑欣淼：《天府永藏——两岸故宫博物院文物藏品概述》，紫禁城出版社，2008。

马思猛：《金石梦故宫情——我心中的爷爷马衡》，国家图书馆出版社，2009。

《绍英日记》第2册，国家图书馆出版社，2009。

《李宗侗回忆录》，中华书局，2010。

欧阳道达：《故宫文物避寇记》，王硕整理，紫禁城出版社，2010。

金满楼：《1900北京的春天有点乱》，中国文史出版社，2012。

吕章申主编《中国国家博物馆百年简史（1912—2012年）》，中华书局，2012。

罗振玉：《集蓼编》，上海古籍出版社，2013。

张伯驹：《烟云过眼》，中华书局，2014。

沈亦云：《亦云回忆》，岳麓书社，2017。

〔日〕植松良三：《北京战后记》，《西巡回銮始末记》卷3，上海书局石印，1905。

〔日〕会田勉：《川岛浪速翁》，东京：文粹阁，1936。

〔奥〕斯宾格勒：《西方的没落》，齐出荣等译，商务印书馆，1969。

〔法〕孟德斯鸠：《法意》，严复译，商务印书馆，1981。

〔日〕传记刊行会编《田中义一传记》（上），东京：原书房，1981。

〔美〕约翰·司徒雷登：《在华五十年——司徒雷登回忆录》中译本，北京出版社，1982。

〔日〕伊藤寿朗、森田恒之主编《博物馆概论》，吉林省博物馆学会译，吉林教育出版社，1986。

〔英〕爱德华·贝尔：《中国末代皇帝》，靳革、黄群飞译，中国建设出版社，1989。

〔英〕庄士敦：《紫禁城的黄昏》，陈时伟等译，求实出版社，1989。

〔法〕贝野罗蒂：《在帝都——八国联军罪行纪实》，李金发译，人民日报出版社，1990。

〔日〕典厩五郎：《故宫探秘录》，东京：新人物往来社，1997。

〔英〕约翰·洛克：《人类理解论》，商务印书馆，1998。

〔美〕柯文：《历史三调：作为事件、经历和神话的义和团》，杜继东译，江苏人民出版社，2000。

〔法〕皮埃尔·绿蒂:《在北京最后的日子》,马利红译,上海书店出版社,2006。

档案资料

《内务部为筹设古物保存所致大总统呈》(1912),中国第二历史档案馆编《中华民国史档案资料汇编》第3辑《文化》,江苏古籍出版社,1991。

《内务部公布古物陈列所章程保存古物协进会章程令》,1913年12月24日。

《关于本所借用武英殿为办公使用地点由》(1913),故宫博物院档案,编号:jfqgwxzsw100002。

《大总统府政事堂片交第七十二号》(1914年12月),中国第二历史档案馆。

《关于民间主导的综合性博物馆——"中华博物院"的构想》,1914年北京政府的文书档案。

《朱启钤关于整顿清室礼仪待遇令函》(1914年12月1日),中国第二历史档案馆编《中华民国史档案资料汇编》第3辑《政治》(一),江苏古籍出版社,1986。

《本所1916年一二月份支出金额通知书由》,故宫博物院档案,编号:jfqgwcw100043。

《呈内务部本所六年十一月十二月份售券并缴款由》,故宫博物院档案,编号:jfqgwcw100071。

《北京大学画法研究会率领学生赴文华殿参观》(1918),故宫博物院档案,编号:jfqgwkfcg100047。

《有北京大学学生来所参观由》,故宫博物院档案,编号:jfqgwkfcg100080。

《据二月十四日京报载内务府常向本所提取古物当指一九一六年前而言由》(1920),故宫博物院档案,编号:jfqgwxzsw100091。

《呈为接收古物完竣呈请备案事》(1920),故宫博物院档案,编号:jfqgwxzsw100133。

《古物陈列所职员单》(1921年5月),故宫博物院藏《古物陈列所档案·组织人事类》第 13 卷。

故宫博物院藏《古物陈列所档案·组织人事类》第 90 卷。

《函内务部会计科请发本所一九二三年一月至十二月份经费由》，故宫博物院档案，编号：jfqgwcw100136。

内务部：《呈大总统转陈顾维钧等组织中华博物院恳予明令提倡拟订大纲请鉴核文（附大纲）》，1924 年 8 月 8 日，《政府公报》第 3022 号，1924 年 8 月 20 日。

内务部：《大总统援案筹设国立博古院请鉴核训示文》，1924 年 8 月 11 日，《政府公报》第 3029 号，1924 年 8 月 27 日。

中国第二历史档案馆藏，国民政府教育部档案。

《古物陈列所 1914~1927 年大事记》，故宫博物院藏《古物陈列所档案·行政类》第 39 卷，故宫博物院档案，编号：jfqgwxzsw100133。

张武：《整理北京市计划》，1928。

《完整故宫保管计划》（1930），故宫博物院档案。

《完整故宫保管办法》，故宫博物院藏《古物陈列所档案·行政事务类》第 58 卷。

《第一次理事会》（1930），故宫博物院档案，编号：jfqggzz00099。

《本院理事会第四次常务理事会议记录》，故宫博物院档案，编号：jfqggzz100267。

《理事会案卷副本》，故宫博物院档案，编号：jfqggzz00098。

《故宫博物院概况及将来之计划》（1929），《北平故宫博物院报告》。

《多齐云致故宫博物院、古物保管委员会函》（1932 年 8 月 8 日），故宫博物院档案。

《俞同奎致易培基密电》（1932），故宫博物院档案。

《古物陈列所概略及所务工作情况的报告》（1932），故宫博物院藏《古物陈列所档案·领导指导类》第 6 卷。

《国立北平故宫博物院理事会 1940 年度会议记录》，中国第二历史档案馆。

《故宫博物院对于平市历次收集铜铁应付情形始末记》，故宫博物院档案，编号：jfqggwwbg100827。

《俟简贤得人即组织完全内阁不再以亲贵充国务大臣谕》，故宫博物院明清档案部汇编《清末筹备立宪档案史料》，中华书局，1979。

中国第二历史档案馆编《中华民国史档案资料汇编》第3辑《政治》（一），江苏古籍出版社，1986。

中国第二历史档案馆编《中华民国史档案资料汇编》第3辑《文化》，江苏古籍出版社，1991。

朱辉：《建设北平意见书》，《北京档案史料》1989年第3期。

中国第二历史档案馆编《冯玉祥日记》第1册，江苏古籍出版社，1992。

龙子仲等编《中华民国史史料外编》第2册，广西师范大学出版社，1997。

《共产国际、联共（布）与中国革命文献资料选辑（1917~1925）》，北京图书馆出版社，1997。

李丹阳译：《英国外交大臣葛雷致英国驻华公使朱尔典电》，《档案与史学》2004年第3期。

《国民政府内政部处理北洋内务部档案史料选（二）》，《民国档案》2005年第3期。

日本外务省外交史料馆档案《宣统帝复辟问题杂件》，1917。

日本外务省编《日本外交文书》第2册，1924。

报刊文章

东书堂重修《宣和博古图录》卷一"鼎鼐揔说"与"大明嘉靖七岁乐安蒋旸序"。

《御刻三希堂石渠宝笈法帖·序》。

与之文：《论中国现在之党派与将来之政党》，原载《新民丛报》1907年第92期。

《新陈代谢》，《时报》1912年3月5日。

《先农坛观览纪事》,《正宗爱国报》第 2166 号,1913 年 1 月 4 日,第 3 版。

要闻《天坛不得自由垦牧矣》,《申报》1913 年 9 月 5 日。

康有为:《欧洲考察笔记》,散见于《不忍》杂志 1913 年第 1~8 期,1917 年第 9、10 期。

要闻《内阁成立后之各总长态度》,《申报》1913 年 9 月 21 日。

汪叔潜:《新旧问题》,《青年杂志》第 1 卷第 1 号,1915 年。

君实译:《博物馆之历史》,《东方杂志》第 15 卷第 2 号,1918 年 2 月。

金梁:《盛京故宫书画记录》,《瓜圃丛刊叙录》。

陈独秀:《新教育是什么?》,原载于 1921 年 1 月 3 日《广东群报》,又刊于同年《新青年》第 8 卷第 6 号。

《京报副刊》1924~1925 年。

蔡元培:《何谓文化》,《北京大学日刊》1921 年 12 月 14 日。

《为清室盗卖四库全书敬告国人速起交涉启》,《北京大学日刊》1922 年 4 月 20 日。

陈独秀:《造国论》,《向导周报》第 2 期,1922 年。

《三殿改修议场之反对声》,《申报》1923 年 3 月 3 日。

《吴佩孚电请保存三殿》,《顺天时报》1923 年 5 月 22 日。

《国会迁入三殿之争论,吴王复吴佩孚之一电》,《顺天时报》1923 年 5 月 27 日。

邵飘萍:《亡清故宫失火之责任问题》,《京报》1923 年 6 月 28 日。

《北大请禁清室盗卖古物》,《申报》1923 年 9 月 26 日。

《艺术界反对清宫拍卖美术品》,《申报》1923 年 9 月 27 日,第 4 张第 14 版。

《李燮阳质问清室溥仪等私自盗卖古物》,《申报》1924 年 3 月 15 日。

《语丝》1924~1925 年。

《大总统令》,《教育公报》1924 年 4 月 4 日。

《发扬文化之两种事业》,《顺天时报》1924 年 5 月 5 日。

《清室占物仍难自由拍卖,内务部将颁布保管条例》,《申报》1924 年 5 月

8 日。

陈独秀：《北京政变与中国人民》，《向导》第 89 期，1924 年 10 月 29 日。

彭述之：《北京政变与投机无耻公团之请求》，《向导》第 89 期，1924 年 10 月 29 日。

《时评》，《社会日报》1924 年 11 月 7 日。

《社论》，《北京益世报》1924 年 11 月 8 日。

《唐绍仪的谈话》，《北华捷报》1924 年 11 月 8 日。

《清宫宝物，价值十万万》，《顺天时报》1924 年 11 月 9 日。

《逊帝溥仪之谈话》，《大公报》1924 年 11 月 14 日。

记者：《修改优待条件清室条件之经过》，《国闻周报》第 1 卷第 16 期，1924 年 11 月 16 日。

《教长易培基关于保存古物之谈话》，《大公报》1924 年 11 月 18 日。

李佳白：《对于移宫及修改优待条款之评论》（摘载《国际公报》），《顺天时报》1924 年 11 月 21 日。

《教育界与清室古物》，《顺天时报》1924 年 11 月 23 日。

李佳白：《溥仪与外报记者之谈话》，《北京日报》1924 年 11 月 30 日。

幼石：《我以为这才是对溥仪的彻底办法》，《共进》第 72 期，1924 年 12 月 16 日。

宁协万：《清室优待条件是否国际条约》，《东方杂志》第 22 卷第 2 号，1925 年 1 月 25 日。

《发现清室优待条件秘密遗物》，《京报》1925 年 2 月 10 日。

《保存古物之争议》，《申报》1925 年 7 月 30 日。

龚心湛：《内务部古物陈列所书画目录·序》，1925 年 9 月北京京华印书局代印。

孙福熙：《故宫博物院》，《京报副刊》1925 年 10 月 12 日。

《故宫博物院中东两路参观记》，《黄报》1925 年 10 月 12 日。

林白水：《故宫博物院之不满意》，《社会日报》1925 年 10 月 13 日。

《教内两部争管清宫古物》，《申报》1925 年 12 月 19 日。

鲁迅：《谈所谓"大内档案"》，《语丝》周刊第 4 卷第 7 期，1928 年 1 月 28 日。

善耆撰《肃忠亲王遗稿》，"序"，1928 年石印本。

《国府会议纪要》，《申报》1928 年 6 月 16 日。

易培基：《故宫周刊弁言》，《故宫周刊》，1929 年创刊号。

《北平政治分会第二次常务会议记录》，《北平政治分会会报》1929 年。

李煜瀛：《清故宫须为活故宫》，1929 年故宫博物院成立四周年纪念会上的讲话。

瞿秋白：《北京政变后的政局与工人阶级》，《中国工人》第 4 期，1929 年。

李玄伯：《溥仪出宫情形》，《故宫周刊》，1931 年。

蔡元培：《二十五年来中国之美育》，《环球中国学生会二十五周年纪念刊》，1931 年 5 月。

周作人：《志摩纪念》，《新月》第 4 卷第 1 期，1931 年 12 月。

《王维骃致函易培基请速移故宫古物》，《申报》1932 年 8 月 17 日。

任叔永：《故宫博物院的谜》，《独立评论》第 17 号，1932 年 9 月 11 日。

《拟向政府建议请明定北平为文化城撤除军备意见书》，《世界日报》1932 年 10 月 6 日。

祝秀侠：《"文化城""有感"》，《申报·自由谈》1933 年 1 月 15 日。

茅盾：《欢迎古物》，《申报·自由谈》1933 年 2 月 9 日。

北平古物陈列所编《古物陈列所二十周年纪念专刊》，1934。

福开森：《在古物陈列所二十周年纪念会上的讲话》，北平古物陈列所编《古物陈列所二十周年纪念专刊》，1934。

《大公报》1935 年 5 月 28 日。

《世界日报》1935 年 8 月 8 日。

《无产阶级的革命造反精神万岁》，《红旗》1966 年第 11 期。

李宗侗：《从九一八说到故宫文物的南迁》，（台北）《传记文学》1971 年第 19

卷第 3 期。

那志良:《宣统皇帝出宫前后》,(台北)《传记文学》1980 年第 1 期。

曹俊杰、祝姗姗:《女皇的第二顶皇冠》,《第一财经日报》2010 年 8 月 27 日,《生活周刊》。

倪娜:《涅瓦河畔明珠亮——圣彼得堡艾尔米塔什博物馆(一)》,《境外胜景》2011 年。

刘源隆:《刘承琮:我所经历的故宫古文物南迁》,引自环球网 2012 年 10 月 11 日。

白雁:《3000 箱故宫南迁文物打包待发》,《现代快报》2015 年 2 月 5 日。

论文

《中国史论文集》,湖北人民出版社,1956。

蒋复璁:《中华文化复兴运动与国立故宫博物院》,台北:商务印书馆,1977。

杜迺松:《"五年复吴"释》,《故宫博物院院刊》1979 年。

蒋复璁:《国立故宫博物院的历史使命》,载《故宫文物》,台北:商务印书馆,1981。

张伯驹:《袁世凯登极大典之筹备》,《紫禁城》1981 年第 2 期。

叶其峰:《王国维致马衡书》,《故宫博物院院刊》1982 年第 1 期。

叶秀云:《逊清皇室抵押、拍卖宫中财宝述略》,《故宫博物院院刊》1983 年第 1 期。

裴文中:《旷世之宝——紫禁城》,《故宫新语》,上海文化出版社,1984。

蔡静仪:《北京政变的前前后后》,《南开学报》1984 年第 3 期。

启功:《台北故宫博物院藏书画精品复制本展览观后感言》,《紫禁城》1985 年第 3 期。

欧志培:《为新中国博物馆事业披荆斩棘的勇士——怀念故宫博物院前院长

吴仲超》，《故宫博物院院刊》1985年第3期。

姜舜源、朱余仁：《鲁迅先生在故宫博物院始末》，《紫禁城》1986年第1期。

朱家溍：《马衡院长保护故宫文物的故事》，《紫禁城》1986年第2期。

朱家溍：《回忆陈垣、沈兼士两位先生》，《紫禁城》1986年第5期。

王文峰：《伪满皇宫文物的来源、散失与征集》，《北方文物》1989年第1期。

徐卫东：《段祺瑞"三造共和"之真相》，《复旦学报》1991年。

吉明学：《激民气之暗潮，开诗歌之新体——谈〈晨报副刊·诗镌〉》，《扬州师院学报》（社会科学版）1993年第4期。

俞大华：《〈清室优待条件〉新论——兼探溥仪潜往东北的一个原因》，《近代史研究》1994年第1期。

王奇生：《从"容共"到"容国"——清党以后国民党的组织蜕变》，《近代史研究》2001年第4期。

司汗：《施达克——改建紫禁城的瑞典建筑师》，载《建筑史论文集》第16辑，2002。

李松龄：《宝蕴楼：故宫里的洋楼》，《北京档案》2004年第1期。

《李文海教授谈中国早期现代化的历史进程》，《当代中国史研究》2005年第4期。

孙岩：《人非物是——八年沦陷的故宫博物院》，《紫禁城》2005年第5期。

陈锐：《晚清西方博物馆观念在中国的传播》，硕士学位论文，湖南大学，2007。

郭长虹：《故宫图像：从紫禁城到公共遗产》，《国际博物馆》2008年第1期。

方克立：《创建适应时代需要的新国学》，《光明日报》2008年8月21日。

李大鸣：《郑孝胥与〈四库全书〉的影印》，《紫禁城》2008年第9期。

朱静华：《故宫之为文化的再现：中国艺术展览与典律的形成》，《美术馆》2008年B辑（总第15期）。

余三定：《故宫学：故宫研究的新阶段——郑欣淼先生访谈录》，《学术界》

2009 年第 1 期。

郑欣淼:《清宫旧藏的国宝意义（故宫的价值与地位）——故宫的国宝地位（之一）》,《人民日报海外版》2009 年 2 月 6 日。

谢先良:《晚清域外游记中的博物馆》, 硕士学位论文, 中国美术学院, 2009。

杭春晓:《从皇家禁地到公共空间——由故宫博物院的建立看民国政府政权威信的树立》,《郑州大学学报》2010 年第 2 期。

陈燮君:《北方之星——叶卡捷琳娜二世与她的艺术品》,《上海工艺美术》2010 年第 4 期。

郑欣淼:《故宫文物南迁及其意义》,《华中师范大学学报》2010 年第 5 期。

邓峰:《董事会制度的起源、演进与中国的学习》,《中国社会科学》2011 年第 1 期。

步平:《在时空背景下理解辛亥革命的历史意义》,《近代史研究》2011 年第 4 期。

朱继伟、景海亮:《关于故宫博物院导览的探讨》, 载《融合·创新·发展——数字博物馆推动文化强国建设——2013 年北京数字博物馆研讨会论文集》, 2013。

季剑青:《"私产"抑或"国宝"——民国初年清室古物的处置与保存》,《近代史研究》2013 年第 6 期。

郑欣淼:《纪念吴瀛先生——吴瀛与故宫之渊源》,《文化月刊》2013 年第 1 期。

李致忠:《鲁迅与京师图书馆》,《人民政协报》2014 年 7 月 14 日。

徐婉玲:《清末民初中国博物馆规划及其实践——以紫禁城为视域的考察》,《故宫博物院院刊》2015 年第 2 期。

湘北:《冬宫"炫富":女皇的有钱任性好刺眼》,《国家人文历史》2015 年第 2 期。

〔日〕市古宙三:《试论绅士的作用》, 载芮玛丽编《革命中的中国: 第一阶段, 1900—1913 年的中国》。

Tamara Hamlish, "Preserving the Palace: Museums and the Making of Nationalism(s) in Twentieth-Century China," *Museum Anthropology* 19(2):20-30, September 1995.

Carol Duncan and Alan Wallach, "The Universal Survey Museum," *Museum Studies An Anthology of Contexts*, Bettina Messias Carbonell(ed.), Blackwell Publishing, 2004, p.56.

Jeannette S. Elliott with David Shambaugh, *The Odyssey of China's Imperial Art Treasures*, Seattle: University of Washington Press, 2005.〔美〕珍妮特·埃利奥特、〔美〕沈大伟:《中国皇家收藏传奇》,潘利侠、刘继月译,当代中国出版社,2005。

〔日〕吉开将人:《自宣統十六年の清室古物問題（一）：故宫博物院成立史の再検討》,《北海道大学文学研究科纪要》2014 年 11 月 25 日。

后　记

1989 年，我完成了硕士学位论文答辩，题目为《故宫开院历史意义研究》，事后我并没有感到轻松，当我再一次走入故宫时，我仿佛仍旧是个小学生，关于故宫，我知道的太少，太少……

最初确定故宫博物院作为研究课题时，我干劲十足，经过如狮扑象的努力，半年后初稿写出了 13 万字，大大地超出了硕士学位论文所需篇幅，后来按照指导教授冯承柏先生的意见，将其改写为 4 万字左右。论文虽然已着边际，但仍显得粗糙，也欠火候。

1990 年，我仍然是故宫博物院的常客，故宫博物院的历史仍然是我经常思考的题目。透过高峻的宫殿与精美的古物，在我的耳边似乎时时回响着英国历史学家 E.H.卡尔的告诫："危险在于我们企图完全忘却并在沉默中无视革命所取得的巨大成就。" 20 世纪的紫禁城的历史映射出博物院和爱国主义思想紧紧地连接在一起。在这一年，我在苏东海先生主编的《中国博物馆》杂志上，发表了《故宫与罗浮宫、艾尔米塔什开放之比较研究》的论文，由此确定了我重新写故宫博物院历史的思路。进入 21 世纪以后，我在着力思索妥协在成就这座伟大博物馆过程中的作用。

百年沧桑，皇家的典雅，几年来，我在故宫里感受的太多，太和殿的宝座、钟粹宫里的梨花、雨花阁的佛影、倦勤斋的小戏台、重华宫的户牖、漱芳斋的百宝格、南董殿的帝王像、建福宫花园的曰"积翠"的山亭……无不令我浮想联翩。

1990 年年底，我开始重新阅读有关资料，并大大扩展了研究历史背景的范围。终于在 1991 年 6 月 6 日将本书完稿。在写作过程中，我得到了自驱逐溥仪出宫就参与故宫博物院创建工作的原副院长、博物院顾问单士元先生的指教和帮助，当时他已是年过八旬高龄的老人，却每天坚持到故宫博物院里来，在他为之奋斗和工作了已超过一个甲子的大院落里走动，检查工作。从第一次谈话开始，单士元先生就十分耐心地给我以教海。他写的《小朝廷时代的溥仪》一书，大大地丰富了拙作第三章的内容。

书稿告罄，却因种种原因未能即刻出版，今天看来未必不是一件好事。1993年，我作为交流学者赴日本考察，在东京的外务省外交史料馆，我详细地查阅了有关资料，并在日本的中央大学人文科学研究所做了《关于故宫博物院》的报告。1995年，我给台湾的故宫博物院去信，希望到那里进行实地考察，并接到了复函，只因通行证的问题未能成行。回国以后，恰逢日本 NHK 电视台在故宫博物院拍摄《故宫至宝——话中华五千年》系列文献片，我有幸参与其间，在故宫博物院工作了一年的时间，这使我对故宫博物院的了解进一步加深。1998年，书稿于文物出版社出版。

2017年，我修改并充实了原稿，得到社会科学文献出版社编辑杨轩的鼓励和支持，促成了《紫禁涅槃：从皇宫到故宫博物院》的出版。细心的读者都能看出，这一版的笔墨与前著有一些迥异的地方，增添了大量新的内容。

新著更想为我的读者提供一份故宫开院以来留下的精神遗产，我扼要总结了七点：一、皇家收藏为天下公产，进而成为中华民族伟大古代文明的表征；二、用"公开一切"的原则开放紫禁城，故宫博物院终结了君主封建文化专制；三、"想此百合花的娇艳成为群众的赏品"主张与文艺为最广大的人民大众服务的思想是一贯的；四、伟大的革命造就伟大的博物馆，伟大的妥协也成就伟大的博物馆；五、故宫文物南迁融于世界反法西斯战争之中；六、"故宫在北京，故宫学在世界"；七、保护故宫文物，功在当代，利在千秋。当然有人会说精神遗产还不止这些，而新著则在以上领域做出了必要的、艰辛的探索。

在这里，我谨向社会科学文献出版社表示由衷的谢意。

笔者于北京

2017 年 6 月 6 日

2005 年作者与时任故宫博物院院长郑欣淼合照

2015 年作者（右）与吴瀛长孙吴欢（左），以及现任故宫博物院院长单霁翔（中）合照

图书在版编目（CIP）数据

紫禁涅槃：从皇宫到故宫博物院 / 吴十洲著. --
北京：社会科学文献出版社，2018.1（2024.10重印）
ISBN 978-7-5201-1774-6

Ⅰ.①紫…　Ⅱ.①吴…　Ⅲ.①故宫博物院－史料－北
京　Ⅳ.①G269.263

中国版本图书馆CIP数据核字（2017）第279426号

紫禁涅槃
　　——从皇宫到故宫博物院

著　　者 / 吴十洲

出 版 人 / 冀祥德
责任编辑 / 杨　轩
文稿编辑 / 李蓉蓉
责任印制 / 王京美

出　　版 / 社会科学文献出版社（010）59367069
　　　　　地址：北京市北三环中路甲29号院华龙大厦　邮编：100029
　　　　　网址：www.ssap.com.cn
发　　行 / 社会科学文献出版社（010）59367028
印　　装 / 北京盛通印刷股份有限公司

规　　格 / 开　本：880mm×1230mm 1/32
　　　　　印　张：14.75　字　数：405千字　图幅数：122幅
版　　次 / 2018年1月第1版　2024年10月第3次印刷
书　　号 / ISBN 978-7-5201-1774-6
定　　价 / 69.00元

读者服务电话：4008918866